KB125903

# 분단과 통합

## 외국의 경험적 사례와 남북한

임채완·김학성·정지웅·안완기·전형권·선학태 지음

**국립중앙도서관 출판시도서목록(CIP)**

분단과 통합 : 외국의 경험적 사례와 남북한 /
임채완...[등] 지음. -- 파주 : 한울, 2006
  p. ; cm. -- (한울아카데미 ; 830)

색인수록
ISBN 89-460-3503-X 93330

349-KDC4
327-DDC21                          CIP2006000404

# 머리말

새천년 들어 벌써 6년째다. 온갖 장밋빛 비전들도 이제 보다 차분한 성찰을 기다려야 할 때다. 통일의 꿈도 그중 하나다. 직접적 분단비용은 물론이거니와 막대한 통일의 기회비용을 의식한다면 누구도 그 당위성에 대해 딴지걸기를 주저할 것이다. 하지만 아직도 통일을 둘러싼 이념적 좌표와 실천적 방법론을 둘러싸고 우리에게 내홍(內訌)은 깊다.

지구상 대부분의 국가들은 민족국가 단위의 경제적 발전과 국민적 통합을 향유한 지 오래다. 국가경계를 넘어 지구적 규범과 아젠다에 눈을 돌린 지도 오래다. 한편에서는 근대적 통합과 발전의 향유에서 오는 권태감 탓인지, 이제 '탈근대'의 멋까지 부리려 한다. 이들의 눈으로 비추어 우리를 볼 때, 과연 우리는 어떤 모습일까?

근대 이후 우리는 다른 나라들이 이미 경험한 민족통합에 실패했다. 우리가 근대적 에너지 응집의 기회를 잃은 지가 짧게 잡아도 100년이 넘었다. 구한말 이후 외세의 침탈 속에서 식민지배를 경험한 우리는 급기야 광복과 동시에 분단이라는 덫에 60년 세월을 묶여야 했다. '분단'의 세월 동안 우리는 이제 그것이 가져다주는 충격과 부자연스러움에도 제법 고수다운 여유가 생겼다. 해가 갈수록 분단의 체감온도만큼이나 통일의 체감온도도 떨어지고 있는 것이다. 역설적으로는 통일의 중압감이 가져다주는 국민적 피로감에 빠져 있는 듯하다. 하지만 긍정적으로 보면 이 같은 현상은 무분별한 통일논의가 만들어낸 껍데기와 거품을 걸러내는 기회이자 분단의 골조를 해체하여 새로운 통합을 설계하는 창조의 공백이기도 하다.

지구촌에서 통일열기가 도미노처럼 이어지던 1990년대 초반부터, 국내에는 타국의 분단극복에 관한 연구들이 상당수 쏟아져 나왔다. 이들 연구는 저마다 취하는 관점과 문제의식이 다르지만 대체로 통일의 변인과 통일 전후 변화과정에 초점을 맞추고 있으며 남북한에 주는 시사점들을 모색하고 있다는 점에서 공통성이 있다.

이 책 역시 이들 선행연구와 전체적인 구성이 대동소이하다. 다만 이들로부터 시사점을 취하고 아쉬운 부분들을 보완함으로써 우리의 통일 문제에 좀더 적실한 해답을 찾는 데 초점을 맞추고 있다. 애당초 6명의 집필진은 독일, 예멘, 베트남, 그리고 중국·대만의 분단과 통합에 관한 경험적 사례를 비교분석함으로써 남북한 문제 연구의 관점과 인식을 보다 객관화하고자 하는 동기에서 이 책을 출간하기로 하였다. 이들 사례가 현실적으로 성공한 사례이건 실패한 사례이건 우리가 후발주자로서 취사선택하는 데 모두 타산지석이 될 만한 유용한 분석대상이라 믿었다. 이 책은 단순히 각각의 사례를 나열한 부분의 합이 아니다. 1장의 서론에서부터 6장에 이르기까지 하나하나의 연구물은 최종적으로 남북 정치경제 체제의 통합전략에 수렴되는 유기적인 전체의 한 구성물이기 때문이다.

책의 제목을 『분단과 통합』으로 정하기까지 집필진 상호간에 진지한 토론이 있었다. '통일'과 '통합'의 차이를 애써 부각시킬 뜻은 없지만 양자가 개념상 미묘하면서도 중요한 차이를 내포한다고 보았기 때문이다. 흔히 통일은 분단된 정치체의 하나됨, 즉 정치적 통합으로 간주된다. 하지만 진정한 통일은 두 분단주체의 정치적 통합에서 완성되는 것이 아니라 전 영역에 걸쳐 상호의존도와 통합 정도를 높여감으로써 궁극적으로 단일한 민족공동체를 창출하는 과정이다. 따라서 '모든 것이 같아지는' 획일적 하나됨의 통일은 사실상 불가능하며 불필요할 수도 있다. 통일은 어느 일방으로의 흡수나 전혀 새로운 것으로의 환골탈태가 아닌, 민족공동체라는 분모를 두고 한쪽이 어느 한쪽과의 변증법적 상호작용을 통해 유사한 형태로 수렴되어 가는 과정이다. 이렇게 본다면 통일은 단순히 '가부의 문제'가 아니라 '정도의 문제'이자 '과정의 문제'로 귀결되며, 남북한을 포함한 다섯 개의 모든 사례들은 여전히 현재진행형으로서 새롭게 검토할 여지들을 안고 있다.

물론 정의를 어떻게 내리느냐는 학자들마다 다를 수 있으므로 그러한 구별 자체가 중요한 문제가 되지는 않을 것이다. 다만 이러한 문제제기를 통해 분단국가의 통일에 관한 논의들이 보다 미시적인 통합과정에도 주목해 주길 바라는 마음이다. 이 책을 통해 우리 내부에서 수그러들기 시작하는 분단과 통일에 관한 관심을 새롭게 전환하는 계기가 되길 바란다. 또한 분단과 통일 문제에 관한 더욱 깊이 있는 후속연구를 위한 디딤돌은 물론 통일 문제를 접하는 학생들에게도 의미 있게 활용되었으면 한다.

끝으로 이 책의 출간을 맡아준 도서출판 한울의 김종수 대표와 기획과 편집과정에서 수고해 준 출판사 식구들께도 감사드린다.

2006년 초봄을 기다리며
저자 일동

# 차 례

머리말  3

## 제1장 분단과 통합  임채완 ·············································· 9
1. 서론  11
2. 분단의 정치학  21
3. 통일과 통합  30

## 제2장 독일의 사례  김학성 ·············································· 41
1. 분단의 과정  43
2. 분단시기 동·서독 관계  52
3. 동·서독 간 분야별 교류·협력  65
4. 동·서독 통합의 전개과정  84
5. 통합 후의 갈등: 실태와 원인  96
6. 한반도에 주는 시사점  121

## 제3장 예멘의 사례  정지웅 ·············································· 135
1. 분단의 과정  137
2. 양국 정치·경제 체제의 특징과 통합노력  139
3. 통합의 전개과정과 통합방식  150
4. 통합 후 정치경제 개혁과 체제 발전전략  164
5. 통합 후의 갈등과 해결 노력  167
6. 예멘 통일의 시사점과 교훈  170

**제4장 베트남의 사례** 안완기 ······· 177

1. 베트남의 특성과 프랑스 식민지배 179
2. 베트남의 분단과 통일 186
3. 통일 후 베트남 통합의 필요성과 방식 195
4. 통합 후 체제 발전전략: 도이모이 정책 213
5. 향후 한반도 통일에 주는 시사점 219

**제5장 중국과 대만의 사례** 전형권 ······· 227

1. 서론 229
2. 분단의 과정과 양안관계 성격 232
3. 중국과 대만의 정치·경제 243
4. 양국의 통일정책과 비교 253
5. 양안관계의 전개과정과 전망 270
6. 한반도 통합에 주는 시사점 295

**제6장 정치경제론적 관점에서 본**
**남북한 분단과 통합** 선학태 ······· 309

1. 분단상황과 한국전쟁에 대한 정치·경제적 인식 311
2. 남북한 체제의 작동 322
3. 분단구조하에서 남북한 체제의 구조적 모순 333
4. 바람직한 체제 통합전략 348
5. 통합지향적 남북한 체제개혁 356
6. 남북한 통합과정의 제도화 377
7. 결론 382

▌찾아보기 388

# 제1장

# 분단과 통합

임채완

# 1. 서론

## 1) 연구배경과 연구목적

분단과 통일은 한국을 해석하는 최대의 키워드가 되어 국제사회의 지대한 관심을 받아왔다. 지금까지 남북한의 분단과 통일에 관한 많은 연구들이 진행되어 왔다. 한때 분단과 통일 문제는 국내외 학자공동체 및 정치공동체, 시민사회, 교육공동체 등 각 분야에서 최대의 쟁점으로 떠오르기도 했고, 그만큼 풍부한 논쟁과 학술적 깊이도 많이 거두었던 것이 사실이다. 저마다 취하는 관점과 접근법, 연구내용들이 다르지만 대체로 통일을 이루어야 한다는 당위적인 측면에는 공감하는 데서 출발하고 있다. 이러한 각계의 통일논의는 한편으로 지금까지 남북한의 통일 문제를 구체화시키고 다양화하며 보다 전문적인 연구를 촉발시키고, 그 성과를 남북한의 통일정책에 일정 정도 반영시켰다는 점에서 값진 것이라 할 수 있다.

그런데 통일에 초점을 맞추고 전개되어 온 일련의 공식, 비공식적 노력들은 '통일' 담론을 보다 세분화할 때 제기되는 문제, 즉 그것이 '통합'과는 어떤 차별성을 가지고 있는가? 통합에 있어서조차도 '정치통합'과 '민족통합', 그리고 '국가통합'과는 어떤 차이가 있는가에 대한 좀더 심도 있는 문제에 봉착하게 된다. 이에 대한 해답은 바로 한반도는 물론 국제정치에 있어 분단과 통합 문제에 올바르게 접근할 수 있는 길을 제시하기 때문에 중요한 문제일 것이다.

주지하다시피 그동안 한국정부가 일관되게 주장해 온 한민족공동체 3단계 통일방안은 각 단계별로 남북한의 기능주의적 통합을 전제로 하고 있다. 이는 교류와 협력을 통한 비정치적 부문에 있어서의 통합, 그 다음 단계로 제도적 통합 단계를 거친 후 단일국가로서의 실질적인 통합을 의미한다. 통일이라는 근본목표를 위해 각 단계별 통합을 이루고 이를 바탕으로 궁극적으로 남북한의 통일이 이루어져야 한다는 것이다. 즉, 통합의 단계적 실현을 통해 궁극적으로 정치통일을 달성하고 이와 동시에 하나의 단일국가로 통합될 수 있다는 것이다. 그러므로 '통일'과 '통합'에 대한 개념의 명확한 구별이 없는 가운데 한국정부의 입장은 '통합을 통한 통일 정책'을 추구하고 있는 셈이다(박광기, 1998: 43).

이는 통일과 통합의 개념적 정의와 관계 정립이 한국적 상황에서도 중요한 전제임을 시사한다. 한국정부의 공식적인 통일방안이 가지고 있는 또 하나의 한계는 통일 이후의 통합의 과제가 빠져 있다는 점이다. 이 때문에 한국의 통일방안은 분단 관리를 위한 정책적 방안일 뿐, 실질적인 '재통합'을 통한 '진정한 의미의 통일정책'이 아니라는 비난을 받기도 한다(박광기, 1998: 45). 과거와 달리 우리에게 통일담론의 목적은 통일 그 자체의 실현에 급급하기보다는 통일과정에서 나타나는 문제점과 통일 이후의 갈등관리를 포괄하는 장기적이며 구조적인 전망 속에서 이루어져야 한다. 분단체제를 벗어났다고 해서 남북한에 장밋빛 내일이 저절로 열리지 않을 것이기 때문이다. 따라서 통일에 관한 기존의 연구들이 많이 축적되어 온 것은 사실이지만 아직도 그 무게에 비해 상대적으로 부족한 감이 없지 않다.

지금까지 민족통일과 통합에 관한 이들 논의들을 검토해 보면, 각국의 사례가 분절적으로 다루어져 왔거나 통합과 통일에 대한 분명한 정의가 없이 이루어져 온 감이 없지 않다. 분단에서 파생되는 모순적인 정치경제와 사회현상 등을 목격하면서 분단극복에 관한 논의는 대부분 통일에 일차적인 가치를 부여하고 진행되어 온 것이 사실이다. 일부 연구들은 타국의 사례에 대한 비교연구를 통해 후발주자로서 오류를 최소화하는 동시에 통일 이후의 예상되는 문제들에 대해 보다 신중하고 비판적인 입장을 보이기도 한다.

분단국가의 '통일(unification)'은 하나의 주권, 하나의 국가체제를 완성하는 것을 말하며 여기에는 분단 주체 간의 정치적인 합의와 실천의지를 필수적인 조건으로 한다. 반면, '통합(integration)'은 부문별·기능별 상호 의존도를 끌어올리는 단계를 의미하며, 이는 곧 정치적 통합인 하나의 주권을 필수적인 전제로 하지 않는 미시적이고 행태적인 일체화를 뜻한다. 학문적으로 통일과 통합의 개념 구별이 필요하지만, 그것을 엄격하게 다른 것으로 구별하기보다는 남북한의 통일논의를 전개시켜 나가는 과정에서 적절히 병용할 수밖에 없다. 왜냐하면 지금까지 '통일'을 다루었던 대부분의 선행연구들과 정책적 프리즘은 이러한 의도적인 구별을 하지 않은 상태에서 진행되어 왔으며, 후술하겠지만, 아직까지 학자들 사이에서 일반적으로 합의된 개념적 구분도 모호한 상태이다. 따라서 이 책에서는 좀 더 심도 있는 설명을 위해 필요한 부분에 한해서 양자의 개념을 분리해서 사용하되, 기존에 표방해 온 각종 용어들과 혼동을 피하기 위해 큰 구별을 하지 않았다.

이 책은 근대 국민국가 역사 이래 특징적인 정치현상이라 할 수 있는 분단이라는 현상에 주목하여, 이를 극복한 국가들(독일, 예멘, 베트남)과 아직도 극복을 시도하고 있는 나라들(중국·대만, 남북한)의 다섯 사례를 연구하고자 한다. 이를 통해 국제정치에서 각국의 분단과 통합이 갖는 유형별 특징을 비교하고, 남북한 통합에 대한 시사점을 발견하고자 한다. 그동안 각 사례분야별로 연구에 몰두해 온 국내의 전문학자와 신진학자들이 1년 전부터 함께 학문공동체를 결성하여 세미나와 토의에 참여하면서 새로운 연구내용과 방법론을 모색하여 왔다. 이 책은 이러한 학문적 활동을 통해 그동안 쌓은 성과를 수정 보완하여 집대성한 것이다.

비록, 다섯 연구자들의 문제의식과 관점이 동일하지는 않지만, 한결같이 통합이란 상이한 체제를 지닌 분단국가를 극복하고 하나의 또는 유사한 체제 속에서 민족공동체를 형성하는 일이라는 관점을 기본으로 공유하고 있다. 그리고 각국의 사례별로 분단의 원인과 과정, 성격, 분단체제의 정치경제적 특성, 통일을 향한 노력과 정책, 통일 이후의 문제점과 통합노력, 그리고 남북한에 주는 시사점에 이르는 일련의 분석틀을 공유하고 있다.

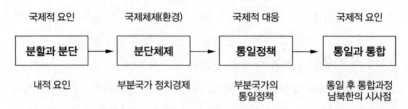

<그림 1-1> 분단과 통합 사례의 분석틀

| 국제적 요인 | 국제체제(환경) | 국제적 대응 | 국제적 요인 |
|---|---|---|---|
| **분할과 분단** → | **분단체제** → | **통일정책** → | **통일과 통합** |
| 내적 요인 | 부분국가 정치경제 | 부분국가의<br>통일정책 | 통일 후 통합과정<br>남북한의 시사점 |

이 책은 다음과 같은 문제의식에서 출발하였다.

첫째, 국제정치에서 분단과 통합은 어떤 의미를 갖는가? 사례별로 결코 단일하지 않은 분단과 통합 사례를 어떻게 유형화할 수 있을 것인가?

둘째, 원천국가의 분할과 분단은 국제적으로 국내적으로 어떤 요인에 의해 초래되었는가?

셋째, 분단이 부분국가의 정치경제에 미친 영향은 무엇이며, 이러한 분단체제는 국제체제(환경)와 어떻게 상호작용하는가?

넷째, 분단을 극복하기 위한 부분국가의 통일정책과 통일과정은 무엇이며, 국제적 해법과 대응은 없었는가?

다섯째, 통일을 이룩한 결정적 요인은 무엇이며, 통일 후 통합과정에 이르는 일련의 노력들은 무엇인가?

마지막으로, 통일의 후발주자인 남북한이 선발주자들의 노력으로부터 얻을 수 있는 일련의 해법은 없는가?

이러한 문제의식을 바탕으로 다음과 같은 몇 가지 연구목적을 달성하고자 한다.

첫째, 일국의 분단과 통합 과정에 미치는 국내정치 및 국제정치적 영향력이 무엇인지, 또 그것이 어떻게 작용했는지를 규명한다.

둘째, 상이한 역사와 정치경제 구조하에서 전개되어 온 각국의 통합노력들에 대한 비교정치학적 함의를 발견한다.

셋째, 이들 비교연구를 통해 궁극적으로 남북한의 통합에 주는 시사점을 발견한다.

## 2) 연구내용 구성

이 책의 내용구성은 다음과 같다.

우선 제1장에서는 연구의 이론적 틀로서, 분단과 통합이 내포하는 정치적 성격을 규명한다. 제2장은 독일, 제3장은 예멘, 그리고 제4장은 베트남의 사례 분석을 통해 분단과 통합의 원인, 과정 및 결과, 그리고 시사점을 밝힌다. 제5장은 중국·대만의 사례 분석을 통해 분단의 원인과 분단 상태의 정치경제, 양측의 통일정책 및 향후 양안관계 전망 등을 살펴보고 남북한의 통합노력에 주는 시사점을 도출한다. 마지막으로 제6장은 새로운 남북한 통합의 매트릭스로서, 남북한의 통합지향적 체제와 정치적·경제적 통합과정의 제도화를 상정한다.

서론격인 제1장은 임채완 교수가 집필한 것이다. 뒷부분은 '분단의 정치학'으로서, 기존의 연구들을 검토함으로써 분단과 통합이 어떻게 취급되고 있는지, 그리고 이들 연구로부터 일반화할 수 있는 분단의 원인과 유형을 밝힌다. 아울러 통일과 통합에 대한 학문적 구별이 가능하다는 전제하에 기존에 논의되어 온 이들 개념과 관련성을 정리하고 있다.

제2장은 김학성 교수가 집필한 독일의 사례검토이다. 주지하다시피, 독일의 분단은 제2차세계대전의 산물이다. 1945년 5월, 독일이 연합국에 무조건 항복한 이후 1949년까지 독일은 소련의 공산화 시도와 미국의 저지 시도 단계를 걸쳐 1955년에 분단의 고착기에 접어든다. 분단에서 통일에 이르는 전 기간에 걸쳐서 양독관계는 적지 않은 굴절을 거듭했지만, 1960년대 후반부터 양적·질적 측면에서 대체로 확대·발전하는 추세를 보였다. 이러한 과정에는 동·서독의 정치·경제·사회적 상황과 국제적 수준의 동·서 블록 관계가 주요 결정요인으로 작용했다. 양독관계의 시기구분은 1961년 베를린 장벽의 설치, 1972년 동·서독 기본조약 체결, 1982년 서독 기민당 정권의 출범과 함께 이루어진 동·서독 관계의 확대를 기준으로 접근할 수 있다. 독일통일 전개과정은 일반적으로 '외적 측면'과 '내적

측면'으로 구분되어진다. 외적 측면이란 독일분단의 국제적 성격과 관련하여 통일 문제에 대한 분단 책임 당사국들 간의 필연적인 협상과정을 의미하는 것이며, 내적 측면은 체제통합을 위한 양 독일 간의 협상과정을 지칭한다. 독일통일은 한국사회에 충격을 주었다. 우선 한반도 통일의 실현가능성에 대한 국민적 기대와 희망이 고조되었으며, 그 여파로 정부는 보다 적극적인 통일정책을 수립·시행하지 않을 수 없었다. 이 과정에서 독일 사례는 통합 문제들의 종류, 범위, 그리고 인과적 발생양식을 예상하는 데 분명한 도움을 줄 수 있다. 그러나 분단구조 및 통일방식의 차이 때문에 독일의 통합정책이 향후 남북한 통합과정에 그대로 적용되기는 어려울 것이다. 따라서 필자는 독일 사례가 이상적인 모델이 아니라, 타산지석인 동시에 창조적 활용의 대상으로 간주되어야 함을 강조한다.

제3장은 정지웅 박사가 집필한 예멘의 사례연구이다. 남북예멘이 정치적으로 분단된 역사적 근원은 1873년의 오스만 터키와 대영제국과의 협정에 의해서이다. 그러다가 1918년에 북예멘이 독립했는데, 이 북예멘은 가부장적 정치제도였고 관습과 전통에 의해 작동되는 하나의 왕조였다. 그러나 1962년 군사 쿠데타 발발로 왕정이 붕괴된 이후 정권은 여러 번 바뀌곤 했지만 권위적인 군사독재체제가 통일의 시기까지 계속되었다. 반면 남예멘은 영국의 보호령이었던 아덴에서 1967년에 독립했다. 독립 당시 중도적인 세력이 집권했다가 1969년 정변의 발발로 좌익 사회주의 세력이 정권을 장악하면서부터 점점 사회주의국가가 되었고, 그 결과 통일 직전까지 체제상으로는 아라비아 반도에서 가장 공산주의적인 정체이면서 소련의 위성국가화한 상태를 유지하게 되었던 것이다. 남북예멘은 식민지의 일부가 먼저 해방이 되고 일부는 좀 늦게 해방이 되는 과정에서 분단이 됐기 때문에 분단과정에서 양국 간에 존재하는 민족 간의 이질감이 별로 존재하지 않았다고 볼 수 있다. 따라서 남북예멘 사이에는 공통된 민족감정이 넓고도 깊게 퍼져 있었고, 통일은 수많은 장애에도 불구하고 두 정부의 공언된 목표로서 달성될 수 있었다. 예멘의 통일사례는 한반도

통일에 몇 가지 시사점을 제시해 주고 있다. 첫째, 두 당사자 간의 동질성 회복이 무엇보다도 중요하다는 점, 둘째, 예멘 통일은 형식상 국가권력이 철저하게 안배된 국가 대 국가의 균등 통합이나 실제로는 인구와 경제력이 앞섰던 북예멘이 주도했다는 점, 셋째, 이들이 조기통일을 실현할 수 있었다는 것은 남예멘의 개혁, 개방조치 이후 남북 간에 정책노선의 차이가 근소했다는 점, 넷째, 예멘인들은 UN과 같은 국제기구보다는 주변 아랍국가들과의 역학관계를 더 적절히 활용하여 통일을 이룩했다는 점, 넷째, 국경지대 유전의 공동개발 등 상호협조를 통한 기능적인 통합노력의 활성화가 통일의 지름길이었다는 점 등을 들 수 있다.

이 책의 제4장은 안완기 박사가 집필한 베트남 통일 사례분석이다. 19세기 중반부터 베트남을 포함한 인도차이나에 진출한 프랑스는 1880년 중반에 이르러 베트남을 식민지배하게 된다. 프랑스의 식민통치는 베트남의 민족주의를 발아시켰고, 이는 두 개의 정치적 흐름, 즉 온건적 민족주의와 근본적인 정치적 변화를 추구하는 혁명적 민족주의를 태동시킨다. 제1차세계대전을 계기로 민족자결주의의 영향을 받아 1927년에는 베트남 국민당이, 1930년에는 인도차이나 공산당이 조직되었다. 제2차세계대전 당시 공산주의 계열은 베트남 독립동맹(베트민)을 결성하였고, 1945년 8월 2차대전이 끝나자 베트민을 중심으로 베트남 민주공화국이 성립되었다. 1946년 말부터 프랑스와 베트남 간의 전쟁 발발 이후 1954년 7월 제네바에서 휴전협정에 의해 북위 17도선을 경계로 베트남은 남북으로 양분된다. 양분된 베트남에서 남부에서는 프랑스가 물러나고 대신에 미국이 군대를 진주시키고 북부와 대결했으나, 북부월맹과 베트콩의 공세에 시달리다 국민의 반대로 군대를 철수하게 된다. 결국 베트남은 1975년 통일을 이루고, 베트남 민주공화국은 '베트남 사회주의공화국(SRV)'으로 국호를 바꾼다. 이는 급진적 민족주의에 바탕을 둔 공산주의자들에 의한 통일을 의미한다.

통일 직후 남북 베트남 정부는 통일 베트남이 당면한 국가건설, 국민건설, 복지사회건설 등 단기적이거나 장기적인 제 문제에 봉착하면서 일련의 정치적 통합, 경제적 통합, 인민의 가치통합 등 제반 조치로 국가 통합을 시도한다. 특히 정치적으로는 통치기반인 정치권력을 굳건히 구축하고 구정권의 잔여세력을 소탕하는 문제, 전시체제의 평화체제로의 전환 문제, 새로운 혁명정부에 대한 국민의 지지 확보를 비롯해, 경제적으로 남부 베트남의 자본주의적 경제를 사회주의 경제구조로 개조하고 수백만의 실업자를 구제해야 하는 난제, 그리고 장기적으로는 국토통일에 이어 실질적인 남북 국론통합과 이념의 재정립과 같은 문제를 해결해야만 했다.

베트남의 통일과 통합이 남북한 통일에 주는 시사점으로는, 첫째, 통일 과정에서 통일 후 민족 간·지역 간의 갈등을 함축할 수밖에 없는 전쟁을 통한 통일은 배제되어야 한다는 점, 둘째, 부패하고 무능한 정권이나 지배자는 국민적 지지를 받지 못할 뿐만 아니라, 몰락할 수밖에 없다는 역사적 사실, 셋째, 정당성을 확보하지 못한 군사력은 아무리 강하다 해도 종국엔 패배할 수밖에 없다는 교훈 등이 그것이다.

제5장은 전형권 박사가 집필한 중국·대만의 사례이다. '중국'이란 엄격히 구분해 볼 때, 중화민국(中華民國)과 중화인민공화국(中華人民共和國)을 포함하는 하나의 포괄적인 개념이라고 할 수 있다. 양국 정부는 공식적으로 '하나의 중국'을 표방하고 있지만 그것이 의미하는 바는 서로 다르다. 분단 당사자인 서로의 정치적 입장에 따라 각자가 중국을 대표하는 정치실체라고 주장하는 것이다. '하나의 중국'이라는 원칙은 본래 과거 '중국'의 정통성을 어느 정부가 계승하고 있는가라는 정통성의 문제에서 비롯되므로 양안 간에 있어 매우 중요하고 민감한 부분이다. 여기서는 통상 전자를 '대만'으로, 후자를 '중국'으로 지칭한다. 대만에 의하면 중국은 현재 두 개의 정치실체로 분단되어 있으며, 중화인민공화국은 중국대륙을 실질적으로 통치하고 있는 정권인 반면, 중화민국은 대만을 통치하고 있는 정치실체로서 정권의 정통성을 지닌다. 반면, 중국에 따르면 대만은 주권을 지닌 하나의 정치실체가 아니라 자치권을 지닌 지방정부에 해당된다. 따

라서 중국과 대만은 국제법상 독자적인 지위와 주권을 가진 분단국가가 아니다. 분단국으로서의 이러한 상반된 인식이 병존하고 있는 양안의 현 상태를 고려할 때 객관적 논의를 펴기가 어렵다.

양안관계는 중국에 의한 대만의 국제적 고립을 특징으로 하고 있어 양측의 상호 긴장과 대립, 그리고 서로 주장과 접근법은 다르지만 '하나의 중국'을 향한 상호 협상과 교류를 기본 축으로 전개되고 있다. 하지만 양안 문제를 현재의 국제적 지위와 결부시켜 규정하는 데 대한 대만 측의 반발도 만만치 않다. 대만은 비록 양안의 분열이 직접적인 동서냉전의 산물은 아니지만 두 개의 정부가 대만해협을 사이에 두고 각자가 통치하는 일종의 분치(分治)상태이기 때문에 분단국가의 특징을 그대로 갖고 있는 전형적인 분단국가라는 인식을 갖고 있다. 때문에 양안 문제가 국제적으로 분단국가 모델의 하나로 인식되어 상호 대등한 입장에서 쌍방 문제가 처리되기를 희망한다. 반면, 중국 측은 대만 문제가 결코 동서 냉전의 결과가 아닌 국내 문제이기 때문에 절대로 분단국가가 아니며, 대만이 주장하는 '두 개의 정부에 의해 나누어 통치되는 중국'은 실제로 두 개의 중국을 획책하는 분열적 책동이라고 반발하고 있다. 이처럼 양안의 정권은 지금까지 서로 상이한 정치적 입장과 가치판단의 기준으로 정치적 현안 문제를 바라보고 있다. 분단체계에 대한 국제법의 명확한 규정이 없기 때문에 중국과 대만은 국제적 지위와 실체를 둘러싸고 늘 논쟁에 휩싸인다. 이 책에서는 현재의 양안관계를 비정치적인 교류의 확대에서 정치적 통합을 이루어가는 과도기적 교착상태로 규정하고, 지금까지 양안관계 변화의 과정과 변화의 동인 및 그 성격을 중심으로 살핀다. 연구자는 양안관계에 대한 대륙과 대만의 입장 및 통일정책을 비교분석하고 있으며, 양안관계의 역사적 전개과정을 부문별로 살피고 있다. 그리고 양안관계와 남북한관계가 지니는 유사성과 특수성을 근거로 양안관계가 향후 남북한의 통합에 주는 시사점을 검토하면서 결론을 맺는다. 양안관계와 남북한관계는 오랫동안의 이념과 체제적 대립을 경험하였고, 현재까지도 본질적 관계가 그러한 대립을 주축으로 하고 있다는 점에서 유사한 측면이 존재한다. 양안과 남북한은 이념, 체제의 대립을 완화하고 교류·협력을 확대하는 과정에서 서로의 경험을 활용할 수 있을 것이다.

제6장은 선학태 교수가 정치경제론적 관점에서 집필한 남북한의 사례이다. 한국분단은 이중구조의 특성을 보이는바, 남북의 군사적 분단과는 달리 한반도에 두 개의 정권과 국가의 등장으로 형성된 정치적 분단은 내세의 분열과 갈등으로 외세의 영향력이 상대적으로 크게 작용한 상황에서 발생한 것으로 볼 수 있다. 필자에 의하면, 북한에서의 분단국가적 사태의 형성과정은 남한에서의 단독정부 수립운동과의 상관관계 속에서 전개된다. 한국전쟁은 국제적 차원에서 미국과 소련을 중심으로 한 냉전질서를 격화시켰을 뿐만 아니라 남한과 북한 사이의 심각한 불신, 적대감, 증오, 불신 등 제로섬적인 민족 내부의 갈등을 고착화시킨 계기가 된다.

필자는 분단 이후, 남한체제와 북한체제가 어떻게 정치경제적으로 작동하였는지를 비판적 시각에서 조명하고 분단구조하에서 남북한 체제의 구조적 모순을 다룬다. 필자는, 분단구조하에서 남북관계를 설명할 수 있는 틀로서 '적대적 의존관계'와 '거울영상 효과(mirror image effect)'의 개념을 통해 접근한다.

그렇다면 분단구조를 극복하는 남북한 체제통합 과정이 민중적·민족적 정당성을 갖기 위한 바람직한 통합전략은 무엇인가? 이를 모색하기 위해 필자는 남북한 체제개혁과 통합과정의 상관성을 강조한다. 즉, 체제 통합과정이 분단구조에 의해 매개되어 온 중층적 모순을 단절하는 남북한 체제개혁과의 유기적 결합 속에서 진행되어야 한다는 것이다. 필자는 통합은 본질적으로 '특정 유사형태의 정치경제 체제 속에서의 민족공동체 창설'이라는 관점에서 분단구조하에서 구조적 모순을 표출해 온 남북한 두 정치경제 체제의 변증법적 지양과 함께 단계적인 통합을 시도하는 수렴적 통합전략을 주장한다. 그리고 수렴적 체제 통합전략에 의거하여 남북한 통합을 창출하는 데 있어 무엇보다도 중요한 관건은 체제모순을 특정한 방향으로 해소하는 과정, 즉 남북한 체제개혁을 통한 체제수렴화를 시도하는 문제와 하나의 민족공동체를 형성하기 위한 정치적, 사회경제적 통합을 단계적으로 제도화하는 문제임을 강조한다. 이는 곧 남북한 체제의 변증법적 지양을 요구하는바, 남한의 시장민주주의체제의 개혁과 북한의 주체형 국가사회주의체제의 개혁개방이 그것이다. 통합지향적 체제로서는 남북한 체제개혁을 통해 민주적 코포라티즘 체제로 수렴되어야 하고, 남북한 체제개혁의 정도에 상응하여 '남북연합'단계를 거쳐 '연방제 국가'의 수립으로 나아가는 정치적·경제적 통합의 제도화를 이뤄야 한다고 주장한다. 특히 이 과정에서 남북연합구조와 대연합정부의 정상적 작동을 위해서 다수결주의의 안티테제로서의 협의주의의 주요 메커니즘이 도입되어야 함을 주장한다.


## 2. 분단의 정치학

분단은 근대 국민국가의 탄생 이래 특징적인 정치현상인 동시에 사회·문화적 현상으로서 그 원인도 상이하다. 파운즈(Norman J. Pounds)에 의하면, 19세기와 20세기를 거치면서 아일랜드, 폴란드, 네덜란드, 스웨덴과 노르웨이, 인도와 파키스탄, 그리고 독일 등을 비롯한 20여 개의 분단사례가 있었다(Pounds, 1964: 161). 일반적으로 20세기의 분단현상은 주로 제2차세계대전 이후 국제정치 및 내전에 의한 결과로서 독일, 오스트리아, 에멘, 베트남, 한국, 팔레스타인, 그리고 중국 등을 들 수 있다. 팔레스타인을 제외하고는 대부분 2차세계대전 이후 세계의 지속적인 양극화 현상에 의해 초래된 정치현상이기도 하다.

여기서는 분단과 분단국가의 개념 및 분단국가의 유형을 체계적으로 분류한 기존 연구들의 결과를 검토하여, 외국의 경험적 사례에 접근하는 해석 틀을 발견하고자 한다.

## 1) 분단국가의 개념

20세기 독특한 정치현상으로서 분단국가(divided state)의 기원은 냉전이며, 분단국가들은 현재의 국제관계에 있어서 새롭고 중요하고 또한 오랫동안 지속되는 현상을 나타나게 하고 있다(김준희, 1986: 133). 이 연구에서 독일, 예멘, 베트남, 중국, 한국 등을 분단국가의 관점에서 접근하기 위해서는 우선, 분단국가에 관한 일련의 정치학적 정의를 내릴 필요가 있다.

분단국가의 법적 지위를 연구한 까띠(Gilbert Caty)에 따르면, 분단국가를 구성하는 개념적 요소로서는 총괄국가(gesamtstaat)와 부분국가(etat partiel)가 존재한다.[1] 후자는 분단국가 안에서 실제로 공존하고 있는 두 개의 부분적인 헌법질서를 가리키는 개념이며, 대외적인 면에서도 완전한 하나의 국제법상의 주체가 될 수 없고 하나의 분단국가에서 나왔기 때문에 부분적인 주체가 된다. '총괄국가'는 이 '부분국가'의 상부개념인데, 분단국가 안에 존재하는 두 개의 부분국가와 영토와 권한을 총합한 가상적인 개념이다. 또한 분단국가의 잠정적인 성격을 기준으로 해서 분단직전의 국가를 '원천국가(Etat originaire)'라고 하는데, 이 원천국가는 일차적일 수도 있고 파생적일 수도 있다. 즉 독일의 경우 라이히(Reich)가 존재했으나, 한반도와 베트남의 경우에는 하나의 국가 창설이 예상되어 가공적으로 존재하고 있다.

이처럼 총괄국가, 원천국가, 부분국가 등의 특수한 용어를 분단국가 이론에서 사용하게 된 것은, 정치학에서나 헌법에서나 또는 국제공법에서 정립된 일반국가이론을 그대로 분단국가의 내부에나 또는 분단국가의 두 국가간 관계 혹은 다수 국가 간 관계에 적용할 수 없게 되어 분단국가에 적절한

---

1) 까띠의 박사학위논문(「분단국가의 법적 지위」)에 나타난 정의임. Gilbert Caty, *Le statut juridique des Etats divide's*(Paris, 1969), pp.11~12. 김준희, 「분단국가이론에서 본 한반도의 장래」, 양호민 외 엮음, 『민족통일론의 전개』(형성사, 1986), 136~137, 157~158쪽 재인용.

특수한 일반국가론을 필요로 하게 된 데서 온 것이다(김준희, 1986: 158).

한편, 말띠네즈-아귀요(L. Martinez-Agullo)는 '분단국가'의 개념을 밝히기 위해 차례로 내란과 분단국가, 영토의 부분적 군사점령과 분단국가, 무력정복과 분단국가, 영토분할과 분단국가, 합병과 분단국가, 무력정복과 분단국가, 세력권 또는 이권보호지대와 분단국가, 각각 다른 국가에 의한 두 세력권을 형성하는 국가보호령, 위임통치령 또는 신탁통치령의 구분과 분단국가, 분단국가 이외의 분단현상을 실례로 들면서 분석 검토한 후, 다음과 같이 분단국가 개념을 정의하고 있다. 즉, "분단국가는 제2차세계대전 후에 나타난 새로운 현상이며 내란상태에 있는 것은 아니나 국제관계에 있어서 두 진영 간에 현존하는 긴장을 광범위하게 반영한, 긴장을 느끼게 한 국가 안에 있는 동등한 두 개의 완전한 권력체제의 존재에 의해 특징 지워진다."[2] 그의 견해는 분단을 제2차세계대전 이후 국제정치적 현상의 산물로서 이해하는 일련의 시각들과 동일선상에 있다.

까띠에 의하면, 분단국가는 "법적으로 지속되는 하나의 국가가 국제법상 양자 모두 부분국가의 동등한 지위를 지닌 두 개의 국제적인 주체로 잠정적으로 분단되어 있는 국가"[3]라 할 수 있다. 즉, 그는 분단국가의 구성요소로서, 게잠트슈타트(Gesamtstaat)의 지속성과 두 분단 주체 간의 안정성 및 동등성을 들고 있다. 분단국가를 규정하는 법적 근거로서 까띠가 제시한 '총괄국가의 지속'은 통일에 대한 전 민족적 열망을 위시한 단일한 민족적 의사에 근거를 두는 것이 아니라 당사자 간, 혹은 국제적인 결정에 근거를 둔다. 또한, 비록 재통일을 기다리는 동안 그들의 존재가 잠정적이라 할지라도 국제법상의 두 개의 부분적인 주체는 안정되어 있으며, 그들이 영토적으로 확정되고 또 자치적인 공동체를 지배하는 한 동등한 국가이다(김준희, 1986: 137).

---

2) Louis Martinez-Agullo, *L'Etat devise*, p.277. 김준희, 같은 책, 135~136쪽 재인용.

3) Gilbert Caty, *Le statut juridique des Etats divide's*(Paris, 1969). 김준희, 같은 책, 136쪽 재인용.

까띠의 정의를 적용하자면, 과거 독일은 두 개의 부분국가(독일연방국과 독일민주공화국)가 하나의 분단국가를 형성했던 사례로서, 이 분단국 직전에 존재했던 원천국가는 라이히라 할 수 있다. 때문에 통일 전 독일의 경우는 헌법적 계속성이 있었고, '법적으로 지속되는 하나의 국가'가 존재하였다. 하지만 한국과 통일 전 베트남의 경우는 사정이 다르다. 이들 국가는 헌법적 중단이 있으며, 분단국가 이전에 있었던 원천국가가 없다. 한국의 경우, 분단 전에는 국가가 아닌 조선총독부라는 식민통치기구가 있었고, 베트남의 경우도 다만 국가가 아닌 프랑스의 식민지만 있었을 뿐이다. 이러한 맥락에서 바스띠드(Bastid, 1966~1967)는, 독일의 경우는 분명히 분단국가의 범주에 들어가지만, 한국과 베트남의 경우를 분단국가라고 하기에는 의심의 여지가 있다고 지적한다. 또한, 원인이야 어떻든 간에 분단행위는 그 국가 자신에게 적용되어야 한다는 점에서 본다면 중국은 분단국가에서 제외된다.

그러나 '법적으로 지속되는 하나의 국가'라는 까띠의 정의는 근현대사 속에서 명멸한 분단국가를 규정하는 데 무리로 보이며, '분단국가'에 대한 단일한 정의를 내리는 작업이 사실상 어렵다(Munch, 1962: 5). 특히 이러한 정의는 한국과 베트남은 물론 중국마저도 분단국가에서 제외하는 결과를 초래하는 지극히 국제법적인 규정으로서, 국제정치상의 다양한 분단현상을 담기에는 한계가 있는 것이 사실이다.

따라서 이 책에서는 분단국가를 '분단 직전의 원천국가 내지 식민통치 이전의 원천국가를 공유하였던 부분국가들이 분할 내지 분단 이후에도 동등한 지위를 지니며 잠정적으로 분단되어 있는 국가'로 정의하고자 한다.

이 책에서 다루는 다섯 개 사례의 분단국가들은 대체로 다음과 같은 기준을 충족하는 경우를 기준으로 하였다.

첫째, 이전에 정치적인 총괄국가 내지는 원천국가를 가진 민족 또는 국가가 두 개 이상으로 분리된 바 있다. 둘째, 분단된 두 당사자들 중 적어도 어느 한쪽이 국제법상으로 독립되었거나 이전의 총괄국가 내지는 원천국가의 성격을 지속하고 있다. 셋째, 각자가 대외적으로 유효한 법률행위를 국제법상 사실상(de facto) 인정받는다. 넷째, 분단 두 당사자들이 통일에 대한 의지를 공식적으로 표출하고 있다. 다섯째, 분단이 20세기에 발생하였거나 19세기에 발생하였으나 분단의 과정이 20세기까지 계속되면서 그 형태가 바뀌는 경우들이다.

이러한 기준을 충족하는 사례로서 분단국가의 상태를 개념화하자면, 분단국가는 과거 원천국가의 존속을 부인하지 않으면서도 단독으로 원천국가를 대표할 수 없으나 실질적으로는 자신들의 정통성을 주장하고 있어서 항상 내적·국제적 긴장과 갈등을 내포하고 있는 상태라 할 수 있다.

일반적으로 분단에는 강대국 또는 승전국과 약소국 또는 패전국이 관여하게 되는데, 거기에서 세 가지 관계가 발생한다. 그것은 강대국들 사이의 관계, 약소국의 분단된 부분들 사이의 관계, 강대국과 약소국 사이의 관계이다(송광성). 그런데 많은 선행 연구들은 분단과 통일의 문제를 분단된 두 당사자의 문제로 단순화시켜서 본 나머지 분단과 통일과정에 관여하는 이들 복합적인 관계들을 놓치게 된다.

이 책의 집필자들은 이러한 세 가지 관점 중 어느 하나 혹은 경우에 따라 둘 이상의 관계를 동시에 조망하고 있다. 또한 이 책에서는 분단과 통합을 정지된 하나의 사건이 아니라 하나의 과정으로 본다. 때문에 분단과 통합은 역사적 진행과정에서 그 성격과 형태가 변할 수 있음을 인정한다. 집필자들은 분할 내지는 분단이 확정된 이후 어떻게 분단구조가 고착화되고 분단체제를 형성하게 되었는지, 그리고 이러한 분단을 극복하려는 통합의 과정과 노력이 국내외적으로 어떻게 전개되었는지를 다양한 방식으로 살피고 있다.

## 2) 분단국가의 유형

사실, 분단의 원인을 어디에서 찾느냐에 따라 분단국가를 구분하는 방법도 달라진다. 헨더슨(Henderson et al., 1974: 433~456) 등은 분단국가들을 구분하면서 제일 중요한 기준으로 분단의 원인이 국가 안에 있었는가 아니면 국가 외부에 있었는가를 따진다. 그들은 분단국가들을 크게 분단된 민족(divided nations)과 분할된 국가들(partitioned countries)로 분류하는데 양자는 분단 이전에 정치적 통일을 유지하였다는 공통점을 가진다. 역사적 사례 속에서 볼 때, 전자는 주로 외부 강대국의 간섭으로 분단된 한국, 독일, 베트남, 중국, 몽골이 여기에 해당되고, 후자는 주로 종족, 언어, 종교 등 내적인 이유로 분단된 아일랜드, 인도, 루안다, 팔레스타인이 여기에 해당된다는 것이다.

기존의 분단국 사례에 관한 연구들은 대체로 한국의 분단 문제를 설명하거나 시사점을 찾기 위한 설명 틀로서 진행되어 왔으며 그것들은 다음과 같이 대별된다. 우선, 분단과정에서 외세의 간섭과 역할에 초점을 맞추는 시각(도진순, 2001), 분단이 강대국 사이의 갈등 중 특히 미국과 소련 사이의 갈등 혹은 미국의 냉전정책의 결과로 보는 경우(김홍명, 1993; 정용석, 1992), 분단을 강대국들 사이의 갈등을 해결하는 하나의 수단으로 보는 경우(Hennessey, 1989) 등이 있는데 이들은 모두가 분단의 원인이 외부에 있다고 본다는 점에서 공통점이 있다. 한편 민족 내부에 초점을 맞추어 분단현상을 설명하는 연구(진덕규, 1984)도 있다.

그런데 분단사례들에 대한 연구에 있어 이들 중 어느 하나의 관점만을 통해 접근하는 것은 다른 나머지 변수들이 무의미하게 될 수 있으므로, 대부분의 경우 두 가지 이상의 가설을 통해 접근하게 된다. 즉, 분단은 외적 요인과 내부적 요인이 상호작용을 통해 결정된다는 설명방식이다. 분단의 원인을 외세의 간섭과 내부세력의 갈등이란 두 가지로 보는 연구(Henderson, 1971)가 그 대표적인 것이다. 경우에 따라서는 분단을 단순히 영토적 분단, 혹은 정치적 분단 현상으로 규정하지 않고 그러한 외적 분단 현상으로부터 어떻게 해서 점차 사회적으로 이념적으로 혹은 심리적 분단과 갈등으로 깊어지게 되는지의 과정을 주목하기도 한다.

이러한 일련의 연구들은 분단현상을 보다 체계적으로 이해함은 물론 분단국가의 유형화를 시도하는 데도 도움을 준다. 분단의 유형화를 처음 시도한 학자는 일본의 가미야 후지(神谷不二) 교수로서, 그는 분단의 유형을 분단의 원인을 중심으로 국제형 분단 및 내쟁형(內爭型) 분단, 분단 후 분단 쌍방 간의 관계에 초점을 맞추어 안정형 분단 및 불안정형 분단으로 나눈다(전득주, 2004: 22~23). 또한 미국의 헤네시(John Russell Hennessey)는 분단의 범주를 문화적 민족주의로 인한 분단, 군사적 교착상태로 인한 분단, 강대국 간의 합의에 의한 분단, 그리고 강대국 간의 미합의로 인한 분단이라는 네 가지 범주로 나누었다.[4]

여전히 분단사례에 대한 체계적인 비교연구가 미흡한 상황에서, 최근 전득주(2004)는 한국 분단을 비롯해 세계 도처의 분단사례의 비교연구를 통해 분할과 분단 상황하에서 강대국과 약소국의 상관관계 행태를 제시하고 있다. 전득주는 가미야 후지와 헤네시에 의해 고안된 분단의 유형과 범주를 적용하여 각국의 분단사례에 접근한다. 그는 제2차세계대전 이후 생성된 일곱 개의 분단국에 대한 강대국의 분할동기구조들과 그들의 분할 및 분단 과정들을 분석하고 이들을 비교하고 평가하고 있다. 그의 연구는 왜, 어떤 점에서 강대국이 약소국의 분할점령 내지는 분할을 결정하였는가, 또는 약소국의 분단 상황을 받아들였는가를 구체적으로 조사하고 있다. 그는 이들 사례분석을 통해 분단이 강대국들에게 그들 간의 갈등에 대한 하나의 대안을 제공해 준다는 가설을 증명하고자 한다.

그는 분단의 범주를 첫째, 강대국의 합의에 의한 분할점령 내지 분할, 둘째, 강대국의 미합의 내지 의견의 불일치로 인한 분단, 셋째, 군사적 교착상태로 인한 분할과 분단, 넷째, 문화적 민족주의 간의 차이로 인한 분할 내지 정치적 분단, 다섯째, 미·소로 대변되는 정치 이데올로기적 차

---

4) 헤네시는 분단국을 네 개의 경우로 나누어서 각 경우에 해당하는 두 개 국가를 표본으로 선택하였으나, 분단국이 모두 몇 개나 되는지 그 범위를 정하지는 않았다 (Hennessey, 1989).

이로 인한 정치적 분단으로 구분한다. 이러한 구분에 따르면, 강대국의 합의에 의해 분할된 나라는 베트남과 예멘, 강대국의 합의에 의해 분할 점령된 나라는 한국, 독일, 오스트리아를 들 수 있다. 강대국들의 미합의 내지 의견의 불일치로 분단된 나라는 독일과 한국이 속한다. 다음으로 군사적 교착상태로 인한 분할 내지 분단의 사례로는 베트남, 팔레스타인, 중국이 속한다. 문화적 민족주의 간의 차이로 인한 분할 내지 정치적 분단의 사례로는 팔레스타인이 속한다. 마지막으로 정치 이데올로기적 차이로 인한 정치적 분단의 유형으로는 독일, 한국, 중국, 베트남, 그리고 예멘이 속한다. 한편, 분단의 유형을 국제형과 내쟁형으로 구분할 경우, 예멘, 독일, 베트남, 팔레스타인, 오스트리아는 국제형 분단에 속하며, 중국은 순수한 내쟁형 분단으로 결론 내린다. 반면, 한국은 주로 국제형 분단으로 구분될 수 있지만, 내쟁형 분단의 성격도 갖고 있어 혼합형 분단으로 구분된다는 것이다(전득주, 2004: 424~426).

그의 이러한 연구는 과거 여러 분단국가들 중 한국과 독일이 분단현상에서 가장 공통점이 많았다는 점을 비롯해, 분단현상은 분할과정에 개입된 강대국들의 정치적 협상이나 타협의 실패 내지는, 분단 대상국 내 정치세력들의 협상이나 타협에 대한 의지 결핍, 해결능력 상실에서 비롯된 것이라는 점을 시사한다.

한편, 영토분단과 헌법적 분단을 기준으로 분단국의 유형을 구별할 경우, 베트남과 중국은 영토분단 이전에 이미 헌법적 질서가 존재하였고, 독일과 한국 등은 영토분단 후에 헌법적 질서가 성립하게 되었다. 뿐만 아니라 전자의 경우에는 원래는 하나의 헌법질서가 그 후 두 개로 된 데 반해, 한반도와 독일의 경우는 처음부터 두 개의 헌법질서가 수립되었다는 특징을 보인다. 그 원인은 베트남과 중국에 있어서는 반식민지 운동이 성공을 거두지 못한 결과이며, 기타 지역에서는 영토의 분단 그 자체, 즉, 미·소 양국의 세력권 확장정책의 충돌에 따른 결과로 볼 수 있다. 따라서 베트남과 중국에서는 2개의 헌법질서의 성립은 폭력에 의한 반정부운동,

<표 1-1> 다섯 개 사례국의 분단과 통일유형 비교

| 국가<br>구분 | 독일 | 예멘 | 베트남 | 중국·대만5) | 남북한 |
|---|---|---|---|---|---|
| 분할원인 | 강대국<br>합의분할점령 | 강대국<br>합의분할 | 강대국<br>합의분할 | 이데올로기적<br>교착상태 | 강대국<br>합의분할점령 |
| 분단원인 | 강대국 미합의<br>(의견불일치) | 강대국의 합의 | 내전 | 내전/혁명 | 강대국 미합의<br>내부불일치 |
| 분단유형 | 국제형 | 국제형 | 국제형/내쟁형 | 내쟁형 | 국제형/내쟁형 |
| 통일요인 | 경제교류<br>(기능주의) | 정치적 협상<br>(신기능주의) | 전쟁 | - | - |
| 통일유형<br>(정책) | 흡수통일 | 합의통일 | 흡수통일 | 중: 일국양제<br>대: 일국양구 | 남: 남북연합<br>(민족공동체<br>통일방안)<br>북: 연방제 |

즉 내란에 기인했고, 한반도와 독일의 경우는 냉전에 기인했다고 볼 수
있다.

지금까지의 선행연구에 비추어볼 때, 분단국가의 사례들은 분단 이전의
분할상태 내지는 강대국의 개입 형태에 따라 <표 1-1>과 같이 유형화할
수 있을 것이다.

<표 1-1>에서 보듯이 분할의 원인을 기준으로 유형을 나눌 때, 독일
과 남북한은 강대국 합의에 의한 분할점령, 예멘과 베트남은 강대국의 합
의분할, 그리고 중국은 이데올로기적 교착상태에 의한 분할에 해당한다고
볼 수 있다. 분할에서 이어진 분단의 원인을 기준으로 유형을 나눌 경우,
독일과 남북한은 강대국의 미합의 내지는 의견 불일치에 따른 분단, 예멘
은 강대국의 합의에 따른 분단, 베트남과 중국은 내전(혁명)의 과정을 통한
분단의 특징을 가지고 있다. 남북한은 독일과 달리 민족 내부의 의견 불일

---

5) 분단국의 개념적 유형을 두 당사자의 국제법적 지위만 국한시키지 않고 분단원인과
   과정에 폭넓게 초점을 맞추는 경우, 중국과 대만은 국내정치세력의 내란에 의한 분
   단, 즉 내쟁형 분단국가로 분류되기도 한다. 자세한 내용은 제5장 참조.

치라는 내적 요인을 추가로 갖고 있다. 따라서 분단을 유형화하자면, 독일과 예멘은 국제정치적 분단, 베트남과 남북한은 국제형과 내쟁형이 혼합된 분단, 그리고 중국은 내쟁형 분단에 속한다고 볼 수 있다.

## 3. 통일과 통합

통일은 학문적 차원을 넘어서 민족 전체가 공유하며 사용하는 일반적 담론으로 규정되어 있다. 일반적으로 통일(unification)과 통합(integration)의 개념은 큰 구별을 하지 않고 비슷한 뜻으로 사용하고 있어 굳이 구분하여 접근하는 것이 일면 번거롭고 불필요한 작업으로 여겨질 수 있다. 하지만 정치적 통일 이후 실질적인 민족 통합의 과제에 직면하고 있는 다양한 사례들을 한층 심도 있게 이해하기 위해서는 양자의 개념을 구분해서 접근할 필요성을 느끼게 된다.

독일의 사례에서도 볼 수 있듯이 현재 독일은 적어도 정치적인 통일은 달성하였으나 여전히 '통합'을 위한 과정을 밟고 있는 중이다. 즉, 독일의 통일은 교류와 협력을 통한 동·서독의 화해와 비정치적 부문의 교류단계를 거쳐 동·서독 기본조약과 부속조약을 통해 제도적인 접근을 시도한 '통합' 단계로부터 정치적인 '통일'을 달성한 후, 다시 '재통합'을 실현하여 '진정한 통일'을 달성하기 위한 과정에 있다고 할 것이다(박광기, 1998: 43~44).

통일의 개념은 그것을 규정하는 논자의 정치적 지향과 통일에 대한 주관적 정서에 따라 차이가 있다.

구영록에 따르면, 통합의 개념은 통일보다 넓은 의미로 쓰이는 개념으로서, 어떤 공동목표를 추구하기 위하여 여러 국가들이 공동자원을 투입시켜 새로운 형태의 관계를 형성하는 과정으로 이해된다. 이와 같은 공동목표의 추구는 주권이나 혹은 결정권의 독립적 속성의 포기가 전제된다(구영록, 1974: 3). 따라서 두 개 이상의 국가가 하나의 사회로 이전해 가는 것으로, 이는 상호이익을 증진하기 위한 집단적 행위라는 점에서 무력에 의한 병합이나 외부세력에 의해 하나의 국가로 편입되는 경우와 달리 자발적 행위로 이해됨이 일반적이다(이정식 엮음, 1993: 771~772).

통일을 과정적 시각에서 바라보는 관점으로서 박광기에 따르면, 통일이란 통합을 성취시키는 행위와 과정으로 이해된다. 그는 통일이라는 과정을 통하여 조건을 성취하게 되면 통합이 이루어질 수 있다고 본다(박광기, 1998: 36).

또한 에치오니(Etzioni)도 통합을 이루는 행위와 과정으로 통일을 설명하고, 이 경우 정치통일과 정치통합을 구분하여 정치통일을 과정으로 설명하고, 정치통합을 조건이 성취된 상태로 인식한다(이상우, 1983: 319). 이러한 개념에 따라 한반도 문제를 접근할 경우, 남북한이라는 두 개의 개별적 정치적 단위가 하나의 정치적 단위로 합쳐지는 정치적 통합의 경우, 통합의 개념 중에서도 가장 달성하기 어렵고 또한 그 결과의 영향이 매우 크다고 할 것이다. 통합을 달성하기 위하여 제도적 통합, 정책의 통합, 사회적 통합, 의식의 통합, 그리고 문화적 통합 등이 정치적 통합과 더불어 이루어지거나, 적어도 다른 분야의 통합이 선행되어야 할 것이다. 특히 통합이 통일의 과정을 통해 제반조건이 성숙해짐으로써 달성할 수 있는 것이라고 한다면, 정치적 통합을 이루기 위해서는 먼저 정치적 통일을 달성하는 것이 필요하다고 할 수 있다. 따라서 정치적 통일을 달성하기 위한 정책적인 고려는 그대로 한반도 문제의 해결에 대한 정책적인 우선순위로서 자리매김하게 된다(이정식 엮음, 1993: 771~772). 그리고 이러한 관점에서 본다면, 정치적 통일을 달성한 선발국가들이 통일 이후의 문제점을 극복하고, 민족동질성과 공동체 형성을 위해 다방면에서 공동의 목표를 설정하고 자발적으로 노력을 진행하는 통일 이후의 과정을 통합 과정에 포함시킬 수 있을 것이다.

그러나 박광기에 따르면, 남북한의 경우 분단 이전에 하나의 정치적 단위를 이루고 있었기 때문에 서로 다른 정치적 단위가 합해지는 통합의 개념으로서가 아니라 '재통일(reunification)'이라는 개념으로 받아들일 수 있다. 특히 남북 분단이 자율적이 아니라 타율적으로 이루어진 점을 강조하고 냉전체제의 틀 속에서 남북한관계를 설명할 경우, 한반도 문제는 통일이나 통합의 일반적인 개념에서가 아니라 '재통일'의 개념으로 이해되어질 수 있다는 것이다. 그러나 한반도 문제를 단순히 '재통일'의 개념으로 이해할 경우, 한국과 북한이 각각 추구하고 있는 통일정책의 근본적인 차이를 발견하게 된다. '재통일'은 분단 이전의 정치적 상태가 하나의 공통된 단일 정치단위를 바탕으로 하여 통일에 대한 당위성이나 필요성을 기저로 한반도가 통일되어야 하며, 분단 이후 서로 적대적인 정치체제를 문제시하지 않을 경우 그 가능성을 찾을 수 있을 것이다. 특히 통일방식에 대한 남북한의 기본입장이 상이한 상태에서는 더욱이 '재통일'의 가능성이 희박해지고 있다(박광기, 1998: 36).

그런가 하면, 통합과 통일 중 과연 어느 것을 더 높은 단계로 규정할 것인가의 문제도 있다. 나이(Joseph S. Nye)의 정의에 따르면, 통합이란 "여러 부분들을 하나의 전체로 만들거나 상호의존성을 갖게 만드는 것"이다.6) 이러한 개념 규정에 따르면 통합은 '최고의 상태가 통일'인 통일 이하의 결합상태이며, 전체적인 차원이나 부분적인 차원 모두에 적용될 수 있는 개념이라고 할 수 있다. 즉 가장 완성된 통합형태가 통일이며, 분야별 통합은 부분적 통일을 의미한다. 따라서 통합은 통일을 성취하는 과정에서 나타나는 결합상태라 할 수 있다.

마찬가지로 이종석도 통일을 통합보다 한 단계 높은 것으로 파악한다. 그는 통일이 근본적으로 정치적 주권공동체의 형성을 전제로 한다는 점에서 그것을 '정치적 주권의 융합이 전제되는 종합적인 결합상태'로 규정하고, 통합은 그와 상관없이 분야별 혹은 부분적으로 종합된 결합상태를 의

---

6) Joseph S. Nye, "Comparative Regional Integration: Concept and Measurement," *International Organization,* Vol.22.(1968), p.858. 이종석, 『분단시대의 통일학』(한울, 1998), 16쪽 재인용.

미하는 개념으로 사용한다. 이렇게 되면, 통합은 각 방면에서 남북이라는 상이한 두 개의 공동체가 일원적인 관계로 결합하는 것이며, 통일은 제반 분야에서 통합이 이루어져 분열된 두 주권체제가 하나의 국가를 구성하는 것으로 규정할 수 있다는 것이다. 즉 통일은 지금의 분단된 상태를 극복하고 "하나의 민족국가 속에서 하나의 민족공동체를 형성하면서 살아가는 상태를 창출하는 일"로 규정하고, "모든 방면에서 남북의 주민이 하나의 삶의 양식과 정신문명을 공유하는 것을 의미한다"고 본다. 반면 통합이란 "여러 부분들을 하나의 전체로 만들거나 상호 의존성을 갖게 만드는 것" 으로 규정한다. 따라서 통합은 통일 이하의 결합상태이며 부분적일 수도 있는 반면 통일은 전체적이고 최고 수준이라는 것이다(이종석, 1998: 15~ 17). 이처럼 그는 정치통합을 우리가 흔히 통일이라고 여기는 것과 동일시 한다. 단지, 유념해야 할 점은 제반분야에서의 완벽한 통합이 이루어진 경우만을 통일로 상정해서는 안 된다는 점이다. 즉 남북간에 정치적 주권 이 어느 정도 융합상태에 이른 경우, 우리는 그것을 통일이라고 칭할 수 있다는 것이다.

하지만 이러한 구분에 대한 반론도 있다. 김영명에 따르면 이종석의 이러한 구분은 두 가지 문제점을 안고 있는데, 하나는 일반 상식적인 용례 와 어긋난다는 점이다. 즉 우리는 통일을 생각할 때 주로 국토통일과 정치 -군사적 통일을 연상한다. '경제통일', '사회통일', '문화통일' 등의 용어 를 사용하지는 않는다는 것이다. 전 영역적 민족공동체의 완성을 생각하 지는 않는다는 것이다. '민족통일'보다는 오히려 '민족통합'이 그런 이미 지를 갖는다. 다른 하나는 만약 통일이 그러한 전 민족적, 전 영역적, 최고 수준의 단일한 공동체를 지향하는 것이라면, 이는 첫째 불가능할뿐더러 둘째 바람직하지도 않다는 점이 강조되어야 한다는 것이다(김영명, 1999: 33). 정치통일은 가능하고 바람직하지만 사회통일과 경제통일은 무엇을 뜻하는지 불분명하거나 다원주의와 민주주의 원칙에 위배되는 국수적, 집 단주의적, 권위주의적 체제를 연상시킨다는 것이다. 한반도 현실에서 통일이 심도의 면에서 더 강하기는 하지만, 통합이 영역의 면에서는 더 넓은 것으로 파악하는 것이 옳다는 것이다.

한편, 통일과 통합을 '민족통일', '민족통합', 그리고 '국가통일' 등 다양한 개념의 비교를 통해 별도의 각도에서 접근하는 시각도 존재한다. 일반적인 인식으로 통일은 주로 국토통일과 정치적인 통일로 받아들여진다. 서대숙에 의하면, 지금까지 통일(unification)이라는 개념은 정치현상의 표현이었다. 가령, 남북한에 있어 그것은 대한민국과 조선민주주의인민공화국이 하나가 되어 백두산에서 한라산까지 우리 민족의 영토 내에 정부가 하나밖에 없다는 말이다. 이러한 통일은 물론 중국대륙의 국공내전이나 베트남 전쟁에서 중공과 월맹이 승리한 것, 또는 동독의 붕괴로 인해 한쪽 정부가 없어지고 다른 쪽 정부가 그 나라의 모든 것을 소유하고 존속시킨다는 말이다(서대숙, 1999: 12). 그 반면 통합은 보다 포괄적이고, 이런 의미에서 통합은 통일을 포함한다. 통합은 정도의 문제이고, 통일은 가부간의 문제이다. 통합은 완전한 일치의 상태를 상정하기보다는 사회, 심리, 문화, 경제가 덜 통합되거나 더 통합되거나 하는 정도의 문제라는 것이다.

이상우는 '통일'은 남북한이 하나의 통일국가를 형성하게 되는 상태로 단일정부, 단일영토, 단일 법체제, 단일 정치체제를 갖춘 조직체로 되는 것을 의미하고, '통합'은 각 영역 체제의 단일화, 즉 제도, 규범, 추진체의 단일화를 의미한다고 본다. 또 '민족통일'은 민족구성원의 생활권 통합과 의식통합이 이루어진 상태이고, 정치통합, 경제통합 등 다른 영역에서의 통합이 이루어지지 않아도 민족통일이라고 할 수 있다고 한다. 반면 '국가통일'은 단일 주권체가 형성되고, 단일헌법이 존재하며, 하나의 정부가 대외주권과 대내주권을 가지게 되는 상태를 의미한다고 한다(이상우, 1995: 284~285).

김혁에 따르면, 통합은 사전적으로 "관계지어 하나로 모음"으로 정의되고 통일은 "나누어진 것들을 합쳐서 하나로 만듦"으로 정의된다면서, "우리에게 적당한 개념은 통합이 아니라 통일"이라고 주장한다(김혁, 1997:

66~67). 과거에는 하나의 민족, 하나의 국가를 이루고 있다가 분단이 되었지만, 다시 하나로 된다는 의미에서 통일이 적합하다는 것이다.

한편, 통일과 통합에 대한 방법론에 대한 다양한 접근법들도 제기된 바 있다. 서대숙은 통합이론(integration theory)에 있어서 전제조건을 세워서 통합을 단계적으로 추진하라는 통합방법론(precondition/step-by-step method)과, 통합은 때와 여건에 따라 취급해야 한다는 방법론(transactional flows), 그리고 합의할 수 있는 것부터 먼저 시작하여 점차 복잡한 통합에까지 발전적으로 해결해 나가라는 발전적인 통합이론(developmental integration)을 소개한다.[7] 하지만 그에 따르면, 이러한 통합이론에는 그것을 구상해 낸 사람과 그 사람이 속한 나라의 정치문화와 가치관이 엄연히 나타난다(서대숙, 1999: 11). 때문에 일반적으로 국외에서 소개되는 통합이론들은 그들의 경험적 환경인 서양의 가치관에 입각한 이론들이 주류를 이루고 있는 관계로, 한반도의 분단과 통합의 문제를 설명하기에 적합하지 않은 면이 존재한다.

통일 후의 민족통합은 제도적 통일보다 어쩌면 더 어려운 작업이 될지도 모른다. 때문에 서대숙은, 우리 민족의 통합을 일반적인 통합이론이나 방법론에서 찾기보다는 우리 민족문화가 반영된 정치문화(political culture)에서 찾자는 주장을 제기한다(서대숙, 1999: 13). 그런가 하면, 선학태는 남북한 통합을 상이한 체제를 지닌 두 개의 국가를 극복하고 하나의 또는 유사한 체제 속에서 민족공동체를 형성하는 일로 규정한다. 그는 수렴적 체제 통합전략에 의거하여 남북한 통합을 창출하는 해법을 찾고자 하는데, 이는 남북한 체제개혁을 통한 체제수렴화의 시도와, 하나의 민족공동체를 형성하기 위한 정치적, 사회경제적 통합을 단계적으로 제도화하는 문제로 집약된다(선학태, 2004: 324).

이상의 연구들에서 비교 검토된 개념들은 대체로 한반도 문제, 즉 남북

---

7) 통합론에 대한 연구들로는, Etzioni(1965); Haas(1964); Haas ed.(1989) 참조.

<표 1-2> 통일과 통합에 관한 견해의 비교

| 관계 | 개념 | 학자 |
|---|---|---|
| 통일<통합 | 통합은 과정으로서, 이는 통일보다 넓은 의미로 쓰이는 개념 | 구영록(1974) |
| 통일<통합 | 통일의 과정을 통하여 조건을 성취하게 되면 통합 | 박광기(1998) |
| 통일<통합 | 통일은 통합을 이루는 행위와 과정 | 에치오니(Etzioni, 1965) |
| 통일>통합 | 통합은 통일을 성취하는 과정에서 나타나는 결합상태 | 나이(Nye, 9168) |
| 통일>통합 | 통합은 통일이하의 결합상태 vs. 통일은 전체적, 최고 수준의 상태, 정치적 주권이 융합된 결합상태(정치통합) | 이종석(1998) |
| 통일<통합 | 전체적인 통일(사회통일, 경제통일, 문화통일 등)은 불가능, 바람직하지 않음 | 김영명(1999) |
| 통일<통합 | 통합은 통일을 포함, 통합은 정도의 문제 vs. 통일은 가부간의 문제 | 서대숙(1999) |
| 통일<통합 | 통일은 남북한이 하나의 통일국가를 형성하게 되는 상태 vs. 통합은 각 영역의 체제 단일화 상태 | 이상우(1995) |
| 통일 | 통일은 나누어진 것들을 합쳐서 하나로 만듦 vs. 통합은 관계지어 하나로 모음(통일이 타당함) | 김혁(1997) |
| 통합 | 통합은 상이한 체제의 두 국가를 극복하고 하나의 또는 유사한 체제 속에서 민족공동체를 형성하는 일 | 선학태(2004) |

한의 분단과 통일의 시각에 적합한 개념을 원용하기 위한 차원에서 정리한 내용들로서, 분단을 극복한(혹은 극복하려는) 여타의 다른 국가들의 사례에 과연 어느 정도 설명의 적실성이 있는지는 검증되지 않고 있다.

대부분의 연구자들은 통일과 통합이라는 두 현상 간에는 다른 역학이 존재한다고 본다. 예컨대, 통합은 국가를 기본단위로 하는 반면에, 통일은 민족(nation)을 분석단위로 하고 있으며, 통합에는 다양한 하위체제 혹은 기능의 결합현상이 존재할 수 있지만 통일은 오직 국가만이 그 대상 혹은 객체로 여겨진다고 주장한다.

일반적으로 정치통합이란, "한 집단이 하나의 정치체제를 가지는 것"

으로 규정된다. 이는 단일한 국가체제와 정치제도를 형성하여 단일한 민족국가를 형성하고 이에 대한 국민의 귀속감을 형성하는 것이다. 이를 제도적인 차원에서 보면, "하나의 헌법체계를 가지게 되는 상태"라 할 수 있다(이상우, 1993: 54). 이는 우리가 흔히 통일이라고 부르는 것이다. 민족통합은 여기에다 국민적 일체감의 형성, 사회-경제제도의 단일화, 문화적 동질화를 포함한다. 민족통합의 전제조건은 통일과정과 통일 이후의 민족 내부 갈등이 국가적·문화적 일체감을 손상시키지 않을 정도로 해소되거나 통제되는 것이다. 따라서 민족 전체가 문화적·사회적으로 반드시 동질적이어야 한다는 말은 아니다. 기본적으로 민족통합의 기준은 국가기구의 통일과 문화적 일체감의 형성이라고 볼 수 있다(김영명, 1999: 35).

지금까지의 논의를 통해 일반화할 수 있는 정의는, 분단국가의 '통일'은 하나의 주권, 하나의 국가체제를 완성하는 것을 말하며 여기에는 두 주체 간의 정치적인 합의와 실천의지를 필수적인 조건으로 한다. 반면, '통합'은 부문별·기능별 상호의존도를 끌어올리는 단계를 의미하며, 이는 곧 정치적 통합인 하나의 주권을 필수적인 전제로 하지 않는 미시적이고 행태적인 일체화를 뜻한다. 하지만 양자를 엄격하게 다른 것으로 구별하기보다는 통일논의에 이 양자관계를 제대로 정립시켜 적절하게 병용할 필요가 있을 것이며, 타국의 분단 극복의 경험적 사례에 관한 접근에서는 특히 통일과 통합의 개념이 유연하게 적용될 필요가 있을 것이다.


■ 참고문헌

구영록. 1974. 「통합이론에 관한 연구: 통합의 유형과 갈등」. ≪국제정치논총≫. 제13~14집.
김세균. 1993. 「통일과정의 정당성과 남북한의 체제개혁」. 『통일한국의 새로운 이념과 질서 모색』. 한국정치학회 발표자료집.

김영명. 1999. 「민족통합을 보는 정치학적 관점」. 한림대 민족통합연구소 『민족통합과 민족통일』. 한림대학교출판부.

김준희. 1986. 「분단국가이론에서 본 한반도의 장래」. 양호민 외 엮음. 『민족통일론의 전개』. 형성사.

김혁. 1997. 「한반도 통일을 위한 대안적 이론체계의 모색: 인식론과 방법론을 중심으로」. ≪통일경제≫, 3월호. 현대경제사회연구원.

김홍명. 1993. 『분단의 우상』. 사계절.

도진순. 2001. 『분단의 내일 통일의 역사』. 당대.

박광기. 1998. 「한국의 통일정책: 통일인가, 통합인가?」. 조찬래 외 엮음. 『남북한통합론』. 대왕사.

서대숙. 1999. 「민족통합의 개념과 방향」. 한림대 민족통합연구소. 『민족통합과 민족통일』. 한림대학교출판부.

선학태. 2004. 『갈등과 통합의 정치』. 심산.

송광성. 「분단국 사례연구의 새 방법론 모색」. http://blog.naver.com/xanthousboy/3 0001213202. 2005.12.20. 검색.

이상우. 1983. 『국제관계이론』. 박영사.

_____. 1993. 「남북한 정치통합: 전망과 과제」. ≪국제문제≫ 제24권 제3호. 국제문제조사연구소. 1993년 3월호.

_____. 1995. 『함께 사는 통일』. 나남.

이정식 엮음. 1993. 『정치학』. 대왕사.

이종석. 1998. 『분단시대의 통일학』. 한울.

전득주. 2004. 『세계의 분단사례 비교연구』. 푸른길.

정용석. 1992. 『분단국 통일과 남북통일』. 다나.

조찬래 외 공편. 1998. 『남북한통합론』. 대왕사.

진덕규. 1984. 「분단사회의 민족주의론」. 이홍구 외 엮음. 『분단과 통일 그리고 민족주의』. 박영사.


Bastid, S. 1966~1967. *Cours de droit international public*. Paris.

Caty, Gilbert. 1969. *Le statut juridique des Etats divide's*. Paris.

Etzioni, Amitai. 1965. *Political Unification*. New York: Holt, Rinehart and Winston.

Haas, Ernst B. 1964. *Beyond the Nation State*. Stanford: Stanford University Press.

Haas, Michael(ed.). 1989. *Korean Reunification: Alternative Pathways*. New York: Praeger.

Henderson, Gregory. 1971. "North and South Korea." Steven L Spiegel and Kenneth Waltz(eds.). *Conflict in World Politics*. Cambridge Mass: Winthrop.

Henderson, Gregory et al. 1974. *Divided Nations in a Divided World*. New York: David Mckay Company, Inc.

Hennessey, John Russell. 1989. *Partition as an Alternative to Great Power Conflict: The Case Studies of Germany and Korea*. Ann Arber; U.M.I. Dissertation Information Service.

Munch. 1962. "A propos de la question allemande." dans *Journal du droit international*.

Pounds, Norman J. 1964. "History and Geography: A Perspective on Partition." *Journal of International Affairs* XI III(April).

Nye, Joseph S. 1968. "Comparative Regional Integration: Concept and Measurement." *International Organization*. Vol.22.

# 제2장

# 독일의 사례

김학성

# 1. 분단의 과정

독일분단은 제2차세계대전의 패전과 연이어 발생했던 냉전의 산물이다. 독일은 1945년 5월 8일 연합국에 무조건 항복함과 동시에 전승 4대 연합국 군대의 군정당국에 의한 분할점령 통치를 받게 되었다. 독일의 분할점령은 2차세계대전이 끝나기 전에 이미 연합국들에 의해 결정되어 있었다. 즉 유럽자문단(EAC: European Advisory Commission)이 마련한 '런던 의정서'(1944년 9월 12일)[1]와 '통제기구 설립에 관한 협약'(1944년 11월 14일)을 통해서 미국, 소련, 영국의 세 연합국은 독일의 분할점령을 합의했으며, 이는 1945년 2월 얄타회담에서도 재확인되었다. 애초 얄타회담에서는 분할점령이 아니라 독일의 분리 해체(Zerstückelung) 문제가 논의되었다. 미국은 독일이 더 이상 유럽의 문제아가 될 수 없도록 만들기 위해 분리해체를 제안한 것이었다. 이에 대해 스탈린은 처음에는 깊은 관심을 표명했으나, 곧바로 분리 해체를 반대함에 따라 그 논의는 없었던 일이 되었다.

스탈린이 반대한 이유는 무엇보다 전체 독일을 소련의 영향력 아래 두려는 의도에서 나온 것이었다. 이를 위해 그는 독일의 공산화 또는 최악의 경우 인민전선전술이 효력을 가질 수 있는 중립화된 독일이라는 구상을 가졌음이 분명하다. 그의 의도 및 구상은 직접적으로는 전승 4대국의 '포츠담회의' 결정에 따라 신설된 연합국 외무장관회의에서 나온 몰로토프(Molotov)의 발언 및 주장을 통해서, 간접적으로는 소련점령지역(SBZ, 즉 동독지역)에서 공산당 세력의 확장과 반파쇼·민주정당 통일전선(Antifa-

---

1) 미국, 영국, 러시아가 합의한 런던의정서의 주요 내용은 ① 1937년 12월 31일자를 기준으로 독일국경선을 확정하고 이에 따라 분할점령지역을 결정, ② 베를린의 공동 관리, ③ 전승 4대국 점령군 사령관들의 최고 협의체로서 '통제위원회'의 설치였으며, 프랑스의 분할점령 참여는 얄타회담에서 결정되었다(Gesamtdeutsches Institut, 1985a: 4~5).

Block)의 단일정부수립운동 과정에서 입증된다. 서방연합국들은 이러한 스탈린의 의도를 간파하고 소련의 요구를 수용하지 않음으로써 상호 대응과 맞대응이 거듭되는 가운데 동·서독 정부가 각각 수립되었다. 이후 동·서 블록 대결구조의 형성과 더불어 동·서독이 각각 블록에 가입하면서 독일분단은 마침내 고착화되었다.

### 1) 1945~1949년: 소련의 독일 공산화 시도와 미국의 저지

전후 독일 문제에 대한 소련의 의도는 파리에서 개최되었던 제2차 연합국 외무장관회의(1946년 4월 25일~7월 12일)에서 가시화되기 시작했다. 미국의 국무장관 번스(J. Byrnes)가 빠른 시간 내 독일과 연합국 간 평화조약을 체결할 것을 제의하자 소련 외상이었던 몰로토프는 독일정부가 수립된 후 평화조약을 체결해도 늦지 않다는 입장을 취했다. 이와 관련하여 향후 독일정부의 형태에 대한 논의에서 미국과 영국은 연방국가(Bundesstaat) 구조를, 프랑스는 보다 느슨한 형태의 국가연합(Staatenbund)을 대안으로 제시한 데 대해 몰로토프는 독일민족에게 정부형태의 선택권을 주어야 한다고 주장했다. 이러한 소련의 입장은 독일민족의 자결권 보장이라는 형태를 띠고 있지만, 그 이면에는 독일에서 공산당이 정권을 장악하기 이전에 평화조약의 체결을 막으려는 의도가 숨겨져 있었다(Hartl & Marx, 1967: 181). 제2차 회의에서 소련의 주 관심사는 전쟁배상금의 확보에 있었다. 소련은 100억 달러 보장을 재차 요구했으나, 서방연합국은 이를 거절했다.

서방연합국은 1945년 후반기 독일의 소련점령지역 및 동유럽에 대한 소련의 점령정책이 공산화 및 팽창주의적 성격을 띠고 있음을 직시하고 1946년에 들어오면서 소련을 견제하기 시작했다. 미국의 대소정책 변화는 1946년 5월 미국의 독일점령지에서 소련으로 전쟁배상물 반출 금지를 필두로 동년 9월 미 국무장관 번스의 소련에 대한 경고(Hartl & Marx,

1967: 198),[2] 그리고 마침내 1947년 초 트루먼 독트린과 마샬 플랜으로 이어졌다. 이러한 상황에서 제4차 연합국 외무장관회의(1947년 3월 10일~4월 24일)가 모스크바에서 개최되었다.

제4차 회의의 핵심의제는 독일정부 수립과 관련한 것이었다. 몰로토프는 연방주의를 도입하여 독일의 패권주의 발흥을 구조적으로 막으려는 서방연합국의 의도를 비난하고, 연방정부 형태는 독일의 민주화를 저해할 것이라고 주장했다. 그는 대신에 정치적·경제적 통일체를 보장하는 임시독일정부를 구성할 것을 제안했으며, 서방연합국도 기본적으로는 이에 찬성했다. 그러나 임시독일정부 구성을 위한 협의위원회(Konsultativrat) 구성을 둘러싸고 이견이 대립되었다. 서방연합국들은 각주에서 선출된 대표들로 구성하자고 주장한 데 반해, 소련은 정당 및 민간단체의 대표들로 구성할 것을 요구하고, 파시스트 및 비민주적 정당과 단체는 배제되어야 한다고 주장했다. 여기서 소련의 의도는 분명히 드러났다. 즉 몰로토프가 요구하는 임시독일정부는 다름 아닌 인민민주주의적 기반을 가져야 한다는 것이었다. 제4차 회의도 양측의 팽팽한 의견 대립 속에 어떠한 합의도 없이 끝났다.

마샬 플랜으로 미·소 갈등이 첨예화되고 소련은 '두 개 진영이론'과 코민포름 창설을 통해 동유럽의 블록화를 꾀하는 가운데 1947년 11월 25일부터 12월 15일까지 런던에서 제5차 연합국 외무장관회의가 개최되었다. 여기서도 몰로토프는 연합국이 제안한 연방제 구조의 독일정부수립에 반대하고, 대신 루르지역 통제에 소련의 참여, 1947년 초부터 발효된 미국과 영국 점령지의 '공동 경제지역(Bizone)' 해체, 구독일제국의 대기업 해체 및 재산의 국유화, 100억 달러 전쟁배상금 보장 등을 요구했다. 제5차 회의도 결실 없이 폐회되었고 서방연합국과 소련의 의견대립은 독일 문제

---

2) 번스는 소련의 과도한 전쟁배상금 요구를 비난하고, 4개 독일분할점령지의 통일에 대한 소련의 반대의지 포기를 종용했다. 특히 미국은 독일의 경제적 통일 유지를 위해 모든 노력을 기울일 것이라고 천명했다.

에 대한 합의가능성을 불투명하게 만들었다. 마침내 서방연합국은 소련과의 대화는 무의미하다고 판단하고, 소련을 배제하고 베네룩스 3국과 함께 독일 문제를 논의하기로 합의했다. 이에 따라 1948년 2월 런던에서 6국 회담이 개최되었다. 여기서 합의된 주요내용은 첫째, 서부독일의 군정을 종식하고 안보 문제를 제외한 국권을 독일연방정부에 이양, 둘째, 서부독일지역에서 입헌의회 구성, 셋째, 독일 국경선의 재설정 등이었다(Hartl & Marx, 1967: 219).

소련은 런던 6국회의에 대해 강력히 반발하는 가운데 동년 3월에 개최된 통제위원회 회의 중 소련대표 소코로프스키가 퇴장함으로써 독일에 대한 전승 4대국의 공동통치는 사실상 종식되었다. 또한 동년 7월 소련은 런던 6국회의에 대응하는 형태로 동유럽국가 외무장관을 바르샤바로 모아놓고 소련의 독일정책을 지지하는 결의를 유도했다. 여기서는 런던 6국회의의 결정 취소를 비롯하여 과거 독일 문제에 대한 몰로토프의 주장을 반복하는 내용이 결의되었다(Hacker, 1983: 390).

소련은 런던 6국회의에 대한 보복으로 서부독일에서 서베를린으로 향하는 육상통로를 봉쇄하기 시작했다. 베를린 봉쇄는 서방연합국이 런던 6국회의의 결정을 번복하도록 압력 수단으로 활용하려는 의도의 산물이었다. 그러나 서방연합국은 베를린 봉쇄를 강력히 항의하고 이 문제를 UN에 상정했다. 마침내 미국은 소련과 협상을 통해 베를린 봉쇄를 해제하는 대신 연합국 외무장관회의를 다시 개최하자는 소련의 요구를 받아들임으로써 1949년 5월 베를린 봉쇄가 해제되었다(Hartl & Marx, 1967: 231).

미국과 소련의 합의에 따라 1949년 5월 23일 파리에서 제6차 연합국 외무장관회의가 개최되었다. 여기서 소련은 독일 문제를 처음으로 다시 돌려놓자는 제의를 했다. 즉 독일 문제에 대한 통제위원회의 위상을 부활시키자는 것이었다. 그리고 소련이 주장했던 임시독일정부안을 포기하고, 전체 독일의 단일경제권 운영을 위해 '전 독일 국가위원회(gesamtdeutscher Staatsrat)'의 설치를 제안했다. 이미 서부독일지역에서는 1948년 가을부터 '입헌의회준비위원회(Parlamentarischer Rat)'가 구성되어 헌법초안을 작성 중이었으며, 소련점령지역에서도 '독일인민위원회(Deutscher Volksrat)'가 별개의 헌법초안을 심의한 상황에서 소련의 제안은 현실성을 전혀 갖지 못한 것이었다. 따라서 서방연합국은 소련의 제안을 일축했고, 제6차 회의도 결실을 맺지 못했다.

독일에서 인민민주주의적 기반을 가진 단일정부 수립을 관철시키려는 소련의 노력은 비단 서방연합국과의 협상에만 국한되지 않았다. 소련점령지역 내의 공산주의세력 및 '반파쇼·민주정당의 통일전선'을 사주하여 '민주적 단일정부수립' 운동을 전개함으로써 서방연합국에 압력을 행사했다. 제4차 연합국 외무장관회의(모스크바)에서 독일 문제에 대한 합의가 이루어지지 못했을 뿐만 아니라 미·소 갈등이 첨예화되기 시작하자 소련은 1947년 3월 사회주의통일당(사통당 SED)을 통해 '단일정부 구성을 위한 국민적 결정'을 촉구하고, 소련점령지역을 중심으로 전 독일에 걸쳐 단일정부수립 운동에 돌입했다. 서부지역의 보수정당 대표들도 동년 3월 중순 독일의 장래를 논의하기 위해 전 독일 정당대표를 베를린으로 소집하려 했으며, 공산당과 사민당도 무조건 참석의사를 밝혔다. 그러나 소련점령지역 내 사민당과 공산당의 합당결정을 반대한 서부지역의 사민당이 공산당과의 대화를 거절하는 바람에 회의는 무산되었다.

사통당은 기회가 주어질 때마다 단일정부 수립을 선전하는 데 혈안이 되었다. 대표적인 예로서 동년 6월 전 독일지역의 경제 문제를 논의하기 위해 뮌헨에서 개최된 전 독일 주 수상 회의를 들 수 있다. 당시 서방연합국 점령군당국은 연합국의 고유권한임을 들어 단일정부 수립에 대한 의제선택을 금지했다. 그러나 소련점령지역의 주 수상들은 회의개최 하루 전에 서부지역 주 수상들에게 독일 중앙정부의 수립을 역설하고, 회의가 시작되자 되돌아갔다. 단일정부 수립운동은 11월 '통일과 정의로운 평화를 위한 독일인민회의(Deutscher Volkskongreß)'를 구성하면서 본격화되었다. 서부지역 정당은 참가를 거부했기 때문에 대부분의 대표들은 소련점령지역과 서부지역의 좌파들로 이루어졌다.[3] 이 회의는 제5차 런던 연합국 외무장관회의와 때를 맞춘 것으로서, 비록 무산되었지만 런던으로 대표를 파견하자는 결의를 채택했다. 이러한 사실은 독일 공산당을 활용하여 서방연합국에 압력을 가하려는 소련의 의도를 입증해 주는 증거이다.

소련의 단일정부 수립 주장을 선전하는 선동조직의 역할을 수행하던 '독일민족회의'는 1948년 3월 제2차 회의를 통해 새로운 조직을 탄생시켰다. 제2차 회의에서 SED는 전 독일을 대표하는 '독일 인민위원회' 구성을 제안했다. '독일 인민위원회'는 이후 독일헌법초안을 심의하는 등 독립적인 국가건립을 준비하는 기구로서 역할을 담당하였다. 이를 통해 소련이 독일분단을 미리 대비하고 있었다는 사실을 알 수 있다.

1949년 8월 서부지역에서 연방의회 선거를 통해 서독정부가 수립되자, 독일지역 소련군사행정부(SMAD)는 1949년 10월 7일 제3차 독일인민회의(1949년 5월15일 개최)에서 선출된 독일인민위원회를 임시 인민의회 (Volkskammer)로 전환하고 헌법을 발효시킴과 동시에 정부 수립을 선포했다. 이상의 동·서독 별개 정부 수립과정은 외견상 서방연합국의 조치에 대한 소련의 대응 형태를 보이고 있으며, 이를 근거로 소련은 동독정부 수립이 서독정부 수립에 대한 자구책이었다고 주장했다. 그러나 서방연합국의 입장에서는 서독정부 수립은 소련이 정치·이념·경제적 차원에서 소련점령지역을 소비에트화하는 데 대한 정당한 대응이었다.

## 2) 1949~1955년: 동·서 블록 형성과 분단의 고착화

동·서독 정부 수립 직후 소련은 분단의 책임을 서방연합국에 전가하는 동시에 수시로 독일통일을 요구하는 선전공세를 펼쳤다. 이에 대해 서방

---

3) 총 참가자 수 2,879명 가운데 664명만이 서부독일지역을 대표했다(Weiß & Weiß, 1975: 25). 또한 당시 동부지역 기민당의 지도자였던 카이저(J. Kaiser)는 참가를 거부했으며, 그 결과 그는 소련군사행정부(SMAD)에 의해 서부지역으로 추방됐다.

연합국과 서독정부는 자유총선을 통한 독일통일에 언제든지 응할 용의가 있다는 사실을 밝혔다. 그러나 동독정부는 총선의 전제조건으로서 외국주둔군의 철수 및 모든 정당과 대중단체의 참가를 허용할 것을 전제로 내거는 등 전술적 대응으로 일관했다. 양 정부의 지루한 공방 끝에 1951년 11월 서독은 UN에 독일의 자유총선을 위한 조사단 파견을 요청했고 UN 총회는 소련의 반대에도 불구하고 조사단 파견을 결정했다. 그러나 소련 통제단(SKK)은 UN 조사단 입국 요청을 묵살함으로써 조사활동은 실현될 수 없었다.4)

독일통일을 요구하는 소련 및 동독의 선전전술과 서독 및 서방연합국의 대응은 한국전쟁의 발발을 계기로 새로운 국면에 접어들게 되었다. 한국전쟁은 이미 논의되기 시작했던 유럽방위공동체 형성을 촉진시킴으로써 서독의 재무장 가능성을 높였고, 독일과 프랑스 간의 유럽석탄철강공동체(ECSC) 형성논의를 필두로 서독의 서유럽통합을 가속화했기 때문이었다. 이러한 상황에서 개최된 1951년 3월 연합국 외무차관회의에서 소련은 '포츠담회의'의 합의사항을 내세워 독일의 재무장 금지, 독일과의 평화협정체결 및 독일에서 외국군 철수, 유럽에서 4대강국의 군축 등을 제안했다. 그러나 서방 측은 소련의 제안을 거부하고, 독일통일과 평화조약은 동전의 양면이기 때문에 자유총선에 의한 독일통일이 선행되어야 한다고 주장했다. 또한 독일과의 전쟁상태는 종결되었다는 점을 소련에게 분명히 밝혔다(Hartl & Marx, 1967: 279~280).

1950년 가을 이래 코메콘 가입, 동유럽 외무장관회의 참여 등을 통해서 동독은 동유럽블록에 거의 완전하게 통합된 것이나 다름없게 되었다. 이에 대응하여 서방연합국은 서독과 '독일조약(Deutschlandvertrag)'을 체결(1952년 5월 26일)하고, 서독을 유럽방위공동체 조약(1952년 5월 27일 체결)에 포함시키기로 결정했다. 양 조약의 체결이 임박한 1952년 3월 소련

---

4) 소련통제단은 동독정부 수립 직후 독일지역 소련군사행정부를 그대로 이름만 바꾼 것이다(Hartl & Marx, 1967: 288~290).

은 서방연합국에 소위 '스탈린 각서'를 보냈다. 여기서 소련은 독일과 평화조약 체결을 서둘러야 함을 강조하고, 평화조약안을 첨부했다. 각서의 주요 내용은 과거 소련의 주장을 반복한 것으로서, ① '포츠담회의' 정신에 입각하여 민주적·평화적인 통일독일 정부 수립, ② 군사동맹을 포함하여 어떠한 형태의 동맹에도 통일독일의 참여 금지, ③ '포츠담회의'에서 결정된 독일국경 준수, ④ 통일독일은 최소한의 방위력을 보유 가능 등이었다(Kleßmann, 1982: 464~465). 특기할 사항은 스탈린 각서에는 자유총선에 대한 언급이 전혀 없었다는 점이다. 이러한 내용들을 종합해 볼 때, 소련의 의도는 서독의 서유럽블록 가입을 저지하고, 통일독일의 중립화를 통해 궁극적으로는 독일의 공산화를 추진하겠다는 것이었다. 이후 소련과 서방연합국 간에 네 차례의 각서 교환이 있었으나, 어떠한 결론도 내리지 못했으며, 독일조약과 유럽방위공동체 조약은 예정대로 체결되었다.

1953년 스탈린의 사망과 동독 노동자 봉기를 겪은 후, 소련은 다시금 서방연합국에 독일 문제와 관련한 외교적 공세를 시작했다. 1953년 8월 서방연합국에 넘겨진 소련의 각서는 전 독일의 자유총선 실시를 양해하겠다는 내용을 담고 있었다. 그러나 소련은 자유총선의 전제조건으로 먼저 임시독일정부 구성을 요구했다. 소련이 제시한 임시독일정부 구성안에는 계산된 전략이 숨겨져 있었다. 즉 소련은 선거과정에서 국제기구의 선거 감시를 배제할 것과 정당뿐만 아니라 민주적 대중단체의 참석도 보장해야 한다고 요구했다(Hartl & Marx, 1967: 317~318). 이를 통해 소련은 애초의 의도를 결코 포기하지 않았음이 분명히 드러났다. 실제로 동독노동자 봉기를 경험하면서 소련은 자유총선을 통해 독일공산당이 통일독일의 정치적 주도세력으로 발돋움하기란 거의 불가능하다는 사실을 깨달았다. 그러므로 소련이 조건 없는 자유총선을 인정할 리가 없었다. 이후 수차례의 각서교환 끝에 소련과 서방연합국은 베를린에서 연합국 외무장관회의를 다시 개최하기로 합의했다.

1954년 2월 18일 개최된 연합국 외무장관회의에서 서방연합국은 독일

문제와 관련하여 영국 외무장관 에덴(Anthony Eden)의 계획을 소련에게 제시했다. 에덴 계획에 따르면, 독일통일은 5단계를 거쳐 독일통일과 평화조약 체결과정을 거치게 되어 있었다. 즉, ① 독일에서 자유총선 실시, ② 총선을 통해 민족회의 구성, ③ 민족회의에서 헌법 및 연합국과의 평화협상을 준비, ④ 헌법 승인 및 정부 수립, ⑤ 평화조약의 체결 및 효력 발생이다(Hartl & Marx, 1967: 322~325). 그러나 소련은 이를 거부하고, 과거와 다름없이 임시독일정부 수립 및 총선 실시를 주장했다. 베를린 회의 역시 성과 없이 결렬되자, 소련은 이에 대한 대응 차원에서 곧바로 동독의 주권회복을 선언했다.

이제 서독이 서유럽안보동맹에 통합되는 것을 더 이상 막을 수 없는 현실을 직시한 소련은 통일공세를 포기하고 '두 국가이론'에 입각하여 독일분단을 인정하게 되었다. 그 대신 소련은 새로운 형태의 외교공세를 펼쳤다. 뜻밖에도 소련은 서독의 북대서양조약기구(NATO) 가입을 제안하고 대신 전 유럽국가가 참여하는 유럽집단안보조약의 체결을 서방연합국에 요구했다. 이는 스탈린 사후 '새로운 노선'에 따른 소련 외교정책의 방향전환이란 맥락에서 이해될 수도 있다. 그러나 미국은 유럽에서 미국의 영향력을 배제하려는 소련의 팽창주의 외교전략으로 간주하고 소련의 제안을 일축했다.

1954년 8월 프랑스 의회가 유럽방위공동체 조약비준을 거부함으로써 유럽방위공동체의 형성이 무산되자 서방연합국은 NATO의 틀 속에서 서독의 안보를 보장하는 대안을 마련했다. 동년 10월 서방연합국은 파리에서 회동하여 서독의 NATO 및 서유럽동맹(WEU) 가입을 승인했다. 파리조약은 비준을 거쳐 1955년 5월 발효되었고, 서독은 재무장과 서유럽안보동맹체제 가입을 통해 비로소 주권을 회복했다. 소련은 파리 조약이 발효하자 곧바로 바르샤바조약기구(WTO)를 창설하고 동독을 가입시켰다. 동·서독이 각각 양대 군사동맹체제에 가입하고 주권을 회복했다는 사실은 마침내 독일분단의 확정을 의미하는 것이었다. 이후 동·서독의 정치·

경제·사회 체제는 각각 소련화(소비에트화)와 미국화의 길을 걷게 되었다. 차이가 있었다면, 서독의 미국화는 자발성에 따라 이루어진 데 반해 동독은 강요된 소비에트화를 받아들이지 않을 수 없었다는 것이다.

## 2. 분단시기 동·서독 관계

분단에서 통일에 이르는 전 기간에 걸쳐서 양독 관계는 적지 않은 굴절을 거듭했다. 그러나 1960년대 후반부터 양적·질적 측면에서 대체로 확대·발전하는 추세를 보였다. 이러한 과정에는 동·서독의 정치·경제·사회적 상황과 동·서 블록 관계가 주요 결정요인으로 작용했다. 양독 관계는 독일지역 내외부의 상황변화와 맞물려 변화를 거듭했으며, 이 변화과정은 크게 네 시기로 구분해 볼 수 있다. 시기 구분의 기준으로는 1961년 베를린 장벽의 설치, 1972년 동·서독 기본조약 체결, 1982년 서독 기민당 정권의 출범과 함께 이루어진 동·서독 관계의 확대를 들 수 있다.

### 1) 1950년대: 독일분단의 고착화

1949년 동·서독의 독자적 정부 수립 이후 1961년 베를린 장벽의 설치에 이르기까지 동·서독의 국내정치 및 양독관계는 전후 유럽정치의 재정립 과정과 직접적으로 연계되어 있었으며, 그 가운데 분단의 성격이 결정되었다. 아데나워를 수반으로 하는 서독정부는 정책의 초점을 전후 경제복구와 민주 및 자유주의 정치질서의 확립에 두었다. 아데나워는 서독정부가 독일을 대표하는 유일한 합법정부임을 내세우고, 민주적 정통성을 결여한 동독을 인정하지 않았다. 그는 자유민주주의를 위협하는 어떠한 형태의 통일도 원하지 않았기 때문에 1952년 독일의 중립화 통일을 제의한 소련의 '스탈린 각서'를 거부하고, 그 대신 경제복구와 자유민주적 정치질서의

정착을 보장할 수 있는 철저한 서방으로의 통합정책을 추진했다.[5]

한편 소련 점령군의 치하에서 비민주적으로 탄생한 동독정부는 소련의 지원하에 1950년대 중반까지 독일의 통일을 강력히 주장했다. 소련은 팽창주의적 정책에 입각하여 전 독일을 자국의 영향권하에 포함시키고, 중·장기적으로 독일의 공산화를 기도했다. 그러나 소련과 동독정권은 1953년 동독 노동자들의 '6월 폭동'을 경험하면서 자신들의 통일요구가 서독 측에 수용될 경우 국민적 지지부족으로 인하여 통일과정에서 공산세력의 입지가 매우 불리하게 전개될 가능성을 실감하게 되었다. 이러한 상황에서 서독의 재무장과 NATO 가입 및 서독의 주권회복을 결정한 1954년 파리 조약을 계기로 소련과 동독은 통일을 강조하는 대신 동독주권에 대한 국제법적 보장을 요구하기 시작했다. 또한 NATO에 대항하기 위해 소련의 주도 아래 동독을 포함하는 WTO가 창설되었다. 그 결과 1950년대 중반 동서유럽의 블록 대결이란 틀 속에서 양 독일의 분단은 기정사실화되었으며, 독일 문제는 이후 동서관계의 시험대 역할을 떠맡게 되었다.

서독정부의 동독불인정 정책하에서 동·서독 간 정부 차원의 공식접촉은 거의 이루어지지 못했다. 다만 전후 4강의 점령통치 기간 동안에도 단절되지 않았던 점령지역 간 민간 차원의 경제 및 인적 교류는 양독정부의 출범에도 불구하고 제한적이나마 지속되었다. 특히 경제교류의 중요성에 비추어 양독 정부는 1951년 예외적으로 '경제 및 무역에 관한 베를린 협정'을 체결했다. 베를린 협정은 양독 간의 특수관계를 강조한 서독의 입장과 내독경제교류를 통한 경제적 이익과 의미를 확보하려는 동독의 이해관계가 서로 부합했기 때문에 성사될 수 있었다.

독일분단의 고착화에도 불구하고 베를린의 법적 지위는 여전히 불분명했다. 동독은 1949년 헌법에서 동베를린을 수도로 공포한 데 반해, 서베를린은 민주적 선거를 통해 자치적 행정체제를 갖추고 서독정부와의 긴

---

5) 아데나워의 독일정책에 대해서는 김학성(1995: 29~40) 참조.

밀한 관계를 유지함에도 불구하고 점령국의 반대로 인하여 법적으로 서독의 영토로 귀속되지 못했다. 서방의 전승 3국은 1952년 서독과 독일조약을 체결(1954년 일부 개정, 1955년 발효)함으로써 서독에서의 점령통치 종식과 서독의 주권 회복을 보장했다. 그러나 이 조약의 제2조에서 서방 3국은 베를린을 포함하여 독일 전체에 대한 기존의 권리와 책임을 그대로 보유할 것이라고 명시했다.6) 독일조약에 명시된 기존의 국제조약의 유효성에 대해서는 소련도 동감했다. 그렇지만 소련은 동베를린을 동독의 영토로 인정하는 이중적 태도를 보였다. 다만 소련과 동독은 1958년까지 서독과 서베를린의 밀접한 관계에 대해서는 대체로 큰 이의를 제기하지는 않았다.

베를린 문제는 1958년 11월 흐루시초프가 서방 3국에 보낸 소위 '베를린 통첩(Berlin-Ultimatum)'을 계기로 새로운 국면에 접어들게 되었다. 여기서 소련은 기존의 점령체제(Besatzungsregime)를 종식하고 서베를린을 동독에게 넘겨줄 것을 일방적으로 통보했다.7) 서방 측은 이를 거부하고 서베를린에 대한 자신들의 보장을 재확인했다(Bundesministerium für inner-deutsche Beziehungen, 1971: 442). 각서교환을 통한 몇 차례의 공방 끝에 베를린 문제를 둘러싼 양측의 갈등을 해소하기 위해 1959년 여름부터 제네바에서 전승 4강국과 동·서독 대표가 참가한 가운데 국제회의가 개최되었다. 협상의 진행과정에서 소련은 서베를린을 비무장 자유도시로 만들 것을 새로이 제안했지만, 서방 측은 이를 거부했다. 제네바 협상이 무산되면서 베를린을 둘러싸고 새로운 위기가 형성되었다.

---

6) 이 조항은 이후 독일 문제에 대한 '유보권(Vorbehaltsrecht)'이란 이름으로 남아 있었으며, 독일통일이 '2+4' 조약과 같은 국제적 결정이 필요했던 것도 여기에 근거했다.

7) Bundesministerium für innerdeutsche Beziehungen(1971: 19) 참조. 소련의 통첩 배경에는 서방의 동독 인정과 서독의 군비, 특히 핵무장 가능성에 대한 통제 의도가 있었다.

## 2) 1960년대: 베를린 위기와 정치적 관계개선의 태동

1960년대와 더불어 시작된 베를린 위기는 동·서독관계를 최악의 상태로 몰아넣었다. 특히 베를린 위기를 빌미로 동독정권이 서독주민의 동독 방문을 엄격히 제한하는 데 대해 서독정부도 대응조치를 마련했다. 1960년 9월 말 서독정부는 1951년 체결된 베를린 협정의 파기를 일방적으로 통보했으며, 또한 내무성을 주축으로 동년 10월에는 「입국 및 출국에 관한 법」이 마련되었다.8) 이 법은 일견 서독을 방문하는 모든 외국인 내지 여행자에게 적용되는 것처럼 보이지만, 실제로는 동독정권의 여행통제에 대한 보복 조치의 일환이었으며, 동시에 방문을 가장한 동독의 간첩활동을 견제하려는 의도의 산물이었다.

그러나 서독정부는 동·서독 인적 교류를 통제하려는 의도를 가진 것은 아니었다. 1960년 12월에는 내독무역을 재개했으며, 또한 「입국 및 출국에 관한 법」도 서독 기본법에 명시된 기본권의 침해 여부를 두고 격렬한 논의가 이루어진 끝에 입법조차 되지 못했다. 이는 서독의 대동독 강경정책이 인적 교류에 미칠 부작용을 우려한 결정이었다. 냉전적 논리에 따른 이러한 종류의 강경책은 이후 통일에 이르기까지 서독정부에 의해서는 두 번 다시 시도되지 않았다.

1969년 사민당 정부의 출범 이전까지 서독정부는 동독 불인정 정책을 고수했다. 그러나 1963년에 출범한 에르하르트(L. Erhard) 정부와 1966년 기민당과 사민당의 대연정(Grand coalition)은 아데나워 식의 강경한 독일 정책을 계속 고집하지는 않았다. 에르하르트 정부는 베를린 장벽의 설치를 계기로 분단에 의한 동독주민들의 고통을 최소화시키기 위해서 비정부

---

8) 비밀리에 작성된 이 법의 초안에 따르면, 국가반역죄를 비롯한 서독의 형사법에 저촉되는 행위, 외국주둔군의 지위 혹은 이들 군대가 규정한 형사법에 저촉되는 행위, 그리고 서독의 자유민주주의 질서를 위협하는 행위 등을 저지른 자에 대한 서독 출·입국을 금지하는 것이 주요 내용을 이루고 있다(*Bundesarchiv*, B137/2505).

적 차원의 관계 발전이 필요하다는 사실을 절감했다. 이에 따라 서독정부는 동독에 대한 경제적 지원 용의를 밝히고, 인도주의적 차원에서 동독의 대응을 기대했다. 뿐만 아니라 당시 야당이었던 사민당은 동방정책 및 독일정책의 전면적 재검토를 요구하기 시작했으며, 이는 에곤 바(Egon Bahr)의 '접근을 통한 변화(Wandel durch Annährung)'로 대변되었다.[9] 사민당의 정책노선은 대연정의 출범과 함께 서서히 반영되기 시작했다. 예컨대, 비록 성사되지는 못했지만, 1967년 서독 총리 키징어(K. G. Kiesinger)가 동독 수상 슈토프(W. Stoph)에게 경제협력과 문화교류의 강화를 요구하는 서한을 보냄으로써 양독 간 관계정상화를 위한 협상이 모색되었던 것이나 1968년 할슈타인 독트린의 사실상 포기는 대표적 사례로 손꼽을 수 있다.

이러한 서독정부의 독일정책 변화는 단순히 국내정치적 요인에 따른 것이라기보다 국제환경 변화에 대한 적응과정에서 나온 것이었다. 1960년대 동·서 긴장완화가 가시화되는 상황에서 아데나워 식의 일관된 동독 불인정 정책과 '선 독일문제 해결, 후 동·서 평화공존' 논리는 긴장완화 분위기를 저해하는 동시에 서독 우방국들의 대공산권 관계개선을 방해함으로써 서독의 동맹정책에도 장애요인으로 등장했다. 따라서 이러한 외교적 난관을 돌파하기 위해서 동방정책 및 독일정책에 대한 수정은 불가피했다(Ludz, 1974: 47~49).

베를린 장벽을 설치함으로써 양독관계의 악화를 초래한 동독정권은 서독의 동·서독 관계 개선 요구에 대한 반대급부로 한편으로는 서독의 동독불인정 정책 포기를 강요하고, 다른 한편으로는 경제적 이익을 확보하려는 이중적 정책을 추구했다. 이는 1963년 동·서 베를린 주민들의 상호방문 재개를 위해 서베를린 시당국과 동독정부 간에 이루어진 '통과사증협정'과 동·서

---

9) '접근을 통한 변화'의 주목표는 당장의 통일보다 예측할 수 없는 먼 장래에 가능할 통일의 그날까지 최소한의 민족적 동질성을 유지하며 정치적·경제적으로 동독주민들이 인간다운 삶을 영위할 수 있도록 동독 내부의 환경을 조성케 하는 것이었다(Bahr, 1991: 11~17 참조).

독 당국 간에 비공식적으로 이루어진 정치범 석방거래에서 입증된다.

동독정권이 통과사증협정을 수용하게 된 구체적 내막에 대해서는 자세히 알려진 바가 없지만, 그 동기는 비교적 자명하다. 무엇보다 동독정권은 이 협정을 동·서독 간 국제법적 조약의 형태로 발전시킴으로써 서독 및 서방국가들의 동독 불인정 정책을 극복하거나 적어도 동독의 국제적 위상을 높이려는 동시에 이 협정을 통해 서베를린을 서독과는 별개의 독립된 정치적 단위로 간주하는 자신의 입장을 강화하려 했다(Mahncke, 1973: 222). 이에 대해 서베를린 시당국은 이 협정이 국제법적 조약이 아닌 단순한 행정협정임을 내세움으로써 동독의 의도를 차단하려 했다. 양측의 이견은 협정문에서 분명히 드러난다. 즉 양독은 "정치적·법적 견해 차이에도 불구하고 양측은 인도적 사안을 실현시키기 위해" 협정을 맺는다고 밝히고 있다. 여기서 서베를린 시당국은 동베를린이 동독의 수도임을 인정하는 양보를 대가로 소위 '구제조항(die salvatorische Klausel)'을 삽입시키는 데 성공했다.[10] 그러나 서독정부가 동독불인정 정책을 포기하지 않자, 1966년 10월 새로운 통과사증협정 체결 과정에서 동독정권은 구제조항을 트집 잡아 더 이상의 협상을 거부하였다.

베를린 장벽의 설치 이후 급격히 감소했던 동·서독 주민의 상호방문은 1963년부터 다시 회복되기 시작했다. 그 배경에는 서독정부의 동독에 대한 경제적 혜택 보장이 중요한 요인으로 작용했다. 1965년 4월 서독은 동독회사에 대해 최초로 장기융자를 제공함으로써 인도주의적 차원의 교류에 대한 동독정권의 호응을 유발시켰다. 정치범 석방거래는 동·서독 관계에서 경제적 의미를 단적으로 보여주는 예이다.[11] 특히 1960년대 후반기로 들어

---

10) 구제조항이란 협정문에 명기된 "[이 협정은] 지역, 당국, 그리고 공적 기관의 표기에 관한 어떠한 합의도 목적으로 하지 않는다"라는 문항을 의미한다. 협정문안은 Gesamtdeutsches Institut(1985: 37) 참조.

11) 동독정치범의 석방거래(Freikauf)는 1963년부터 양독 간에 비밀리에 추진되었다. 서독 측은 분단 직후부터 정부와 민간 차원에서 소련점령하에 전범 혹은 반사회주의적 행위로 인하여 재판을 받은 정치범들을 석방시키기 위해 노력을 보여왔다. 서독정부

오면서 동독이 양독관계의 개선을 경제적 혜택의 한 수단으로 간주하기 시작했음은 분명해진다. 이 사실을 뒤집어보면, 서독의 대동독 경제 지원은 양독관계의 유지 및 발전을 위한 지렛대로서 자리 잡게 되었다.

### 3) 1970년대: 동·서독관계의 활성화

1969년 출범한 브란트(W. Brandt)의 사민당(SPD) 정부는 신동방정책을 채택함으로써 기존의 정책적 틀을 대폭 수정했다. 브란트 정부의 독일정책 기조는 1963년 사민당의 이론가인 에곤 바가 주창했던 소위 '접근을 통한 변화'로 대변될 수 있다. 이에 따라 서독정부는 동독불인정 정책을 포기하는 대신 '1민족 2국가' 원칙 아래 동독을 사실상(de facto) 인정하는

---

는 특히 1955년 전독문제성 산하에 '사법보호국(Rechtsschutzstelle)'을 창설하여 본격적인 활동을 벌였다. 이 부서는 동독 변호사와의 연계를 통하여 동독 형사법정에서 이루어지는 재판과정을 비롯하여 사면신청에 이르기까지 정치적 박해를 받는 동독 형사범에 대한 법률적 구조에 주력했다. 이 과정에서 1962년 동독정권이 물질적 대가를 조건으로 정치범의 석방 용의를 서독 측에 타진해 오면서 본격적인 동독정치범 석방거래가 이루어지게 되었다. 서독 측에서는 내독성의 장관과 담당자 일부만이 참여했으며, 동독 측에서는 검찰청과 비밀경찰의 연계 속에 검찰총장이었던 슈트라이트(Josef Streit)가 대표자의 자격을 가졌으나 직접 나서지 않고 대리인을 내세워 모든 협상이 진척되었다. 그 대리인으로서는 동·서베를린에서 변호사자격을 동시에 인정받은 포겔(Wolfgang Vogel)이 활약했으며, 그의 역할은 1989년 통일 때까지 지속되었다. 정치범 석방 거래는 정부의 공식 차원이 아닌 변호사를 통한 거래였기 때문에 양독 간의 정치적 관계에 큰 영향을 받지 않을 수 있었다. 1963년 말 거래조건에 대한 어려운 협상 끝에 8명의 동독 정치범이 베를린을 통하여 서독으로 넘어왔으며, 첫 거래에서는 동독 측의 요구에 따라 34만 DM이 현금으로 지불되었다. 그러나 이후 계속될 대규모의 정치범 석방에 대한 대가를 비밀리에 조성하여 전달하기가 불가능했기 때문에 양측은 새로운 지불방법을 모색했고, 대안으로서 서독 개신교의 동독 개신교단에 대한 원조 통로를 이용하기로 합의를 보았다. 교회사업으로 위장된 정치범 석방 거래는 1964년과 1965년에는 상당액의 현금과 동시에 일부 열대과실들로 지불되었으나, 이후 주로 석유를 비롯한 천연자원과 일부 서독산업품이 대가로 제공되었다. 보다 자세한 내용은 초기 정치범 석방 거래의 서독 측 최일선 담당자의 Rehlinger(1991) 참조.

정책노선을 채택하고, 동독과 우편 및 통행 문제에 관한 협상을 필두로 동독, 소련 및 동유럽국가들과의 포괄적 관계개선을 추진하기 시작했다. 1970년 두 차례에 걸친 동·서독 정상회담(3월 19일 동독의 Erfurt, 5월 21일 서독의 Kassel), 독·소 불가침조약(8월 12일), 그리고 서독과 폴란드의 국교 정상화(12월 7일) 등은 신동방정책의 구체적 실천 결과들이었다. 특히 카셀에서 열린 동·서독 정상회담에서 브란트는 20개 항에 이르는 대동독 요구를 통하여 동·서독 간의 평화, 교류·협력 강화, 베를린 문제의 정상화 등을 역설했다.[12]

사민당 정부의 대동독 관계개선 정책은 1971년부터 가시적 성과를 보이기 시작했다. 예컨대 동·서 베를린 간의 전화통화가 재개되기 시작했으며, 양독 간 우편교류 및 전화통신에 관한 의정서가 합의되었다. 특히 주목할 점은 신동방정책의 바탕위에 동·서 유럽 간 긴장완화 분위기가 성숙됨으로써 1971년 9월 3일 베를린 문제의 정상화를 위한 4강국 간 '베를린 협정'이 체결되었다는 사실이다. 이 협정을 통해서도 베를린의 법적 지위가 명확하게 규정되지는 못했지만, 적어도 베를린 상황의 근본적 안정은 도모될 수 있었다. 뿐만 아니라 이 협정에 의거, 동년 12월 '민간인과 물자의 서독과 서베를린 간 통과교통에 관한 동·서독 정부 간 협정'과 '여행 및 방문의 완화와 개선에 관한 서베를린 시당국과 동독정부 간 협정'이 체결될 수 있었다. 특히 서베를린 시당국과 동독정부 간 협정은 베를린 장벽의 설치 후 10년 만에 서베를린 주민들이 동독지역(동베를린 포함)을 비교적 자유로이 왕래하도록 보장했다는 점에서 의의가 매우 크다.

양독 간 정치적 관계의 정상화는 1972년에 체결된 양독 간의 통행협정과 기본조약을 통해서 마침내 실현되었다. 이를 바탕으로 동·서독은 교류·협력의 활성화를 위한 분야별 협정 내지 의정서를 체결하고, 협정들의 이행을 위한 실무급 위원회를 구성하여 수시로 회동함으로써 교류·협력

---

12) 브란트가 요구한 20개 항에 대해서는 "Dokumentation: Das Gespräch von Kassel" (1970: 623~624) 참조.

의 확대를 꾀할 수 있었다.13)

물론 1970년대 초 동·서독 관계의 개선이 쉽게 성사된 것은 아니었다. 동독정권은 애초 서독 및 서방의 동독에 대한 온전한 법적(de jure) 인정이 보장되지 않을 경우 동·서독 기본조약을 수용할 수 없다는 입장이었다. 그러나 당시 유럽에서의 평화공존을 절실히 바랐던 소련의 압력에 동독정권은 굴복할 수밖에 없었다.14) 이후 동독정권은 서독과 분야별 교류·협력을 위한 대화에 응하는 한편, 양독 교류·협력의 증가가 동독에 미칠 영향에 대해 우려함으로써 대서독 차단정책(Abgrenzungspolitik)을 추진했다. 동독정권의 우려는 양독 문화분야 협상의 부진에서 단적으로 드러난다. 경제적·인도적 사안과 달리 문화분야의 교류·협력은 정치적·이념적 성격을 강하게 내포하고 있기 때문에 동독 측으로서는 쉽사리 응하기 힘들었다. 따라서 1973년에 시작된 문화분야의 협상은 1975년 이후 결렬상태에 놓이게 되었으며, 1980년대에 들어와서야 비로소 본격적인 진전을 보게 된다.

양독 교류·협력의 영향에 대한 우려에도 불구하고 동독정권이 교류·협력의 활성화에 응한 배경에는 몇 가지 이유가 있다. 첫째, 양독 관계를 활성화시킴으로써 동독정권은 동독의 국제적 위상을 제고할 수 있었다. 1973년 영국 및 프랑스와의 국교정상화, 동·서독 UN 동시가입, 1974년 미국과의 국교정상화 등의 예에서 보듯이 서독의 동독에 대한 사실상 인정은 동독과 서방국가들 간의 관계개선을 가능케 함으로써 동독은 마침내 국제사회의 명실상부한 일원이 될 수 있었다.

---

13) 이와 관련 양독은 통과여행의 문제를 해결하기 위한 통과위원회(Transitkommission), 통행조약의 준수 및 보완을 위한 통행위원회(Verkehrskommission), 그리고 양독 국경에서 발생하는 제 문제를 해결하기 위한 국경위원회(Grenzkommission)를 상설적으로 운영하였으며, 이외에도 군축, 국경근접지 방문, 환경 문제, 국경지역 자원의 공동개발, 문화재 반환 등과 관련하여 전문가들 간의 수시접촉이 있었다(Bundesministerium für innerdeutsche Beziehungen, 1988a: 130~131).

14) 소련의 압력은 1971년 동독 공산당(SED)의 서기장이 울브리히트(W. Ulbricht)에서 호네커(E. Honecker)로 교체된 사실에서도 간접적으로 증명된다. 이 과정에 대해서는 Griffith(1978: 200~209) 참조.

둘째, 양독 교류·협력의 활성화는 동독에게 경제적 이익을 보장했다. 동독은 비단 내독 무역뿐만 아니라 비상업적 차원의 교류·협력을 통해서도 서독으로부터 경화(hard currency)를 획득할 수 있었다. 예컨대 서독과의 우편 및 전화통화료, 통과도로 및 철로 사용료, 방문객의 비자신청비, 서베를린의 폐기물 처리비, 국경지역의 환경보호 관련 비용 등을 비롯한 각 분야의 교류를 통해서 서독으로부터 외화를 확보하였다. 더욱이 동독은 교류·협력에 응함으로써 이에 대한 대가의 성격이 강한 서독의 차관을 보장받을 수 있었다.

셋째, 동독정권은 서독 및 서방으로부터 국가로 인정을 받음으로써 과거에 비해 어느 정도 자신감을 가지고 내독관계에 응할 수 있었으며, 내독교류를 통해서 동독주민의 체제에 대한 불만을 부분적으로 해소하려고 했다. 즉 동독정권은 내독 교류를 사회적 불만의 통풍구로 활용하려고 했다.

이러한 배경요인이 내독관계의 활성화로 직결될 수 있었던 것은 무엇보다 서독정부의 현실주의적 독일정책 덕분이었다. 특히 1974년 서독 총리가 된 슈미트의 현실주의적 접근태도는 주목할 만한 가치가 있다. 그는 통일을 향한 전제조건이 양 독일에 존재하지 않는 상황에서 통일논의는 무의미하다고 주장하고, 통일여건의 조성 차원에서 내독관계의 실질적 개선에 초점을 맞춘 독일정책을 일관되게 추구했다(Pittman, 1992: 66~72). 이 과정에서 서독은 동독정권에게 내독 교류·협력의 확대를 통한 경제적 이익의 보장을 확실히 인식시킴으로써 차단정책의 벽을 조금씩 완화하는 성과를 거둘 수 있었다.

### 4) 1980년대: 동·서독관계의 확대

1970년대 초 이래 점진적으로 확대·발전해 온 내독관계는 1970년대 말 미·소 간 중거리 핵미사일(INF) 협상의 결렬과 소련의 아프가니스탄 침공으로 야기된 소위 '신냉전'의 난관에 봉착했다. 특히 중거리 핵미사일 문제와 관련한 NATO의 '이중결정'15)과 1980년 초 폴란드 사태는 동·서유럽 간의 군사적 긴장을 고조시켰으며, 이는 양대 블록 대결의 첨병적 위치에 있는 동·서독의 안보에 심각한 위협을 가져다주었다.

신냉전의 기류 속에서도 동·서독은 자국의 안보와 직결된 유럽 평화유지의 필요성에 대해서는 공감대를 형성했다. 이는 1981년 슈미트와 호네커(Erich Honecker)의 정상회담에서도 확인된 바이다. 그럼에도 불구하고 동독정권은 신냉전 기류를 내독관계에서 자신의 입지를 강화하는 기회로 활용하고자 했다. 1980년 내독관계의 정상화를 요구한 호네커의 게라(Gera) 연설에서 그러한 의도가 분명히 드러난다.16) 그가 말하는 정상화는 동·서독의 '특수관계'를 일반 국가 간의 관계로 변경할 것을 의미한다. 서독정부는 이 요구를 일축하고, 대신 내독관계의 정상화는 기본조약의 정신에 입각한 인적 교류의 정상화를 뜻한다는 입장을 분명히 밝혔다.

신냉전으로 인한 내독관계의 냉각에도 불구하고 동·서독은 내독관계를 통해 얻을 수 있는 각자의 안보와 경제(특히 동독에 해당)적 이익을 도외시하지는 않았다. 1982년 서독의 정권교체 이후 콜(Helmut Kohl)의 기민당 정부가 과거 사민당 정부의 신동방정책적 기본틀을 그대로 유지한 것도 그 맥락에서 이해할 수 있다. 서독정부는 신냉전에 따른 안보적 위협에 대응하기 위해서 무엇보다 동맹정책과 동방 및 독일정책 사이에 균형을 유지할 필요성을 절감했다. 따라서 콜은 1970년대 자신의 당이 절대 반대했던 동방정책과 기본조약을 인정했을 뿐만 아니라 내독관계의 발전을

---

15) 1979년 나토 회원국들은 앞으로 4년간 소련과의 중거리 핵미사일 감축회의를 지속할 것이라는 결정과 만약 이것이 실패할 경우 미국의 중거리 핵미사일인 Pershing II를 서유럽에 배치할 것이라는 결정을 동시에 채택했으며, 이 맥락에서 '이중결정 (Doppelbeschluß)'이라고 말한다.

16) 호네커가 요구하는 정상화 조건은 네 가지로 요약된다. 첫째, 서독은 동독의 국적권을 인정할 것, 둘째, 서독 잘쯔기터(Salzgitter) 소재 동독정권의 범죄행위 기록보관소를 철폐할 것, 셋째, 본과 베를린에 있는 상주대표부를 대사관 지위로 변경할 것, 넷째, 동·서독 국경에 국제법을 적용할 것이다(Bundesministerium für innerdeutsche Beziehungen, 1986: 8~9).

위해 심혈을 기울였다. 1983년과 1984년 콜 정부의 대동독 대규모 차관 제공은 내독관계를 안정시키려는 서독정부의 노력을 반영한 것이었다.

물론 콜 정부의 독일정책은 사민당의 그것17)과는 분명한 차이를 보였다. 콜 정부는 동독과 긴밀한 협력관계의 필요성을 인식하는 한편, 독일통일이 '유럽통일의 틀 속에서 민족자결과 자유를 보장하는 평화적 통일'의 형태로 이루어질 것이라는 점을 기회 있을 때마다 강조함으로써 통일에 대한 염원을 적극적으로 표출했다. 이러한 측면에서 콜 정부의 독일정책은 국내외적 안전보장의 확보에 일차적 중점을 두는 가운데 내독관계의 확대와 적극적인 통일논의를 병행 추진한 것으로 특징지을 수 있다. 이 정책은 1980년 후반 소련의 개혁정치에 힘입어 큰 성과를 보였다. 즉 서독정부는 한편으로 동독과 문화협정을 체결하고 1987년 호네커의 서독방문을 성사시키는 등 사민당 정부시절보다 내독관계를 더욱 확대·심화시켰으며, 다른 한편으로는 독일 문제의 미해결과 통일의 당위성을 강조함으로써 1980년대 말 동·서독 사회는 물론이고 주변 강대국에서 독일통일의 가능성이 수용될 수 있는 분위기를 조성했다.

1980년대 내독관계가 확대될 수 있었던 배경은 다양한 각도에서 분석되고 있다. 일반적으로 수긍 가능한 분석을 소개하면, 첫째, 동·서독은 1970년대의 수많은 대화를 통해서 상호 협상전략을 충분히 파악할 수 있었기 때문에 최대 목표치와 최소기대치를 상호 구분함으로써 협상의 성공 가능성이 높아졌다는 것이다(McAdams, 1989: 235).

---

17) 1970년대까지만 해도 사민당은 '먼 훗날 독일통일의 가능성'에 대한 믿음 위에 독일정책을 추진해 왔다. 그러나 1982년 정권을 상실한 이후 사민당은 통일에 대한 기대를 포기한다. 당시 신냉전을 경험하면서 사민당은 안전보장과 평화유지를 독일정책의 제일과제로 받아들이는 동시에 서독 기본법 전문에 명시된 통일명제는 더 이상 가능하지 않다는 결론에 도달한다. 이 맥락에서 사민당은 동독정권의 대서독 '안보 협력자 관계' 요구에 응함으로써 1985/86년 동독공산당과 비화학무기와 비핵무기 지대의 설치에 대한 합의서를 교환하고 1987년에는 '이념논쟁과 공동안보'에 관한 백서를 공동으로 발표했다(Jens Hacker, 1989: 60).

둘째, 내독관계의 확대는 동독정권의 이익과 직결되었다는 분석이다. 특히 다양한 차원에서 이루어진 서독의 대동독 경제원조는 1980년대 초 침체 상황에 빠져 있던 동독경제에 중요한 의미를 가졌다. 따라서 동독정권은 내독경제교류에 내재한 서독의 정치적 의도를 충분히 인식하면서도 내독관계의 확대를 거부할 수 없었다. 뿐만 아니라 동독정권은 한걸음 더 나아가 신냉전으로 인한 국제정치적 환경의 악화가 내독관계에 미칠 피해를 제한(Schadenbegrenzung)하기 위한 노력을 기울였다. 이는 호네커가 1983년 서독정부에 "이성과 현실주의의 연합(Koalition der Vernunft und des Realismus)"을 호소하고, 서독과 청소년 교류에 대한 합의, 국경지역에 배치했던 자동발사화기의 자진 철수, 비록 소련의 압력으로 성사되지는 못했지만 1984년 호네커의 서독방문 결정 등과 같은 내독관계의 개선에 적극적인 태도를 보인 것에서 단적으로 증명된다.

그러나 내독관계의 확대·발전이 서독의 대동독 경제원조에 따른 단순한 인과적 결과라고만 보기는 어렵다. 특히 1980년대 후반 소련의 개혁정치에 대해 동독정권이 반발하는 상황에서도 내독관계의 발전을 수용하는 이면에는 단순한 경제적 이득을 넘어 동독체제 내부의 문제가 얽혀있다. 1980년대에 들어오면서 동독사회의 체제에 대한 불만이 한층 고조되기 시작했다. 사회적 불만은 기본적으로 사회주의 체제 고유의 정치적 부자유에 기인하지만, 당시 경제침체 및 경제개혁의 결과로 나타난 빈부격차의 심화라는 내적 요인과 폴란드 사태 및 고르바초프의 개혁정치라는 외적 요인에 의해 증폭되었다. 동독사회의 체제불만은 두 가지 형태로 분출되었다. 적극적인 형태로는 1980년대 초 동독정권의 선전전략의 차원에서 주도된 관제 평화시위에 편승하여 나타나기 시작한 정권에 대한 사회적 저항이며(Plock, 1993: 74~80), 보다 소극적인 형태로는 주민들의 체제개혁에 대한 기대감 상실과 서독체제에 대한 동경이 복합작용에 따른 서독 이주 희망자의 증대였다.

이러한 상황에서 1980년대 중반부터 동독정권은 동독주민의 서독여행을 완화하는 조치를 취하게 된다. 동독정권은 이 조치를 통해 서독으로부터 경제적 반대급부를 계속 확보하고자 했을 뿐만 아니라, 주민의 서독이주를 완화하는 효과를 얻고자 했다. 그러나 동독정권이 개혁을 완고히 거부하는 한, 그러한 조치만으로 동독주민의 불만이 근본적으로 해소될 수는 없었다. 특히 소련 개혁정치의 여파가 1987년경부터 반체제세력의 조직화로 나타나는 가운데 동독정권의 이에 대한 탄압과 이주허가 통제는 1989년 여름 동독주민의 제3국을 경유한 대규모 서독탈출과 나아가 대규모 평화시위를 유발했고, 종국에는 동독체제의 붕괴와 독일통일로 이어졌다.


## 3. 동·서독 간 분야별 교류·협력

### 1) 사회문화 분야

동·서독 간 사회·문화분야의 교류·협력틀 속에서 이루어진 인적 접촉 및 왕래는 분단 직후부터 매우 광범위하게 이루어졌으나, 이 역시 양독 간 정치적 관계의 직·간접적 영향하에 굴절을 거듭하면서 확대·발전되는 추세를 보였다. 일반적으로 사회·문화 차원의 교류는 그 주체가 시민사회를 중심으로 기능별로 구성 및 조직된 다양한 사회단체라는 특성을 가진다. 이런 측면에서 동·서독 간 사회·문화 교류를 조명하면, 체제차이를 반영하는 교류주체의 성격차이가 확연히 드러난다. 서독의 경우에는 전후 탈나치화 및 자유민주주의 체제의 구축 과정을 통하여 시민사회가 급성장하는 추세를 보인 반면, 동독은 사회주의 체제의 확립 과정에서 시민사회의 역할이 축소되었기 때문이다. 특히 동독의 사회·문화단체들은 사회주의 문화의 확립이라는 측면에서 공산당의 사실상 지배하에 놓여 있었다. 이러한 교류주체의 성격차이는 양독 간 사회·문화분야 교류의 특징을 결정짓는 중요한 배경이었다.

물론 그러한 차이에도 불구하고 개별 분야의 기능 및 종류에 따라 협력의 범위와 정도에 있어 상당한 편차를 보였기 때문에 이에 대한 일률적 평가는 매우 어렵다. 특히 어떠한 분야의 교류가 미칠 정치적·이념적 파장의 대소 여부, 사회·문화단체의 기능과 조직적 규모 및 성격(전국적 혹은 지역적, 전 국민 대상 혹은 일부분 대상) 등에 따라 교류·협력의 발전 가능성은 차이를 보였다. 따라서 사회·문화 분야 교류의 특징을 살피기 위해서 우선 각 분야의 기능과 종류를 분류해 볼 필요가 있다.

기능적 측면에서 바라보면, 대표적인 사회·문화 교류 및 협력은 청소년, 체육, 종교, 문화·예술, 학술 등의 분야에서 가시적 성과를 거둔 것으로 평가할 수 있다. 그러나 이들 분야도 각 단체조직의 규모 및 성격과 관련하여 인적 교류를 조직적 혹은 개별적으로 추진하는 등 다양성을 보였다. 예컨대 청소년 단체 간의 교류는 1980년대 중반 이후에 비로소 활기를 띠기 시작했음에도 불구하고 비교적 많은 인원수를 가진 집단적 교류의 형태를 띰으로써 양적 측면에서 인적 교류에 기여한 바가 적지 않다. 이에 비해 문학, 예술, 학술 등의 분야는 상호 간 작품출판·공연·전시회의 측면에서는 비교적 활발한 교류가 이루어졌지만, 인적 교류 측면에서는 개별적 혹은 소규모의 접촉 및 상호방문 형태를 보임으로써 질에 비해 양적으로 낮은 수준에 머물렀다.

## (1) 종교 교류

위에서 분류한 각 분야별 교류의 특징을 구체적으로 살펴보면, 종교분야의 교류(Bundesministerium für innerdeutsche Beziehungen, 1985: 715~728)가 상대적으로 가장 활발한 활동을 기록했다. 이는 독일의 기독교 문화적 전통과 불가분의 관계를 가진다. 종교분야의 교류는 다시금 크게 신교와 구교의 차원으로 나누어진다.[18] 구교는 기본적으로 로마교황청의 감독과 보호를 받았으며, 분단에도 불구하고 기존의 교구조직이 변하지 않았기 때문에 기존의 공동체적 성격을 유지할 수 있었다. 그러나 정치성을 배제하려는 교구의 의도에 따라 카리타스(Caritas)와 같은 구호단체 활동 이외에는 동독당국과의 마찰을 야기하면서까지 사회적 활동 내지 동·서독 분단상황을 변화시키려는 적극성은 비교적 낮았다. 이에 비해 전통적으로 동독지역에서 강세를 보였던 신교의 활동은 두드러진다. 서독에 본부를 둔 독일신교연합회(EKD)는 분단초기부터 통일 문제에 지대한 관심을 표명했으며, 분단 문제와 관련 동·서독 정부 간의 의견 차이를 해소하기 위한 중개역할을 자임했다. 특히 분단 직후부터 종교대회(Kirchentag)라는 이름하에 양독지역을 망라하는 새로운 형태의 전국적 신자모임을 매년 혹은 2년마다 개최함으로써 양독 주민이 교류할 수 있는 장을 마련했다. 그러나 종교대회도 베를린 장벽의 설치 이후 중단되었다.

동독정권은 분단 이후 초기에는 종교탄압 정책을 실시했으나, 1960년대에 들어오면서 노골적인 반교회정책을 지양하고 대신 회유정책을 추진하는 가운데 동·서독 교회의 분리를 유도했다. 이에 따라 1968년 말 동독교회는 독일통합신교단체(VELK)를 결성하여 독일신교연합회로부터 독립하게 되었다. 이후 동독당국은 목회자들의 상호방문을 허용하는 등 양독 개신교회의 교류통제를 완화하는 조치를 취했다. 또한 1980년대 초 동독정권은 자신들의 대서독 평화공세의 일환으로 개신교회가 참여하는 평화운동을 장려함으로써 1960년대에 중단되었던 동·서독 합동 종교대회가 재개될 수 있었으며, 따라서 양독 신자들의 대규모 회합이 이루어졌다.

내독 인적 교류에 있어서 종교단체의 역할 중 간과할 수 없는 것은 교회 차원에서 이루어진 대동독 물질적 지원 및 인도적 차원의 지원이다. 즉 서독의 종교단체는 복지구호단체(Diakonie, Caritas)를 통하여 동독 교회 및

---

18) 1977년 통계에 따르면, 동독 개신교도의 수는 790만, 구교도는 120만에 이르렀다. 또한 주업 혹은 부업으로 종교단체(예: Diankonie, Caritas 등)에 종사하는 자의 수는 4만~5만 명 정도이며, 신부와 목사의 수는 약 6,000명에 달했다(Bundesministerium für innerdeutsche Beziehungen. 1985: 715).

주민들에게 광범한 물질적 지원을 했을 뿐만 아니라, 탈출 및 이주자들에
대한 서독 정착을 지원했다. 그뿐만 아니라 신교구호단체의 지원 창구는
정치범 석방 및 이산가족 재결합을 위한 내독 간 거래 창구로도 활용되었다.

## (2) 체육 교류

동·서독 체육교류도 종교단체의 교류 못지않게 오랜 기간에 걸쳐 광범
하게 이루어졌다(Bundesministerium für innerdeutsche Beziehungen, 1985:
1250~1261). 동독의 체육단체는 이미 소련점령 시절 '동독체육위원회
(DSA)'란 이름으로 발족되었으나, 그 역할 면에서 순수한 체육단체라기보
다는 이념교육과 직결된 사회단체의 성격을 띠었다. 따라서 분단초기 동
독체육위원회와 '서독체육연맹(DSB: 1950년 결성)'과의 교류는 정치적 의
미를 강하게 내포했다. 그럼에도 1957년 동독체육위원회가 '동독 체조
및 체육연맹(DTSB)'으로 재구성된 이후 베를린 장벽의 설치 때까지 양독
체육교류는 매우 활발하게 이루어졌다. 베를린 장벽으로 한동안 냉각되었
던 양독 체육교류는 1965년 말부터 재개되었다. 그러나 교류의 횟수는
점차 감소했으며, 1974년 양독 체육연맹이 관계개선을 위한 의정서에 합
의하면서 비로소 체육교류는 활력을 되찾기 시작했다.

체육교류에 있어서 한 가지 특징은 반드시 내독 간 차원뿐만 아니라
국제적 차원에서 접촉 및 협력이 활발했다는 것이다. 대표적인 예로서 동·
서독은 분단 이래 국제올림픽위원회(IOC)에 대한 대표권을 둘러싸고 많은
갈등을 겪는 가운데에도 1956년 코르티나 동계올림픽 이후 1964년 동경
하계올림픽까지 단일 국기와 국가 아래 단일팀을 파견했다는 것이다.[19]
비록 1968년에 동독의 국제올림픽위원회(IOC) 가입이 이루어짐으로써

---

19) 1968년 동계 및 멕시코 하계 올림픽에서는 비록 공동의 국기와 국가를 내세워 동·
   서독이 참가했지만, 단일팀으로 구성되지 않고 각각의 대표팀을 독자적으로 파견했
   다(Bundesministerium für innerdeutsche Beziehungen, 1985: 1259).

1972년 뮌헨 올림픽부터 양독이 각각 단독 출전하게 되었지만, 정치적 관계의 긴장 속에서도 올림픽에 단일팀을 파견했던 경험은 내독관계의 발전 가능성을 보여주는 좋은 예가 아닐 수 없다. 또 다른 특징은 1980년 대 중반부터 시작된 '도시 간 자매결연'을 계기로 체육인들만의 교류·협 력을 넘어 사회체육의 차원에서 일반 주민들의 교류가 활성화될 수 있었 다는 점이다.

### (3) 청소년 교류

종교와 체육교류에 비해 양독 청소년 교류는 시기적으로 늦게 시작되 었다. 서독의 연방 청소년단체 협의회(DBJR)는 일찍부터 청소년 교류의 필요성에 대해 인식하고 있었지만, 동독의 자유독일청년단체(FDJ)의 성격 으로 말미암아 성사되기가 쉽지 않았다. 자유독일청년단체는 사회주의국 가들에 공통으로 존재한 콤소몰(Komsomol)의 일종이었다. 미래 사회주의 체제를 책임지는 청소년에 대한 사회주의권의 관심이 각별했음은 주지하 는 바이다. 따라서 청소년 조직원들은 선발과정에서부터 교육에 이르기까 지 이념적으로 철저하게 무장되어 있었다. 나아가 동독의 경우에는 청소 년 단체의 장은 호네커나 크렌쯔(Egon Krenz)의 예에서 보듯이 차기 공산 당 서기장에 오를 정도로 요직이었다. 이러한 정치적 성격으로 인하여 양 독 청소년 단체의 대화 및 교류는 시민사회적 차원을 넘어서는 것으로써 양독 정부의 정치적 결단에 영향을 받을 수밖에 없었다.

양독 청소년 단체의 최초 공식적 접촉은 양자적 차원이 아닌 국제적 차원에서 이루어졌다. 즉 양독관계가 정상화되기 이전인 1967년 불가리 아의 소피아에서 개최된 제9회 세계청소년축제를 통하여 양독 단체 간에 격렬한 논쟁이 벌어졌다. 기본조약의 체결 직후 서독의 청소년단체는 동 베를린에서 개최되는 제10회 세계청소년축제에 대표단을 파견하는 용단 을 내림으로써 국제적 차원을 이용하여 양자적 접촉을 재시도하였고, 이후 비공식적이나마 양자 간의 접촉 및 대화가 있었다. 그러나 가시적 성과를 거두지 못하다가 1981년 슈미트와 호네커의 정상회담을 계기로 양 단체의 협상은 급진전하게 된다. 1982년 9월 양독 청소년 단체의 합의에 따라 양독 청소년의 상호교류가 실현될 수 있었다(Bundesministerium für innerdeutsche Beziehungen, 1985: 687; Wener Sauerhöfer, 1989: 157~159).

청소년 교류에 있어서 특징은 동독 청소년의 사상적 오염 가능성에 대한 동독당국의 심각한 우려와 깊은 관련을 맺고 있다(통일원, 1993: 646~650). 즉 청소년 교류는 단체여행의 형태를 띠었으며, 미리 짜여진 일정 및 계획표에 따라 집단적으로 움직여야 했다. 이는 서독 청소년의 동독방문 시에는 두말할 것도 없고, 동독 청소년의 서독방문 시에는 동독 측 책임자의 감독·감시의 형태로 나타났다. 또한 동독당국은 아무리 사상적 무장이 잘되었더라도 감수성이 예민한 동독 청소년들이 서독방문에서 받을 충격을 우려하여 주로 20대 중반의 기혼인 자유독일청년단체 회원들을 중심으로 서독방문단을 구성했다. 이에 비해 서독의 청년단체는 중등 및 대학의 각급 학교와 유기적 연계를 통하여 주로 15세에서 25세에 이르는 청소년들이 신청만 하면 누구나 동독을 방문할 수 있는 기회를 열어두었다. 특히 서독정부는 청소년의 동독방문이 정치·사회교육과 관련하여 생생한 체험학습의 장으로 기능할 수 있다고 생각하여 '학생·청소년·대학생의 내독간 견학 여행을 위한 지침'을 비롯한 법적 근거를 마련하고 재정적으로도 적극 지원했다.

1980년대 후반기 짧은 시간 내 집중적으로 이루어진 청소년 교류가 인적 교류의 측면에서 큰 기여를 한 것은 사실이다. 그러나 통일 이후에 증명되었듯이 청소년 교류가 민족적 문화동질성의 유지라는 측면에서는 반드시 긍정적적인 기여를 했다고 보기는 힘들다. 특히 서독 청소년들은 동독 청소년들과의 솔직하고 자유로운 대화를 가질 기회도 거의 없었을 뿐만 아니라, 동독체제의 문제점을 직접 체험하는 과정에서 상호 이해는 커녕 이질감만을 더욱 분명히 확인하였기 때문이다.

## (4) 학술 및 문화·예술 교류

학술 및 문화·예술분야에서 공식적 교류는 1986년 문화협정의 체결 이후 비로소 실현될 수 있었다. 그러나 이미 일반적인 인적 교류 — 즉 개인적 방문 및 여행 — 의 형태를 통한 비공식적 문화교류는 이미 1970년대부터 비교적 활발히 이루지고 있었다. 그러나 1970년대 당시의 교류는 대개 일방적 형태로 이루어졌다. 이는 무엇보다 문화에 대한 정치적·이념적 견해차이 때문이었다. 서독정부는 인위적 국경을 초월하는 '문화민족 (Kulturnation)'의 개념을 바탕으로 양독 간 문화적 동질성 유지를 목표로 삼았던 반면, 동독정권은 사회주의 문화의 독창성과 이념성을 강조함으로써 서독과의 문화교류를 외국과의 교류와 동일시했다. 동독의 이러한 태도 이면에는 사실상 서독과의 문화교류가 체제에 미칠 정치적 영향에 대한 고려가 더욱 결정적인 요인으로 작용했다. 동·서독 문화협정이 뒤늦게 체결된 이유는 바로 여기에 있었다.

1970년대 양독 문화교류의 특징을 살펴보면, 공연예술의 경우 비교적 활발한 교류가 있었던 데 반해, 동·서독 문학인이나 전시예술분야 종사자들의 상호 교류는 미약했다. 비록 서독에서 동독의 문학작품 출판이 급증하였고, 1977년에는 동베를린에서 서독의 최초의 공식적 전시회가 개최되기도 했지만, 이와 관련한 인적 교류는 활발하지 못했다. 이에 대한 여러 가지 이유가 제시될 수 있겠지만, 우선 문학의 경우 '그룹 47' 소속 문학가를 제외한 대다수의 서독작가들은 전후 민주주의의 정착 문제에 더욱 큰 관심을 가졌으며, 분단이란 주제는 서독의 민주화가 정착된 이후 1970년대에 들어오면서 비로소 관심의 대상으로 부각되었기 때문이다 (Korte, 1993: 448).[20] 또한 동독의 작가협회도 대체로 동독 공산당과의

---

20) '그룹 47'은 하인리히 뵐(Heinrich Böll)과 귄터 그라스(Günther Grass)를 중심으로 1947년에 결성되었으며, 이들은 분단 초기부터 정치적 분단을 문화적 동질성으로 극복할 수 있다는 신념을 가지고 작품활동을 했다.

직·간접적인 유대관계를 맺는 문학가들에 의해 주도되고, 반체제적 성향의 문학가 및 지식인들은 대개 정치범으로 구속되거나 서독으로 추방되는 상황에서 양독 작가협회 간의 공식적 교류가 이루어지기 힘들었다. 1970년대 말까지 단지 국제 펜클럽 모임을 통해 간접적인 접촉만이 있었을 뿐이며, 1981년에야 비로소 동독당국의 간접 지원 아래 양독 작가협회 간의 최초의 공식적 모임이 동베를린에서 개최되었다(Korte, 1993: 449).

동·서독 문화교류에서 상업성의 부재도 1970년대 교류 활성화의 한 가지 장애물이었다. 따라서 1980년대에 들어오면서 서독정부는 문화교류에 대한 보조금을 지불하는 등 동독에서의 활동을 장려하는 한편, 동독당국에 대해 문화교류의 상업적 측면을 인식시키기 위해 많은 노력을 기울였다. 그 결과 문화협정 이후 양독 간 점차 상업적인 문화교류에 대한 관심이 증대하게 되었고, 이에 따라 예술가들의 교류도 활발해졌다. 그러나 문화협정에 따른 학술 및 교육 차원의 인적 교류는 관심에 비해 양적으로는 미미한 편이었으며, 그나마 협력사업도 1988년 후반기부터 본격적으로 시작됨으로써 곧 이은 통일로 인하여 제대로 활성화될 기회를 갖지 못했다.

## 2) 경제 분야

### (1) 내독교역

#### ① 교역의 발전 추이

베를린 협정의 체결 이후 내독교역 규모는 지속적인 확대되었다. 특히 <표 2-1>에서 보듯이 내독교역은 1970년대에 들어와 급성장했다. 이는 전술했다시피 신동방정책의 가시적 결과였다. 각종 정책적 배려에 의해 1970년대부터 1985년까지 내독교역량은 지속적인 신장세를 나타냈고,

<표 2-1> 서독의 대동독 교역규모 발전 추이(1949~1989년)

(단위: 억 VE)

| 연도 | 반입 | 반출 | 총교역량 | 교역수지 |
|------|------|------|----------|----------|
| 1949 | 2.1 | 2.2 | 4.3 | 0.1 |
| 1950 | 4.1 | 3.9 | 8.0 | -0.2 |
| 1955 | 5.9 | 5.6 | 11.5 | -0.3 |
| 1960 | 11.2 | 9.6 | 20.8 | -1.6 |
| 1965 | 12.6 | 12.1 | 24.7 | -0.5 |
| 1970 | 20.0 | 24.1 | 44.1 | 4.1 |
| 1975 | 33.4 | 39.2 | 72.6 | 5.8 |
| 1980 | 55.8 | 52.9 | 108.7 | -2.9 |
| 1981 | 60.5 | 55.8 | 116.3 | -4.7 |
| 1982 | 66.4 | 63.8 | 130.2 | -2.6 |
| 1983 | 68.8 | 69.5 | 138.8 | 0.7 |
| 1984 | 77.4 | 64.1 | 141.5 | -13.3 |
| 1985 | 76.4 | 79.0 | 155.4 | 2.6 |
| 1986 | 68.4 | 74.5 | 142.9 | 6.1 |
| 1987 | 66.5 | 74.0 | 140.5 | 7.5 |
| 1988 | 67.9 | 72.3 | 140.2 | 4.4 |
| 1989 | 72.0 | 81.0 | 153.0 | 9.0 |

자료: Statistische Bundesamt(1990: 323).

그 규모도 동기간 동안 3.5배나 증가하였다. 이러한 성장률은 연평균 9.1%에 이르며, 물가상승률을 감안한 실질성장률도 6%에 이른다(황병덕, 1998: 16). 그러나 1980년대 중반 이후 동·서독관계가 전반적으로 양호했음에도 불구하고 동독경제의 구조적 문제로 인하여 교역성장률은 침체되는 경향을 보였다.

<표 2-2>에서 보듯이, 동·서독의 대외무역에서 차지하는 내독교역의 비중은 시간이 지나면서 점점 감소하는 추세를 보였다. 또한 내독교역의 매년 성장률은 동·서독의 대외무역 성장률에 비하면 크게 저조했다. 통계적 예를 들면, 1955년을 기준으로 1987년 내독교역량은 약 12배의 증가율을 기록하고 있으나, 같은 시기 서독의 대외무역은 19배, 동독의 대외무역은 약 36배나 증가했다(김영윤, 1995: 290). 그 이유는 비교적 자명하

<표 2-2> 동·서독의 총 대외무역에서 내독교역이 차지하는 비중

| 연도 | 내독교역량(백만VE) | 서독(%) | 동독(%) |
|------|-------------------|---------|---------|
| 1950 | 745 | 4.1 | 16.0 |
| 1960 | 2,082 | 2.1 | 10.3 |
| 1970 | 4,411 | 1.8 | 11.0 |
| 1980 | 10,872 | 2.3 | 8.4 |
| 1985 | 15,537 | 1.6 | 8.0 |
| 1989 | 15,309 | 1.4 | - |

자료: Deutsche Institut für Wirtschaftsforschung(1985: 321).

다. 서독의 경제는 구조적으로 유럽공동체 시장과 북미시장에 대한 높은 무역의존도를 바탕으로 고도성장을 기록했으며, 서독의 입장에서 내독교역은 정치적 의미를 강하게 띠고 있었기 때문이었다. 동독의 경우는 1950년 이래 코메콘 중심의 사회주의 분업체제에 편입되었고, 사회주의 체제의 비효율성에 기인하는 국제경쟁력 부족으로 인해 서방시장 진출이 매우 제한되어 있었다. 그럼에도 불구하고 서독은 소련 다음으로 큰 동독의 교역국이었다. 이에 반해 동독은 서독의 15번째 교역국이었다. 더욱이 내독교역은 동독의 총서방무역량의 10%를 차지함으로써 서독이 서방국가들 중에서는 가장 큰 무역상대국이었다.

② 교역상품의 구조

내독교역의 상품구조는 동·서독 경제의 발전수준과 결코 일치하지 않는다. 선진자본주의 국가 간의 무역에서는 높은 가공도를 지닌 완성품의 비율이 높은 것이 일반적이다. 그러나 내독교역의 경우에는 이러한 현상이 나타나지 않고, 오히려 발전도상국 간의 상품구조와 비슷하다.

동독은 내독교역에서 단지 특수한 제품만을 주로 구입하였다. 동독은 자국에서 생산되지 않거나 공급량이 따라가지 못하는 제품을 서독으로부터 구매하였다. 즉 원자재, 투자재, 반제품이 교역의 약 80%를 차지했고 중간재

<표 2-3> 내독교역의 상품 구조

(단위: %)

| | 서독에서 동독 | | | 동독에서 서독 | | |
|---|---|---|---|---|---|---|
| | 1975년 | 1980년 | 1987년 | 1975년 | 1980년 | 1987년 |
| 농·수·임산물 | 0.7 | 0.5 | 0.4 | 11.9 | 7.4 | 5.8 |
| 광업·에너지 | 9.4 | 16.4 | 6.4 | 2.7 | 2.8 | 2.2 |
| 원자재·생산재 | 48.9 | 36.5 | 36.9 | 36.4 | 50.0 | 43.8 |
| 투자·자본재 | 23.3 | 26.5 | 36.4 | 10.2 | 11.5 | 15.3 |
| 소비재 | 8.6 | 8.6 | 10.1 | 32.1 | 23.3 | 27.8 |
| 식료·기호품 | 7.8 | 10.4 | 8.2 | 6.0 | 3.8 | 4.0 |
| 기타 | 1.3 | 1.1 | 1.6 | 0.6 | 1.2 | 1.1 |
| 합계 | 100.0 | 100.0 | 100.0 | 100.0 | 100.0 | 100.0 |

자료: Bundesministerium für innerdeutsche Beziehungen(1988b: 131).

를 비롯한 최종완성제품의 비율은 상대적으로 낮은 편이다. 이에 반해 동독의 반출품목으로는 석유화학분야의 가공제품이 가장 높은 비중을 차지했고, 다음으로는 섬유와 의류 등 경공업 소비제품이었다(<표 2-3> 참조).

1970~1980년대 내독교역의 특징은 첫째, 원자재·생산재와 투자재 부문이 주요거래 품목이었다는 점이다. 이 중에서도 동독은 서독의 투자재, 특히 기계류를 주로 구입했으며, 석유가공제품을 많이 반출했다. 동독은 원유수입을 위한 외화가 부족했기 때문에 서독으로부터 원유를 반입한 후 가공하여 일부는 내수로 사용하고 대부분은 다시 서독으로 반출했다. 이러한 형태의 교역은 수입에 의존할 수밖에 없었던 비철금속분야에서도 마찬가지로 나타난다.

둘째, 소비재 부문의 교역에서는 동독이 상대적 우위를 지니고 있었다. 동독의 입장에서는 소비재 수출이 외환 획득의 중요한 수단이 되었기 때문이다. 서독은 동독소비재 수출량의 20% 정도를 차지하여 소련 다음의 두 번째 소비재 수출시장이 되었다.

셋째, 농·수·임산물과 식료품의 비중도 비교적 높았다. 농산물 및 식료품 교역은 다른 상품의 교역과 마찬가지로 서독경제에는 커다란 의미가 없으나, 동독에게는 외환획득의 중요한 수단이었다. 한 가지 특기할 것은 동독의 농·수·임산물의 부가세 면세요율이 다양했기 때문에 동독은 세율이 낮은 품목을 집중적으로 반출했다.

③ 교역 제도

1949년 프랑크푸르트 협정, 1951년 베를린 협정, 1961년 베를린 협정의 확대개정을 거치면서 내독교역 제도는 점차 정착되었다. 이에 따라 내독교역에 적용된 주요 제도들의 특징을 열거하면 다음과 같다(황병덕, 1998: 19~26).

가격결정 및 청산결제

프랑크푸르트 협정에서 내독교역을 위한 기본통화 및 거래단위로서 인위적인 VE가 결제수단으로 채택되었고, VE는 중앙은행의 청산계좌를 통하여 결제되도록 제도화되었다. VE는 서독 마르크화(DM)를 기준으로 하고 있기 때문에 1VE는 1DM과 상응하며, 그 결과 내독교역에 있어서 1동독 마르크(M)는 1DM에 상응하는 가치를 가졌다. 이러한 교환비율은 상품거래 이외에도 서독주민의 동독방문 시 의무화된 환전에도 적용되었다.

대금청산은 양독 중앙은행을 중심으로 계정 간 이체방식의 청산계정(clearing accounts)에 의해 처리되었다. 처음에는 양측 은행에 개설된 별도계정에 채권과 채무를 기장하여 매년 6월 30일까지 정산하고, 그 차액은 외환으로 지불하도록 하는 차감청산제도를 시행하였다. 그러나 실제로는 차감청산제도는 거의 활용되지 않았으며, 1968년 이 제도는 폐지되고 차감잔고는 신용차관의 형태로 공여되었다.

양독 중앙은행은 청산결제를 위해 크게 6종류의 세부계정을 두었다. 간략히 요약하면, ① 청산계정(1): 쿼터품목으로서 매년 수량 및 금액별로 고시되며 그 거래범위가 제한된 경성상품의 결제계정, ② 청산계정(2): 청산계정(1)에 속하지 않는 상품(농수산물을 비롯한 1차상품 및 소비재)으로서 농수산물을 제외하고 대개 쿼터제한을 받지 않는 연성상품의 결제계정, ③ 청산계정(3): 용역거래[21]의 대금결제 계정, ④ S계정: 동독이 서독으로부터 긴급부족상품의 거래에 사용한 계정으로서 서독 연방은행에만 개설되었으며, 동독이 외국무역을 통하거나 또는 서독으로부터의 이전지출금으로 받은 DM의 일부를 이 계정에 예치해두었다가 긴급물자구입 시 현금으로 결제하는 계정, ⑤ T계정: 동·서독 주민이 상대국으로부터 연금, 사회보장 등에 대한 송금을 받을 경우, 거주국에 계좌를 개설하여 이를 통해 매년 일정액을 지급받을 수 있게 한 일종의 봉쇄계정, ⑥ U계정: 이산가족이나 각종 배상금 및 피해보상금의 송금을 허용하기 위해 체결한 계정이었다.

### 신용공여제도

양독 간 산업구조의 변화 및 대외무역 변화에 따라 내독교역의 수지균형이 무너질 경우에 대비, 동·서독은 내독교역의 대금지불 시 신용한도의 일정 범위를 허용함으로써 수지불균형으로 인한 청산계정상의 부족액을 즉시 결제하지 않아도 되는 제도를 고안했다. 신용공여제도(swing)은 어느 한쪽이 반입을 초과할 경우에도 일정한 상한액까지 계속 구입하도록 하고 초과대금은 상품인도가 될 때까지 무이자로 하는 신용 제도이다. 그러나 신용대부기간이 길어질 경우, 신용공여제도는 차관공여의 성격을 띠었다.

---

21) 상품거래 못지않게 용역거래도 내독교역에서 적지 않은 비중을 차지했다. 용역거래는 상품거래에 비하여 훨씬 빨리 증가하였다. 예컨대 1984년 서독의 용역 제공금액은 상품반출 총액의 15%에 달하였다. 동·서독 간의 용역거래는 서독에게 훨씬 유리했다. 용역거래에서 서독의 가장 주요한 수입원은 화물수송료였다. 그 다음으로는 동독으로부터의 이자수입 및 이익배당, 기계수선료, 기술사용료 등이었다. 동독의 제일 큰 수입원도 역시 화물수송료였다. 한 가지 특이한 점은 동독은 서베를린의 쓰레기와 서독우편물을 처리해 주고 대가를 받았다는 것이다.

신용공여제도의 상한액은 동·서독 간의 합의에 의하여 결정되었다. 이 제도가 프랑크푸르트 협정에서 처음 합의되었을 당시 최소 한도액은 1,600만 VE였으며, 1959년부터는 2억 VE로 확대하였다. 이러한 신용공여제도 한도액은 쌍방의 요청에 의하여 매 5년마다 재조정하기로 합의하였다. 양국은 1985년도 정기협상에서 상한액을 8억 5,000만 VE로 정했다. 1970년대 내독교역에서 신용공여제도는 매우 긴요하게 활용되었으나, 1980년대에는 활용도가 극히 낮았다. 신용공여제도의 활용도가 저하된 원인은 동독의 외채위기 때문이었다.

### 관세 혜택

베를린 협정은 내독교역의 비관세원칙을 규정하고 있다. 이 원칙은 1951년 서독의 GATT 가입 당시와 EEC의 설립 시 상당히 논란의 대상이 되었다. 그러나 서독은 GATT의 예외조항에 따라 내독교역의 비관세규정을 인정받았으며, EEC 회원국들도 동·서독의 독자적인 통상협정 체결을 용인했다. 특히 동독농산물들은 유럽공동체 비회원국이 유럽시장에 농산품을 수출하는 경우, 시장가격차이에 대해 적용하는 상계관세 의무(Abschöpfungspflicht)를 지지 않았기 때문에 동독 상품은 가격경쟁력이 높아서 상당한 정도의 이익을 향유할 수 있었다. 동독은 내독교역 덕분에 이른바 유럽공동체의 그림자 회원국의 지위를 누릴 수 있었다.

### 부가가치세 경감

1967년 처음으로 부가가치세제를 도입한 서독은 내독교역의 활성화를 위해 부가가치세 경감에 관한 특별법을 제정하였다. 특별법에 따라 동독 상품은 품목별로 부가가치세를 경감 받아 서독시장에서 경쟁력을 갖출 수 있었다. 용역거래의 경우에도 용역사업이 동독지역에서 발생했을 때는 서독의 부가가치세가 적용되지 않았으며, 서독지역에서 발생한 경우에는 상당 비율로 세금을 경감받을 수 있었다.

### 교역재원 조달

동독은 신용공여제도를 통해서만 서독으로부터 재원을 조달한 것은 아니다. 내독교역도 일반 대외무역과 마찬가지로 수출업자로부터 상업신용보증을 얻든지 또는 금융기관으로부터의 은행신용, 공공차관 등을 통하여 교역재원을 조달할 수 있다. 이러한 재원조달수단은 공공차관을 제외하고는 일반적으로 12개월에서 24개월까지 신용보증을 받았다.

### 덤핑조사제도

동독상품이 서독시장에서 덤핑을 시도함으로써 서독산업이 피해를 보는 경우, 베를린 협정에 의거하여 해당상품은 덤핑조사대상이 된다. 덤핑행위의 혐의가 포착될 경우, 직접 피해를 입은 기업 또는 각 산업협회는 연방공업청, 연방식품·산림청에 덤핑조사를 제소할 수 있다. 만약 덤핑판정이 나게 되면, 주무관청은 해당상품의 서독 판매를 금지시켰다. 그러나 실제로 동독 측은 덤핑조사가 시작되면, 상품가격을 즉시 재조정했기 때문에 판매금지 조치가 실시된 적은 거의 없었다.

### 쿼터지정제도

1957년 EEC의 창설 이후 과잉생산 및 공급 문제로 인해, 회원국의 산업보호 및 고용안정을 위해 수입쿼터제도를 도입했다. 쿼터제도는 특히 농산물에 집중되는 경향을 보였으며, 동독농산품도 이 규정의 적용을 받았다. 유럽국가들 중 농업비중이 높은 프랑스, 이탈리아 등의 요구에 따라 서독정부는 동독농산물에 대한 수량과 금액을 제한하는 쿼터제도를 시행하였으며, 국내시장의 수요공급의 상태와 다른 회원국의 작황에 따라 상이한 쿼터를 지정했다. 그러나 실제로 쿼터적용을 받은 품목은 매우 적어서 무시해도 좋은 정도였다.

재수출의 제한적 금지

서독에 반입된 동독상품은 일부품목을 제외하고 유럽공동체 시장 및 제3국으로 재수출될 수 있었다. 동독은 자국상품을 제3국에 직수출할 경우 수입국가로부터 각종 수입장벽을 거쳐야 하지만, 서독을 경유하면 각종 관세특혜를 받을 수 있었다. 그러나 재수출 시 내독교역 촉진 목적으로 만들어진 부가가치세의 감면 또는 면세혜택은 무효화되었다. 또한 특정품목은 일정요건 및 시일경과 요건을 충족한 후에 비로소 재수출될 수 있었다. 감·면세 혜택의 박탈 때문에 동독상품이 실제로 재수출된 양은 매우 미미했다.

## (2) 경제협력 및 서독의 경제지원

1970년대에 들어오면서 내독교역과 나란히 동·서독 간 투자 및 위탁생산 방식의 경제협력과 서독의 동독에 대한 재정지원 및 특정목적의 이전지출 방식의 경제지원이 급증하였다.

### ① 투자 및 위탁생산

투자 및 위탁생산 형태의 내독 경제협력은 대개, 첫째, 동독기업이 서독기업에 대형 프로젝트 발주 방식, 둘째, 생산특허를 서독으로부터 도입하여 동독지역에서 생산하는 방식, 셋째, 동·서독 기업이 제3국에 공동투자하는 방식 등으로 다양했다.

이러한 프로젝트 발주 방식의 경제협력은 1970년대 초 잘쯔기터 주식회사(Salzgitter AG)를 비롯한 서독기업들이 동독에 7,000만 VE에 달하는 제철소를 건설하기 위한 프로젝트에 참여하면서 시작되었다. 이보다 더 큰 규모는 1976년에 시작되어서 1980년에 완성된 12억 VE에 달하는 Buna II 화학공장 설비프로젝트였다. 이 외에도 7~8억 VE에 달하는 제철분야 프로젝트와 폴크스바겐이 주도한 5억 VE 규모의 자동차 엔진조립 생산설비 프로젝트가 있다. 특히 폴크스바겐 회사가 중고생산설비를 동독에 이전함으로써 동독은 연간 30만 대의 엔진을 생산하였고, 폴크스바겐은 그 대가로 기술사용료를 받았으며, 연간 10만 대의 엔진을 공급받았다. 이 덕분에 폴크스바겐의 차량들은 국제시장에서 경쟁력을 높일 수 있었다(황병덕, 1998: 29). 그러나 전자산업, 기계산업 및 경공업 분야와 같은 부문에서의 합작투자협력은 거의 전무했다. 무엇보다 동독정권은 체제방어 차원에서 동독지역에서 동·서독의 합작·합영기업 설립을 기본적으로 불허했기 때문이었다(박광작, 1996: 67~68).

동독이 대규모 프로젝트를 서독에 발주할 경우, 장기 구상무역 형태나 장기 저리차관을 통하여 서독기업 및 금융기관으로부터 재원을 조달하고, 서독정부가 지불보증을 하는 형태를 취하였다.[22]

1970년대 중반 이후 활성화된 위탁생산의 경우, 동독은 서독 및 서방기업에 대해 주문자생산(OEM) 방식으로 상품을 생산했다. 서독 및 서방기업은 생산기술, 원료, 중간재, 생산설비 등을 동독에 판매하고, 동독은 대금을 생산된 상품으로 지불하였다. 내독간 위탁생산은 10~20개 정도로 대부분 식료품과 기호품목에 집중되었고, 타 분야의 위탁생산은 신발산업이 유일했다. 위탁생산처럼 많지는 않았지만, 동·서독기업이 합작하여 개발도상국을 중심으로 제3국에 진출하는 경우도 있었다.

---

22) 서독정부는 1977년 3월 대동독 수출자본재에 대한 정부의 지급보증제도를 도입하는 한편, 대동독 수출기업에 대한 연불수출금융을 지원하기 위한 산업시설금융지원회사(GEFI: Gesellschaft zur Finanzierung von Industrieanlagen)를 설립하였다(Thalheim, 1988: 121).

② 서독의 경제지원

### 재정지원

서독의 경제지원으로는 우선 재정지원을 들 수 있다. 재정지원의 방식
은 앞에서 언급한 신용공여제도 차관, 내독교역 거래범위 내의 상업대부,
은행에 의한 재정차관 등으로 이루어졌다. 상업대부는 내독교역에 참여한
동독기업체에게 베를린 협정에 의거하여 서베를린 소재 기업이나 은행이
상업용 융자를 해줄 수 있었던 것을 말한다. 은행차관은 원칙적으로 서독
연방은행에 의해 금지되었으나, 1970년대 중반부터 대형은행들을 중심으
로 동독에 중기적 유럽차관이 제공될 수 있었다. 은행차관을 통한 재정지
원의 대표적 예로써 1983년과 1984년 서독정부의 보증하에 동독에 각각
10억 DM씩 지원된 대규모 차관을 들 수 있다.

### 이전지출(Transfer)

재정지원 이외에도 서독은 특정 목적을 위해 동독에 금전적 지원, 즉
이전지출을 했다. 이전지출은 통행과 통신부문에서 이루어졌는데, 대개
서독과 서베를린 사이의 도로건설 및 사용료, 서독주민의 동독방문 시 최
소의무환전 및 상품구입, 동·서독 간 체신요금정산 등의 명목으로 지불되
었다.

서베를린 출입을 위한 통행료로 서독정부가 동독정부에 일괄지불방식
으로 부담한 금액은 1972~1989년 사이에 애초 약속했던 11억 6,000만
DM보다 훨씬 많은 78억 DM에 이르렀다. 이와는 별도로 서독정부는 매
년 5,000만 DM에 이르는 도로사용료를 일괄지불하였다. 또한 1970년대
초 통행협정체결 이후 급증하는 서베를린 통행량을 감당하기 위해 새로운
고속도로 건설, 기존 도로 및 철로의 보수공사, 철도역사 보수, 수상통행
로 정비, 운하 건설 등에 서독의 재정지원이 있었다. 1975~1989년 사이
서독정부가 교통시설 투자를 위해 지불한 금액은 약 30억 DM에 이르렀

다(김영윤, 1995: 299~300).

　서독주민의 동독여행 및 방문도 동독에게 경제적 이익을 안겨주었다. 동독은 여행객의 비자발급 수수료와 1964년부터 시행한 최소의무환전제도를 통해 적지 않은 서독화폐를 획득하였다. 또한 서독의 여행객들이 동독의 면세점에서 서독보다 훨씬 싼 가격으로 서구상품을 구입할 수 있게 하여 일종의 교역수입을 확보했다. 뿐만 아니라 동독정부는 1974년 외환관리법을 완화한 후, 동독주민들은 서독거주 친인척들로부터 서독화폐를 선물받을 수 있었다. 서독정부의 이전지출과 개인지출은 1980년대 매년 약 20~25억 DM에 이르렀으며, 이 금액으로 동독은 외채의 이자지불을 충당할 수 있었다.

　동독은 전화사용료와 우편요금을 통해서도 경제적 이익을 얻었다. 특히 전화사용료의 경우, 서독에서 동독으로 전화통화료가 월등히 많았을 뿐만 아니라, 동독은 서독에게 국제전화요금률을 적용·부과했던 반면, 서독은 동독으로부터의 전화에 대해 국내요금을 적용했기 때문에 정산 시 동독은 많은 차액을 남길 수 있었다.

　서독의 경제지원 중 정치범 석방거래, 서독방문 동독주민들에 대한 재정지원, 국경지역 환경관리 비용지원 등은 특이한 사례들이다. 1963년 비밀리에 시작된 정치범 석방거래와 관련, 서독정부는 1965년까지 서독화폐로 현금을 지불했다. 그러나 이후 대규모 석방 정치범에 대한 현금지불 방안을 마련할 수 없었기 때문에 동·서독 개신교단 간의 원조통로를 이용했으며, 주로 석유 및 천연자원과 서독공산품이 대가로 제공되었다.[23]

---

23) 개신교회를 통한 동·서독 간의 물품이전은 크게 A형 사업과 B형 사업으로 구분되며, 정치범 석방 거래의 대가는 B형 사업으로 위장되었다. 여기에는 1960년대 말부터 이산가족의 재회를 위한 대가도 포함된다(김학성, 1996: 24~25 참조).

## 4. 동·서독 통합의 전개과정

### 1) 통일의 내외적 측면

독일통일의 전개과정은 일반적으로 크게 '외적 측면'과 '내적 측면'으로 구분된다. 외적 측면이란 독일분단의 국제적 성격과 관련하여 통일 문제에 대한 분단의 책임 당사국들 간의 필연적인 협상과정을 의미하는 것이며, 내적 측면은 체제통합을 위한 양 독일 간의 협상과정을 지칭한다. 통일의 실현을 위한 국제법적 구속력을 가진 조약들 — '2+4' 조약(1990. 9.12. 체결)과 동·서독 간의 국가조약(1990.5.18. 체결), 선거조약(1990.8.3. 체결), 그리고 통일조약(1990.8.31. 체결) — 이 성사되는 데 있어 양 측면은 상호 보완적 관계를 가졌다.

그러나 양 측면은 통일과정에 있어 기본적으로 서로 다른 의미와 비중을 가지고 있었다. 통일 자체를 두고 보면 외적 측면이 좀더 큰 비중을 차지했다. 독일 문제는 독일민족의 문제이기에 앞서 국제정치적 문제라는 사실을 고려하면 독일 문제에 대한 유보권을 가지고 있던 전승 4대국의 동의 없이 동·서독 간의 합의만으로 통일은 불가능하기 때문이다. 극단적으로 말해서 독일 문제의 해결은 양 독일의 소관사항이 아니었다. 그럼에도 불구하고 내적 측면 역시 중요한 부분이었음은 틀림없다. 그것은 동독 체제의 급속한 붕괴를 배경으로 한 내적 측면의 발전이 외적 측면의 전개를 촉진시키는 역할을 하였다는 점에서 분명히 찾을 수 있다. 그렇지만 내적 측면의 주요 당면과제는 오히려 통일의 방법과 시기의 결정 문제와 더욱 밀접한 관련을 맺고 있었다.

통일협상의 타결이 가능하게 된 실제적인 배경에는 무엇보다 '개혁·개방'과 '신사고정책'을 바탕으로 하는 소련의 대독일정책의 변화, 동독 내의 정치·사회적 급변과 그에 따른 국내외 정치질서 변화의 호기를 십분 이용한 서독의 효율적인 외교적 공세가 결정적인 역할을 담당하였다. 그

중에서도 독일통일을 가능케 한 주동인은 소련 개혁정치의 영향이었다. 즉 소련의 외교정책적 전환— 이념 또는 안보보다 경제 및 실리에 우선을 두는 신사고정책의 발전적 전개— 의 한 발상인 이른바 '유럽 공동의 집' 이라는 개념은 독일 문제 해결의 밑거름이 되었고, 또한 사회주의 종주국 으로서 소련의 개혁여파는 호네커의 실각과 동독 민주혁명에 직·간접적 인 영향을 끼쳤다. 이렇듯 고르바초프의 개혁정치가 독일통일의 환경을 조성하는 데 결정적인 기여를 했음에도 불구하고 정작 소련은 1990년 1월 말까지 독일통일에 대해서 유보적 태도를 견지하였다.[24]

소련은 차치하고라도 미국을 제외한 서방연합국들 역시 기본적으로 독일의 통일에 대해서 회의적이었다. 특히 양차 세계대전의 악몽을 잊을 수 없는 프랑스, 영국을 비롯한 주변 국가들에서는 통일을 반대하는 여론이 지배적이었다. 그러나 서독정부는 틈나는 대로 누누이 강조해 왔듯이 민족주의적 색채를 탈색시킨 통일의 의미, 즉 유럽통합의 한 단계로서의 의미를 재삼 부각시키면서 지지를 호소한 결과 서방연합국들의 태도변화를 이끌어낼 수 있었다.[25] 이로써 통일의 가능성은 한층 뚜렷해졌고, 통일의 마지막 열쇠는 소련의 손에 쥐어져 있게 되었다.

1989년 말과 1990년 초 동독 공산체제가 급속도로 붕괴되기 시작하고

---

24) 비록 소련의 공식적 정책으로 채택되진 못했지만 소련 내부에서 개혁정치가들이 중심이 되어 독일 문제에 대해 유연한 입장의 정책이 필요하다는 논의가 간헐적으로 제기되었다. 대표적 인물로서 한때 고르바초프의 외교정책 고문이었으며 '사회주의 세계체제의 경제연구소' 소장이었던 다쉬초프(Wacheslav Dashichev)는 1987년 소련 수뇌부에 독일 문제 해결에 대해 소련의 유연한 정책이 필요함을 역설하였다(다쉬초프의 1991년 6월 28일 뮌헨 대학 강연록). 또한 소련 외상이었던 셰바르드나제도 은퇴 후 1991년에 발간한 회고록에서 독일통일의 불가피성을 이미 1986년에 인식했다고 주장하고 있다(셰바르드나제, 1991: 267).

25) 이들 국가들은 1989년 12월 초 NATO 정상회담과 유럽위원회(European Council) 모임을 통하여 통일의 네 가지 기본원칙 — 독일민족의 자결권 존중, 통일과정의 평화적·민주적 원칙, 서독이 체결했던 기존 협정과 조약의 고수 및 전승 4대국의 유보권 존중, 그리고 유럽안보협력회의(CSCE)의 원칙 존중 — 을 결의함으로써 사실상 독일통일을 지지하기에 이르렀다(Europa Archiv, Nr.1, 1990: D14).

전 국민적 통일요구가 급증함에 따라 독일통일을 거부해 온 소련의 정책은 더 이상 지속되기 힘들어졌다. 동독의 현실뿐 아니라 명분상으로도 민족자결권을 강조해 왔던 고르바초프는 동독 국민들의 통일 요구를 받아들이지 않을 수 없었다. 결국 소련이 어쩔 수 없이 '2+4' 회담[26]의 개최에 동의함으로써 마침내 독일통일을 위한 관련 당사국들의 협상이 이루어지게 되었다. 그러나 '2+4' 협상은 소련의 안보이해와 관련하여 넘어야 할 큰 산을 앞에 두고 있었다. 서방연합국들이 결정한 통일의 원칙들 중 '기존 조약의 준수' 조항은, 통일독일이 서구 연합에 가담할 의무를 뜻하는 것이었다. 비록 냉전구도하의 블록체제가 해체되는 와중에 있었지만, 여태껏 동구블록의 첨병 구실을 해 온 동독지역이 NATO에 편입될 경우 소련의 안보적 손실은 두말할 필요도 없는 것이었다.[27] 그러나 서독의 적극적인 소련 및 대서방외교의 결과, 이 문제는 해결되었다.

당시 동구블록이 존립위기에 처해 있었고, 독일통일은 '신사고정책'의 한 목표인 유럽에서 새로운 안보질서를 창출시킬 수 있는 호기였을 뿐 아니라 어떠한 경우에도 유럽의 군사적 최대강국으로서 소련의 지위는 확고하기 때문에 실제로 안보 문제가 독일통일을 둘러싼 소련의 최대 고민은 아니었다. 오히려 소련이 직면하고 있던 국내 개혁정치의 위기상황이 독일통일에 대한 소련의 접근 자세를 결정하는 주요 변수였다. 소련에서 사회·경제적 혼란의 심화는 정치적으로 보수강경파의 입지를 강화시

---

26) 1990년 2월 12일에서 14일까지 캐나다의 오타와에서 NATO와 WTO 가입국 외상들이 참석한 가운데 유럽의 안보 협력을 위해 개최되었던 Open-sky 회담 중 독일의 통일 문제를 다루기 위한 이해당사국— 양 독일과 전승 4대국— 의 1차 모임이 5월 5일 본(Bonn)에서 열리기로 합의된 후 동년 9월 12일 '2+4' 조약이 체결되기까지 총 네 차례의 회합이 있었다.

27) 그 대신 소련은 처음에 독일의 중립화를 요구했으나 서방의 강력한 반대에 직면하여 과도적 안을 제시했다. 즉 독일통일을 위해 과도기를 설정하고 그 기간 동안 4강국이 유보권과 군 주둔권을 계속 가지며, 동·서독지역은 그대로 양 블록에 남아 있도록 하자는 것이다. *Izvestia*(1990.5.6.). *Current Digest of Soviet Press*, Vol.42, No.18(1990), pp.10~12 재인용.

키게 됨으로써 개혁파들의 독일통일에 대한 유연한 입장은 제약을 받지 않을 수 없었다.

그러나 사실 소련의 위기는 통일 문제와 관련하여 부정적 측면만을 가진 것은 아니었다. 국내적 위기의 극복을 위해 서방의 경제적 도움이 어느 때보다도 절실히 요구되던 당시 독일통일은 소련에게 최적의 흥정 대상이었기 때문이다. 그러므로 소련정부는 국내적 상황을 고려하여 '2+4' 협상과정에서 매우 모호하고 일관되지 않은 태도를(Adomenit, 1990: 11) 보이면서 통일 허용에 대한 대가를 최대한으로 얻어내려 했다. 이처럼 소련의 국내적 문제가 통일의 전망과 직결되고 있는 현실을 직시하여 서독정부는 소련에 대한 정치적·경제적 지원은 물론 소련정부의 요구를 가능한 범위 내에서 최대한 수용하고자 모든 외교적 협력을 기울였다. 서독은 소련의 요구에 부응하는 안보적·경제적 정책의 마련을 위하여 서방연합국들을 설득하는 데 발 벗고 나섬과 동시에, 독자적으로도 대소 긴급재정지원 등의 경제적 원조와 안보적 보장을 약속했다. 마침내 1990년 7월 중순 서독 수상 콜과 고르바초프의 카우카수스(Kaukasus) 회담에서 독일의 군사력 제한을 비롯한 소련의 여러 가지 요구[28]가 구체적으로 수용됨으로써 '2+4' 회담 타결의 마지막 장애가 해소되었다.

이처럼 외적 측면이 급진전될 수 있었던 것은 서독의 외교적 노력에 기인하기도 하지만 내적 측면의 영향, 특히 동독체제의 급속한 해체로 인한 통일분위기의 고조도 큰 몫을 차지했다. 사실 호네커의 실각 이후 동독체제가 쉽게 무너지리라고는 아무도 예측하지 못했다. 동독의 새 정부가 들어서면서 베를린 장벽을 허물어뜨림으로써 동·서독 자유왕래를 보장하는 등 비로소 개혁의 의지를 분명히 하였기 때문이다. 그러나 동·서독관

---

28) 통일에 대한 허용의 대가로 독일은 ① 통일 이후 군사력을 37만 이하로 유지, ② 핵, 생물, 화학무기의 생산 및 주둔 금지, ③ 1994년 말까지 소련군의 동독 주둔 허용, ④ 소련군의 철수 전에는 동독 지역에 NATO군 주둔금지, ⑤ 소련군의 철수 비용 및 송환 군인들의 주택건설비 지원(총 135억 DM), ⑥ '2+4' 조약 체결 후 독·소 경제 협력 및 친선조약 체결 등에 합의하였다.

계에 관해서 동독의 수상 모드로(Hans Modrow)는 통일의 가능성을 단호히 부정하고 소위 '조약공동체(Vertragsgemeinschaft)'[29]의 형성을 제의했다. 이에 대해 서독정부는 '10개항계획(Zehn-Punkt-Programm)'[30]을 발표하여 동독체제의 근본적 변화를 촉구하고, 그러한 전제조건하에 동독에 대한 즉각적 도움을 제공할 것을 약속했다. 나아가 통일이 서독정부의 궁극적 목표임을 밝히고, 통일의 방법으로서 외적으로는 전 유럽적 과정(gesamteuropäischer Prozeß)을 통하여, 또 내적으로는 국가연합(Konföderation)의 과정을 거치는 단계적 통일안을 제시하였다.

　서독정부의 이러한 통일공세는 동독체제의 급변에 적지 않은 영향을 끼쳤다. 그렇지 않아도 보다 근본적인 개혁을 요구하며 시위를 계속하던 동독주민들은 1989년 12월에 들어오면서 서독으로부터의 통일정세에 고무되어 차츰 통일을 외치는 목청을 높였고, 동시에 동독인의 서독으로의 이주대열이 끊이지 않았다. 그에 따라 동독에서 정치권력의 공백, 사회적 불안은 물론 경제적 파탄이 가속되었다. 동독인들의 이러한 행태는 근원적으로 서방의 자유와 풍족한 소비재에 대한 갈구와 직결되어 있었다. 동독인들은 1970년대 이래 동·서독교류 확대를 추구한 서독의 동방정책으로 말미암아 서독방문 또는 방송매체를 통하여 자유체제의 실상을 접할 수 있었다. 동·서독 국경이 열림과 동시에 서독으로 탈출 또는 서독체제에의 편입을 의미하는 동독인들의 통일 요구는 어떤 의미에서 당연한 것이었다. 더욱이 서독정부의 동독인 방문자들에 대한 방문환영금(Begrüßungsgeld) 지급은 동독인들의 서독방문과 서독에 대한 동경을 더욱 부채질했다.

---

29) 애초 모드로의 계약공동체란 양 독일이 1973년 '기본제약'과 그 이후 체결된 여러 협정을 바탕으로 우호적이고 더욱 긴밀한 관계를 유지하는 것을 의미했다(1989. 11.17). 그러나 1990년 2월 1일 그가 처음으로 통일의 현실을 인정하여 단계적 통일안을 제시했을 때 조약공동체는 통일의 첫 단계로서 법적·경제적 결합이 이루어지는 상태이다. *Europa Archiv*, Nr.24(1989: D727)와 *Europa Archiv*, Nr.4(1990, D119~D120) 참조.

30) *Europa Archiv*, Nr.24(1989: D731~D374) 참조.

정권의 붕괴에 직면한 동독정부는 12월 7일 반정부단체와 함께 '원탁회의(Runder Tisch)'를 마련하여 자유총선을 약속하는 등 체제의 위기를 벗어나려 했으나 이미 서독으로 향한 동독주민들의 마음을 되돌릴 수는 없었다. 모드로는 어쩔 수 없이 이에 굴복하여 1990년 2월 1일 고르바초프와의 회동에서 통일 실현을 상의한 후 단계적 방법에 의한 통일안을 내놓았다. 소련과 동독정부가 통일에 대해 원칙적으로 동의를 함으로써 통일협상은 내외적 측면에서 공히 공식적이고 구체적으로 진행될 수 있었다. 특히 '2+4' 협상의 개최가 결정되자 동·서독정부는 2월 20일 경제통합을 위한 협상을 개시하여 통일을 대비한 접촉을 시도하였다. 경제통합 협상의 시작은 통일을 향한 제1보를 의미하는 것이지만, 실제로는 동·서독 모두 사회·경제적 안정을 필요로 하는 상황에서 어쩔 수 없는 선택이기도 하였다. 동독정부는 경제통합을 통해서 가속화되는 경제파탄과 동독인의 탈출을 막고자 했다. 서독정부의 입장에서도 동독의 경제적 파산은 바람직한 것이 아니었다. 통일 후는 말할 것도 없고 통일 전에도 동독의 경제 문제는 서독에 직접적 영향을 주기 때문이다. 특히 동독인들의 계속되는 서독 이주는 서독에서 고용 및 주택정책의 어려움과 나아가 사회 문제를 야기할 것이 분명했다. 따라서 서독정부는 동독인들이 자신들의 고장에서 경제활동을 계속할 수 있는 바탕을 제공하기 위해서 화폐 및 경제통합을 서둘지 않을 수 없었다.

동·서독 간의 통일협상은 1990년 3월 18일 동독의 자유총선에서 기민당(CDU)을 중심으로 한 보수연합이 압승함으로써[31] 새로운 국면에 접어들었다. 과거를 청산했건 새로 조직되었건 간에 대부분의 동독 정당들은 총선기간 중 자매관계를 맺은 서독의 정당들로부터 지대한 도움을 받았

---

31) 총선 결과 기민당, 독일사회동맹(DSU)과 민주개혁(DA) 등으로 구성된 '독일연합(Allianz für Deutschland)'이 47.7%, 사민당이 21.8%, 통사당(SED)의 후신인 민주사회주의당(PDS)이 16.3%, 자유민주동맹(BFD)이 5.3%, 90연합(Bündnis 90)이 2.9%, 기타 6%를 각각 획득했다(Winters, 1990: 499).

다. 그러므로 총선의 결과는 동독인들의 서독정당들에 대한 평가와 불가분의 관계를 가질 수밖에 없었다. 보수연합의 승리는 결국 확고한 통일의지를 보였고 통일정책을 주도하는 서독의 집권당인 기민당에 대한 동독인들의 기대를 반영하는 것이었다. 따라서 보수연합이 중심이 된 동독의 새 거국내각은 기본적으로 서독정부의 통일노선을 벗어나기 힘들었다.

서독과 동독의 민주정부는 마침내 5월 18일 서독의 화폐와 시장경제체제를 바탕으로 '화폐·경제·사회통합에 관한 국가조약'을 체결했고, 7월 1일을 기점으로 통합이 이루어졌다. 국가조약의 체결은 통일의 기초를 마련하였지만 그것이 곧 통일을 의미하는 것은 아니었다. 실질적으로 통일은 동·서독 간에 결정될 사안이 아니었기 때문이다. 국가조약을 통하여 분명해진 점은 조약 서문이 밝히듯이, 통일은 '2+4' 조약의 체결 후 서독주도의 흡수방식이 될 것이라는 사실이었다. 그에 상응하여 동·서독 간의 선거조약(통일 후 동·서독의 총선에 대비한 선거법 조정을 위한 조약)과 통일조약은 '2+4' 협상이 사실상 타결된 것이나 다름없는 상태에서 체결되었다.

내적 측면의 전 과정을 조감해 보면, 동·서독 간에 체결된 조약들의 내용은 차치하고라도 자본주의와 사회주의 체제통합이라는 전대미문의 대사건을 준비하는 과정에 걸맞지 않게 너무나 급속도로 진행되었음을 알 수 있다. 이는 근본적으로 소련의 국내적 위기로 인하여 불안을 느낀 서독정부가 동독의 붕괴상황에 편승하여 한시라도 빨리 통일을 실현시키려 한 데에 기인한 것이다. 요컨대 통일의 달성에 급급했던 서독정부는 효율적인 외교를 통하여 외적 측면의 성공적 타결을 이끌어낼 수 있었던데 반해, 상황이 어떠하였든 간에 실질적이고 신중한 대응책을 마련하지 못한 채 내적 측면을 서둘러 마무리 지음으로써 통일 이후 경제적 어려움을 증폭시킴과 동시에 정치·사회적 혼란을 자초하였다.

## 2) 통일방법과 체제통합에 대한 국내적 논의

독일통일이 매우 돌발적 사건이었다는 사실은 베를린 장벽이 무너지고 통일의 서광이 비치기 시작했을 당시까지만 해도 구체적 통일방안을 어디서도 찾아볼 수 없었다는 데서 여실히 증명된다. 이는 분단의 기정사실화를 고집했던 동독은 논외로 두고라도, 서독에서도 그만큼 독일통일의 가능성이 거의 예측되지 못했다는 증거이기도 하다.

물론 서독은 '동방정책'의 바탕 위에 민족적 동질성을 유지하기 위한 동·서독 간의 접근(innerdeutsche Annäherung)에 많은 노력을 기울였지만, 그것은 서독정부의 확고한 통일의지의 발로라기보다 데탕트라는 국제적 조류에 순응하는 불가피한 정치적 선택이었다. 서독정부는 통일의 당위성에 대해서 부정하지는 않았으나 1972년 '동·서독 기본조약'의 체결 이후 동방정책은 실제로 통일을 지향하기보다 동·서독의 공존 및 동독주민들의 인간다운 삶을 영위케 하는 데 정책적 중점을 두어왔다. 그러므로 동방정책에서 어떠한 통일방안을 찾기란 매우 힘들다. 통일에 대한 구체적 방안은 동독의 민주혁명으로 인하여 통일의 가능성이 가시화된 후에야 비로소 '10개항계획'으로 나타날 수 있었다. 그러나 여기서 제시된 단계적 통일안은 이후 동독 내의 급격한 변화로 말미암아 실현될 기회를 가질 수 없었다. 단기간의 충격요법적인 흡수통일이 이루어지기까지의 과정을 살펴보면 내적 측면에 있어 서독정부의 통일정책은 기본계획을 가지지 못하였고 단지 통일의 달성에 급급하여 상황의 변화에 따른 위기관리적 대응으로 일관한 인상을 강하게 풍기고 있다.

'10개항계획'을 시작으로 서독의 통일공세는 동독주민들에게 엄청난 반향을 불러일으켰음에도 불구하고, 사회주의 이념으로 무장된 동독의 지배엘리트들은 개혁을 통한 사회주의체제의 발전가능성을 포기하지 않고 동독의 자본주의화를 의미하게 될 통일에 반대하는 태도를 표명했다.[32] 예컨대 민주사회주의당(PSD) — 사통당(SED)의 후신 — 의 당수였던 기시

(Gregor Gysi)는 한때 논쟁거리였던 '제3의 길'을 재론하여, 자본주의적 장점을 접목시켜 사회주의 체제의 위기를 극복할 것을 주장하였다.33) 그러나 과거 수십 년간 체제의 실험을 경험했던 동독주민들은 또 다른 사회주의적 실험에 전혀 희망을 걸려고 하지 않았다. 결국 동독의 경제적·체제적 붕괴에 직면한 동독정부는 통일 실현을 인정하고 4단계 통일안을 제시하였다.34) 고르바초프 역시 이를 수용하고, 덧붙여 통일방법— 국가형태, 시간표, 속도 및 조건— 에 대한 선택은 민족자결원칙에 따라 독일민족에 있음을 확인하였다.35) 이후 동·서독 내 통일방법과 체제통합을 둘러싼 본격적 논의가 시작되었다.

통일방법을 두고 제기된 첫 문제는 법적 절차에 관한 것으로서, 서독의 기본법(Grundgesetz) 146조와 23조의 두 조항 중 어느 것을 택할 것인가에 대한 격렬한 논쟁이 일어났다. 기본법 정신에 의하면 146조가 통일에 합당한 법적 근거를 가지고 있으며 '10개항계획'에서도 이 조항에 대한 통일이 암시되어 있었다. 기본법의 서문에는 이 법은 통일이 될 때까지 과도적인 헌법체계를 제공하며, 독일의 통일과 자유는 전 독일국민의 자결에 의해 완결된다고 못 박고 있다. 이러한 맥락에서 기본법의 마지막 조항인 146조는 독일국민의 자유로운 결정으로 헌법(Verfassung)이 제정됨과 동시에 기본법은 효력을 상실한다고 규정하고 있다. 이 조항에 의한 통일은 결국 새로운 독일을 위해 동독뿐 아니라 서독체제의 해체도 의미하는 것으로서, 동·서독이 일대일의 대등한 입장에서 통일을 이루는 것이다. 서독 국민의 다수,36) 자민당(FDP) 일부와 SPD를 비롯한 동·서독의 좌파 지식

---

32) 1990년 1월 말까지 동독에서 통일에 대한 제 견해들은 Basler(1990: 16~17) 참조.

33) 동독 공산당 기관지인 *Neues Deutschland*(1989.12.9.~10.; 1990.2.1.).

34) 1단계: 조약공동체, 2단계: 국가연합(Konföderation)의 성립, 3단계: 양 독일 주권의 국가연합 이전, 그리고 마지막 4단계: 총선거를 통한 통일독일의 달성. *Europa Archiv*, Nr.4, 1990: D119~D120.

35) 1990년 2월 10일 콜의 모스크바 방문 시 고르바초프는 이러한 입장을 분명히 밝혔다. *Pravda*(1990.2.11.). *CDSP, Vol.* XLII, No.6(1990) p.23. 재인용.

인들은37) 이 방법을 지지하였다. 146조가 적용되기 위한 대전제는 무엇보다 동독의 안정이었다. 안정기조 위에서만 동독은 대등한 입장에서 서독과 단계적이고 순리적인 협상을 진전시킬 수 있고, 또 통일 후 발생할 여러 문제들을 사전에 조정 내지 제거할 수 있기 때문이다.

그러나 동독의 현실은 이러한 합리적 통일방안보다 급속한 통일을 요구하게 됨에 따라 23조가 대안으로 등장하게 되었다. 23조는 전후 국제행정관할에 속해 있던 자알란트(Saarland)가 이 규정에 따라 주민들의 투표에 의해 서독연방에 가입한 선례가 있었다. 이 조항의 적용은 동독의 서독체제로의 흡수병합을 의미하는 것으로서, 서독의 집권당인 기민당(CDU)과 기사당(CSU)의 보수 우파들이 선호하였다. 23조에 의한 통일은 ① 1990년에 들어와서도 계속되는 동독주민들의 서독 이주를 조속히 막을 수 있고, ② 통일 이후에 서독의 법적 체제의 대폭적 수정을 피할 수 있으며, ③ 동독의 무조건적 병합으로 서독체제의 우월성을 증명할 수 있을 뿐 아니라, ④ 통일독일의 서구협력기구 ― EC와 NATO ― 에의 잔류 문제를 쉽게 해결할 수 있다는 논리적 근거를 가진다.

---

36) 1990년 4월 한 여론조사에서 국민투표에 의한 통일방식이 흡수방식에 비해 더욱 선호(65%:33%)되고 있음이 밝혀졌다(Der Spiegel, Nr.14, 1990.4.2.).

37) 특기할 것은 동독의 민주혁명을 주도했고 원탁회의를 통해 동독의 개혁에 적극 참여했던 동독 반체제 지식인들이 동독주민들의 조속한 통일염원과 달리 먼저 통일의 조건을 성숙시키는 데 주안점을 둠으로써 23조에 의한 통일을 반대한 점이다. 좌파적 성향을 가졌던 이들은 진정한 의미에서 동독인들의 자결권이 보장되기 위해서 동독의 안정이 선행되어야 하고 그 바탕 위에서 동·서독이 대등한 관계에서 통일을 이룩해야 한다는 입장을 보였다. 그러므로 이들은 동독의 안정을 저해하는 서독정부의 통일 공세를 비난하고 대신 서독이 동독체제의 자구적 노력에 대한 도움(Hilfe für Selbsthilfe)에 중점을 둘 것을 촉구했다. 또한 즉각적인 시장경제의 도입보다 기존의 사회의적 사회·경제적 관계를 유지하면서 점진적인 변화를 추구하는 것이 동독의 안정에 필수적이라고 주장했다. 이처럼 통일에 대한 점진적 접근태도는 민주화에 대한 커다란 기여에도 불구하고 이들 지식인이 결성한 정당(Bündnis 90)이 3월 자유총선에서 동독인들의 지지를 획득하지 못하는 결정적인 원인이 되었다(Fink, 1990: 515~517).

그 외에도 이 방법은 통일의 시간표를 앞당길 수 있는 장점을 가진다. 특히 통일의 속도 문제는 소련의 국내적 위기로 인한 통일의 불확실성과 동독 경제의 완전한 도산위기라는 통일 현실을 염두에 둘 때 중요한 의미를 가지고 있을뿐더러, 다른 한편으로 서독의 정치 일정, 즉 임박한 총선과도 밀접한 관련을 맺고 있었다. 제2의 비스마르크가 되길 원했던 콜 수상은 통일에 대한 전 국민적 열광을 바탕으로 전 독일의 총선에서 승리하기 위해서 가급적 빠른 속도의 통일전략이 필요했던 것이다. 결국 사회경제적 붕괴를 막을 대책을 가지지 못했던 동독 민주정부는 급속한 흡수통일의 선택을 강요당할 수밖에 없었다. 그에 따라 동독 기민당 당수인 드메지에(Lothar de Maiziere)는 총선 후 의석을 확보한 다른 정당들과 거국내각을 구성하는 연정계약에서 23조에 의한 통일방법을 채택함으로써 흡수통일이 기정사실화되었다.

23조 또는 146조의 두 가지 통일방법에 대한 논쟁은 다른 한편으로 동·서독의 경제통합을 둘러싼 방법론, 특히 통합의 속도와 조건을 중심으로 한 문제와 직결되었다. 베를린 장벽의 붕괴 이래 기존의 동독체제의 완전한 해체를 요구했던 서독정부는 경제통합에 관한 국가조약에서 동독에 서독체제를 이식한다는 목적을 달성할 수 있었다. 그러나 국가조약의 내용을 두고 서독정부는 진보진영뿐 아니라 보수파로부터도 여러 가지 우려와 비판을 감수해야 했다.

대표적 비판자로서 사민당의 수상후보였던 라폰텐(Oskar Lafontaine)은 통일을 기본적으로 찬성하면서도 국가조약의 내용은 도저히 받아들일 수 없다는 입장을 취했다. 그의 논지를[38] 요약하면 ① 충격요법적인 화폐 및 경제통합으로 말미암아 동독의 취약한 경제는 경쟁에서 살아남지 못하고 도산함으로써 대량실업, 태업, 데모가 일상적인 일이 될 것이며, ② 서독경제가 통일로 인하여 큰 부담을 안게 되어 서독주민의 분노가 분출될

---

38) *Der Spiegel*, Nr.22(1990.5.28.: 21~25, 27) 참조.

것이며, ③ 조속한 통합이 동독의 효율적 체제변화를 위한 행정 및 관리능력을 배양할 수 있을 것이라는 예상은 동독체제의 결함을 고려하면 환상에 지나지 않으며, ④ 통일의 의미는 국가적 통일에만 있는 것이 아니라 생활상태의 통일성(Einheitlichkeit der Lebensverhältnisse)을 창출하는 데 더욱 중요성을 가진다는 점들이다. 라폰텐의 생각은 실제로 대다수의 서독인들, 특히 경제전문가들의 우려와 공감대를 형성했다. 서독의 경제전문가들은 화폐와 경제통합이 동독에 가져다줄 자본주의의 충격을 완화시킬 수 있는 단계적 통합방안을 제시했다.39) 이들의 견해에 의하면 동독은 당분간 독립된 국가로서 체제변화의 방향과 속도를 자율적으로 결정하는 과도기를 가져야 된다는 것이다.

그러나 좌파 이외의 다수 경제전문가들은 동독인들의 이주행렬로 인한 동독경제의 급속한 붕괴와 이에 대한 동독정부의 대책부재를 직시하여 경제적 합리성보다 정치적 결단이 요구되는 현실을 인정하지 않을 수 없었다. 결국 전문가들은 동독인들에게 서독의 통일의사에 대한 신뢰감을 조성하여 서독 이주를 막기 위한 충격요법적 경제통합의 불가피성을 인정하는 대신, 이로 인해 예상되는 경제적 문제들을 조속히 해결할 수 있는 정책적 대안들 — 예컨대 화폐교환비율의 현실적 결정, 통합 후 동독에서 임금억제, 동독의 사회간접자본 확충을 위한 과감한 투자, 동독경제의 산업구조 조정 등 — 을 촉구했다.40) 그러나 화폐통합에서 보듯이 서독정부

---

39) 대표적 경우로서 1990년 2월 초 당시 서독 경제장관이었던 하우스만(Hausmann)은 통합의 최종시기를 1993년 1월 1일 EC 경제통합 시작에 맞추는 단계적 방안을 내놓았으며, 경제발전심의를 위한 전문가위원회(SVR)와 동·서베를린 경제학자 모임도 단계적 통합을 주장하였다. 그러나 단계적 통합방안은 크게 두 가지 문제점을 내포하고 있었다. 첫째는 양 독일의 화폐교환가치를 어떻게 정할 것인가의 문제이다. 만약 그 가치를 현실화할 경우 동독화폐는 매우 낮게 평가될 것이고, 따라서 동독의 노동력은 서독으로 몰릴 것이 자명하다. 이는 결국 동독에서 임금상승, 인플레이션, 그리고 투자감소를 유발하여 궁극적으로 서독경제에 악영향을 미칠 것이다. 둘째는 단계적이라고 할 때 그 기간이 어느 정도 길어야 가장 효율적일 수 있는가에 대한 문제이다(Priewe & Hickel, 1991: 88~90).

는 전문가들의 조언에도 불구하고 동독주민들의 압력에 굴복하여 평균교
환율 약 1.8:1이라는 비현실적인 결정을[41] 내렸다. 그와 더불어 동독의
경제적 상황이 제대로 파악되지 않은 상태에서 서독경제의 투자역량을
과신한 통합에 대한 접근태도는 독일의 통일후유증을 가중시키는 주요
원인이 되었다.


## 5. 통합 후의 갈등: 실태와 원인

통일 이후 지금까지 독일사회는 많은 변화를 겪어왔다. 세계화, 유럽통
합, 동유럽의 체제변화라는 외적 변화의 충격도 적지 않았지만, 가장 결정
적인 변화요인은 통일에 따른 체제통합의 충격이다. 통일 당시에 상이한
두 체제가 통합되는 것이 결코 쉽지는 않으리라고 누구나 예상했다. 그러
나 동일한 민족으로서 공동의 언어, 역사, 문화전통을 가졌으며, 다른 분
단국들과는 달리 분단기간 동안 제한적이나마 의사소통이 단절되지 않았
던 경험을 바탕으로 통합의 난관이 비교적 잘 극복될 수 있으리라는 막연
한 낙관적 견해가 우세했던 것도 사실이다(Bauer-Kaase & Kaase, 1996: 3).
그렇다면 구동·서독지역 간 통합[42]과정은 애초의 예상과 같이 순조롭게

---

40) 예컨대 Scharrer(1990: 75~77); Watrin(1990: 68~72) 참조.

41) 통합 이전 서독과 동독화폐의 공식 환율은 1:1, 실제적 가치로는 1:4, 그리고 암시
장에서는 심지어 1:10으로 교환되었다. 이러한 현실에 따라 서독정부 내에서는 화폐
통합 시 교환가치를 적용하는 데 있어 1:1, 1:2, 1:3, 또는 1:4의 각각 다른 기준이
제시되어 상당한 논란이 있었다. 그러나 동독의 주민과 정부의 강력한 1:1 비율 요구
에 따라 서독정부는 이를 최대한 수용하는 정치적 결단을 내렸다. 즉 동독에 거주하
는 개인들은 나이에 따라 일정 한도 ─ 14세까지는 2,000DM, 15세에서 59세까지는
4,000DM, 그리고 60세 이상은 6,000DM ─ 까지 1:1로 교환되며 그 나머지는 1:2
비율로 교환되었다(Priewe & Hickel, 1991: 92~98).

42) 독일에서는 국민통합 또는 사회통합이라는 용어보다 '내적 통일(innere Einheit)' 또
는 '내적 통합'이란 말을 즐겨 사용한다. '내적 통일'이란 엄밀한 의미에서 사회과학

진행되어 왔다고 평가할 수 있을까?

이에 대한 답을 위해서는 어떠한 기준이 필요하다. 그러나 독일통일은 충분한 계획과 청사진을 바탕으로 추진된 것이 아니라, 국제정치적 상황과 동독사회의 급변 속에서 위기관리 형식으로 이루어진 것이기 때문에 지금까지의 통합과정을 객관적으로 평가할 수 있는 명확한 기준은 애초부터 없었다. 따라서 평가의 기준은 사회학의 일반적 통합개념에 의존할 수밖에 없다. 사회학적 통합개념은 동·서독 사회통합 과정을 평가하기 위해 필요한 지표들이 무엇인가를 제시해 주기 때문이다.

일반적으로 통합은 "하나의 전체를 재건한다는 의미에서 사회구성원들이 의식적으로는 물론이고 행동으로 기존의 가치구조와 행위양식틀에 편입하거나 적응하는 과정"이라고 규정된다(Hartfiel & Hillmann, 1982: 344). 여기에는 개인의 내면화와 사회화과정은 물론이고 다양한 집단, 계층, 계급, 인종 들 간의 사회적 관계 속에서 새롭고 더욱 고양된 공동의 문화구조나 사회질서를 창출하는 문화적 적응(Akkulturation)이나 동화(Assimilation)과정이 포함된다. 다시 말해서 국민통합의 문제에 접근하기 위해서는 사회문화와 정치 및 경제질서라는 두 가지 측면이 동시에 고려되어야 한다는 것이다.

통일 이후 독일 사회과학자들은 그러한 기준을 가지고 내적 통합의 문제에 접근해 왔다. 기존의 연구들은 대체로 두 가지 범주로 묶어볼 수있다. 첫째, 주로 태도 및 평가에 중점을 두는 '주관적·인식적 차원'에서 이루어지는 연구들이다(Veen, 1997: 2~3). 여기에 속하는 연구들을 세분해 보면, 첫째, 내적 통합을 구동독주민들의 문화적·정신적 서구화와 동일시하는 접근, 둘째, 동·서독지역 주민들의 상이한 인성, 사회적 시장경제에

---

적 개념이 아니며, 정치 및 영토적 통일이라는 외형적인 통일에 상응하여 구동·서독 지역 간 정치 및 사회문화와 사회경제적 차이를 극복해야 한다는 규범적 의미를 지닌 일상적 용어이다. 그렇지만, 의미문맥상 '내적 통일 또는 내적 통합'은 국민통합의 추구라는 뜻을 내포하고 있기 때문에 여기서는 양 용어를 같은 의미로 사용할 것이다.

대한 상이한 정치적 가치정향 및 태도 등이 동질화되는 것을 사회통합의 조건으로 간주하는 접근,[43] 셋째, 내적 통합의 정도를 '정의로운 분배'에 대한 인식을 기반으로 측정하려는 접근, 넷째, 동독지역 주민의 심리적 문제, 즉 '내적 민주화'의 결핍에서 내적 통합의 문제를 찾는 접근 등으로 나누어진다. 둘째, 내적 통합은 정치사회적·사회경제적 구조 및 생활여건에 중점을 두는 '객관적 차원'에서도 연구되고 있다(Veen, 1997: 8~10). 여기에는 첫째, 서구적인 산업구조의 정착과 생산성의 동등화를 사회통합의 기준으로 삼는 접근, 둘째, 직업 및 노동조건, 실업률, 임금수준, 사회보장제도 등에서 동·서독지역 간의 균형 및 차이에 관심의 초점을 맞추는 접근이 대표적으로 속한다.

이러한 기존 연구들을 종합해 보면, 내적 통합은 인간 삶의 모든 분야, 즉 인간존재·정치·사회·심리·문화·경제 등을 포괄하고 있으며, 태도·가치·세계관·인성·편견·동정심·적대감·행위패턴 등의 점진적 동질화를 암묵적으로 지향하고 있다는 점을 발견할 수 있다. 물론 다원화를 지향하는 서구사회에서 동질화를 어떻게 규정할 것인지에 대해서는 여전히 논란의 여지가 있다. 다만 분명한 것은 구동·서독지역 간 사회문화와 정치경제 질서의 차이가 심각하게 드러나고 있으며, 이로 인해 독일국민들은 고통 받고 있다는 사실이다. 따라서 여기서는 이런 현실에 주목하여 통일 이후 경험적으로 드러난 독일사회의 문제점들과 독일 사회과학자들의 다양한 분석들을 중심으로 내적 통합을 저해하는 원인들을 밝히고, 향후 한반도 통일 이후를 대비하는 차원에서 독일 사례의 시사점을 포괄적으로 찾아볼 것이다.

---

43) 이와 관련, 혹자는 동질화를 근본적으로 방해하는 일반적인 상호 행태에 초점을 두는 반면, 혹자는 민족의식 확립과 사회통합의 상관성을 강조한다. 나아가 혹자는 내적 통합의 문제를 민주주의에 대한 상이한 인식에서 찾으며, 혹자는 동·서독 정치문화 간의 유사성과 상이성을 검증하는 데 주안점을 둔다.

## 1) 내적 통합 실태와 문제점

독일통일 이후 발간된 보고서와 설문조사 결과물들은 내적 통합이 단기간 내에 이루어지기 어렵다는 사실을 공통적으로 지적하고 있다. 특히 '마음의 벽(Mauer im Kopf)' 또는 '한 국가 내 두 사회(zwei Gesellschaften in einem Staat)'라는 상징적 표현에서 어려움은 단적으로 드러난다. 통일 초기 감격과 열광에 의해 묻혀 있다가 시간이 지남에 따라 예상보다 더욱 심각하게 표출되고 있는 내적 통합의 어려움은 정치·경제·사회적 현실과 주민 개개인 내지 집단 심리 등 모든 사회적 차원에 혼재 되어 있다. 이러한 어려움은 다음 3가지 측면으로 요약·정리될 수 있다.

### (1) 구동독주민들의 적응 문제

통일 이후 구동독주민들의 새로운 사회체제에 대한 적응의 어려움은 내적 통합 문제의 핵심이라고 말할 수 있다. 무엇보다 단시간 내 극복되기도 힘들 것으로 보이는 이들의 사회심리적 불안정 내지 혼란상은 내적 통합의 걸림돌이 되고 있다. 적응의 어려움과 관련하여 동독지역 주민들이 공통적으로 지적하는 문제는 통일 이후 냉혹해진 사회적 환경, 유대감의 상실, 가족 및 친지간에 느꼈던 포근함의 상실, 분주함과 스트레스 등으로 요약된다(Becker, Becker & Ruhland, 1992: 54).

비록 시간이 흐르면서 상당수의 동독지역 주민들은 점점 새로운 생활여건에 성공적으로 적응하고 있는 것으로 나타나지만, 이러한 결과가 모든 세대와 계층에 일률적으로 적용되는 것은 아니다. 비교적 적응을 잘하고 있는 주민들의 대다수는 40대 미만의 연령층에 집중되어 있으며, 그 이상 세대는 적응상의 어려움을 여실히 보인다(Geißler, 1993: 592f). 통일에 의해 가장 사회적 충격을 많이 받은 세대는 50대를 전후한 주민들이다. 구동독체제하에서 사회화 과정을 겪었으며, 구동독사회의 각 분야에서 지도적 위치를 점하고 있었던 이들은 구체제에 매우 익숙해 있어서 새로운 체제가치에 적응하기에 가장 힘들다. 설령 적응할 수 있다 하더라도 새로운 사회적 삶을 출발하기에는 너무 나이가 많다. 문제는 이들이 통일 후 대개 조기 은퇴, 혹은 직업전환을 강요받았으나 아직은 충분히 활동할 여력이 있다는 점이다. 활동여력을 가짐에도 불구하고 젊은 세대와 달리 교육을 통한 직업전환이 현실적으로 불가능한 상황에서 사회적 불만과 심리적 불안은 어떠한 세대보다 높은 것이 당연하다.

청소년과 장년층의 적응도가 높은 이유는 새로운 체제하에서 더 많은 사회적 기회를 얻을 수 있으며, 직업전환 측면에서도 큰 어려움을 가지지 않기 때문으로 추론된다. 뿐만 아니라 동독지역 청소년의 경우 가치판단, 행위정향, 그리고 삶에 대한 흥밋거리나 생각 면에서 놀라울 정도로 서독지역의 청소년과 유사한 성향을 보이고 있다는 조사보고서도 나오고 있다.44) 미래사회의 주역이라는 점에서 청소년에 대한 관심은 지대할 수밖에 없다. 그렇지만 청소년 특유의 적응력과 동·서독지역 청소년 간의 가치 및 행위정향적 유사성에 대한 조사보고를 바탕으로 내적 통합의 긍정적 미래에 대해 속단하는 것은 금물이다.

동독지역 청소년들의 미래에 대한 전망은 서독지역 청소년들에 비해 훨씬 비관적이다.45) 동독지역 청소년들은 본질적으로 서독지역의 동년배와 다른 심리적, 사회경제적 조건을 가지고 있다. 이들은 통일을 통해 자

---

44) 동·서독지역 청소년들을 대상으로 한 조사보고에 의하면, 이들은 공통적으로 삶에서 가장 중요하게 여기는 것으로서 세계평화, 우정, 자유, 가족의 안전과 내적 조화, 그리고 다양한 삶의 영위 등을 손꼽고 있다. 그리고 자립적인 삶을 성취하고 싶어 한다는 점에서 자아실현을 위한 노력과 개인주의적 경향의 부각도 공통적으로 드러난다(Henschel, 396~397).

45) 1995년 한 설문조사 결과에 따르면, 동·서독 내적 통합에 대한 청소년들의 전망은 크게 엇갈린다. 서독지역 청소년들의 경우 동·서독의 사회경제적 격차가 오랫동안 지속될 것이라는 전망은 23%, 어느 정도 지나면 극복될 것이라는 전망은 47%, 조만간 극복될 것이라는 전망은 22%인 데 반해, 동독지역 청소년들은 각 57%, 33%, 6%였다(Schmidtchen, 1997: 12).

<표 2-4> 양독지역의 결혼·출산·인구증가 비교

(단위: 명)

| 연도 | 결혼 (인구 1,000명당) | | | | | 출생 (인구 1,000명당) | | | | | 인구증감 (인구 1,000명당) | | | | |
|---|---|---|---|---|---|---|---|---|---|---|---|---|---|---|---|
| | 1995 | 1996 | 1997 | 1998 | 1999 | 1995 | 1996 | 1997 | 1998 | 1999 | 1995 | 1996 | 1997 | 1998 | 1999 |
| 서독 | 5.7 | 5.6 | 5.5 | 5.4 | 5.5 | 10.3 | 10.5 | 10.7 | 10.2 | 9.9 | -0.4 | -0.1 | +0.3 | -0.1 | -0.3 |
| 동독 | 3.5 | 3.5 | 3.5 | 3.6 | 4.0 | 5.4 | 6.0 | 6.5 | 6.5 | 6.7 | -6.1 | -5.2 | -4.4 | -4.0 | -3.6 |

자료: Statistisches Bundesamt Deutschland.

유를 얻었지만, 구체제에서 습득된 의식구조— 예컨대 국가와 제도에 대한 불신— 는 내면에 여전히 남아 있다. 그러면서도 장래의 직업과 사회진출과 관련하여 새로운 체제가치에 입각한 교육내용을 의무적이며 수동적으로 받아들이는 태도를 보인다(Fulbrook, 1994: 223). 나아가 동·서독지역의 경제적 하부구조 차이를 비롯하여 장래문제 등은 동독지역 청소년들이 서독지역의 청소년보다 훨씬 물질적 가치에 매달리게 만드는 요인이되고 있다. 즉 사회환경의 변화에 대해 비록 높은 적응도를 보이고 있으나동독지역 청소년들 역시 실제로는 새로운 사회에서 심리적 안정을 가지고있지 못하다.

상대적으로 높은 적응력에도 불구하고 청·장년층의 어려움은 결혼 및출산율과 관련된 사회적 지표에서도 입증되고 있다. 1987년에서 1991년사이의 시기 동안 동독지역의 결혼 및 출산율은 거의 반감될 정도로 저하되었다. 이러한 현상은 현재뿐만 아니라 미래에 대한 동독지역 주민의 불안감을 반영하고 있다. 한동안 하강추세를 보이던 결혼 및 출산율은 1995년에 들어서 비로소 증가하는 기미를 보이기 시작했다(Die Welt, Feb. 21, 1996). 이는 동독지역의 경제상황이 통일 직후보다 개선됨으로써 동독지역 주민들이 미래를 점점 긍정적으로 바라보게 된 결과라고 평가할 수도있다. 그럼에도 불구하고 동독주민들의 사회심리적 불안과 적응의 어려움이 현저히 해소되고 있다는 의미는 아니다. <표 2-4>에서 보듯이 동독지역의 결혼 및 출산율은 서독지역에 비해 약 2/3 정도에 머무르고 있으며, 앞으로 증가 추세가 지속될지 또는 조만간에 통일 이전의 수준을 회복하게 될지는 여전히 불투명하다(김해순, 2002: 19~31).

## (2) 양 지역 주민 간의 상호불신과 갈등

통일 이후 통일의 결과에 대한 양 지역주민들의 상이한 평가태도와 상호불신은 내적 통합의 어려움을 단적으로 보여준다. 우선 통일이라는 역사적 사실을 두고 동·서독지역 주민들의 만족도를 조사해 보면, 동독지역에서는 통일로 인하여 직접적인 불이익을 겪게 된 구지배계층을 제외한 대다수의 주민들은 통일되었다는 사실에 대해서는 변함없이 만족하고 있다. 이에 반해 서독지역 주민들은 통일 초기의 열광이 식자마자 통일을 근심거리를 제공하는 사건으로 받아들이고 있다.

문제는 이러한 일반적인 만족도 차이가 아니라, 그 이면에 작용하고 있는 양 지역 주민들 간의 통일결과에 대한 평가의 차이에 있다. 서독지역 주민들은 통일비용의 과중한 부담에 대한 불만을 가지며, 동독주민들은 전술했다시피 새로운 체제에 대한 적응의 어려움 때문에 불만을 가지고 있다. 이러한 불만은 그 자체에 머물지 않고 상대지역을 원망하는 형태로 발전하고 있다. 즉 양 지역주민들은 상대지역을 범주화시켜 각각 거만함, 신뢰성 부족, 이기적·기회주의적이라는 의미와 게으름, 무능함 등의 의미가 내포된 베씨(Wessis: 서쪽 것들)와 오씨(Ossis: 동쪽 것들)라는 말로 폄하한다. 이러한 상호 간의 부정적 평가는 '마음의 벽'을 쌓았으며, 시간이 지나면서 더욱 높아지는 경향을 보인다.[46]

---

46) 1993년의 한 설문조사에 따르면 서독지역 주민들의 22%, 동독지역 주민들의 11%만이 서로 유대관계를 갖는 동족으로 인정하고 있으며, 각각 71%, 85%는 서로 다른 이해관계를 갖는 별개의 독일인으로 생각하고 있다(*Frankfurter Allgemeine Zeitung*, 19. Mai 1993).

<표 2-5> 양 지역주민들의 사회문제에 대한 인식성향

(단위: %)

| | 서독지역 | | | 동독지역 | | |
|---|---|---|---|---|---|---|
| | 1992년 | 1993년 | 1994년 | 1992년 | 1993년 | 1994년 |
| 긍정론자 | 14.3 | 13.6 | 16.6 | 10.3 | 6.2 | 13.4 |
| 자신의 탓으로 돌리는 자 | 14.9 | 17.2 | 17.4 | 3.8 | 3.4 | 4.6 |
| 남의 탓으로 돌리는 자 | 38.6 | 37.2 | 37.0 | 67.5 | 67.9 | 61.7 |
| 부정론자 | 32.2 | 32.0 | 29.0 | 18.4 | 22.5 | 20.3 |

자료: Petra Bauer-Kaase & Max Kaase(1996: 6).

양 지역주민들 간의 상호편견을 보다 구체적으로 정리하면 몇 가지로
요약될 수 있다. 우선 서독지역에 대한 편견으로는 첫째, 서독인들은 동독
지역을 식민지 형태로 정복했다. 둘째, 서독인들은 복지를 누리고 있으면
서도 나누어 가지는 것을 배우지 못했다. 셋째, 서독인들은 동독지역을
단지 상품시장으로만 간주하며, 생산지역으로 만들기 위해 너무나 적게
투자한다. 넷째, 서독지역에는 통일이 되지 않았으면 더 좋았을 것처럼
생각하는 자들이 있다. 다섯째, 연방정부는 동독지역의 실업자를 구제하
기 위해 하는 일이 거의 없다. 다음으로 동독지역에 대한 편견으로는 첫
째, 동독지역 주민들은 너무나 단순하게 행동한다. 즉 그들은 서독과 같은
수준의 생활을 원하는 반면 동독시절 같이 일하길 원한다. 둘째, 동독지역
주민들은 스스로를 불쌍하게 여기는 경향이 있다. 셋째, 동독지역의 노동
자와 사무원들은 서독 수준의 노동성과를 낼 만큼 충분히 성숙하지 못했
다는 것이다(Bauer-Kaase & Kaase, 1996: 6).

<표 2-5>는 이러한 편견에 대해 양 지역주민들이 스스로와 상대지역
주민을 어떻게 생각하고 있는지를 설문조사한 결과이다. 통일독일의 사회
문제에 대한 양독 주민들의 인식성향을 보여주고 있는 이 결과를 통해
상호불신의 정도뿐만 아니라 내적 통합 문제의 현 주소가 명확하게 드러
난다.

여기서 '긍정론자(positivist)'는 양쪽의 편견을 모두 거부하는 입장을 취하는 자이며, '부정론자(negativist)'는 그 반대로 모두 인정하는 자이다. 긍정론자들은 대체로 사회문제에 대해 큰 관심을 가지고 있지 않는 자이며, 부정론자들은 상대지역에 대해서만 선택적 불신을 보이기보다 근본적으로 통일 자체에 대해 부정적 인식을 가지고 있다. 이들 양자의 공통점은 내적 통합 문제에 대해 뚜렷한 문제의식이 없다는 것이다. 사회문제의 원인을 '자신의 탓으로 돌리는 자(internalizer)'는 자기 지역에 대한 상대 지역의 평가가 옳다고 생각하는 자들이며, '남의 탓으로 돌리는 자(externalizer)'는 상대지역에 대한 편견을 강하게 가진 자들이다. 긍정론자나 부정론자와 달리 이들 부류는 내적 통합 문제에 대해 나름대로의 분명한 관점을 가지고 있다.

이 결과를 통하여 몇 가지 결론이 도출될 수 있다. 첫째, 부정론자들의 분포도 차이에서 나타나듯이 동독지역 주민보다 서독지역 주민들이 통일 자체를 회의적으로 인식하고 있다. 둘째, 양 지역 모두 '자신의 탓으로 돌리는 자'가 상대적으로 적다는 점에서 상호이해를 위한 마음의 준비가 아직 되어 있지 않다는 사실이 드러난다. 셋째, '남의 탓으로 돌리는 자'가 동독지역에서 압도적으로 많이 나타난다는 점에서 동독지역 주민들의 피해의식이 더욱 크다는 사실이다.

## (3) 정체성 위기와 정치·사회문화의 혼란

일반적으로 사회구성원들의 공동체적 정체성이 어느 정도 확고한지, 그리고 정치·사회문화의 다양성과 통일성이 얼마나 잘 조화되고 있는지의 문제는 한 사회의 통합 정도를 파악하는 중요한 지표로 간주된다. 이러한 측면에서 보면 통일 이후 정체성 위기와 정치·사회문화적 혼란상을 노정하고 있는 독일사회는 심각한 통합의 어려움에 처해 있다.

갑작스러운 체제붕괴를 경험한 동독지역에서의 정체성 위기는 충분히 이해될 수 있다. 1989년 11월 베를린 장벽이 무너진 후 동독주민들이 "우리는 하나의 민족이다(Wir sind ein Volk)"라는 구호를 외쳤을 때, 통일독일의 민족공동체적 정체성이 쉽게 확립될 수 있을 것으로 보이기도 했다. 그러나 이는 순수한 민족감정의 발로라기보다 통일만 되면 서독주민들과 같은 경제적 풍요를 당장 누릴 수 있을 것으로 생각한 동독주민들의 기대에서 나온 것 이상은 아니었음이 곧 드러났다. 독일연방정부의 막대한 통일비용 부담에도 불구하고 경제체제의 재편과정에서 자신들의 경제적 기대가 단번에 충족되기란 불가능한 현실을 깨닫게 되면서 동독지역 주민들의 정체성은 더욱 혼란상태에 빠지게 되었다.

문제는 정체성 위기가 비단 동독지역에서만 국한된 현상이 아니라는 점이다. 서독체제 중심으로 통일이 이루어졌음에도 불구하고 통일 후 서독지역에서도 심각한 정체성 위기가 감지되고 있다. 통일 이전 70% 이상의 서독국민들은 독일인이라는 사실에 긍지와 자긍심을 가지고 있었다. 그러나 통일 이후 과거의 자긍심은 60%를 약간 상회하는 정도로 떨어졌다.[47] <표 2-6>은 독일인으로서의 자긍심을 갖고 있는지의 여부를 통해 동·서독지역 주민들의 정체성 정도를 성별, 연령별, 교육수준별로 조사(1993년도)한 결과로서 정체성의 혼란상을 분명히 보여주고 있다.

통일독일 국민들의 정체성 위기는 단지 국가에 대한 자긍심 부족뿐만 아니라 현실적으로는 정치·사회문화의 혼란으로 나타나고 있다. 특히 독일정당구조의 파편화 현상, 동·서독지역 간 이념적 가치의 편차 증대, 극

---

47) 콘라드 아데나워 재단의 국가정체성에 대한 연구결과에 따르면, 독일인이라는 사실에 자긍심을 가지는 서독주민은 1986년 73%, 1988년 69%, 1989년 72%, 1990년 64%, 1993년 64%로서 통일 이후 정체성 혼란을 보여준다. 동독주민들의 경우도 통일 당시인 1990년 74%에 이르던 수치가 1993년에는 59%로 급감하는 추세를 보였다. Konrad-Adenauer-Stiftung, *Department of Political Research,* Archive Number, 8603, 8804, 8902, 9007/08, 9301/02. Hans Joachim Veen & Carsten Zelle, "National Identity and Political Priorities in Eastern and Western Germany," *German Politics*, Vol.4, No.1(April, 1995), p.8 재인용.

<표 2-6> 동·서독지역 주민들의 국가 정체성 지표

(단위: %)

| | | 서독지역 | | 동독지역 | |
|---|---|---|---|---|---|
| | | 긍지를 가짐 | 긍지를 갖지 못함 | 긍지를 가짐 | 긍지를 갖지 못함 |
| 성별 | 남성 | 67 | 32 | 60 | 40 |
| | 여성 | 61 | 39 | 58 | 42 |
| 연령별 | 18~29세 | 45 | 54 | 55 | 45 |
| | 30~39세 | 57 | 43 | 54 | 46 |
| | 40~49세 | 60 | 39 | 61 | 38 |
| | 50~59세 | 71 | 28 | 60 | 40 |
| | 60세 이상 | 77 | 23 | 64 | 36 |
| 교육정도별 | 초등교육 | 74 | 26 | 65 | 35 |
| | 중등교육 | 58 | 42 | 55 | 44 |
| | 대학이상교육 | 45 | 53 | 46 | 54 |

* 백분율의 합계가 100%가 되지 못한 경우가 있는데, 이는 무응답 때문임.
자료: Konrad-Adenauer-Stiftung, "Department of Political Research", *Archive*, 9301/9302. Hans Joachim Veen & Carsten Zelle, "National Identity and Political Priorities in Eastern and Western Germany," *German Politics*, Vol.4, No.1(April, 1995), p.11 재인용.

우세력의 득세, 그리고 범죄율의 증가는 통일 이후 독일의 정치·사회문화적 혼란상을 직·간접적으로 보여주는 대표적 사례이다.

통일과정에서 정당통합은 구서독 정당구조를 기반으로 이루어졌으나, 기민당(CDU)/기사당(CSU), SPD, 자민당(FDP)을 중심축으로 형성되어 있던 구서독의 정당구조는 적지 않은 변화를 겪고 있으며, 특히 파편화되는 경향을 보인다. 비록 통일 직후 구동독지역의 주의회선거(1990년 10월)와 최초의 연방의회선거(1990년 12월) 결과는 구서독의 정당구조를 크게 벗어나지는 않았지만, 시간이 흐르면서 변화는 가속화되고 있다. 이는 1994년 및 1998년도의 주의회 및 연방의회선거 결과를 통해 분명히 입증된다. 정당구조 변화의 방향은 특히 구동독지역을 중심으로 구동독공산당(SED)의 후신인 민사당(PDS)의 점진적 세력팽창, 녹색당과 구동독 반체제세력과의 연대, 자민당의 급격한 세력 상실 등으로 요약될 수 있다.

<표 2-7> 통일 이후 주요 독일정당의 연방의회선거 득표율

(단위: %)

|  | 1990년 | | | 1994년 | | | 1998년 | | |
|---|---|---|---|---|---|---|---|---|---|
|  | 서독 | 동독 | 전체 | 서독 | 동독 | 전체 | 서독 | 동독 | 전체 |
| 기민당/<br>기사당 | 43.7 | 41.8 | 43.3 | 42.1 | 38.5 | 41.5 | 37.4 | 23.5 | 35.2 |
| 사민당 | 25.9 | 24.3 | 33.5 | 37.5 | 31.5 | 36.4 | 41.9 | 34.4 | 40.9 |
| 자민당 | 10.6 | 12.9 | 11.0 | 7.7 | 3.5 | 6.9 | 7.0 | 2.6 | 6.2 |
| 녹색당 | 4.7 | 0.1 | 3.8 | 7.9 | 4.3 | 7.3 | 7.3 | 3.6 | 6.7 |
| 민사당 | 0.3 | 11.1 | 2.4 | 1.0 | 19.8 | 4.4 | 1.3 | 20.3 | 5.1 |

\* 상기 득표율은 정당에 대한 투표인 제2투표(Zweitstimmen)의 결과임.
자료: Hübner(hrsg.), 1991: 215; "Appendix: 'Superwahljahr' 1994: Key Dates," 1995: 160~164;
Statistisches Bundesamt Deutschland.

이러한 변화 가운데 민사당의 세력팽창은 괄목할 만하다. 서독지역에서
는 1% 전후의 지지율을 보이는 민사당이 동독지역에서는 10~30%대의
득표율을 얻음으로써 세 번째로 큰 정당으로 등장했으며, 일부 지역에서
는 최다득표정당으로 부상했다. 더구나 민사당은 1998년 연방의회선거에
서는 비례대표의석 배분을 받을 수 있는 정당득표(Zweitstimmen) 하한선
인 5%를 넘는 지지율을 처음으로 확보하게 되었다. 이처럼 시간이 지나
면서 오히려 그 폭이 넓어지는 추세를 보이는 동·서독지역 간의 정당지지
율 격차는 양 지역 간의 이념적 가치 차이를 보여주는 단적인 사례이다.

동·서독지역 간 정치·사회문화적 차이는 독일연방공화국의 정치경제
체제에 대한 신뢰 내지 지지도 차이에서 더욱 분명히 드러난다. 서독지역
주민들의 약 70~80%가 시장경제 및 자유민주주의체제를 최선의 대안으
로 받아들이고 있는 반면, 동독지역 주민들의 경우에는 20~30%만이 그
렇게 생각하고 있다. <표 2-8>에서 보듯이 동독지역 유권자의 60%는
친사회주의적 성향을 보이며, 20%는 국수주의적인 경향마저 보이고 있
다. 통일 이후 내적 통합을 위한 독일정부의 정신적·물질적 노력을 감안

<표 2-8> 동독지역 유권자들의 정치·사회적 가치관

| | 친사회주의자 (유권자의 60%) | 민족주의자 (유권자의 20%) | 연방주의자 (유권자의 20%) |
|---|---|---|---|
| 정체성 | 동부독일인(서부독일과 구분) | 독일인/중부독일인 | 독일연방시민(동부독일인의 정체성 거부) |
| 독일연방공화국에 대한 태도 | 접근/ 비판적 거리유지 | 구정당들은 독일의 이익, 정체성 및 가치를 배반함 | 긍정적/ 더 나은 대안이 없음 |
| 헌법(기본법)에 대한 태도 | 접근적 태도 | 도구적 시각/ 거부 | 전폭적 지지 |
| 주도적 가치 | 친사회주의적 | 민족적 유대감 | 자유민주주의/ 전체주의에 대한 반대 |
| 현 상황의 바람직한 변화 방향 | 민주적 사회주의 | 독일우선주의 | 기존의 현대화 완성 |
| 구동독체제에 대한 시각 | 부분적 인정/ 모든 것이 나쁘지는 않았음 | 민족적 관점에서 긍정적인 측면이 있었으나, 비독일적임 | 불법국가/ 인위적 구성체 |
| 나토의 코소보 전쟁 참전에 대한 견해 | 서독주민의 전쟁/ 우리의 것이 아님 | 미국의 이익을 위한 독일병사의 희생 거부 | 동참 필요 |
| 선호 정당 | 민사당(PDS), SPD 좌파 | 신생우파정당 (REP, DVU, NPD) | 기민당(CDU), 사민당의 '신중도노선파' |

자료: Koch(2000).

할 때 이러한 조사결과는 체제통합의 어려움에 대해서는 두말할 필요도 없고, 통합과정상에 문제점이 있었다는 것을 단적으로 보여주는 것이 아닐 수 없다.

정체성 위기와 정치·사회문화적 혼란은 청소년층에서도 분명하게 나타난다. 이런 현상은 통일 이후 사회경제적, 사회문화적 급변 속에서 청소년들이 사회나 국가에 대한 정체성을 확보하는 것이 어렵기 때문이라고 판단할 수도 있다. 그러나 이 현상이 더욱 심화되고 있다는 데 문제의 심각성이 있다. 일부 매우 제한된 범위 내에서 발생하고 있지만 청소년 사이에서 극우적 행태가 호응을 받고 있다는 것, <표 2-9>에서 보듯이, 독일청소년들의 정치적 정향이 점점 혼란에 빠져들고 있다는 사실, 그리고 양지역 청소년들이 다른 세대에 비해 상대지역에 대해 훨씬 큰 편견을 보이

<표 2-9> 독일 청소년들(14~29세)의 정치적 정향

설문: 통일 당시 시장경제, 인권 그리고 사회주의가 서로 연결된 새로운 국가 형태가 탄생할
기회가 있었다고 말합니다. 당신은 이에 대해 어떻게 생각합니까?

|  | 서독지역 | | 동독지역 | |
|---|---|---|---|---|
|  | 1994년 | 1997년 | 1994년 | 1997년 |
| 새로운 국가형태를 원함 | 8% | 15% | 40% | 49% |
| 현재의 연방공화국 형태에 만족함 | 75% | 60% | 36% | 27% |
| 미결정 또는 기타 응답 | 17% | 25% | 24% | 24% |

자료: Institut für Demoskopie Allensbach, *Frankfurter Allgemeine Zeitung*(April 16, 1997).

고 있다는 점은 내적 통합의 장래를 어둡게 만드는 요인이 아닐 수 없다.

## 2) 내적 통합의 저해요인 분석

동·서독 내적 통합의 어려움은 매우 복합적이다. 분단의 유산, 통일과
정, 통일 이후 통합정책 등 여러 차원에서 그 원인이 혼재해 있다. 발생원
인들을 체계적으로 정리해 보면, 서론에서 지적했듯이 '주관적·인식적 차
원'과 '객관적 차원'으로 대별해 볼 수 있다. 그러나 이러한 구분은 분석
을 위한 방편이며, 엄밀히 말해서 내적 통합의 어려움은 양 차원을 넘나드
는 매우 복합적인 원인을 가진다.

### (1) 주관적 · 인식적 차원: 사회문화 및 사회심리적 요인

① 분단의 문화유산

분단 40여 년간 형성된 동·서독의 사회문화적 이질화는 내적 통합을
저해하는 주요 요인으로 간주된다. 문화는 속성상 짧은 시간 내에 변화되
기 힘들다는 점을 고려하면 이질화된 양 지역의 사회문화가 쉽게 동화되

<표 2-10> 양독지역의 사회환경구조(Soziale Milieustruktur) 비교

| 서독지역 | | 동독지역 | |
|---|---|---|---|
| 출세지향적 | 24.0% | 전통적 노동자 | 27.0% |
| 소시민적 | 22.0% | 소시민적/물질주의적 | 23.0% |
| 쾌락주의적 | 13.0% | 시민적/인도주의적 | 10.0% |
| 전통을 상실한 노동자 | 12.0% | 출세지향적 | 9.0% |
| 기술관료적/자유적 | 9.0% | 전통을 상실한 노동자 | 8.0% |
| 보수적 | 8.0% | 좌파지식인/대안적 | 7.0% |
| 전통적 노동자 | 5.0% | 기술관료적/합리적 | 6.0% |
| 새로운 피고용자 | 5.0% | 쾌락주의적 | 5.0% |
| 대안적(alternative) | 2.0% | 하위문화적 | 5.0% |

자료: Sinus Institut(1992: 80, 82).

기란 매우 힘들다. 물론 문화개념의 포괄성과 모호성 탓에 동·서독의 사회문화가 어느 정도 이질화되었는지를 명확히 규명하기란 어렵다. 그렇지만 양 지역 사회문화의 이질화를 보여주는 객관적 지표가 전혀 없는 것은 아니다. <표 2-10>은 통일 직후인 1991년에 사회조사기관이 실시한 양 지역의 사회적 환경 비교조사 결과로서 동·서독주민의 이질화된 삶의 이해 내지 삶의 양식을 간접적으로 보여준다.

동·서독의 사회문화적 이질화는 일차적으로 양 체제의 상이한 현대화 과정이 낳은 귀결이라고 말할 수 있다. 주지하다시피 자본주의사회와 사회주의사회의 현대성에 대한 이해는 상이하다. 즉 전자는 현대화를 근대 이래 서구 중심의 시장경제와 자유민주주의의 발전과 동일시한 반면, 후자는 애초 자본주의사회의 모순을 해소할 수 있는 대안적인 사회를 건설하는 과정으로 이해했다. 이러한 차이는 외형적으로 느껴지는 생활양식의 수준뿐만 아니라 그 내용에서 연원한다.

전후 서독에서는 사회 및 권력분화를 바탕으로 자율적·개방적이며 다원화된 시민사회가 형성·발전하는 과정에서 개인화와 공동체의 해체로 특징

지워지는 사회문화가 구축되었다. 자본주의적 현대화의 이러한 일반적 특성뿐만 아니라 역사적 과오를 되풀이하지 않으려는 서독정부와 사회의 의도적 노력도 서독사회에서 전통의 해체를 가속화시켰다. 서독은 전통적인 절대관료국가(Obrigkeitsstaat)적 정치문화를 서구적 시민민주주의 문화로 전환시키는 것과 탈나치화의 맥락에서 민족주의의 재발흥을 방지하는 데 심혈을 기울임으로써 정치사회적 민주화를 성공적으로 정착시킬 수 있었다. 이러한 서독사회의 민주적 시민문화는 분단시기 동독을 포용하는 기반으로 작용했으며, 동·서독 관계의 발전에 직·간접적으로 기여했다.

그러나 서독의 현대화 과정은 국민들의 국가정체성을 기형화시켰다. '경제애국주의'와 '헌법애국주의'라는 말에서 드러나듯이 서독인들의 정체성은 민족적 자긍심보다 경제발전과 민주주의적인 헌법질서에 의존하는 현상을 보였기 때문이다.[48] 따라서 통일 이후 통일비용으로 인한 경제적 어려움과 헌법질서의 기초가 흔들리면서 서독지역 주민들의 정체성이 혼란에 빠지게 된 것은 결코 우연한 일이 아니다. 나아가 그렇지 않아도 민족적 정체성이 취약한 정치 및 사회문화에 익숙해 왔던 서독주민들은 통일비용의 과중한 부담 속에서 이질적인 동독지역 주민들의 삶의 양식을 포용할 만한 심적 여유를 갖지 못했으며, 그 결과 서독주민들의 눈에 동독주민들의 생활양식은 일차적으로 이해가 아닌 부정의 대상으로 비쳤다.

동독의 경우에는 자본주의적 현대화에서 드러난 분화와 갈등을 조화 및 협동과 공동체적 유대를 바탕으로 극복하려는 사회주의적 현대화 전략을 채택함으로써 출발부터 서독과는 매우 상이한 사회문화의 형성 기반이 구축되었다. 뿐만 아니라 현존 사회주의국가였던 동독은 실제로 유토피아적 사회주의이념과 상이한 사회문화적 모순을 창출하기도 했다(전성우,

---

48) 1980년대 후반의 한 설문조사 결과, 서독에서 민족적 자긍심을 가진 자들은 37%에 불과한 것으로 나타났으며, 이는 주변 서유럽국가들에서 나타나는 50~80%의 결과와 크게 대비되었다(Weidenfeld, 1989: 33). 서독인들이 긍지를 느끼는 원천들에 관한 자세한 조사결과는 Veen & Zelle(1997: 10) 참조.

1995: 27~38). 즉 중앙집권적이며 상명하달식의 당국가(Parteistaat)체제는 동독주민들을 철저하게 당의 권위에 예속되기를 강요함으로써 통제에 대해 일방적으로 순응하는 신민적인 문화에 익숙하게 만들었다. 특히 당의 지휘를 받는 사회단체들을 매개로, 또는 사회의 각 부분 및 개인의 사생활에까지 침투한 비밀경찰(Stasi)의 활동으로 유지되었던 현존사회주의의 일당독재적 지배구조는 동독의 사회문화를 왜곡·변형시켰다. 억압적이고 획일적인 통치구조 속에서 동독주민들은 만성적인 사회심리적 결핍감을 가지게 되었고, 억압에 대하여 이중적 행위양식으로 대응했다. 즉 그들은 공적 생활에서 매우 순응적인 태도를 보였지만, 사적 생활에서는 억압과 통제로부터 도피하여 가족적 내지 배타적 소집단 간의 유대를 강화했다. 이처럼 소위 '틈새사회(Nischengesellschaft)' 또는 '연줄공동체'로 규정되었던 동독사회문화의 유산은 동독지역 주민들의 서독체제에 대한 사회적 동화를 방해하는 요인이 되고 있다.

② 동독지역 주민들의 가치관 혼란 및 사회적 불안감

급작스러운 통일 직후 동독지역 주민들은 감당하기 힘든 통일의 충격, 즉 서구적 현대화의 충격을 받았다.[49] 특히 이들은 새로운 체제와 제도가 요구하는 낯선 가치관 및 생활양식을 받아들이는 과정에서 당혹감과 불안감을 보이고 있으며, 이는 자신들의 기대가 무너지면서 불만의 팽배와 지적 아노미 상태로까지 확대되기에 이르렀다. 이러한 현상에 관하여 구동독지역의 사회심리학자 마쯔(H.-J. Maaz)는 동독지역 주민들이 통일 후 생활전반에 걸쳐 노이로제적 증상을 보이고 있다고 분석한다.[50] 다시 말해서 동독지역 주민들은 통일 후 실업, 사회보장, 시장경제체제에서 요구되

---

49) 구체적 내용은 김해순(2002: 135 이하) 참조.
50) 체제전환기의 동독지역에서 나타나는 사회심리적 현상을 분석한 대표적 저작으로 Maaz(1990) 참조.

<표 2-11> 동독지역 주민들의 자유와 평등에 대한 가치관 변화 추이

(단위: %)

질문: 개인적 자유와 사회적 평등 중 무엇이 더욱 중요한가?

| 연도 | 1990.3. | 1990.8. | 1992.12. | 1993.10. | 1994.12. | 1995.8. |
|---|---|---|---|---|---|---|
| 평등이 더 중요 | 43 | 47 | 53 | 51 | 58 | 46 |
| 자유가 더 중요 | 46 | 44 | 35 | 36 | 29 | 36 |
| 모르겠음 | 11 | 9 | 12 | 13 | 13 | 18 |

자료: Institut für Demoskopie Allensbach.

는 경쟁능력 및 직업전환교육, 가치관의 급격한 변화 및 방향성 상실, 점 증하는 범죄율, 사회적 적대감의 증대, 과거에는 알려지지 않았던 엄청난 환경파괴, 구체제에서의 공산당 및 비밀경찰에 대한 협력의혹, 새로운 사 회체제에 대한 보이지 않는 강요 등에 직면하여 엄청난 사회적 불안감에 시달리고 있다는 것이다(Maaz, 1991: 5).

동독지역 주민들의 가치관 혼란은 민주주의와 시장경제에 대한 인식태 도에서 단적으로 나타난다. 이들은 민주주의와 시장경제에 내재된 기본적 가치 및 규범에 대해서는 서독지역 주민들과 공감대를 가지고 있다. 그러 나 이러한 가치들의 우선순위에 있어서 큰 차이를 보인다. 대표적인 예로 서 동독지역 주민들은 '자유'보다 구동독체제하에서 내면화된 '평등'에 우선적 가치를 두고 있다. 과거 자유의 가치를 제대로 알지 못했던 그들에 게 서독사회의 다양성, 실용성, 여가생활지향성은 매우 낯선 것이 아닐 수 없다. 따라서 갑자기 주어진 '자유'를 자기발전의 계기로 만드는 데 적지않은 어려움을 겪고 있으며, 일부는 쾌락적·물질적 측면에서 자유를 만끽하는 데 그치고 있다(Korte, 1996: 15).

또한 민주주의와 시장경제를 '질서(Ordnung)'라는 측면에서 인식하는 서독지역 주민들과 달리 동독지역 주민들은 사회적·경제적 성과로 측정 한다. 구동독정권의 온정주의에 익숙한 그들은 자유시장체제가 요구하는 사회적 경쟁을 감당하지 못함으로써 사회적 불안감에 휩싸이며, 자신의 사회적 안전을 스스로 책임지기보다 국가에 의존하는 행태를 보인다. 동독지역 주민들이 느끼는 사회적 불안감은 단순히 가치의 혼란 문제를 넘어, 통일 이후 급증한 실업률과 단숨에 극복하기 힘든 동·서독지역의 경제적 격차에서 연원하기도 한다. 물론 통일 이후 동독지역 주민들의 경제적 수준이 과거와 비교할 수 없을 정도로 상승한 것은 분명하며, 그들도 이 사실에 대해서는 인정한다. 문제는 통일이 가져다줄 물질적 혜택에 대한 동독지역 주민들의 애초 기대가 너무 컸으며, 그만큼 현 상황에 대해 실망하고 있다는 점이다.

동독지역 주민들의 가치관 혼란과 사회적 불안감은 크게 두 가지 문제점을 초래하고 있다(Korte, 1996: 18). 첫째, 과거 시절에 대한 좋은 기억들을 선택적으로 회상하고 향수를 느낀다는 점이다. 특히 자본주의의 비인간적 측면에 대한 반작용으로 사회주의 이념의 이상적 측면을 동경한다. <표 2-11>에서 보듯이 동독지역 주민들은 자유보다 평등이 더욱 중요한 가치라고 여기는 추세를 보인다. 이러한 추세는 그들이 구동독과의 관계에서 자신의 정체성을 새롭게 발견하는 '동독에 대한 향수(Ostalgie: Ost+Nostalgie)'와 직결된다. 둘째, 사회경제적 현실에 대한 비판적 평가이다. 사회경제적 현실에 대한 개인적 불만은 새로운 체제에 대한 적극적 지지를 방해할 뿐만 아니라, 국가 및 민족의식을 토대로 정체성의 혼란을 극복하는 데 장애요인으로 작용할 위험성이 매우 높다.

동독주민들의 부적응 및 불만은 단순히 환경변화의 탓으로만 돌릴 수 없다. 급격한 체제변화로 말미암아 과거의 극복도, 새로운 체제에의 적응도 제대로 감당하지 못한 자신들의 탓이기도 하다. 새로운 환경에 대한 적응 문제는 대개의 경우 시간이 지나면서 어느 정도 해결 가능할 것이다. 그러나 외형적으로 높은 적응도를 보인다고 할지라도 무의식세계에 잔존하는 기존의 심리구조를 극복하는 것은 또 다른 차원의 문제이다. 사실 동독주민들이 겪고 있는 사회심리적 문제는 평화적 혁명으로 쟁취한 공산정권의 붕괴과정에서 내적 민주화의 기회를 저버린 결과이다. 그들은 자신들의 노력으로 왜곡된 정치·사회문화 및 사회심리적 구조를 극복하기보다 서독의 경제력에 현혹되어 서독체제를 단시간에 쉽게 받아들이는 길을 택했다. 적응에 대한 불안, 막연한 피해의식 및 방어심리, 과거에 대한 향수 등은 상당부분 자신의 문제를 스스로 해결하지 못한 당연한 귀결이라고 말할 수 있다(Maaz, 1990: 4).

## (2) 객관적 차원: 정치 · 사회 · 경제구조적 요인

대부분의 주관적·인식적 차원의 문제들은 단순히 가치관 내지 심리적 문제에만 국한되는 것이 아니라, 통일 이후 정치·사회·경제 분야의 구조 변화 및 이에 따른 동·서독지역 주민들의 생활조건 변화에 의해 영향을 받고 있다. 특히 동독지역 주민들에게 사회구조 변화는 엄청난 영향력을 미치고 있다. 예컨대 정신적·물질적 생활여건의 개선과 더불어 과거 경험하지 못했던 새로운 사회적 불평등에 직면하게 되면서 이들의 사회문화 및 사회심리적 문제들은 더욱 증폭되고 복잡해졌다. 이처럼 주관적·인식적 차원의 문제와 상호 영향을 주고받으면서 내적 통합을 방해하는 객관적 차원의 문제들은 정치사회적 및 사회경제적 측면에서 찾을 수 있다.

### ① 정치사회적 측면

통일 이후 동독지역 주민들의 사회문화 및 사회심리적 문제를 초래 내지 증폭시키는 정치사회적 요인은 크게 세 가지로 요약할 수 있다. 첫째, 정치사회적 계층구조의 변혁이 미친 결과이다. 즉 비단 과거 동독공산당 간부뿐만 아니라 당에 충성했던 계층은 통일 이후 자신들의 기득권을 상실하게 되었으며, 이에 반해 구체제에서 억압받던 계층은 새로운 지위상승의 기회를 획득하였다. 전자에 속하는 계층의 경우 새로운 체제에 대한 불만족은 당연하며, 이는 통일 이후 양독지역 주민들 간의 이데올로기적 차이를 반영하는 하나의 주요 변수로 작용한다. 그런데 문제는 후자의 계층에 속한 사람들도 새로운 정치사회적 상황에 크게 만족하지 못한다는 점이다. 실제로 구동독체제에서 공산당에 반대했던 일반 주민들도 통일 이후 선거에서 민사당을 지지하는 경우가 적지 않다는 사실은 어떻게 설명될 수 있는가?[51] 이는 바로 다음에서 지적할 두 번째 요인과 직결된다.

둘째, 통일 이후 제도확립 과정에서 동독인들의 정치사회적 소외 현상이다. 즉 정치사회적 제도통합과정에서 동독지역의 주정부를 이끌어 나가는 정치지도자들은 물론이고 사회 전반에 걸쳐 주요 관리자들은 대개 서독 출신에 의해 독점되다시피 한 결과이다. 이데올로기 문제로 인해 과거 공산 엘리트들이 상급관리자가 될 수는 없다고 하더라도 동독지역의 행정, 사법, 군, 교육 그리고 기업의 체제를 재편하는 과정에서 동독지역 주민들은 배제되고 서독인들이 과도하게 진출한 것이 문제를 초래했다. 이러한 현상은 동독지역 주민들의 열등감을 부채질하는 동시에, 동독이 서독의 식민지로 전락했다는 감정을 촉발했으며, 동독지역 주민들의 불만과 정체성 상실을 더욱 증폭시켰다.

셋째, 통일독일이 피할 수 없는 구동독의 과거청산 작업도 내적 통합의 어려움을 가중시킨 한 요인이다. 사실 과거청산은 결코 쉬운 일이 아니다. 그중에서도 특히 비밀경찰의 과거 청산은 내적 통합 문제와 직·간접적 연관성을 가진다. 따지고 보면 대부분의 동독지역 주민들 구동독 시절 비밀경찰 활동의 피해자라고 해도 과언이 아니다. 그럼에도 불구하고 비밀경찰 문서의 정리 및 처리 과정에서 동독지역 주민들은 또다시 고통을 받고 있다. 비밀경찰은 과거 사회통제를 위해 각계각층에 협력자를 두었는데, 그중에는 자의에 의한 자뿐만 아니라 강요에 의해 또는 심지어 자신도 모르게 협력자로 분류된 이들도 있었다. 이러한 상황에서 비밀경찰문서의 정리 작업은 동독지역 주민들 간의 상호 불신과 반목을 야기하는

---

51) 이에 대한 구체적 사례로 Gauck(1997: 48) 참조.

요인으로 작용했다. 상호불신은 실업률의 증가, 가치관 전도 및 혼란과
더불어 사회심리적 불안을 고조시키는 원인이 되었으며, 결국 범죄율의
증가, 외국인에 대한 적대감 및 극우세력의 급속한 신장과 같은 사회병리
현상으로 표출되었다.

　이상과 같은 문제들은 사실상 서독체제 중심의 통합과정에서 피하기
힘든 것이었다. 구동독 시절 시민운동가들은 통일 당시 동·서독주민의 정
체성이 동등하게 고려될 수 있는 새로운 헌법을 제정했다면 많은 문제들
이 해결될 수 있었을 것이라고 주장한다(Lohauss, 2000). 서독 기본법 146
조가 아닌 23조에 따른 통일방식은 통일의 실현에는 도움이 되었지만,
내적 통합을 저해하게 되는 정치적 실수였다는 것이다.


　② 사회경제적 측면


　통일은 동·서독지역을 막론하고 모든 독일국민에게 사회경제적으로 매
우 큰 충격을 안겨주었다. 애초 급속하게 전개된 통일과정에서 동·서독의
일반주민들은 통일이 가져다줄 경제적 후유증에 대해 심각하게 생각하지
않았으며, 단지 통일을 주도한 연방정부의 약속과 통일독일의 밝은 장래
를 너무 쉽게 믿었다. 그러나 통일 이후 독일의 경제상황은 연방정부의
예상과 상당한 차이를 보였다.

　서독주민의 경우 통일로 인하여 엄청난 경제적 부담을 안게 되었다.
경제통합을 위해 필요한 통일비용은 결국 서독주민들의 몫이 될 수밖에
없기 때문이다. 실제로 예상치 못했던 엄청난 비용의 조달을 위해 독일정
부는 통일 당시의 약속과는 달리 증세조치를 취했으며(Priewe & Hickel,
1991: 154~156), 이마저도 막대한 통일비용 조달에는 턱없이 모자라기 때
문에 재정적자의 확대와 공공지출의 대폭적 삭감을 감행했다. 사회보장
혜택의 축소를 의미하는 공공지출의 삭감은 서독지역에서 소득분배의 불
균등을 심화시켰다. 사회보장 혜택을 누려왔던 저소득층은 더욱 가난해진

<표 2-12> 통일 이후 서독지역에서 동독지역으로의 재정이전지출

(단위: 10억 DM)

| 연도 | 1991 | 1992 | 1993 | 1994 | 1995 | 1996 | 1997 | 1998 |
|---|---|---|---|---|---|---|---|---|
| **이전지출 총액:** | 139 | 151 | 167 | 169 | 185 | 187 | 183 | 189 |
| 연방예산 | 75 | 88 | 114 | 114 | 135 | 138 | 131 | 139 |
| 독일통일기금 | 31 | 24 | 15 | 5 | - | - | - | - |
| 유럽연합 | 4 | 5 | 5 | 6 | 7 | 7 | 7 | 7 |
| 연금보험 | - | 5 | 9 | 12 | 17 | 19 | 18 | 18 |
| 연방노동청 | 25 | 38 | 38 | 28 | 23 | 26 | 26 | 28 |
| 주(서독지역)정부예산 | | | | | | | | |
| 지방(서독지역)정부예산 | 5 | 5 | 10 | 14 | 10 | 11 | 11 | 11 |
| **수입 총액:** | 33 | 37 | 39 | 43 | 45 | 47 | 47 | 48 |
| 연방세입금 | 31 | 35 | 37 | 41 | 43 | 45 | 45 | 46 |
| 연방행정이입금 | 2 | 2 | 2 | 2 | 2 | 2 | 2 | 2 |
| **순수 이전지출액** | 106 | 114 | 128 | 126 | 140 | 140 | 136 | 141 |

자료: Bundesregierung(1998).

반면, 동독지역 투자유발을 위해 취해진 감세조치에 따라 고소득층은 혜택을 입게 되었기 때문이다.[52] 이는 1992년 전후 최대의 노조파업이 발생했던 한 요인으로 작용했다.[53] 이렇듯 통일비용의 과도한 부담은 서독주민들의 통일결과에 대한 불만을 증폭시켰으며, 이 불만은 동독주민들에 대한 원망으로 전이되는 추세를 보였다.

급속한 체제흡수적 통일은 동독지역 주민들에게 더욱 큰 문제를 안겨주었다. 통일은 동독경제의 급속한 붕괴를 초래했기 때문이다. 신탁청(Treuhandanstalt)의 주도하에 추진된 사유화 및 시장경제체제로의 급변과정에서 동독 산업구조가 완전히 해체됨으로써 생산성의 급락과 대량실업이 초래되었다. 통일 초기 산업의 해체 및 사유화과정에서 동독 노동인력의 약 반 정도가 실업 문제에 직면하였다. 즉 1989년 약 960만 명에 이르

---

52) *Der Spiegel*, Nr.20(11. Mai 1992: 22).

53) 전통적으로 조합주의적 성격을 보여온 구서독의 노사관계를 고려할 때, 통일 이후 파업사태는 내적 통합 문제의 한 단면을 보여주는 것이다.

<표 2-13> 동·서독지역의 실업률 변화 추이

(단위: %)

| 연도 | 1991 | 1992 | 1993 | 1994 | 1995 | 1996 | 1997 | 1998 | 1999 |
|---|---|---|---|---|---|---|---|---|---|
| 서독지역 | 5.5 | 5.8 | 8.2 | 9.2 | 9.3 | 10.1 | 11.0 | 10.5 | 9.9 |
| 동독지역 | 10.9 | 14.9 | 15.8 | 16.0 | 14.9 | 16.7 | 19.5 | 19.5 | 19.0 |

\* 민간산업분야 실업자 대상/ 단축노동자, 직업교육이수 중인 자, 고용창출조치 혜택자는 실업률에서 제외.
자료: Statistisches Bundesamt.

<표 2-14> 동·서독지역의 전년대비 국내총생산 성장률

(단위: %)

| 연도 | 1992년 | 1993년 | 1994년 | 1995년 | 1996년 | 1997년 |
|---|---|---|---|---|---|---|
| 서독지역 | 1.8 | -2.0 | 2.1 | 1.5 | 1.3 | 2.2 |
| 동독지역 | 7.8 | 9.3 | 9.6 | 5.2 | 1.9 | 1.6 |

자료: Bundesministerium für Wirtschaft, Wirtschaftsdaten zur Lage in den Neuen Ländern (http:// www.bmwi.de).

렀던 동독지역의 노동인력은 1991년 상반기 약 780만 명으로 줄었다. 이들 가운데서도 고정적 직장을 가진 사람은 500만 명에 불과하며, 약 240만 명은 완전한 실업자, 나머지 약 100만 명은 잠재적 실업상태인 임시고용 내지 단축노동자(Kurzarbeiter)로 일했다(Maier, 1991: 4~5).

실업 문제는 시간이 지나면서 동독지역 경제의 전반적 개선과 더불어 호전되고 있지만, 아직도 서독지역 실업률과 비교하여 2배에 달하는 수준을 보이고 있다. 시장경제체제에 대한 이해 부족의 문제는 차치하고, 실업은 생계의 문제와 직결된 것이기 때문에 새로운 체제에서 동독지역 주민들의 사회적 불안감을 가중시키는 요인이 되고 있다.

서독지역에 대한 동독지역 주민의 상대적 빈곤 문제도 실업 문제 못지 않게 내적 통합을 저해하는 요인이 되고 있다. 경제적 수치와 지표를 통해 볼 때, 연방정부의 '동독지역 경제부흥(Aufbau Ost)' 정책이 대체로 큰 성

<표 2-15> 동·서독지역 간 임금 및 노동생산성 격차 변화 추이(서독지역=100)

| 연도 | 1991 | 1992 | 1993 | 1994 | 1995 | 1996 | 1997 |
|---|---|---|---|---|---|---|---|
| 노동자 1인당 총수입 | 46.7 | 60.7 | 67.9 | 70.5 | 72.5 | 73.6 | 74.3 |
| 노동생산성 | 31.0 | 43.5 | 53.1 | 56.0 | 57.8 | 59.4 | 60.4 |

자료: DIW(1998: 572).

과를 거두고 있다는 점은 부인할 수 없다. 1994년 말까지 계속된 신탁청의 사유화과정에 대해 여러 가지 엇갈린 평가가 있지만, 이 과정에서 약 2,110억 DM이 동독산업에 투자되었고 150만에 이르는 일자리가 창출되는 성과가 있었다(Bundesregierung). 그 결과, 1996년 말 동독지역 산업체 중 약 80%(생산업체 중 86%)를 동독지역 주민이 소유할 수 있게 되었다(Bundesministerium für Wirtschaft).

문제는 동독지역 주민들이 그러한 경제성장에 만족하지 않는다는 것이다. 앞에서도 지적했듯이 동독주민들의 통일요구에는 서독의 경제적 부에 대한 동경이 매우 큰 역할을 했다. 즉 동독주민들은 통일이 되면 당장 서독주민들과 같은 소비수준을 누릴 수 있게 될 것으로 예상했다. 그러므로 경제수준의 급상승에도 불구하고 여전히 존재하는 서독지역과의 상대적 차이에 주목하고 있다. 연방정부는 소득수준 격차를 줄이기 위해 엄청난 노력을 기울였으며, 그 결과 <표 2-15>에서 보듯이, 동독지역 평균 노동자의 임금수준은 1991년 서독지역 대비 47%에서 1997년에는 74% 정도까지 따라잡을 수 있었다. 그러나 동독지역 주민들은 이에 만족하지 않으며, 오히려 양독지역 간의 격차를 자신들의 사회문화적 부적응과 연계시킴으로써 2등시민이라는 자괴감을 갖는 경향을 보인다. 이들이 원하는 것은 하루바삐 물질적 삶에서 서독지역 주민들과 대등해질 수 있는 것이다.

또한 임금수준 격차를 줄이려는 연방정부의 인위적 개선노력은 괄목할 만한 성과를 거두었음에도 불구하고 실업률 및 전반적 경제구조 측면에서 아직도 동독지역 주민들의 상대적 빈곤의식을 불식시키지 못하고 있을뿐더러, 다른 한편으로 서독노동자들의 불만 및 반발을 유발하고 있다. 노동생산성의 증가와 일치하지 않은 인위적인 임금수준 증가정책은 곧 서독지역 노동자의 경제적 부담을 의미하는 것이기 때문이다. 따라서 서독지역 주민들은 동독지역 경제부흥을 보다 점진적으로 추진하기를 원한다. 이처럼 양독지역 주민들의 경제적 이해관계 차이는 상호 이해증진을 방해하는 주요 요인으로 작용한다.

경제수치상 연방정부의 엄청난 대동독지역 지원과 이에 따른 동독지역의 급속한 경제성장에도 불구하고 동독지역 주민은 물론이고 서독지역 주민들의 불만이 지속되는 원인은 근본적으로 1990년 사회경제통합정책의 문제에서 찾을 수 있다. 즉 급속한 단일통화제도의 도입은 동독지역의 상품생산력을 황폐화시켰을 뿐만 아니라, 생활기준 및 발전의 실질적 차이를 무시한 결정으로서 경제적 문제를 지속시키는 주원인이다. 또한 동독지역에 대한 막대한 경제지원은 동독지역 주민들의 사회적·경제적 의존을 지속시킴으로써 양 지역의 경제력 차이를 줄이는 데 구조적 제약요인으로 작용한다. 그 결과 동독지역 주민은 사회경제적 평등이라는 측면에서 기대를 충족시키지 못하는 결과에 불만이며, 서독지역 주민들은 자신들의 복지를 희생하고 있다는 생각에서 역시 불만을 드러낸다.


## 6. 한반도에 주는 시사점

독일통일은 한국사회에 적지 않은 충격을 주었다. 우선 한반도 통일의 실현 가능성에 대한 국민적 기대와 희망이 고조되었으며, 그 여파로 정부는 보다 적극적인 통일정책을 수립·시행하지 않을 수 없었다. 그러나 통일독일에서 내적 통합의 문제, 즉 소위 통일후유증이 가시화되면서 한국사회는 단순한 열망이나 감상의 차원을 지나 냉철하고 이성적인 시각으로 독일통일을 바라보게 되었다.

이에 따라 한국사회의 일각에서는 독일의 경험을 주로 통일방식과 후유증의 차원에 국한시켜 바라보는 시각이 나타나기 시작했다. 다시 말해서 독일식 흡수통일은 한반도의 상황에 적실성을 가질 수 없다는 관점에서, 독일의 통일 후유증을 부각시킴으로써 독일의 경험을 단지 통합과정의 타산지석으로만 삼으려 하는 태도이다. 그러나 이러한 태도는 지나치게 소극적인 것으로, 좋은 사례를 제대로 활용하지 못하는 우를 범하게 된다. 물론 적실성 차원에서 독일 사례의 대한반도 적용가능성에 한계가 있음은 분명하다. 또한 한반도 통일이 언제쯤, 어떠한 방식으로 이루어질지 불투명한 상황에서 독일식 통일 시나리오를 미래 한반도 사회통합과정에 적용해 보는 것은 별 의미가 없다. 그럼에도 불구하고 자유민주주의와 시장경제체제를 근간으로 하는 평화통일을 목표로 삼고, 예상되는 문제를 사전에 예방하거나 최소화하려는 의지를 갖는다면, 독일 사례에서 우리는 통일방식이나 후유증을 넘어서는 많은 시사점을 찾을 수 있다.

독일통일 사례에서 유용한 시사점을 찾아내기 위해서는 단지 드러난 사실들에만 초점을 맞추기보다, 그 배경을 이루는 정책이나 접근태도를 체계적으로 분석하는 것이 요구된다. 그러할 때, 우리는 독일 사례를 창의적으로 활용할 수 있다. 이와 관련하여 우선 시사점을 찾기 위해 전제되는 인식태도로서 독일통일을 아주 간략하게 종합할 필요가 있다. 첫째, 소련의 개혁과 동구공산권의 붕괴가 독일통일의 직접적 계기를 마련한 것은 부인할 수 없지만, 동독정권의 붕괴와 급속한 통일의 이면에는 본질적으로 서독의 분단관리정책의 영향력이 자리 잡고 있었다는 사실이다. 둘째, 독일통일의 원동력을 단지 내독관계라는 측면에서만 찾는다면 이는 크나큰 오해이다. 보다 근본적으로 서독이 국내외적 정치·경제·교육·사회 분야에서 역량을 축적한 결과로서 이해해야 할 것이다. 독일통일에 대한 소련의 인정과 동독주민의 평화혁명이 발생한 배경에는 서독의 국력이 눈에 보이지 않는 동인으로 작용했다. 셋째, 역설적으로 들리겠지만, 서독은 통일의 조만간 달성을 체념함으로써 통일을 이루어내었다. 즉 서독은 현실과 괴리된 통일론에 매달리기보다 인내심을 가지고 중·장기적인 시각으로 통일을 향한 조건을 하나씩 만들어가는 현실주의적 태도를 견지함으로써 결국 통일을 실현시켰다. 넷째, 이렇듯 통일을 가능케 했던 배경은 모순되게도 통일후유증이 증폭되는 원인으로 작용했다. 독일통일은 전혀 계획된 적이 없을 뿐만 아니라, 갑자기 다가온 탓에 위기관리적 대응정책이 통합 문제를 더욱 어렵게 만들었다.

이러한 점들을 염두에 두면, 시사점을 찾기 위해서 크게 두 가지 질문을 던질 수 있다. 첫째는 통일을 준비하는 현재의 상황에서 우리가 할 수 있는 것은 무엇인가의 문제, 특히 사회통합의 문제를 최소화할 수 있는 대비책은 무엇인가 하는 것이고, 둘째는 통일의 그날이 오면, 갈등을 최소화할 수 있는 효율적 사회통합을 위해 반드시 고려되어야 할 점들이 무엇인가에 대한 것이다.

첫째 질문과 관련하여 독일 사례가 우리에게 시사하는 가장 기본적인 것은 인내심을 가지고 중·장기적 통일목표를 세워야 한다는 것이다. 물론 급작스러운 통일가능성에 대한 대비도 반드시 필요하다. 그러나 이러한 두 가지 정책과제는 결코 다른 차원의 문제가 아니다. 돌발사태에 대한 대비는 중·장기적 목표 속에서 진행될 수 있기 때문이다. 뿐만 아니라 독일통일은 소모적이고 비현실적인 통일론에 붙잡혀 있기보다 현실적 통일정책의 추진 필요성을 강력하게 보여주고 있다. 현실적인 통일정책이란 다름아닌 통일을 위한 조건창출에 큰 비중을 두는 것을 의미한다. 통일조건의 창출과정은 비단 남북관계의 차원에만 국한되는 것이 아니라, 한국과 북한의 국내 정치·경제·사회·문화 등의 각 부문, 그리고 외교정책의 차원에서도 동시에 진행되어야 할 것이다. 여기서 문제는 북한의 변화를 기대하기 쉽지 않다는 것이다. 따라서 최소한 한국만이라도 통일조건을 창출해야 할 것이다. 또한 우리의 대외적 위상을 고려할 때, 외교정책의 차원에서 조건창출은 우리 뜻대로 이루어지기 어렵다. 이러한 현실을 염두에 두면, 우리가 가장 잘할 수 있는 범위 내에서만이라도 통일의 조건창출을 위한 노력을 기울여야 할 것이다.

이와 관련하여 현재 우리가 최선을 다해야 하는 가장 기본적인 것으로서 세 가지 점을 손꼽을 수 있다. 첫째, 사회문화적 측면에서 통합의 기반을 마련하는 것이다. 즉 건전한 시민문화를 정착시켜야 한다. 건전한 시민문화는 다원적 사회에 잠재되어 있는 갈등을 평화적으로 해소할 수 있는 가장 중요한 바탕이다. 만약 남한 내에서 갈등의 평화적 해소문화가 정착되지 않는다면, 통일 이전의 남북한 공존의 어려움은 두말할 필요도 없고, 통일 이후에도 북한의 상이한 사회문화를 수용하기 힘들 것이다.

둘째, 건전한 민족공동체적 정체성을 확립해야 한다. 통일 이전 서독은 세계의 어느 국가들보다 갈등해소문화가 상대적으로 잘 정착되어 있었다. 전후 탈나치화를 위해 시민정치교육이 최우선시되었고, 그 덕분에 시민들의 비판정신도 매우 충일했다. 분단 시기 서독의 포용적 문화는 동·서독 공존에 분명히 기여했다. 그러나 통일 이후 서독의 문화적 포용성은 상당 부분 증발했다. 그 원인은 매우 복합적이지만, 사회문화적 측면에서 보면 민족공동체적 정체성이 취약했다는 점에 주목할 필요가 있다. 현재 한반도통일의 당위성은 남북한이 단일민족이라는 사실기반 위에서 의심 없이 받아들여지고 있다. 이러한 당위성은 결코 부인될 수 없지만, 막상 통일이 이루어질 때 과연 민족공동체적 정체성이 제대로 작동할 수 있을지 의문이다. 남한사회도 사회적 분화의 가속화로 특징지워지는 탈산업사회적 문화형태를 보이고 있는 가운데 민족공동체적 구심력이 점점 이완되는 추세를 보이고 있는 것은 부정할 수 없는 현실이다. 비근한 예로서 한국에 일자리를 찾아온 중국교포들에 대한 한국사회의 냉대를 주시하면, 민족공동체의식의 수준도 결코 낙관할 만한 것이 못된다. 중국교포들에 대한 냉대가 장차 통일 이후 북한주민에게도 그대로 적용될 가능성도 심각하게 우려되기 때문이다.

셋째, 사회경제적 측면에서 남북한 간 상호이해의 폭을 넓혀 나가야 한다. 사회문화적인 바탕이 마련된다고 하더라도 사회경제적 조건이 열악할 경우, 공동체 내 결집력이 생성되기는 쉽지 않다. 이는 독일 사회통합의 어려움이 사회경제적 요인에 의해 훨씬 증폭되고 있다는 점에서 입증된다. 분단시기 동·서독 간에는 남북한과 비교할 수 없을 정도로 인적·물적 교류가 많았다. 그럼에도 불구하고 통일 이후 사회통합과정에서 엄청난 사회경제적 충격을 받았다. 통일 이전 동·서독의 인적·물적 교류가 양적으로는 대단했지만 질적으로 상호 결속력을 갖지 못했기 때문이다. 물론 이는 동독의 체제유지정책 때문이었던 것은 부인할 수 없다. 한반도의 경우, 북한의 체제유지 정책이 동독보다 훨씬 강하다는 불리한 조건을 가지고 있다. 그렇지만 최근 남북한관계가 개선됨에 따라 경제교류·협력이 점증하는 추세를 보이고 있는 상황에서 단지 양적 증대에 최종 목표를 둘 것이 아니라 질적 증대를 향한 비전을 가지고 교류·협력의 확대에 매진해야 할 것이다. 결코 쉽지는 않지만 통일 이전에 남북경제공동체를 먼저 형성하고, 이를 토대로 북한의 경제 현대화 수준을 제고시키는 동시에 사회경제적인 상호이해의 기반을 마련하는 노력이 필요하다.

이상과 같은 대비책은 정부뿐만 아니라 남한시민 모두, 그리고 부분적으로는 북한당국도 동참해야 하는 당면 현안과제이다. 문제는 이러한 것들이 단순히 시민정치교육이나 통일교육, 그리고 남북교류·협력의 양적 활성화만으로 쉽게 성취되기 힘들다는 데 있다. 따라서 이들 과제는 당위론 내지 규범론으로 치부될 가능성도 있다. 그럼에도 불구하고 이를 향한 노력마저 포기할 수는 없으며, 무엇보다 남한 사회의 사회문화적 현실과 통일정책방향에 대한 건전한 비판과 자기반성은 그 출발점으로서 매우 중요하다.

둘째 질문, 즉 한반도 통일 이후 예상되는 문제점과 이에 대한 대처방안을 강구하는 것과 관련하여 독일 사례를 적절하게 활용하려면, 우선 앞절에서 서술한 '통일독일의 내적 통합 저해요인 분석'의 내용에 주목할 필요가 있다. 원인분석은 대처방안을 모색하는 출발점으로서 매우 중요할 뿐만 아니라, 한반도 통일 이후 우리가 겪게 될 국민통합의 문제도 큰 틀에서 보면 독일과 유사한 원인에서 발생할 것으로 예상되기 때문이다. 이 맥락에서 독일 사례는 한 가지 포괄적인 시사점을 던져준다. 즉 국민통합은 기본적으로 사회문화적 차원의 문제로 간주되며 가치통합의 의미를 강하게 띠지만, 실제로 제도통합의 방식에 크게 영향을 받는다는 사실이다. 물론 제도통합의 방식이 사회문화적 문제를 완전히 통제할 수 있는 결정변수라는 말은 아니다. 상이한 체제에 익숙한 두 사회가 인위적 제도통합을 시도할 때, 사회문화적 갈등은 불가피하다. 분단경험의 직·간접적인 유산 내지 후유증은 제도에 의해 완전히 극복될 수 없는 것이기 때문이다. 그렇다면, 국민통합의 문제는 순수한 사회문화적 차원의 가치통합뿐만 아니라 제도통합과 연계하여 접근해야 할 것이다.

먼저 가치통합의 측면에서 접근하면, 남북한 주민들이 분단의 유산을 어떻게 극복할 것인지와 또 새로운 체제에서 북한주민들이 스스로의 정체성을 어떻게, 얼마나 빨리 찾을 수 있을 것인지가 핵심 문제로 대두된다. 그런데 문화 및 가치의 속성상 하루아침에 변화가 일어날 것을 기대할 수 없다. 아마도 문화 및 가치의 동화는 기성세대에서는 발생하기 힘들 것이며, 다음 세대에서나 기대할 수 있을 것이다. 그렇지만 문화 및 가치의 완전한 동화가 이루어지기 이전이라도 국민통합의 문제를 적극적으로 해결해 나가는 노력이 필요하다. 이는 상이한 문화 및 가치에 대해 서로 이해할 수 있는 기반을 조속히 마련함으로써 분단의 유산을 극복하고 새로운 체제에 남북한 주민이 적응할 수 있도록 만드는 것과 일맥상통한다.

이와 관련하여 독일정부는 통합과정에서 크게 두 가지 방향의 정책적 노력을 기울였다. 첫째는 동·서독 주민들 간의 교류 및 접촉을 확대함으로써 상호 이해의 폭을 넓히려는 정책이다. 이 맥락에서 통일 이전에 이미 시작되었던 '내독도시 간 자매결연'이 적극 활용되었다. 통일 후 자매결연이 급증하면서 동·서독지역의 시민들은 여행·교육·예술·문학·체육·구호 등의 차원에서 다양한 접촉과 교류를 가질 수 있었다(Klaus, 1994: 56). 뿐만 아니라 동·서독의 노조, 시민단체, 이익단체 등이 융합되거나 여기에 동·서독주민들의 공동참여가 이루어짐으로써 서로의 문화 및 가치를 이해할 수 있는 기회가 주어졌다. 나아가 1990년대 후반부터 독일정부는 동·서독지역의 차이를 보여주는 정치·사회·경제적 통계 및 주민의식조사 결과를 공식적으로 발표하지 않았다. 차이가 부각될수록 통합의 어려움이 가중된다는 판단 때문이었다.

둘째, 서독의 정치교육제도를 활용하여 동독지역 주민들의 새로운 체제에 대한 이해와 적응력을 증대시키는 정책이었다. 이러한 노력은 연방정치교육센터의 예산변화에서 분명히 드러난다. 1989년도의 연간 예산은 2,800만 DM이었으나, 통일 직후인 1991년에는 구동독지역 정치교육을 위한 비용 탓에 4,310만 DM으로 증액되었다. 실제로 1990년 한해만 해도 연방정치교육본부는 통합과 관련하여 3,050여 건의 회의와 세미나를 직접 개최했고, 이를 위해 약 100만 DM을 지출했다. 또한 사회 및 정치단체들의 정치교육과 관련된 회의에 대한 지원액만 해도 27만 DM에 이른다(Bundeszentrale für politische Bildung, 1992: 20).

이러한 노력이 적지않은 성과를 거두었음에도 불구하고 통일독일은 가치통합에 많은 어려움을 겪었다. 순수하게 문화 및 가치의 측면에서 바라볼 경우, 가장 큰 이유는 새로운 체제에 대한 동독주민들의 부적응에서 찾을 수 있다. 새로움에 대한 초기의 부적응은 자연스러운 것이다. 동독주민의 경우에는 단지 그러한 수준에 그친 것이 아니라 정체성의 재정립이 지연됨에 따라 부적응의 후유증이 더욱 증폭되었다. 그 이유는 여러 측면에서 찾을 수 있지만, 마쯔가 말했듯이 '내적 민주화'의 기회를 상실한 것이 핵심적인 원인이었다고 평가할 수 있다.

결국 통일독일의 경험에서 도출되는 시사점은 남북한 주민의 상호 교류 및 접촉면의 확대와 새로운 제도에 대한 북한주민들의 적응력 증대를 위한 정책적 노력은 당연히 필요하지만, 이러한 정책이 소기의 성과를 거둘 수 있기 위해서는 통합의 출발점이 매우 중요하다는 것이다. 즉 한반도에서 향후 국민통합이 순조롭게 이루어지기 위해서는 통합초기 억압된 체제에서 살아온 북한주민들이 스스로 내적 민주화를 이룰 수 있는 기회를 가져야 할 것이다. 또한 북한주민들이 체제가치를 스스로 선택함으로써 통일한국인으로서 새로운 정치적·사회적 정체성을 확립하도록 유도해야 할 것이다. 따라서 통합은 새로운 시대와 인류 보편적 가치에 기초한 통일한국의 헌법체계에 대해 북한주민들이 자발적으로 선택하도록 만드는 것에서 출발하는 것이 바람직하다.

제도통합과 연계된 가치통합의 문제와 관련하여 찾을 수 있는 시사점은 매우 많다. 제도통합은 매우 광범위한 분야를 포괄하고 있으며, 각 분야의 통합과정은 복합적으로 상호작용을 통해 가치통합에 영향을 미치고 있기 때문이다. 여기서는 지면의 제한을 감안하여 각 분야의 시사점을 구체적으로 나열하기보다 제도통합과 가치통합의 상관성이란 맥락에서 포괄적인 시사점을 요약할 것이다. 이와 관련한 독일 사례의 시사점은 다음과 같이 크게 두 가지로 정리될 수 있다.

첫째, 제도통합의 효율성과 가치통합의 증대는 상호 정비례적 상관관계를 갖지 않는다는 점이다. 독일의 제도통합은 서독의 제도를 동독지역에 그대로 이식하는 방식으로 이루어졌다. 이러한 과정에서 통합정책의 초점은 기본적으로 서독의 제도를 효율적으로 동독지역에 정착시키는 데 맞추어졌다. 그러다보니 새로운 제도에 익숙하지 않은 동독지역 주민들의 정치사회적 역할은 주변부에 머물 수밖에 없었고, '식민화,' '2등시민' 등 동독주민들의 사회적 소외의식이 대두될 수밖에 없었다. 물론 화폐통합, 재정 및 조세정책, 노동정책 등의 분야에서는 반드시 효율성만이 고려된 것은 아니다. 그러나 동독지역 주민들에게 정치·사회적 소외의식이 존재하며, 또 동독부흥정책에도 불구하고 동·서독 지역경제의 상대적 격차가 하루아침에 해소될 수 없는 한, 동독지역에 대한 특혜가 동독지역 주민들에게 긍정적으로만 인식되기는 어려웠다. 뿐만 아니라 동독지역에 대한 특혜는 서독주민들의 불만을 야기함으로써 사회문화적 갈등의 동인으로 작용하기도 했다.

독일통일 직후 독일인들이 직면했던 혼란 및 당황스러움을 상기한다면, 통일된 지 약 15년이 지난 현 시점에서 제도통합은 생각보다 긍정적인 성과를 거두었다고 평가된다. 제도와 가치는 개념상 상호 긴밀한 상관성을 띠고 있기 때문에, 제도통합이 성과를 거두었다는 것은 곧 가치통합에서도 성과가 있었다는 것을 의미한다. 그러나 그동안 독일사회가 겪었던 사회문화적 혼란과 단지 다양성이라고 치부하기 어려운 동·서독지역의 정치·사회문화적 차이가 정착된 현실을 간과할 수는 없다. 물론 제도통합이 효율적으로 추진되지 못했다면, 통일독일의 사회문화적 갈등은 지금보다 훨씬 더 심각했을 것이다. 이러한 점들을 염두에 두면, 우리는 중요한 시사점을 발견하게 된다. 즉 향후 남북한 제도통합이 이루어질 경우, 국민통합의 맥락에서 통합의 효율성과 사회문화적 고려 중 어디에 초점을 맞추어야 할 것인지에 대한 선택의 문제와 관련된 것이다. 가장 이상적인 것은 양자 간 조화를 찾는 것이다. 그러나 효율적 제도통합은 단기적 목표의 성격을, 문화 및 가치지향적 국민통합은 중장기적 목표의 성격을 각각 띠고 있기 때문에 조화를 찾기가 결코 쉽지 않다. 조화를 찾는다는 것 자체가 이미 정치적 선택의 의미를 띠고 있다. 더욱이 일방적인 제도이식의 방법이 아닌 남북한 상호합의에 의한 제도통합의 경우에 선택의 어려움은 더욱 가중된다. 따라서 우리의 경우에는 이 문제와 관련하여 민주적 절차에 따른 국민적 합의과정을 반드시 거쳐야 할 것이다.

둘째, 제도통합과정에서 이익갈등이 가치통합의 문제와 직접적인 상관성을 갖는다는 점이다. 흔히 가치통합은 이념의 문제로 간주된다. 그러나 급격한 사회변화 속에서는 이익갈등이 가치를 재구성하는 경향이 있다 (Williams, Jr., 1980: 286). 특수상황이긴 하지만, 독일의 통합사례에서도 그러한 경향이 드러난다. 동독지역 주민들이 통일을 강력하게 요구했던 배경에는 자유와 경제적인 풍요에 대한 동경이 핵심적인 동인으로 작용했다. 통일 이후 실제로 동독지역 주민들은 과거와 비교할 수 없을 정도로 자유와 경제적 풍요를 누릴 수 있었지만, 결코 만족하지 않았다. 서독주민과 비교되는 상대적 빈곤감과 경제적 풍요에 수반하는 시장의 경쟁논리에 대한 부담 때문이었다. 뿐만 아니라 서독인들이 연방정부는 물론이고 동독지역의 정치·사회적 요직을 독점하는 가운데 동독주민들은 자신들의 이익을 대표할 수 있는 기회가 박탈당하고 있는 현실에 분노했다. 특히 과거청산을 통해 동독주민들이 마치 범죄집단의 일원으로 간주되는 듯한 현상은 참기 힘든 것이었다. 다른 한편으로 서독주민들은 통합과정이 자신들의 경제적 희생을 강요하고 있다는 불만을 품었다. 이렇듯 자기이익에 대한 방어적 입장은 이념 내지 가치의 측면으로 전이되어 상대에 대한 공격적 형태로 나타났다. 오씨와 베씨라는 표현은 그와 관련한 대표적인 것이 아닐 수 없다. 더욱이 동독지역 주민들은 과거에 대한 향수를 느낌으로써 가치통합의 어려움을 더하고 있다.

독일의 경우에는 일방적인 제도이식 탓에 이익갈등이 제도갈등으로 비화되지는 않았지만, 향후 남북한이 대등한 입장에서 제도통합을 시도할 경우에는 이익갈등이 단순히 가치통합의 어려움을 가중시키는 데 그치지 않고 제도변화의 동인으로 작용할 가능성이 높다. 그러할 경우, 사회문화적 통합은커녕 제도통합의 성과도 보장되기 힘들 가능성이 있다. 따라서 예상되는 이익갈등을 최소화하기 위해 독일의 통합과정을 타산지석으로 삼을 필요가 있다. 이와 관련하여 우선 정치·사회적 측면에서 북한주민들의 자치를 최대한 보장하는 것이 필요하다. 또한 만약 과거청산이 필요하게 되더라도 북한주민들이 청산의 주체가 되어야 할 것이다. 경제적 측면에서는 남북 간의 사회경제적 격차를 좁히기 위해 북한지역에 대한 경제적 지원을 강화할 수밖에 없겠지만, 북한주민들을 경제적 지원에 의존하도록 만들지 말아야 한다. 즉 자생력을 가질 수 있는 경제지원이 필요하다는 것이다.

이상과 같은 포괄적 시사점은 향후 남북한 통합의 전망과 방식이 보다 뚜렷하게 모습을 갖추게 되면 더욱 구체화될 수 있을 것이다. 이 과정에서 독일 사례는 통합 문제들의 종류, 범위, 그리고 인과적 발생양식을 예상하는 데 분명한 도움을 줄 수 있을 것이다. 그러나 분단구조 및 통일방식의

차이 때문에 독일의 통합정책이 향후 남북한 통합과정에 그대로 적용되기
는 어려울 것이다. 따라서 우리의 입장에서 독일 사례는 이상적인 모델이
아니라, 타산지석인 동시에 창조적 활용의 대상으로 간주되어야 할 것이다.


■ 참고문헌

김영윤. 1995. 「통일전 동·서독의 경제교류」. ≪통일연구논총≫, 제4권 2호.
김학성. 1995. 「서독의 분단질서관리 외교정책 연구」. 서울: 민족통일연구원.
____. 1996. 「동·서독 인적 교류 실태 연구」. 서울: 민족통일연구원.
김해순. 2002. 「통일 이후 동·서독 주민들의 갈등과 사회통합: 통일교육에의 시
    사점」. 서울: 통일교육원.
박광작. 1996.12. 「구 동·서독의 경제협력과 한국에 대한 시사점」. ≪통일경제≫,
    통권 제24호.
셰바르드나제, 에두아르드. 1991. 『어둠의 역사를 헤치며』. 엄중섭 옮김. 서울:
    신천지.
전성우. 1995. 「동·서독 통일과정의 사회학적 함의」. ≪경제와사회≫, 통권 제26호,
    1995년 여름.
통일원. 1993. 「동·서독 교류협력사례집」. 서울: 통일원.
황병덕. 1998. 「분단국 경제교류·협력 비교연구: 동·서독, 중·대만, 남북한」. 서울:
    민족통일연구원.

"Dokumentation: Das Gespräch von Kassel." 1970. Deutschland Archiv, Nr.6.
Adomeit, Hannes. 1990. "Gorbachev and German Unification: Revision of Thinking,
    Realignment of Power." Problems of Communism. Vol.39, No.4.
Bahr, Egon. 1991. Sicherheit für und vor Deutschland. München: Carl Hanser Verlag.
Basler, Gerhard. 1990. "Die 'Herbstrevolution' und die Ost-West-Beziehungen
    der DDR." Europa Archiv, Nr.1.
Bauer-Kaase, Petra & Max Kaase. 1996. "Five years of Unification: The Germans
    on the path to inner unity." German Politics, Vol.5, No.1, April 1996.
Becker, Ulrich, H. Becker & W. Ruhland. 1992. Zwischen Angst und Aufbruch: Das
    Lebensgefühl der Deutschen in Ost und West nach der Wiedervereinigung. Düsseldorf:
    ECON Verlag.

Bundesministerium für innerdeutsche Beziehungen. 1971. *Dokumente zur Deutschlandpolitik*, Reihe IV, Band 1. Frankfurt a.M.: Metzner.

_____. 1985. *DDR Handbuch*. Köln: Verlag Wissenschaft und Politik.

_____. 1986. *Innerdeutsche Beziehungen*. Bonn: Bundesministerium für innerdeutsche Beziehungen.

_____. 1988a. *Auskünfte zur Deutschlandpolitik A-Z*, 3. Auflage. Bonn: Gesamtdeutsches Institut.

_____. 1988b. *Zahlenspiegel BRD/DDR: Ein Vergleich*. Dez.

Bundesministerium für Wirtschaft. *Fakten zum Aufbau Ost*(http://www.bmwi.de/nbl/fakten.html).

Bundesregierung. *Jahresbericht der Bundesregierung zum Stand der Deutschen Einheit 1998*(http://www.government.de/05/0502/01/98/03.html)

Bundeszentrale für politische Bildung. 1992. "Bericht der Bundesregierung zu Stand und Perspektiven der politische Bildung in der BRD." *Aus Politik und Zeitgeschichte*. Sonderdruck.10 April, 1992.

Deutsche Institut für Wirtschaftsforschung. 1985. *Handbuch DDR-Wirtschaft*. Hamburg: Reinbeck.

DIW. 1998. *Wochenbericht*, 33/98.

Fink, Hans Jürgen. 1990. "Bündnis 90: Die Revolutionäre der ersten Stunde verloren die Wahl." *Deutschland Archiv*, Nr.4.

Fulbrook, Mary. 1994. "Aspects of Society and Identity in the New Germany." *Daedalus*. Vol.123, No.1, Winter 1994.

Gauck, Joachim. 1997. "Noch lang fremd." *Der Spiegel*, Nr.40.

Geißler, Rainer. 1993. "Sozialer Wandel." *Handbuch zur deutschen Einheit*, hrsg. von W. Weidenfeld & K.-R. Korte. Bonn: Bundeszentrale für politische Bildung.

Gesamtdeutsches Institut. 1985a. "Deutschland 1945: Vereinbarungen der Siegermächte." *Seminarmaterial zur Deutschen Frage*. Bonn: Gesamtdeutsches Institut.

_____. 1985b. *13. August 1961: Seminarmaterial des Gesamtdeutschen Instituts*. Bonn: Gesamtdeutsches Institut.

Griffith, William E. 1978. *The Ostpolitik of the Federal Republic of Germany*. Cambridge, Mass.: The MIT Press.

Hacker, Jens. 1983. *Der Ostblock: Entstehung, Entwicklung und Struktur 1939~1980*. Baden-Baden: Nomos Verlag.

_____. 1989. "Die deutsche Frage aus der Sicht der SPD." D. Blumenwitz & G. Zieger(hrsg.). *Die deutsche Frage im Spiegel der Parteien*. Köln: Verlag

Wissenschaft und Politik.

Hartfiel, Günther & Karl-Heinz Hillmann. 1982. *Wörterbuch der Soziologie, 3. Auflage.* Stuttgart: Alfred Kröner Verlag.

Hartl, Hans & Werner Marx. 1967. *Fünfzig Jahre sowjetische Deutschlandpolitik.* Boppard am Rhein: Harald Boldt Verlag.

Henschel, Thomas R. "Jugend." *Handbuch zur deutschen Einheit.*

Hübner, Emil hrsg. 1991. *Jahrbuch der Bundesrepublik Deutschland.* 1991/92. München: dtv Verlag.

Klaus, Manfred. 1994. *Städtepartnerschaften zwischen ost- und westdeutschen Kommunen.* Berlin: Gesellschaft für sozialwissenschaftliche Forschung und Publizistik mbH.

Kleßmann, Christoph. 1982. *Die doppelte Staatsgründung: Deutsche Geschichte 1945~1955.* Bonn: Bundeszentrale für politische Bildung.

Koch, Thomas. 2000. "Kann man politisch-kulturelle Hegemonie im Osten erringen." Handout für Diskussion am 11. April 2000.

Korte, Karl-Rudolf. 1993. "Literatur." *Handbuch zur deutschen Einheit.* Bonn: Bundeszentrale für politische Bildung.

_____. 1996. "Nur eine Frage der Zeit? Perspektiven für eine einheitliche politische Kultur in Deutschland." *Zeitschrift zur politischen Bildung*, Heft 4.

Lohauss, Peter. 2000. "Citizenship and Exclusion." Paper presented for Society for the Advancement Socio-Economics. London, 7.-11. Juli 2000.

Ludz, Peter C. 1974. *Deutschlands doppelte Zukunft: Bundesrepublik und DDR in der Welt von morgen.* München: Carl Hanser Verlag.

Maaz, Hans-Joachim. 1990. *Der Gefühlsstau: Ein Psychogramm der DDR.* Berlin: Argon Verlag.

_____. 1991. "Psychosoziale Aspekte im deutschen Einigungsprozeß." *Aus Politik und Zeitgeschichte*, B19.

Mahncke, Dieter. 1973. *Berlin im geteilten Deutschland.* München: Oldenbourg.

Maier, Harry. 1991. "Integrieren statt zerstören: Für eine gemischtwirtschaftliche Strategie in den neuen Bundesländern." *Aus Politik und Zeitgeschichte.* Nr. B29. 12 Juli, 1991.

McAdams, A. James. 1989. "Inter-German Relations." Gordon Smith et al(eds.). *Developments in West German Politics.* London: Macmillan,.

Pittman, Avril. 1992. *From Ostpolitik to Reunification: West German —Soviet political Relations since 1974.* Cambridge: Cambridge Univ. Press.

Plock, Ernest D. 1993. *East German-West Gernan Relations and the Fall of the GDR*. Boulder: Westview Press.

Priewe, Jan & Rudolf Hickel. 1991. *Der Preis der Einheit: Bilanz und Perspektiven der deutschen Vereinigung*. Frankfurt a.M.: Fischer Verlag.

Rehlinger, Ludwig A. 1991. *Friekauf: die Geschäfte der DDR mit politisch Verfolgten 1961~1989*. Berlin: Ullstein,.

Sauerhöfer, Wener. 1989. "Die Jugend-Verbandskontakte zwischen den beiden deutschen Staaten." *Kein Alter zum Ausruhen*. Bonn: Deutscher Bundesjugendring.

Scharrer, Hans-Eckart. 1990. "Schocktherapie statt Gradualismus." *Wirtschaftsdienst*, Vol.70, Nr.2.

Schmidtchen, Gerhard. 1997. *Wie weit ist der Weg nach Deutschland? Sozialpsychologie der Jugend in der postsozialistischen Welt*. Opladen: Leske+Budrich.

Sinus Institut/ Heidelberg, Ulrich Becker, H. Becker & W. Ruhland. 1992. *Zwischen Angst und Aufbruch: Das Lebensgefühl der Deutschen in Ost und West nach der Wiedervereinigung*. Düsseldorf: ECON Verlag.

Special Issue on Superwahljahr: The German Elections in 1994. 1995. *German Politics*, Vol.4, No.2. August 1995.

Statistische Bundesamt. 1990. *Statistisches Jahrbuch 1990 für Bundesrepublik Deutschland*. Wiesbaden: Statistische Bundesamt.

Thalheim, Karl C. 1988. *Die wirtschaftliche Entwicklung der beiden Staaten in Deutschland*. Berlin: Landeszentrale für politische Bildung.

Veen, Hans Joachim. 1997. "'Inner Unity' — Back to the Community Myth? A Plea for a Basic Consensus." *German Politics*. Vol.6, No.3, December 1997.

_____. & Carsten Zelle. 1995. "National Identity and Political Priorities in Eastern and Western Germany." *German Politics*, Vol.4, No.1, April 1995.

Watrin, Christian. 1990. "Voraussetzungen und offene Fragen einer Wirtschafts und Währungsunion." *Wirtschaftsdienst*, Vol.70, Nr.2.

Weidenfeld, Werner. 1989. "Politische Kultur und deutsche Frage." *Politische Kultur und deutsche Frage*. Hrsg. von W.Weidenfeld. Köln: Wissenschaft und Politik.

Weiß, Anne & Gerhard Weiß. 1975. *Geschichte der deutschen Spaltung 1945~1955*. Köln: Pahl-Rugenstein Verlag.

Williams, Jr., Robin M. 1980. "Values." *International Encyclopedia of the Social Sciences*, Vol.16. N.Y.: Crowell Collier & Macmillan.

Winters, Peter Jochen. 1990. "Zum ersten Mal frei: Die Wahlen zur Volkskammer." *Deutschland Archiv*. Nr.4.

# 제3장

# 예멘의 사례

정지웅

# 1. 분단의 과정

역사적으로 예멘의 비극은 아덴 항에서 시작되었다고 볼 수 있다. 포르투갈이 희망봉을 돌아서 인도양으로 가는 항로를 개척할 때까지 아덴은 홍해와 지중해를 이어주는 상당히 중요한 지역으로 각광을 받고 있었고, 이 과정에서 상업적인 배후지로서 무역항 혹은 상품의 보관창고로서 지대한 역할을 했다. 그리하여 포르투갈이 아덴 항을 점령하려고 공격했으나 오스만 제국이 이를 물리치고 영향력을 행사하게 된다. 1913년에 들어와서 오스만 제국의 영향력이 쇠퇴해 가자 영국이, 특히 나폴레옹의 이집트 점령을 계기로 아덴 항의 중요성을 인정하고 침투하게 된다.[1] 따라서 이 지역에서 가장 주축이 되는 외국세력은 오스만과 영국이라고 할 수 있다(중동문제연구소, 1992: 23).

정치사 부문에서 남북예멘이 역사적으로 분단된 근원은 1873년의 오스만 터키와 대영제국과의 협정에 의해서이다. 그러다가 오스만 제국이 제1차세계대전이 끝날 무렵에 패망하여 물러나면서 1918년에 북예멘이 독립했는데, 이 북예멘은 막스 베버(Max Weber)의 분류에 의하면 가부장적 정치제도였고 관습과 전통에 의해 작동되는 하나의 왕조였다(Burrows, 1987: 16). 그러나 1962년에 군사쿠데타가 일어나서 왕정이 붕괴되고 그때부터는 권위적인 군사독재체제가 — 정권은 여러 번 바뀌곤 했지만 — 통일의 시기까지 계속되었다. 반면 남예멘은 영국의 보호령이었던 아덴에서 1967년에 독립했다. 독립했을 때는 중도적인 세력이 집권했다가 1969년에 정변이 일어나서 좌익 사회주의세력이 정권을 장악하면서 이때부터 점점 사회주의국가로서, 그리고 결국은 통일 직전까지 체제상으로는 아라비아 반도에서 가장 공산주의적이었던, 그래서 거의 소련의 위성국가

---

[1] 1837년 9월 처음으로 영국은 무하메드 알리(Muhammad Ali)에게 아덴을 자신의 영향력 아래 두겠다는 경고를 보냈다(Bidwell, 1983: 32).

<표 3-1> 통일 전 남북예멘 비교

| 구 분 | 남예멘 | 북예멘 |
|---|---|---|
| 국 명 | 예멘 인민민주주의 공화국 | 예멘 아랍 공화국 |
| 인 구 | 248만 명 | 950만 명 |
| 면 적 | 336,869㎢ | 194,250㎢ |
| 수 도 | 아덴 | 사나 |
| 정 체 | 사회당 독재의 중앙집권제 | 대통령 중심의 입헌공화제 |
| 특 징 | 부족제 없음 | 부족제 상존 |
| 체 제 | 국가통제 경제체제 | 민간 중심의 시장경제체제 |
| 1인당 GNP | 420$(1987) | 682$(1988) |

자료: 예멘 현지출장 결과보고서(통일원, 1991: 5).

처럼 되다시피 한 정체를 유지하게 되었다(중동문제연구소, 1992: 11).

남북예멘은 독일과는 달리 식민지의 일부가 먼저 해방이 되고 일부는 좀 늦게 해방이 되는 과정에서 분단이 됐기 때문에, 분단되는 과정에서 그 양국가 간에 존재하는 민족 간의 이질감이 별로 존재하지 않았다고 볼 수 있다. 즉 아주 직접적인 냉전의 산물이 아니었기 때문에 고도화된 정치구조가 들어서지 못하고 상당히 느슨한 형태의 공화주의 정권과 그 다음에는 사회주의 정권이 들어섬으로써 오히려 이것 자체가 시민사회에 대한 강한 통제력을 발휘할 수 없게 되어 체제적으로는 분단이 되었음에도 불구하고 이슬람의 전통문화를 국가 자체가 파괴하면서 이질화를 격화시키지 못한 요인이 되었던 것이다. 따라서 남북예멘 사이에는 공통된 민족감정이 넓고도 깊게 퍼져 있었고, 통일은 수많은 장애에도 불구하고 두 정부의 공언된 목표였다. 그리하여 수많은 시행착오를 겪은 뒤 마침내 1990년 5월 22일 북예멘의 살레(Ali Abdullah Saleh) 대통령과 남예멘의 아타스(Haider Abu Bakr al Attas) 대통령은 남예멘의 수도 아덴에서 통일을 위한 최종문서에 서명하고 '예멘 공화국(The Republic of Yemen)'의 수립을 선포하였다.

남북 '예멘'의 통일은 양국이 오래 전부터 추구해 오던 노력이 국제환경의 변화와 더불어 결실을 맺게 된 것이라고 볼 수 있는데, 근본적으로 북예멘의 통일정책은 이슬람교리에 입각한 정치체제하의 통일인 데 반하여 남예멘의 통일정책은 마르크스주의에 입각한 적화통일을 추구했기 때문에 1970년대부터 양측이 여러 가지 합의를 도출했음에도 불구하고 1990년대에 이르기까지 완전한 통일을 이룰 수 없었다.

## 2. 양국 정치·경제 체제의 특징과 통합노력

1970년대 초까지 북예멘은 GNP, 인구에서 앞서고 있지만 남예멘은 영토, 군사비, 1인당 GNP에서 앞서고 있어서 남예멘이 북예멘보다 결코 뒤지고 있지 않았다.[2] 이후 1975년에는 북예멘이 GNP, 인구, 군사비, 군인 수 등에서 앞서고 남예멘은 영토, 1인당 GNP에서만 앞선다. 따라서 북예멘이 남예멘보다 국력에서 앞서고 있었다고 볼 수 있다. 1982년부터는 1인당 GNP도 북예멘이 앞서기 시작하여 북예멘과 남예멘의 격차는 벌어지기 시작했다.

통일 직전인 1989년 남북예멘의 힘 관계를 살펴보자. 북예멘은 GNP=79위, 인구=83위, 영토=83위, GNP/P=81위, 군사비=64위, 병력수=64위였고 남예멘은 GNP=124위, 인구=115위, 영토=59위, GNP/P=101위, 군사비=78위, 병력 수=55위였다. 이상에서 보듯이 북예멘의 우위가 지속적으로 유지되고 있다.

그런데 예멘에서는 통일정책이 힘의 관계에 따라 표출되고 있지는 않다. 이는 통일 이전까지 전쟁이라는 적대적 대립과 연이은 아랍연맹의 중재로 평화적 타협을 반복해 왔기 때문이다. 어떤 통일정책을 추진하여 통

---

2) 군인 수는 각각 1만 명으로 같다.

일을 이룬 것이 아니라 전쟁 이후 협상을 반복하여 통일 헌법을 만든 후 앞으로 살펴볼 여러 가지 원인으로 전격적으로 통일을 달성했다. 다만 힘이 앞선 북예멘 체제를 중심으로 통일은 이룩되었다.

## 1) 북예멘 체제의 특징과 통합노력

북예멘에서는 이슬람으로 개종된 7세기 이후인 898년부터 살랄(Sallal) 군사정권이 들어선 1962년까지 시아계 자이드 이맘제가 세습적인 통치를 하여 왔다.3) 북예멘의 국가성격은 2기로 나누어진다. 제1기는 이맘 제도가 지배하였던 보수성격의 종교국가 시대인 1918년에서 1962년까지의 이맘 시대이다. 제2기는 1962년 살랄 군사쿠데타 후 북예멘의 공화체제를 의미한다(홍순남, 1991: 114).

제1기의 정책을 살펴보자. 1918년 오스만투르크가 제1차세계대전에서 패하고 무드로스(Mudros) 휴전협정 이후 북예멘은 영국과 터키의 정치, 군사적 보호를 받지 않는, 국경이 설정되지 아니한 상징적인 국가로 인정받게 되었다. 즉 야흐야 이맘 정권이 수도를 사나(Sana)로 하는 예멘독립을 선포한 적도 없지만 국가지위를 부여받은 것이다. 야흐야의 정책은 그의 나라를 가능한 한 고립시키는 것이었고, 그의 첫 번째 목표는 무장을 하여 주변의 수많은 적들에게 그 지역에서 그의 힘을 알리는 것이었다(Bidwell, 1983: 112). 그 후 영국을 견제하기 위하여 이맘은 1926년 9월, 이탈리아와 10년간 우호협력조약을 체결하고 1927년에는 이탈리아 무기를 구입하는 데 성공하였다.4) 이를 바탕으로 이맘은 영국의 식민지 아덴 항과 지금의 남예멘이었던 주변지역의 영국보호령에 대하여 통치권을 주장하

---

3) 외무부 집무자료 91-48(중동일), 『예멘 공화국 개황』(서울: 외무부, 1991.5), 9쪽. 이하 예멘 공화국 개황으로 약함.

4) 이맘의 사나 정권과 우호협력 조약을 체결하려고 노력하였던 영국은 실패하였다. 이후 영국과 이탈리아가 홍해에서 긴장관계에 놓였다.

였다. 이맘 정권의 북예멘은 잠정적으로 영국의 보호하에 있는 예멘주민들을 독립시켜 사나 정권으로 통일시키려는 노력으로 민족주의운동을 발전시키기 시작했다.

1958년 북예멘은 아랍민족주의운동의 결실이던 통일아랍공화국(UAR)에 이집트, 시리아와 함께 참여했는데, 이는 북예멘이 이슬람의 단결과 아랍민족의 범아랍주의 환경에서 남예멘에 대한 정치적 정통성을 가지려는 정책이었다(Burrows, 1987: 20). 그리하여 남예멘 지역에서 영국이 철수하였을 때 통일예멘 정치환경에 대한 기득권을 가지려 하였으며, 이는 반영, 반제국주의 운동과 대사우디아라비아 정책이기도 하였다.

북예멘의 이맘 통치기간인 1925년에서 1962년까지의 통일정책은 영국세력을 몰아내어 예멘지역에서 독립된 국가를 건설하려는 것이었으며, 이는 반영, 반제국주의인 민족주의정책으로 표출되었다고 할 수 있겠다. 그리하여 북예멘은 남예멘의 민족주의자들이 아덴에서 반영독립투쟁을 하도록 도왔고, 남예멘에 대한 통치권을 주장하는 통일정책을 계속하여 왔다. 이 시기는 외부 세력에 대항하여 남북예멘이 서로 협력하고 있으므로 남북예멘 간의 힘의 격차는 통일정책 연구에 별의미가 없고 영향을 주지도 못하고 있다.

제2기의 정책을 살펴보자. 1962년 9월 26일 이맘 아메드(Ahmad)의 자연사 후 1주일 되는 날, 친소 이집트파(공화파)인 살랄5)이 군사쿠데타를 일으켜 예멘아랍공화국(Yemen Arab Republic)을 수립했다(외무부, 1991: 9). 이때 사우디아라비아는 보수세력인 이맘 군대(왕당파)를 지원하였고 이집트는 혁신세력인 공화군대를 지원했는데(국토통일원, 1990b: 116), 이는 아랍세계 정치단면의 한 모습을 보여주는 것이다.

---

5) 그는 하층계급 출신으로 1936년 훈련을 위해 이라크로 보내졌던 12명의 소년 중 한 명이었다. 그는 30년간 이맘의 군대에서 근무하였다. 그는 정치군인으로 오랫동안 음모를 꾸며왔지만 신분을 향유할 수 있는 고위 장교였다. 어쨌든 그는 혁명 바로 전날 음모에 가담했다. 진정한 음모자는 1950년대 이집트에서 훈련받은 더욱 젊은 장교들이었다(Burrowes, 1987: 22).

7년간의 내전(1962~1969년)을 거친 후 공화체제가 정착되었으나, 1967년 살랄 정권은 붕괴되고 이르야니가 집권하였다(Love and Rochester, 1991: 945). 북예멘의 이르야니(Iryani: 1967~1974) 정권은 평화적 협상을 통한 분쟁해결을 원칙으로 하여 점진적인 통일정책을 추구하였는바 그 노력으로 1972년에는 카이로 협상과 트리폴리 정상회담, 1973년에는 알제리 정상회담과 타이즈-알후다이다 정상회담을 열게 되어 예멘 통일정책을 구체화시켰다(홍순남, 1991: 117).6)

1972년의 협정은 북예멘에서 심각하게 받아들여졌는데, 공산주의적이고 무신앙적으로 통일된다는 것에는 반발이 심했다. 국내에서는 부족 종교지도자들이 카이로 협정은 이슬람적 요소가 부족하다고 언급하며 재가를 거절했고, 국외에서는 사우디가 부족장과 통일에 반대하는 군인들에게 돈을 주면서까지 통일을 방해했다. 마침내 이르야니 대통령이 그의 후계자로 보수주의적이고 부족과 밀접하며 친사우디적인 압달라 알 하자리(Abdallah al-Hajri)를 지목했을 때 사우디는 대폭적인 금전지원을 하였다(Gause, 1988: 38).

1970년대 중반기에 북예멘의 알-함디(Ibrahim Al-Hamdi) 대통령은 남예멘의 알리(Salim Rubayya Ali) 대통령과 좀더 협조적이고 평화적인 관계를 유지하려 애썼는데, 이는 사우디가 남예멘 전복정책을 설득정책으로 바꿈에 따라 더욱 고무되었다. 그러나 알-함디는 1977년 10월 첫 번째 아덴 방문을 앞두고 암살당했다. 이 시기는 북의 힘이 남예멘보다 점차 커지고 있었기 때문에 남예멘의 긴장은 아주 컸다고 볼 수 있다. 이후 집권한 가슈미 대통령은 남예멘 특사와 통일 문제를 협의하기 위해 만나다 특사 가방 속의 폭탄이 터져 사망하고7) 1979년 2월에는 국경전쟁8)이 발발했

---

6) 한편 신기능주의 이론의 대표적 이론가인 하아스는 거창한 계획을 목표로 제시한 방법을 배격하고, 증가적 결정작성(incremental decision-making)의 우위성을 강조하고 있다. 따라서 이러한 정치적 정상회담은 통일의 길을 열게 한 촉매제라 할 수 있다. 예멘의 통일은 사후적으로 볼 때 신기능주의적 측면으로 접근이 가능하다고 하겠다.

7) 이는 남예멘 Rubayya-Ali 대통령의 정적들이 그의 북예멘에 대한 온건정책에 대해

는데, 시리아와 이집트의 압력으로 휴전하게 되었다(Gause, 1988: 39).

예멘의 통일에 영향을 주는 외부 힘의 요소 중에서 사우디는 큰 비중을 차지하고 있다. 사우디의 정책이 예멘의 통일환경 변화에 직접적인 영향을 미치고 있음을 알 수 있다. 사우디는 주변에 통일예멘이라는 강력한 이웃국가가 등장하는 것을 두려워하고 있다.9) 따라서 주변국에 대한 유연성 있는 외교정책이 반드시 필요하다.

이후 집권한 알리 압달라 살리흐(Ali Abdallah Salih) 대통령은 정치노선을 재정립하고 남예멘의 요구를 만족시키기 위한 많은 정책을 폈다. 그는 또한 남예멘의 주요 지지자이자 사우디에 미국의 군사원조가 들어오는 것을 막는 데 역점을 둔 소련과 군사협정을 약정했다.10) 이러한 정책들은 그의 위치가 확고히 될 때까지 적들을 달랠 필요에 기인했다고 보인다. 이는 북예멘의 힘에 대한 어느 정도 자신감에 기인하고 있지만, 그는 위험한 수를 두고 말았다. 반란이 계속되고 그는 남예멘의 도움으로 이를 물리쳤지만, 사우디와 북예멘의 부족지도자들은 살리흐가 남예멘과 국내의 좌익과 친한 상태를 계속 두고 보지 않았다. 사우디는 1979년 말 북예멘에 대한 예산지원을 중단했고, 살리흐가 소련권 편입과 통일정책을 억지하라는 사우디의 요구에 동의하고 나서야 다시 원조를 해 주었다(Burrowes,

의심을 품고 꾸민 계획이다.

8) 미국은 이때 북예멘을 원조했는데 사우디에 대한 자신의 주도권 유지와 서구에 대한 원유가격 정책 유지가 그 주된 이유였다. 그러나 미국은 예멘 내부의 역동성과 사우디의 예멘 통일 방해 의도가 이 지역에서 수많은 위기를 가져온다는 것을 인식해야만 했다(Gause, 1988: 47).

9) 이는 프랑스가 독일의 통일을, 일본이 한국의 통일을 꺼려할 수 있다는 통념과도 맥을 같이하는 현상이라 할 수 있다.

10) [소련과 북예멘]: 직간접으로 소련은 북예멘에 중요한 역할을 하긴 했으나 정치적, 경제적, 사회적 구조에 영향을 주지는 못했다. 북예멘에는 급진적 변화와 공산주의를 거부하는 이슬람적이고 보수적인 힘이 아직 강하게 남아 있었다. 북예멘은 사우디아라비아의 경제력에 의해 지지되어 소련은 아웃사이더로 남아 있었다. 그러나 소련은 남예멘을 끊임없이 지원하여 북예멘은 소련을 의심하고 양자 간에는 불화가 계속되었다(Page, 1985: 206~207).

1987: 98). 사우디의 지원은 북예멘의 존립을 지탱시키는 중요한 힘의 한 요소였기 때문에 이것이 중단되자 북예멘은 사우디의 요구에 동의하지 않을 수 없었던 것이다. 그리하여 북예멘은 통일정책을 늦추었고, 1980년 4월에 정규군과 이슬람 전선은 북예멘의 좌익집단인 만족민주전선(NDF: National Democratic Front)를 공격하여 남예멘으로까지 몰아넣었으나 남예멘 정부의 변화로 국경전쟁으로까지 확산되지는 않았다.

남예멘에서는 알리 나지르(Ali Nasir)가 집권하여 석유부국 아랍국과 관계개선을 모색하고, 북예멘과의 협동을 주장하여 남북예멘 간에 협조노선이 발달하였다. 수차례의 정상회담 중 양국 대통령은 경제협력, 문화교환, 계속되는 대화를 통일의 첫 번째 단계로 강조했으나 대화 외에는 구체적 진전이 없었다(Gause, 1988: 43). 그러나 이 대화를 통해서 양국은 꾸준히 통일정책을 모색해 올 수 있었다. 이처럼 북예멘 통일의 핵심추진 요인은 경제적 교류보다는 계속되는 정치회담이었다.

한편 1962년의 친소 군사쿠데타[11] 때 사우디가 북예멘의 왕정파를 지원함으로써 외교관계가 단절되어 오다가 1967년 남예멘이 친공산세력인 급진사회주의 국가로 독립하자 사우디아라비아와 북예멘의 관계는 우호적으로 되었다. 이후 1967년 이집트가 북예멘에서 군대를 철수하자 북예멘과 사우디아라비아의 관계는 더욱 강화되었다. 1974년 알-하마디(Al-Hamadi)가 다시 군사쿠데타로 집권하자 북예멘은 공화국 초기의 친소, 친중공의 좌익중립국가에서 친사우디 국가로 점차 변하게 되었다.

## 2) 남예멘 체제의 특징과 통합노력

남예멘 지역은 1839년 영국함대가 인도 무역로의 휴게소이며 보급기지로 아덴 항을 무력으로 점령하면서부터 영국의 보호령식민지 지역이

---

11) 이 쿠데타는 완전히 새로운 체제가 아니었다. 그러나 앞 정권과의 중요한 차이는 수십 년을 거치면서 점차로 나타났다(Peterson, 1982: 11).

되어 1967년 11월 30일 공화국(People's Democratic Republic of Yemen)으로 독립할 때까지 128년간 지배를 받았다(외무부, 1991: 10).

남예멘의 독립을 위한 투쟁은 영국 식민지제국의 마지막 시기인 1960년대 초부터였다. 아덴은 아랍세계에서 제국주의의 마지막 흔적이었다. 아덴의 정치학적·전략적 중요성은 남예멘을 국제적·지역적 분쟁의 지렛대로 위치시켰고 독립을 지연시켰다. 이 시기에는 아랍민족주의 사상이 성장했고 많은 농부들이 전투간부로 모집되었으며 그들의 사회적 기반은 더욱 중요해졌다. 남예멘 민족주의자들의 독립투쟁목표는 사회주의혁명에 의하여 영국으로부터 독립하여 북예멘과 통일하는 것이었다. 그들은 점차 아덴의 거리에서 투쟁을 전개하게 되었고 마침내 1967년 11월 30일, 영국군은 철수했다(Ismael and Ismael, 1986: 162).

그러나 통일은 생각했던 것처럼 자동적으로 일어나지 않았다. 북예멘에서는 내전이, 남예멘에서는 파벌 싸움이 있었다. 또한 남북 사이에는 심각한 이념대립이 나타났다. 각자 자신의 이익을 챙기기에 바빴고 통일의 장애물에 대한 연구가 어느 쪽에서도 없었다. 북예멘의 내전 때 남예멘의 민족해방전선(NF: National Front)은 600명의 자원군을 보내 공화군을 지원했다. 이때 북예멘의 공화군은 이 새로운 국가가 예멘 통일을 방해할지도 모른다는 불안감에도 불구하고 남예멘 정부를 인정하는 호의를 보였다. 그러나 이 동맹은 짧았다. NF의 파르티잔들이 보수적인 공화국 사람들과 충돌하고 북쪽에서의 좌파 패배는 이념적으로 정반대인 두 체제를 가져왔던 것이다(Gause, 1988: 35~36).

남예멘의 민족독립 운동세력으로 크게 활동한 단체는 이집트와 연계된 남예멘해방전선(FLOSY)과 민족해방전선(NF)이 있었는데, 남아라비아 연방정부군이 NF세력을 지지하면서 1967년 NF의 지도자인 샤아비(Qahtan al-Shaabi)가 대통령으로 집권하였다. 그 후 경제적 궁핍이 몰아쳤으나 샤아비는 새로운 경제혼란이 일어날까 두려워 경제건설을 위한 시도를 행하지 못했다. 즉 1967년부터 1969년까지 경제상황에 실제적인 변화는 없었다.

그리하여 실용주의자와 이상주의자들의 논쟁이 격화되어 실용주의자인 샤아비는 축출되고, 이후 새 정부에서는 '집단조치(Corrective Step)'라 불리는 국유화와 농지개혁 등이 이루어짐으로써 국가통제와 공동소유가 남예멘 경제의 원칙으로 헌법에서 천명되었다(Ismael & Ismael, 1986: 81~82).

그러나 독립이 되자 남예멘은 통일정책보다는 내부로는 권력투쟁[12]을 겪어야 했고, 당이 국가보다 우위를 차지하는 정책과 사회주의적 이념과 목표를 항상 국가정책의 핵으로 추진해야 했으며, 사회·문화 모든 방면의 이슬람적 요소와 맞서 싸워야 했다(Ismael & Ismael, 1986: 164). 외부로는 안전과 경제지원을 위해 보수적 이웃과 화해를 해야 했으나 이는 항상 사회혁명의 위협을 노정시켰다. 그뿐만 아니라 남예멘은 이웃으로부터 무신종족이라고 비난받았는데, 이 때문에 남예멘은 이슬람의 사회주의적 측면(평등주의, 공동체, 사회정의)을 강조하고 불필요하게 신앙에 반감을 사는 행동을 피했다(Ismael & Ismael, 1986: 165).[13] 또한 오만[14]과 북예멘의 국경 분쟁 환경에 직면하였고, 북예멘과는 정통성 문제로도 갈등을 겪게 되었다.

1970년, 남예멘은 남예멘인민공화국(The People's Republic of Southern Yemen)이라는 국명을 예멘민주주의인민공화국(The People's Democratic Republic of Yemen)으로 고쳤는데, 'Southern'이라는 말의 생략은 예멘 전체지역의 합법적 정부임을 공언하는 것이고 'Democratic'이라는 말은 북

---

12) Salem Rubayi Ali, Abd ai-Fattah Ismail, Ali Nasser Muhammad 등은 한 개인의 수중에 권력이 집중되는 것을 반대하는 당의 연합에 의해 축출되었다. 이때마다 전면전을 겨우 면했으나 이는 부족정치의 역할을 줄였고 인간숭배를 저지했으며 제도화된 집단지배체제의 관례를 남겼다.

13) Abd al-Fattah Ismail에 따르면 이 문제는 사회주의 이념과 이슬람 신앙 사이의 내부적 모순에 기인하는 것이 아니라, 부유하고 강력했던 시대에 지지되었던 이슬람의 왜곡된 해석에 기인하는 것이다. 이슬람 신앙과의 화해는 1970년 헌법에 나타나는데, 남예멘에서 이슬람은 공식적으로 인정되었고 다른 법조항과 조화되는 한 보호받게 되었다.

14) 남예멘과 오만과의 사이는 계속 나빴다. 이는 남예멘이 Dhofar 지방에 있는 오만의 인민전선(The Popular Front)을 지원했기 때문이다.

예멘을 모욕하는 것이었다. 북예멘은 이를 고칠 것을 요구하나 거절당했다(Bidwell, 1983: 258~259). 남예멘은 또한 국내정치에서의 농지개혁, 국유화정책과 같은 마르크스주의적 정책을 강조하고, 또 모든 예멘의 진보주의자들에게 민족전선(NF: The National Front)의 투쟁을 강조하였다. 이에 양자간 날카로운 대립이 생겼고, 북예멘은 왕당파와 연결된 사우디와 협의하여 내전을 종식시키고 남예멘 타도에 나서게 됨으로써 드디어 1972년 9월 국경분쟁이 일어났다(Gause, 1988: p.37).

남예멘의 알리 나지르 무하마드(Ali Nasir Muhammad)는 끊임없는 군사적 도전으로부터 유예기간을 갈망하여 아랍연맹의 후원하에 북예멘의 알 아이니(al-Ayni)와 1972년 카이로에서 만나 정전하고 1년 이내에 통일할 것을 서명했고, 한 달 후에는 남예멘의 살림 루바야 알리(Salim Rubayya Ali)가 북예멘의 압 알 라흐만 알 이르야니(Abd al-Rahman al-Iryani)와 트리폴리에서 만났다. 남예멘은 이슬람을 통일예멘의 종교로, 'Sharia'를 법의 주요원천으로 하는 데 동의했고, 북예멘의 알 이르야니는 새 국가가 사회주의적이고 통일예멘이 하나의 정치조직이어야 한다는 것을 인정했다. 그러나 이 합의는 남예멘으로서는 군사적 압력을 줄이고 NF가 영역을 확보할 수 있는 시간을 벌기 위한 전략에 불과했다. NF는 남예멘에서 그 힘을 위태롭게 하는 자유선거를 허락할 용의도 없었고 북쪽 정치인에게 우세한 정치적 역할을 양도할 용의도 없었다. 오히려 북쪽의 좌파세력을 후원했다(Gause, 1988: 38). 남예멘은 북쪽 정부가 이념적으로, 조직적으로 남쪽과 닮을 수 있는 친근한 정치세력이 되어 그의 의지대로 통일할 수 있는 토대를 쌓는 데 주력했던 것이다.

쿠웨이트 회담 이후 그의 의도가 어떻든 북예멘 대통령 살레의 정책으로 남예멘의 통일전략은 결실을 맺는 듯했다. 즉 NF가 예멘 통일의 전위당이 될 것이 강조되었고 북예멘의 NDF는 NF의 이념적, 조직적 후예로서 북예멘 정부에 들어갈 수 있을 것으로 보였다. 남예멘은 NDF를 지원하기 위해 1979년에는 북예멘 지역에 군대까지 보냈다.

동시에 남예멘은 전쟁종식과 통일에 대한 요구를 북예멘에 제시했다. 그러나 사우디아라비아와 전쟁을 통해 이슬람전선을 형성한 부족지도자 등의 통일정책 반대자들이 이를 극력 반대했고, 그 어느 정부도 상대편에 대해 통일을 강요할 만큼 군사적, 정치적 힘을 가지고 있지 못했다. 양 정부는 자신에게 유리한 통일을 이루기 위해 국내의 분열을 이용해 왔던 것이다(Gause, 1988: 42~44). 힘의 균형은 대치상태를 유지시켜 통일환경을 만드는 것을 방해하는 경향이 있음을 예멘의 경우도 보여주고 있다. 즉 힘의 균형이 파괴되어야 무력적이든 평화적이든 통일이 이루어질 가능성이 높다는 사실을 말해준다.

1986년 1월, 남예멘에는 1972년, 1979년과 비슷한 유혈사태가 벌어졌다. 이때 북예멘으로 도망간 알리 나지르 무하마드(Ali Nasir Muhammad)는 1만 2,000명의 부하와 함께 국경 근처에 주둔했으나 북예멘의 대통령 살리흐는 이런 상황을 이용하지 않고 남예멘 파벌들의 화해를 촉구했다. 두 정부 간의 접촉이 계속되었으나 남예멘은 알리 나지르와의 정치적 화해를 완강히 거부했다(Gause, 1988: 44).

하지만 남북예멘이 분단된 것은 국제정치환경에 의한 자연발생적인 지역고립에서 나타난 현상이기 때문에, 예멘의 통일은 역사적으로 보장된 통일환경을 갖고 있었다고 볼 수 있다. 또한 독립 후에도 군 정치엘리트들의 민족주의운동에 의한 예멘 통일정책이 계속되어 왔으나, 정치권력 투쟁 때문에 계속되는 불안정한 정치환경을 가지고 있었다. 이것이 남예멘이 적극적으로 통일정책을 펴지 못한 이유이기도 했다(홍순남, 1991: 120). 여기서 내부의 정치권력 투쟁은 통일에 방해요소로 작용하고 있음을 알 수 있다. 또한 극심한 내부의 권력 투쟁은 힘의 약화를 가져와 상대편에 유리한 통일환경을 제공해 주기도 한다.

한편 홍해의 정치환경(아프리카의 뿔의 지역분쟁)도 남예멘의 통일정책에 영향을 끼쳤다. 아프리카의 뿔(the Horn of Africa) 지역은 에티오피아, 지부티, 소말리아 3국을 의미하며, 넓게는 예멘지역을 포함한 홍해지역을 의미한다.

홍해에서 소말리아(1969년 군사쿠데타)가 이슬람국가로 등장하면서 일으켰던 에티오피아와의 국경분쟁은 종교분쟁의 성격과 문화적 갈등 성격을 가진 분쟁으로, 미·소가 관계된 국경분쟁이었다.[15] 이 분쟁(1977) 때 남예멘은, 에티오피아에 대항하는 에리트리아 무슬림의 분리주의자들과 이슬람 형제국가인 소말리아 대신 에티오피아를 지지하는 친소정책[16]으로 아랍세계에서 고립되었다. 이때 고립은 좋지 않다는 것을 남예멘의 정치지도자들은 알게 되었다.

홍해를 중심으로 하는 미소의 냉전체제와 에티오피아와 소말리아 간의 분쟁은 주변 아랍국가들과의 정치적 역학관계를 깨우쳐주면서, 강한 국가로 홍해지역에서 존재해야 한다는 국제정치의 현실이 남북예멘의 정치엘리트들로 하여금 통일정책을 추진하도록 하는 배경이 되었다(홍순남, 1991: 109). 홍해의 정치환경으로 말미암아 사우디아라비아와의 경쟁을 위해서도, 홍해 건너 기독교국가인 에티오피아[17]에 대한 경계를 위해서도

15) 오가덴 사막의 주민들이 소수민족 분리운동을 일으켰는데, 이를 소말리아 정부군이 지원하면서 에티오피아와 소말리아의 국경분쟁이 시작되었다. 처음에는 소말리아가 우세했으나 소련과 쿠바 군이 참여함으로써 소말리아 측 전세가 불리해졌다. 11월 3일 소말리아는 소련 및 쿠바와 외교관계를 단절하고 소련군 6,000명을 추방하였다.

16) [소련과 남예멘]: 남예멘이 독립했을 때 소련은 필수적인 도움을 주었고 예멘 사회당 건설을 도왔다. 1969년 6월 이후 남예멘은 소련의 동맹에 가담했고 열성적으로 소련의 국제적, 지역적 캠페인을 지지했다. 남예멘은 소련으로부터 경제적 원조뿐만 아니라 안전확보, 군사원조를 요구했고, 그에 대한 보답으로 소련의 인도양 활동을 위해 아덴 항의 시설과 아덴 항 근처에 공군기지 및 다른 시설을 허락했다.
그러나 남예멘 지도자들이 소련의 정책에 전적으로 찬성만 했던 것은 아니다. 1970년대 아랍과 이스라엘 분쟁을 해결하기 위해 소련이 제안한 정치적 해결안을 거부하기도 했는데, 이는 그들이 지지했던 팔레스타인 그룹과 그들의 근본 뿌리를 배반하지 않기 위해서였다. 소련의 직접적인 원조를 받는 이스마엘이 축출된 것은 남예멘에서 소련의 한계를 말해 준다. 또한 소련은 변화를 추구하거나 막을 수 있는 충분한 수의 군대를 주둔시키지 않았다. 왜냐하면 소련은 미국의 위협과 오만의 군기지에 더욱 초점을 맞추었기 때문이다. 그러나 소련과 남예멘의 관계는 항상 두드러져서, 남예멘의 모든 파벌은 사회주의적 원칙을 고수했고 소련의 정책을 지지했던 것이다 (Page, 1985: 208~213).

통일은 필요했던 것이다.

남예멘은 급진적인 사회주의정책과 국유화 및 소련을 비롯한 공산세력과의 관계강화로 아랍세계에서 정치적으로 고립되었으며, 또한 사회주의 혁명에 의한 통일을 주장함으로써 이슬람국가 형성을 주장한 북예멘과 대립하여 통일정책이 교착상태에 빠지기도 했다. 그러나 이런 와중에서도 남예멘 정부는 1972년 카이로 회담 이후 북예멘과 끊임없는 대화를 계속하여 통일에 이르는 열쇠를 가지게 되었던 것이다.

## 3. 통합의 전개과정과 통합방식

### 1) 1차 통일 : 평화적 비례대표 통일 유형

남북예멘이 통일된 방식은 후진국도 베트남과 달리 폭력이 아닌 평화적 방법에 의해 통합될 수 있음을 2차대전 후 처음으로 실증해 주었다. 특히 자본주의와 공산주의라는 상극 체제가 두 정부 간의 타협을 통해 하나로 합쳐질 수 있다는 것도 보여주었다.

더욱이 예멘의 통일은 두 개의 정부가 서로 국력의 비례에 따라 통합정부의 권력을 배분하는 형태를 취했다는 특성이 있다. 즉 예멘 통일은 양측 국력의 지분을 통일정부 권력구성에 반영시킨 비례대표 유형이라 하겠다 (양호민 외, 1992: 128). 인구와 경제수준에서 우위를 점하고 있는 북예멘이 통일정부의 주도권을 장악하면서도 적지 않은 보직을 남측에 배분한 것이다. 자본주의 체제인 북예멘은 공산주의 체제였던 남예멘보다 면적이 3분의 2밖에 되지 않지만 인구에서는 4배나 많고, 1인당 국민소득은 680달러 대 420달러로 앞서가고 있었다.

---

17) 1974년 이전까지 남예멘에게 에티오피아는 위협국이었으나 1974년, 아디스 아바바 (Addis Ababa)의 혁명으로 친해졌다.

통치기구의 직책은 남북예멘 지도자들 사이에서 공정하게 배분되었다. 즉 대통령은 북예멘의 대통령이던 살레(Ali Abduilah Saleh)가, 수상은 남예멘의 대통령이었던 아타스(Haider Abu Bakr Attas)가, 부통령은 남예멘의 사회당서기장이었던 알 비드(Ali Salim al-Bid)가 각각 맡고, 기타 3명의 대통령위원회의 위원은 북예멘의 국회의장과 남예멘 사회당 부서기장, 그리고 북예멘의 수상에게 각각 돌아갔으며 부수상은 남북예멘에 각각 2명씩, 또한 각료는 북예멘에 19명, 남예멘에 15명이 배정되었다.

선거구는 소선거구제로서 인구 5%를 가감한 인구비례에 따라 평등 배분했으며 통일의회의 구성비율은 북예멘 159명, 남예멘 111명, 비당파적 인사 31명, 합계 301명으로 구성되어 있고, 17개 분과위원회의 분과위원장은 북예멘에 10명, 남예멘에 7명이 각각 돌아갔다(외무부, 1991: 25~26).

가장 요직이라고 할 수 있는 군 관계에서는 북예멘의 대통령이 최고 군통수권자, 북예멘의 참모장이 통일예멘의 군 참모장이 되었으나 국방장관직은 남예멘 국방장관이 맡게 되었다.

외교부문은, 외무장관은 북예멘에 배정되고 외무담당 국무장관과 외무성 차관은 남예멘에 배정된 한편, 주유엔대사는 남예멘의 주유엔대사에 배정되었다.

예멘 통일은 행정적으로도 예멘의 지정학적인 정치환경에 따라 남과 북, 일대일의 평등원칙에 의한 대등한 관계에서 이루어졌다고 볼 수 있다. 다시 말하면 기존의 남북예멘의 모든 기구를 그대로 둔 채 중앙기구만을 만들어 연방식으로 관장하는 형태를 취하였다(홍순남, 1991: 143~144).

이와 같은 통일예멘의 권력구조 배분은 두 정부 지도자들이 양측의 전반적인 국력을 바탕으로 비례 배분한 것으로 보인다. 북예멘이 통일정부를 주도하되 남예멘도 무시 못 할 견제세력의 지위를 보장받았던 것이다. 그러나 정치와 경제체제에서는 북예멘의 자유민주주의 시장경제 원리에 의해 통합되었는데, 정치는 복수정당제도로, 경제는 사유권 인정과 자유시장경제에 바탕했다. 다만 외교노선에서는 남북예멘이 함께 아랍국가로서 원칙적으로 추구하고 있던 비동맹 중립노선을 고수하기로 하였다(양호민 외, 1986: 128~129).

북예멘이 남예멘을 정치적으로 주도했다는 것은 이미 밝힌 바와 같이 통일예멘의 대통령이 북예멘에서 추대되고 5인의 대통령평의회 위원 중 3명이 북예멘인이며 29명의 각료 중 과반수인 20명이 북예멘인이라는 데서 확인되고 있고, 경제통합에서도 남예멘이 북예멘을 따라 시장경제 체제로 재편되었고, 남예멘의 공산독재가 북예멘의 자유주의로 흡수되었다는 사실에서 잘 알 수 있다. 이는 실질적으로는 흡수통일 형태라고 말할 수 있겠으나 형식상으로는 비례대표 유형이었고, 일방에 의한 흡수통합이 아니라 상호변화를 추구한다는 점에서 특징적이며, 쌍방의 양보와 협상을 통해 통일로 나아간 동시에 상대방의 일방적인 항복을 강요하지 않음으로써 상대방을 자연스럽게 통일을 위한 협상의 자리로 유도한 것이었다.

### 2) 통합이론의 적용

#### (1) 적용된 통합이론 약술

##### ① 신기능주의 이론

신기능주의자들은 어떤 기능적 분야에서 초국가적인 중앙기구가 결성되어 이것이 각 회원국 내 여러 집단의 통합에 대한 기대나 요구를 일으키는 정책을 추구한다면 이 집단들의 충성심은 점차로 민족국가를 초월한 주체로 이전하게 되며, 제도적 정치적 측면에서의 통합이 일정한 단계에 이르면 필연적으로 사회심리적 측면으로 확대되어 정치적 통합을 달성하게 된다고 본다.

신기능주의는 다음과 같은 기본적 가설을 전제로 한다.

첫째, 당초에는 특정한 목적을 위해 형성되었던 지역적 조직이 점차로 그 기능분야를 확대하는 동시에 정책결정의 권한도 강화해 간다는 파급효과(spill-over) 가설.

둘째, 파급효과 과정의 발전에 의해 경제적 기능을 중심으로 한 정책결정의 범위가 확대되어 최종적으로는 정치수준에까지 미친다는 정치화(politicalization) 가설.

셋째, 파급효과 과정이 진전됨에 따라서 참가국은 제3국에 대하여 공통의 정책행동을 취한다고 하는 외부화(externalization) 가설.

② 다원주의 이론

칼 도이치는 안전공동체의 유형을 단일안전 공동체와 복합안전 공동체로 분류하였다. 전자는 평화의 보존이나 보편적인 정부의 목적을 동시에 달성할 수 있는 것이기에 매우 매력적이지만 성취하기가 어렵다고 보았다. 반면 후자는 평화의 보존만을 목적으로 하는 공동체이기 때문에 성취하기가 좀더 용이하다고 보았다. 뿐만 아니라 복합안전 공동체는 단일안전 공동체보다 오히려 평화의 유지에 더욱 바람직한 것으로 간주한다. 또한 복합안전 공동체가 단일안전 공동체보다 형성과 유지가 용이하다고 보고 있다. 도이치는 비록 통합운동이 여러 단계를 거쳐 일어난다 할지라도 통합 움직임의 과정에는 전진과 후퇴의 양상이 뒤섞여 일어날 수 있을 뿐만 아니라 통합에 대한 국민들의 호응도 기복을 보이는 복잡한 과정을 거친다고 주장한다(Deutsch, 1963: 98~101). 그는 독일, 합스부르크 제국, 이탈리아, 노르웨이-스웨덴, 스위스, 영국, 미국 등의 사례분석을 통하여 안전공동체가 형성되는 배경조건을 제시했는데 다원적 안전공동체 형성[18]의 배경조건은 다원주의의 강화, 커뮤니케이션과 공동체의식, 핵심

---

18) 다원주의 이론에 의하면 통합을 위한 조건으로는 정치엘리트의 가치 양면성, 정치적 태도의 상호대응성과 예측가능성, 일반대중을 지도할 수 있는 능력 등으로, 국가

지역의 성장 등이다. 즉 통합을 위한 필수적인 조건들은 통합에 참여하는 단위들의 능력과 그들 사이에 발생하는 다원적인 교류의 과정과 밀접한 관련이 있다.

이 중 가장 중요한 요소는 프러시아, 미국의 예를 통해 볼 때 통합되려는 정치 단위들의 정치적·행정적 능력이다. 다른 중요한 요소는 경제능력이고, 또 다른 요소는 관계되는 정치단위 사이의 끊이지 않는 사회적 커뮤니케이션이다. 그 밖의 필수적인 조건은 정치적·사회적·경제적 엘리트의 확산이다(Deutsch, 1963: 50~53).

③ 연방주의[19]

연방주의적 접근은 제도적 법률적 분석에 중점을 두어 현국가의 정치기구를 폐지하고 하나의 국제기구를 창설한다는 것이다. 그리하여 국제법인 기구 또는 연방제도를 구축하게 되면 그것에 의해 지역의 통합은 급속도로 촉진되며 가맹국 국민의 새 정부에 대한 충성심도 점차 강화될 것이라고 본다. 즉 연방주의 이론은 기능주의와는 달리 통합의 촉진을 위해 정치적 해결과 정치기구를 강조하고 있고, 통합된 연방국가를 위해서는 각국의 주권은 포기되어야 한다고 주장함으로써 의사결정의 초국가적 중심부 형성을 통합의 목표로 간주하고 있다.

연방제에서 중앙정부와 지방정부 사이의 권력관계는 일반적으로 대등성의 원칙 위에 서 있다. 그렇다고 하여 지방정부가 주권을 지니지는 않는

---

간의 정치통합이 개별국가에서 정책 결정자의 인식과 행동에 의해 영향 받을 뿐만 아니라 다른 국가 정치엘리트와의 가치의 공유에 의해서도 영향 받는다. 즉 정치엘리트와 대중의 정치적 태도와 행위의 변화가 정치통합의 주요 변수가 된다. 또한 커뮤니케이션과 상호거래의 증대를 통하여 공동체로 통합될 수 있다.

19) 연방주의에 대해서는 Livingston(1956: 10), Corry(1958: 121~122), Riker(1975: 101), Wheare(1956: 101), Trager(1968), 김학준(1987: 235), 김명기(1980: 20) 등을 참고

다. 연방국가를 만들 때 이 연방에 참여하는 지역단위들은 각자가 지녔던 주권을 완전히 포기한다. 그리고 그 주권들을 취합하여 새로운 연방정부, 즉 연방국가의 중앙정부가 탄생한다. 그러므로 이 연방정부가 대내외적으로 주권을 독점한다.

그러나 연방정부가 지방정부를 완전히 지배하지는 않는다. 일반적으로 상당한 권한을 지방정부가 행사하도록 허용되어 있다. 연방제는 이처럼 연방에 가입하는 지역단위들의 권한을 설정해야 하기 때문에 반드시 성문 헌법을 지녀야 한다. 그 성문헌법 속에 연방정부의 권한과 지방정부의 권한이 명백히 기록되며, 양자 사이의 해석에 차이가 있을 때 그 분쟁을 중재할 헌법재판소의 존재가 명기되어야 한다. 이처럼 연방제는 제도적으로 복잡하며 그 운영에서도 상당한 기술을 요구한다. 자칫 잘못하면 연방제는 실패할 수 있기 때문이다.

## 2) 이론 적용

우리가 주의할 점은 예멘의 통일과정이 남북예멘의 국경분쟁으로, 전쟁 분위기 속에서 아랍연맹의 적극적인 조정으로 이루어진 것이고, 아이러니 하게도 분쟁이 오히려 대화의 장을 마련케 하여 통일논의를 촉진시켰다는 점이다. 따라서 예멘의 통일추진 핵심은 통일 직전 부분적으로 이루어진 경제, 문화, 사회 방면의 교류라기보다는 아랍연맹의 중재로 인한 정치적 회담이었다.

예멘의 통일을 추진시킨 결정적 요소는 정상회담을 비롯한 각종 협정, 공동위원회, 협의회, 최고평의회 회의, 특사의 파견, 통합최고위원회 등 각종 정치적 교류, 즉 다음과 같은 정치회담을 통한 의도적인 다방면의 교류였다.

① 카이로 협정: 1972년 10월 28일, 이집트와 리비아의 적극적인 중재로 휴전협정을 체결하고 단일국가로의 통일, 1년 이내에 양국가의 기존법

률과 제도를 통일시키기 위하여 동등한 수의 양국대표로 구성되는 공동전문위원회 및 8개 분과위원회 설치에 합의하였다.

② 트리폴리 정상회담: 1972년 11월 26일, 국명을 예멘 공화국(The Yemeni Republic)으로 하고, 하나의 국기를 제정하며, 수도는 사나(San'aa)로, 국교는 이슬람교로, 아랍어를 공용어로, 국가이념은 공화주의-민족주의-민주주의로, 행정부·의회·사법부의 3권 분립을 할 것과, 8개 분과위원회의 위원을 임명하는 데 합의하였다(국토통일원, 1990a: 21~31).[20]

③ 알제리 정상회담: 1973년 9월 4일, 양국의 대통령은 카이로 및 트리폴리 협정에 따라 발족한 각 공동위원회의 업무진행을 검토한 결과, 이 위원회들이 그 업무를 완수하는 데 부여된 시간이 충분치 않다는 점을 발견하였다. 이에, 각 위원회 업무의 계속을 위한 체계적인 일정을 수립할 수 있는 권한을 양국 대통령의 특사에게 위임하기로 합의하였다.

이후 특별위원회는 제1차(사나, 1972년 12월 21~23일), 제2차(아덴, 1973년 4월 15~19일), 제3차(카이로, 1973년 11월 20~22일), 제4차(사나, 1974년 3월 14~16일)회의를 갖고 예멘 평화협정의 계속적인 집행을 위하여 노력하였다.

④ 타이즈-알 후다이다 정상회담: 1973년 11월 10일, 처음으로 북예멘을 방문한 남예멘의 살림 라비아 알리 대통령이 타이즈 시에서 북예멘의 압두 알라흐만 븐 야히 알 이르야니 대통령과 비밀회담을 가져 예멘과 아랍 전 세계의 정세를 논의하고, 특히 국민경제 면에서 기본적으로 예멘국민에게 기여하고 예멘국민의 생활수준을 향상시키는 실질적인 조치들을 취할 수 있는 공동의 기틀을 강구하는 것이 중요하다는 데 합의하였다. 이어 11월 11일에는 알 후다이다 시에서 트리폴리 회담 성명에 따라 발족

---

20) 그러나 남북예멘에서는 각기 국내 보수주의자들이 급격한 통일추진을 반대하고, 또 남예멘의 반정부 세력에 대한 북예멘의 지원이 문제가 된 데다가, 1973년 5월 30일 대통령평의회의 3인 중 무함마드 오스만(Muhammad al-Othman) 셰이크가 알려지지 않은 남예멘 사람에 의해 살해됨으로써 까타바 지역에서 국경충돌이 발생하여 양국 관계는 혼란과 긴장 속에서 통일정책 추진분위기가 아니었다. 하지만 6월에는 다시 양국이 통일협상을 한다고 발표하였다.

된 각 공동위원회의 업무 추진상황을 토의한 후, 남북 양측이 참여한 공동위원회를 개최하고 통일작업의 가속화를 추진하기로 합의하였다.[21]

⑤ 까따바 회의: 1977년 2월 15일, 사우디아라비아의 중재로 북예멘의 이브라힘 알 함디 대통령과 남예멘의 살림 라비아 알리 대통령은 1973년 이래 중단되어 왔던 통일논의를 재개했다. 양측은 국방·경제·무역·기획·외교 책임자들로 구성되는 협의회를 발족시켜 사나와 아덴에서 교대로 매 6개월마다 회의를 개최하고, 여러 분야의 각 공동위원회 업무진척과 예멘국민의 관심 있는 문제들을 지속적으로 검토하기로 합의하였다.[22]

---

21) 그러나 남북예멘에서의 국내정치의 혼란으로 인하여 통일논의는 또다시 중단되었다. 북예멘에서는 1974년 6월 친사우디 군부쿠데타를 일으킨 이브라힘 함디(Ibrahim al-Hamdi)가 집권하여 남예멘의 불신을 초래하였고, 1975년에는 남예멘과의 국경 부근에서 태업사태가 발생하였는데, 북예멘은 이 태업에 남예멘이 개입하였다고 주장함으로써 양국 간의 관계가 악화되어 더 이상의 진전을 보지 못하였다.

22) 그러나 1977년 10월 함디 대통령이 친아라비아정책에 반대하는 세력에 의해 암살당하자 자이디 이맘 세력(북부)과 샤피(순니계: 남부) 세력 간의 분쟁이 심화되어 북예멘 내정이 불안해졌다. 1977년 10월 아흐마드 가슈미(Ahmad al-Ghashmi)가 집권하여 국내의 반목하는 정치이익집단들을 화해시키려 노력하였으나, 1978년 6월 24일 가슈미 대통령이 남예멘 특사와 통일 문제를 협의하기 위한 회담석상에서 남예멘 특사의 가방 속에 든 폭탄이 폭발하여 사망한 사건이 발생함에 따라 양국의 관계가 극도로 악화된 상황에서, 살레(Ali Abdullah Saleh)가 북예멘의 대통령을 계승하였다. 한편 남예멘에서는 1978년 6월 26일, 친중국노선하에 사우디아라비아와 서방 측의 원조를 받아들이는 등 서방 측과 관계개선을 시도하던 살림 라비아 알리(Salem Ali Robea)가 정적인 마르크스-레닌 극단주의자들에 의해서 가슈미 암살혐의로 처형되고, 이스마일(Abdel Fattah Ismail)이 이끄는 친소적인 민족전선(UPONF)이 정권을 장악하였다.
    남예멘의 새로운 지도자들이 북예멘의 사회주의화를 추구함에 따라 양국 간의 관계는 악화되고, 마침내 1979년 2월 23일 약 500명의 소련 군사고문단과 30여 명의 쿠바 군사고문단의 지원을 받은 남예멘군이 북예멘의 베이다 및 와세이야 기지를 공략함으로써 전쟁으로 발전되었다. 미국은 즉시 북예멘과 사우디아라비아의 방어를 위하여 긴급원조를 제공하였고 소련도 이에 질세라 남예멘에 대한 원조를 증가시켜 미소 대결양상으로 변모하자, 남북예멘 간의 전쟁으로 인하여 아라비아 반도가 강대국의 세력각축장이 될 것을 우려한 아랍연맹은 3월 5일 예멘 전쟁의 종식을 위한 평화안을 가결하고 3월 19일에는 남북예멘이 이를 받아들임으로써 휴전이 성립되었다(Gause, 1988: 40~41).

이와 같은 공동위원회나 협의회를 발족시켜 통일논의를 한 것은 신기능주의의 전형적인 형태로, 이는 독일의 동방정책과는 다른 모습임을 분명히 알 수 있다.

⑥ 쿠웨이트 정상회담: 1979년 3월 28~30일, 아랍연맹의 주선으로 쿠웨이트에서 만난 북예멘의 살레와 남예멘의 이스마일은 양국 간의 분쟁 해결을 위한 유일한 방법은 통일뿐이라는 데 의견을 같이하고 여러 사항23)에 합의하였다(Burrowes, 1987: 39).

이후 1979년 10월 4일 남예멘 특사의 북예멘 방문으로 '사나 공동성명'이 발표되고, 1980년 5월 6일, 북예멘 특사의 남예멘 방문으로 '아덴 합의서'가 채택되었으며, 또한 1981년 9월 14~15일 타이즈 회담에서는 공식적 통일협의 기구설치에 대한 합의가 이루어지기도 했다(국토통일원, 1990a: 56~101).

그러나 통합논의가 항상 순탄한 것만은 결코 아니어서 1980년 4월 23일 북예멘 출신으로 친소강경파인 이스마일 대통령도 소련의 도움이 끊기자 축출당하고 조기통합 반대론자인 무하마드 대통령이 취임했는데(Page, 1985: 99), 이는 소련의 입김이 남예멘의 권력투쟁에 깊이 개입하고 있는 두 번째 사례가 된다.24) 무하마드가 취임하면서 북예멘 내의 반정부세력

---

23) 첫째, 헌법위원회는 4개월 이내에 통일국가 헌법안을 마련한다.

둘째, 헌법위원회가 그 임무를 종료하면 양국 대통령은 항구적인 헌법안의 최종결정을 위해 회담을 개최하며, 그 후 최종 결정된 헌법체계에 대한 동의를 구하기 위해 상호합의한 기간 내에 남북예멘 각 국민의회를 소집한다.

셋째, 남북예멘 대통령은 새 국가의 단일입법부 선출과 헌법안에 대한 국민투표 감독의무를 관장하는 각료위원회를 구성하고, 그 구성일로부터 늦어도 6개월 이내에 국민투표를 완료한다.

넷째, 양국 대통령은 카이로 협정과 트리폴리 성명, 아랍연맹 결의안에 언급되어 있는 규정과 내용 및 각 통일위원회가 제출한 결의안과 권고안을 엄숙히 준수하고 집행을 의무화한다.

다섯째, 남북예멘 양국 국가원수는 남예멘에서 개최되는 정기회담 등을 통하여 정해진 일정표에 따른 헌법위원회의 업무달성 여부 및 타위원회의 업무결과 등을 감독한다.

24) 첫 번째는 1978년 6월 친중공으로 기울던 라비아 대통령의 처형과 이스마일 서기

인 '민족민주전선' 게릴라를 지원하고 1981년 8월 19일 리비아, 에티오피아와 3국 군사우호조약을 체결하여 통합전망이 어두워졌으며, 북예멘은 이슬람교를 원칙으로 한 통합을 주장하여 남예멘을 계속 견제하면서 통합을 위한 구체적 실천조치를 취하지 않고 있었다(국토통일원, 1990b: 131~132).

하지만 이와는 달리 적대관계 해소를 위한 예멘인들의 노력 또한 계속되어 뿌리 깊은 동족의식의 일면을 보여준다.

⑦ 아덴 정상회담: 1981년 11월 30~12월 2일, 북예멘의 살레 대통령이 처음으로 남예멘을 방문하여 '남북예멘 간 조정 및 상호협력에 관한 합의서'를 채택, 큰 의미를 가지는 예멘 최고평의회와 사무국의 탄생을 선포하고 공동각료위원회를 발족시키며 경제·교육·문화·공보·교통·외교분야 등의 협력을 포함한 양국 통일을 위한 합의서에 서명하였다(국토통일원, 1990a: 108~114).[25]

⑧ 타이즈 정상회담: 1982년 5월 5~6일, 예멘 최고평의회 회의에서 양국 대통령은 여러 사항에 합의하였다.[26]

그 후 12차에 걸친 최고평의회 사무국회의(1차: 아덴 1982년 9월 2~4일, 2차: 사나 1982년 11월 9~10일, 3차: 아덴 1982년 11월 28일, 4차: 사나 1983년 8월 6일, 5차: 사나 1983년 9월 7일, 6차: 아덴 1984년 2월 4일, 7차: 타이즈

장의 권력장악 때 소련이 깊이 개입하였다.

25) 이 합의서를 기초로 양국은 이듬해 1월 전문(全文) 136조로 된 통일헌법 초안에 합의하였는데 그 주요내용은, 국호는 예멘공화국으로, 수도는 사나, 국교를 회교로 하고 입법부는 양 국민에 의해 선출된 의원으로 구성하며, 행정부는 통합각료평의회로 구성하는 것을 골자로 하고 있으며, 양국의 국민투표에 의해 확정짓기로 한 것 등이다. 이 초안은 1990년 5월 22일 통합 직전 양국 의회에서 압도적 지지로 가결된 통합헌법의 모체가 되었다.

26) 첫째, 어느 한 국가의 상대국 내정불간섭, 남북예멘 관계에서 폭력거부 및 문제의 평화적 해결, 둘째, 1980년 6월 13일자 합의서의 집행 및 그 조항의 엄격하고 철저한 준수, 남북예멘의 안정과 안정을 위한 실질적인 조치 집행, 셋째, 예멘 최고평의회 사무국은 아덴 합의서에 명문화되어 있는 직무감독을 위하여 회의한다.

1984년 3월 1일, 8차: 사나 1984년 7월 15~18일, 9차: 사나 1984년 11월 11일, 10차: 아덴 1985년 4월 23일, 11차: 사나 1985년 8월 19일, 12차: 사나 1985년 12월 7일)와 3차에 걸친 공동각료회의(1차: 아덴 1982년 11월 29일~12월 1일, 2차: 아덴 1984년 8월 6~7일, 3차: 사나 1985년 12월 10~12일), 그리고 4차에 걸친 최고평의회 회의(1차: 사나 1983년 8월 15~20일, 2차: 아덴 1984년 2월 15~17일, 3차: 사나 1984년 12월 4~6일, 4차: 사나 1985년 12월 24~26일)(국토통일원, 1990a: 119~210) 등을 통해 1983년 5월 양국 내무부의 통합운영안이 합의되고 동년 8월에는 외무부 및 재외공관 통합운영안이 합의되었으며, 8월 15일에는 통합최고위원회가 사나에서 통합헌법 초안을 심의하는 등 가시적인 결실이 있었다. 그러나 1986년 1월 남예멘에서 사회주의체제를 고수하려는 친소강경파의 2주간의 유혈 쿠데타가 발생하여 무하마드(Ali Nasser Mohammad) 대통령이 북예멘으로 도피하고 알 아타스(Haider Abu Bakr al Attas) 대통령이 집권(Pollock, 1986: 50)함으로써 통합 문제는 다시 뒷전으로 밀려났다.

⑨ 타이즈 정상회담: 1988년 4월 16~17일, 1986년 1월 사건 이전 남북예멘이 합의한 사항을 집행할 것과 통일대화의 계속에 합의하고 남북예멘 국경에서의 감군과 국경지역의 천연자원 공동개발을 조속히 시행할 것에 합의하였다(유정열 외, 1991: 9).

⑩ 아덴 정상회담: 1989년 11월 30일, 통일헌법 초안에 대한 정상 간 조인이 있었고, 이를 6개월 내에 양국의 국회에서 비준하기로 했으며, 비준 후 6개월 이내에 국민투표로 확정지을 것을 합의하였다(유정열 외, 1991: 10).

이어 1989년 12월 1일, 통일예멘은 30개월간의 잠정기간을 두며 5인 대통령위원회에 의하여 집단지도체제로 통치한다는 내용의 136조 통일헌법 초안이 공포되었다. 국명은 통일예멘공화국, 수도는 사나, 4년 임기의 입법의회는 사나에 두고, 정당조직과 노조활동은 헌법의 허용범위 내에서 가능하며, 남녀 성인에게 투표권을 허용한다는 것 등이었다(홍순남, 1991:

142~143).

1990년 1월~3월 사이에는 2차에 걸친 남북공동각료회의를 개최하여 33개 정부부처 설치와 정치범의 석방, 정부 및 공공기관 조직법안 등 46개의 법안을 제정하여 통일을 가속화시켰다.

⑪ 사나 정상회담: 1990년 4월 22일, 통일선포 후 30개월간의 과도기를 두기로 한 '과도기 정부기구에 관한 합의서'에 양정상이 서명하여 통일을 위한 실무작업을 마쳤다.

이와 같이 예멘인은 끊임없는 정치적 대화를 전개하여 마침내 1990년 5월 22일, 남예멘의 아덴에서 통일을 선포함으로써 세계사의 한 장을 장식하였다. 이러한 정치회담을 통해서 증가적 결정작성(incremental decision-making)을 하여 통일을 이룩할 수 있었던 것이다.

이는 결과적으로 신기능주의 이론으로 어느 정도 설명이 가능하다. 이를 뒷받침하는 사실을 보면 남북예멘 간 경제통합의 중요성을 고려하여 2,200km$^2$에 달하는 마립(Marib)과 샤브와(Shabwa) 간의 공동석유개발사업에 대한 합의를 보았다는 것이다(국토통일원, 1990a: 217). 이처럼 국경지대에서 상업성이 있는 석유가 발견[27]되어 양국이 중립지대를 설치하기로 합의한 것은 대단히 중요한 통일환경이 된다. 예멘인들은 이미 1960~1970년대를 통하여 국경이나 항구에서 왕래가 자유롭게 이루어진 편이어서, 남북 예멘 간의 교역도 비공식적인 루트를 통하여 이미 진행되고 있었다. 경제협력 분야에서의 교류협력도 쿠웨이트 정상회담 이후 정부 차원에서 본격적으로 추진되었다고 볼 수 있다. 1980년 5월 6일 아덴 합의서 채택 이후, 산업·광물·교통·금융·관광 등의 분야에서 합작 및 공동투자 원칙이 이루어졌고, 동년 6월 공보, 문화, 교통, 산업상(相) 들 간의 연쇄

---

27) 석유의 발견이 외부세계로부터의 독립을 의미하는 것은 아니다. 비록 이것은 사우디아라비아와 몇몇 다른 지원자들에게 경제적으로 덜 의존케 하겠지만 예멘은 성숙된 산업국들에 의해 아직도 지배되는 국제 경제체제에 깊이 빠져 있다. 예멘이 자신의 장래를 결정하는 데 석유는 더욱 강한 힘을 주겠지만 국내적·국외적 정책에 근본적인 새로운 통로를 개척해 줄 것 같지는 않다(Burrowes, 1987, 151~152).

회담으로 '예멘관광주식회사의 공동 설립에 관한 협정'이 체결되었다. 1983년 8월 18일에는 교역 활성화를 위한 조세 및 관세면제 원칙에 합의하여 특별공동위원회를 설치하였다. 1988년에는 아랍경제사회개발기금에서 6,300만 달러의 지원을 얻어 남북예멘 간 전력체계 통합이 이루어졌다. 1989년 1월에는 '마립'과 '샤브와'의 유전을 공동 개발하기 위하여 남북 예멘이 동일하게 출자하여 1,000만 달러의 자본금으로 예멘 석유광물개발주식회사를 설립하는 데 합의를 보았다.[28] 이러한 경제교류는 정치통합에 영향을 미쳤다고 보인다.

신기능주의 이론은 이익집단, 정당, 정부, 국제조직과 같은 정치적 요인들의 중요성을 강조하는 점에서 기능주의와 다르다. 그러나 서구 선진 산업국가들 간의 관계에서는 경제적 이슈가 정치적 통합을 유도해 내는 파급효과가 제일 크다고 주장하며 기능적인 수단을 통하여 정치통합을 추구한다. 그런데 경제적으로 남북예멘 사이의 교류가 풍부했던 것은 아니었기 때문에 경제를 바탕으로 하면서 정치적 측면을 강조하는 신기능주의를 그대로 적용하는 것은 무리가 있는 것도 사실이다.

한편 도이치는 안전공동체의 유형을 융합 안전공동체(단일안전공동체, amalagamated security-community), 다원적 안전공동체(복합안전공동체, pluralistic security-community)로 분류한다. 그런데 다원적 안전공동체는 각 단위체들이 법적으로 독립된 정부들을 가진 채 결합해 안전공동체를 이룬 상태를 말한다. 즉 독립국가 간에 서로 비폭력 분쟁해결, 평화적 사회변화를 기대할 수 있는 상태에 이른 것을 말한다. 미국과 캐나다가 다원적 안전공동체를 이루고 있다고 도이치는 보고 있다(Deutsch et al., 1966: 1~4). 그런데 남북예멘 사이에 정치적 입장이 경제적 입장보다 강하다는 측면에서 과정상에서는 도이치의 다원주의적인 요소도 보인다고 할 것이다. 하지만 하나의 국가로 통합되었다는 점에서 결과까지 다원주의로 접

---

28) http://hopia.net/kyc/book/y_stud_k1-1.htm (검색일 2005.11.10.)

근하기에도 무리가 있다고 할 수 있다. 굳이 비중을 두자면 연방주의적인 요소가 다소 강했다고 할 수 있을 것이다.

정상회담을 비롯한 여러 회담들을 통해 실무작업이 끝난 상태에서 D-데이가 되어, 위로부터의 갑작스런 명령으로 전격통일이 되었다고 예멘 관리들은 말하고 있다.[29] 이는 연방주의적 요소를 보여주는 좋은 사례이다. 예멘의 경우에 정치적 교류는 통합을 상정하고 협상이 이루어진 것이라 볼 수 있기 때문에, 처음부터 기구적·형식적인 통합방법에 대해서도 논의가 이루어졌다고 봐야 할 것이다. 다시 말하면 제도화된 통합목표를 상정하고 있었던 것이다. 따라서 이런 부분을 중시하면 연방주의적 측면으로 통일과정을 설명할 수 있다.

연방주의적 접근은 제도적·법률적 분석에 중점을 두어 현국가의 정치기구를 폐지하고 하나의 국제기구를 창설한다는 것이다. 그리하여 국제법인 기구 또는 연방제도를 구축하게 되면 그것에 의해 지역의 통합은 급속도로 촉진되며, 가맹국 국민의 새 정부에 대한 충성심도 점차 강화될 것이라고 본다.

연방제에서 중앙정부와 지방정부 사이의 권력관계는 일반적으로 대등성의 원칙 위에 서 있다. 그렇다고 하여 지방정부가 주권을 지니지는 않는다. 연방국가를 만들 때 이 연방에 참여하는 지역단위들은 각자가 지녔던 주권을 완전히 포기한다. 그리고 그 주권들을 취합하여 새로운 연방정부, 즉 연방국가의 중앙정부가 탄생한다. 그러므로 이 연방정부가 대내외적으로 주권을 독점한다. 그러나 연방정부가 지방정부를 완전히 지배하지는 않는다. 일반적으로 상당한 권한을 지방정부가 행사하도록 허용되어 있다.[30] 연방제는 이처럼 연방에 가입하는 지역단위들의 권한을 설정해야

---

29) 예멘을 직접 다녀오신 유정열 교수와의 인터뷰.

30) K. C. Wheare는 중앙정부와 지방정부의 권한 분배와 지위의 독립성을 중심으로 다음과 같이 정의하고 있다. "정부제도가 일반당국과 지방당국이 각각 상호협조하고 그들로부터 독립되어 있는 일반당국과 정부당국 간의 권한의 분배가 현저하게 나타나고 있는가? 만일 그렇다면 그 정부는 연방이다"(Wheare, 1956: 101).

하기 때문에 반드시 성문헌법을 지녀야 한다. 그 성문헌법 속에 연방정부의 권한과 지방정부의 권한이 명백히 기록되며, 양자 사이의 해석에 차이가 있을 때 그 분쟁을 중재할 헌법재판소의 존재가 명기되어야 한다. 이처럼 연방제는 제도적으로 복잡하며 그 운영에 있어서도 상당한 기술을 요구한다.

그런데 예멘의 경우는 중앙정부와 지방정부와의 권한의 분배가 이루어지거나 지방정부의 독립성이 유지되지 않았다. 다시 말하면 과정상에 있어서는 합의통일 유형이었지만 형태상에 있어서는 남예멘이 북예멘의 정치체제에 통합된 흡수통일이었다. 따라서 예멘의 경우는 연방주의로 단순히 설명해 내기에 한계가 있는 것으로 보인다. 외교권과 군사권뿐만 아니라 행정권까지 모두 통합되었고, 남예멘이라는 국가 자체가 사라졌기 때문에 연방이라는 형태로 남아 있는 요소가 전혀 없기 때문이다.

예멘의 경우에 있어서는 통합과정에 있어서는 정치적 통합을 위한 제도적 차원을 논의한 연방주의적 요소가 강하게 나타나고 있지만, 한편으로는 또한 통합을 염두에 둔 유전개발과 같은 다방면의 교류도 통일의 중요한 촉진요소였기 때문에 아울러 신기능주의적인 요소가 혼재하며 또한 정치적 입장이 경제적 입장보다 강하였기 때문에 과정상으로는 다원주의로 설명이 가능할 것이다. 굳이 비중을 두자면 연방주의적인 요소가 다소 강했다고 할 수 있을 것이다.


## 4. 통합 후 정치경제 개혁과 체제 발전전략

통일공화국은 총 72억 5,600만 달러(북예멘이 28억 9만 달러, 남예멘이 43억 6,600만 달러)의 외채를 안고 있었지만, 예멘의 장래는 낙관시되었다. 그것은 남예멘의 풍부한 지하자원과 잘 훈련된 관료, 그리고 북예멘의 잉여노동 및 기업가적 활동이 결합할 때 예멘의 경제가 크게 부흥하게 될 것이라고 믿었고, 또한 아덴을 자유항으로 개발하고 연안어업도 진흥시킬 것을 아울러 고려하였기 때문이다. 그러나 걸프전으로 예멘의 입지는 매우 어렵게 되었다. 예멘은 유일한 아랍권 이사국으로 친이라크 입장에 서서 쿠웨이트를 침공한 이라크를 응징하는 유엔결의에 기권31)함으로써 국제적으로 고립되고 경제적 제재를 받아, 예멘 경제는 위기에 처하게 되었다(Braun, 1992: 182). 구체적으로 살펴보면 사우디가 예멘에 지원을 중단했고 미국이 기술원조단·철수와 경제원조를 대폭 삭감했으며 쿠웨이트도 99만 달러 상당의 지원을 중단했고, 쿠웨이트, 사우디아라비아 등지에서 추방32)된 1백만 이상의 예멘 노동자의 국내유입으로 인한 해외송금의 결손 등으로 실업과 인플레가 극심했다.33) 또한 통일헌법 자체도 그 초안이 1981년에 기초된 것으로 의회민주주의를 예정했고, 남예멘의 마르크스주의와 모순되는 북예멘의 자유주의적 이상과 이슬람교의 전통이 혼재해 있는 데다 이슬람법을 입법의 절대적 존재에서 상대적 존재로 끌어내려 이슬람 부족세력의 맹렬한 항의를 받았으며, 경제적 질서와 사회적 질서 간의 모순이 내재하고 있었다. 뿐만 아니라 급조된 통일정부의 기구들이 불협화음과 갈등의 진원이 되었다. 통일선포 직후 이와 같은 경제난과 정

---

31) 아랍 민족주의 의식이 강한 예멘인들은 아랍 국가 간의 타협에 의해 전쟁이 종결될 것을 희망하는 입장이었다. 예멘과 이라크는 전통적으로 우호적이었기 때문에 과도 정부는 걸프 전쟁에 비교적 중립적 입장이었다고 평가할 수 있다(Watkins, 1991: 25).

32) 사회주의자와 합작한 통일과 통일 후의 민주화 실험을 못마땅하게 생각하고 있던 사우디와 쿠웨이트는 통일정부가 연합군 편을 들지 않았다는 이유로 예멘에 대해 경제적 제제를 가하는 한편, 민주화를 방해하기 위해 보수적 부족세력과 이슬람 원리주의자들에게 재정적 지원을 하며 반정부 운동을 지원하였다(김국신, 1994: 217).

33) 1992년 가을과 겨울 사이에 약 80만 예멘인이 사우디와 쿠웨이트로부터 추방되었고 그 중 6만 명은 연고가 없어 홍해 연안의 알 후다이다흐 주변의 피난민 수용소에 거처했다. 또한 이들 귀환 노동자의 송금손실은 대략 연 10억 달러 정도로 추산된다. 오만의 경제정보 기관은 18억 달러로 보고했다[Dunvar, 1992: 471~472; The Economist Intelligence Unit, 1991, p.3. 김용욱, 『한민족의 평화통일론』(서울: 대왕사, 1995), 284쪽 재인용].

<표 3-2> 예멘 총선거 결과(1993.4.27.) 정당별 의석

| 국민회의당 | GPC | 121 |
|---|---|---|
| 예멘개혁당 | YRC | 62 |
| 예멘사회당 | YSP | 56 |
| 무소속 | - | 47 |
| 사회아랍바스당 | SABP | 7 |
| 알하크당 | AHP | 2 |
| 통일나세르당 | NU | 1 |
| 민주나세르당 | ND | 1 |
| 교정나세르당 | NC | 1 |
| 기타 | - | 3 |
| 의석 정원 | | 301 |

치질서의 문란 등이 계속되었지만 연방의 두 집권정당 간의 협력관계는 비교적 원만한 수준을 유지해 왔었다. 그러나 통일과도기 후반에 들어 총선의 법정시한이 다가오면서 국민회의당(북예멘)과 예멘사회당(남예멘) 간의 연정체제에도 균열의 징후가 보이기 시작했으나 우여곡절 끝에 총선은 실시되었다.

총선 후의 결과는 통일 이전 사우디와 함께 남예멘 사회주의 정권과의 통일을 반대했던 재야 정치세력인 개혁당이 제2당으로 부상, 기존의 2당 연정질서가 사회당의 저항에도 불구하고 3당체제로 확대됨으로써 국민회의당과 사회당 간의 균열을 가속화시켰다(≪한겨레신문≫, 1994.5.7.).

통일 이후 예멘정부의 주된 경제목적은 인프라부문의 개발을 통한 공업기반을 확대하는 것이었다. 따라서 경제계획의 주안점도 신규투자를 유인하기에 충분한 아덴 항의 자유무역지대(free trade zone) 창설에 두고 있었다. 또한 예멘은 경제활동의 자유와 민간부분의 활성화를 적극적으로 추진하고 있었으며, 외화의 부족이 심각한 상태였다. 따라서 관광산업에 적극적인 투자를 했으며, 아덴의 자유무역지대와 관광을 연계한 투자를 활발히 추진하였다. 또한 광물자원, 특히 하드라마우트(Hadhramaut)의 금과 남예멘의 석유자원의 개발에도 커다란 기대를 하였다.

통일 예멘 정부의 가장 중요한 문제 중 하나는 경제의 인프라 부문을 개발하고 다른 아랍 국가들과 관계를 개선하는 것이었다. 특히 정부는 이웃 사우디, 오만과 오랫동안 지속된 국경분쟁을 해결해야 했다. 과거 체제가 서로 다른 두 개의 남북예멘 경제가 1990년 5월 이후 혼합되기 시작하였기에 두 국가 간의 경제적 차이는 새로운 정부에서 파벌주의를 유도할 수도 있어 예멘 정부에 있어서는 커다란 어려움이 되었다.

과거 남예멘의 부채에 기인하는 외채의 증가는 정부 내에서 잠재적인 갈등의 근원으로 자리 잡았다. 예멘에는 아직도 과거 남예멘에 속했던 일부 지역에 일종의 사회적 불안의 징후가 남아 있다. 물가가 상승함으로써 산업 활동의 위축은 물론 시위에 대한 요구도 완전히 사라지지 않았다.[34]

## 5. 통합 후의 갈등과 해결노력

### 1) 통합 후의 갈등: 내전의 발생

통일 당시 남예멘 수뇌부는 과도기를 이용하여 서방외자와 기술도입으로 석유자원 개발과 아덴 자유항 건설사업을 추진하는 동시에 남부의 조직력과 행정력을 잘만 구사한다면, 중앙정부와 부족사회 간의 전통적 갈등구조를 내포하고 있는 북부예멘에서 사회당의 세력을 확대할 수 있을 것으로 판단한 듯하다.

그러나 이 예측은 앞에서 살펴본 바대로 치안부재, 통일정부의 무기력, 연간 100%를 웃도는 인플레, 특히 걸프전 당시 예멘이 취한 친 이라크

---

34) 홍성민, 「예멘의 정치, 경제적 상황과 석유산업」, http://hopia.net/hong/file/oil-yem.htm (검색일 2005.7.20.).

노선에 대한 사우디의 보복조치(예멘인 근로자 추방과 경제원조 중단) 등으로 크게 빗나가, 사회당은 입지를 염려하지 않을 수 없게 되었다. 게다가 이슬람 정신이 사회문화 통합의 기초가 됨에 따라 전통적 가치관에 익숙한 북예멘 주민들과 달리, 영국의 식민지 경험으로 개방화되고 사회주의 평등에 물든 남예멘 주민들은 문화차이(음주관습, 일부일처제, 무기소지 등)를 극복하지 못하고 과격한 반정부시위로 불만을 터뜨렸다.

통일정부의 무기력 현상은 정부통합이 권력배분 원칙에 따라 이루어졌기에 정책적 결단을 내리기 힘들고 행정조직이 이원화되어 있어서 업무와 관련된 징계가 곤란하여 위계질서가 이완되어 있으며, 생활고가 겹쳐서 공무원의 사기는 저하된 것에 기인한다. 남북예멘은 화폐를 비롯, 차량등록번호, 국영항공사, 통관 절차, 여권, 야전군, 군복도 통합되지 않고 있었다(유지호: 3). 특히 핵심적인 군대마저 실질적으로 단일화되지 못하였고, 토착부족 세력35)은 무장하고 있어 정치폭력을 효과적으로 규제하지 못해 혼란이 지속되었던 것이다.

특히 남예멘 출신 부통령 바이드는 그간의 살레(Saleh) 대통령의 권력독점추구, 예멘사회당 당원에 대한 암살, 정치 테러의 묵인, 국정운영에서 사회당의 소외에 강력히 반발하였다(김용욱, 1995: 291).

군사적인 면에서 공식적으로는 국방부서와 통합사령부를 하나로 만들었으나 실제로 단위부대는 그대로 두고 북예멘군의 일부를 남예멘 지역에, 남예멘 부대를 북예멘 지역에 이동·배치했을 뿐이다. 따라서 실질적인 군 통합은 이루어지지 않았기 때문에 남예멘 수뇌부가 '아덴'으로 복귀를 단행할 수 있었고, 마침내 내전은 시작되었던 것이다.

예멘은 권력의 지주가 되는 군대를 통합하지 않았고, 민중의 참여 없는

---

35) 부족세력은 사회주의적이고 인구 수에서 북예멘의 4분의 1 정도밖에 안 되는 남예멘이 정부 요직을 북예멘과 거의 동등하게 차지하게 된 것에 불만이 많았기 때문에 사우디아라비아의 재정지원을 받아 이슬람개혁당을 설립하고 반정부운동을 전개하였다.

권력 엘리트 간의 편의와 권력야합에 의해서 통합을 추진했기 때문에 기반이 취약할 수밖에 없었다. 통일과정에서 민중의 참여가 가능했던 독일 통일은 후유증에도 불구하고 성공했고, 이러한 과정이 생략되고 무시된 예멘은 재분단의 위기까지 맞이했던 것이다(김용욱, 1995: 293).

## 2) 내전의 결과: 2차 통일(무력적 자본주의 통일유형)

1994년 4월 27일 시작된 내전은 2,000여 명의 사망자(≪중앙일보≫, 1994.5.3.)를 내고 북예멘군이 남예멘의 수도 아덴을 점령함으로써 북예멘 측의 승리로 끝나 무력 흡수통일이 이루어졌다. 처음부터 남예멘과 북예멘의 힘의 격차가 아주 두드러져서 남예멘이 패할 것을 예상했을 정도였다면 내전은 발발하지 않았을 수도 있다. 그러나 그렇지 못했기 때문에 내전이 발발했고, 결국은 힘의 우위에 있던 북예멘이 승리를 거두었던 것이다.

예멘의 경우를 보면 남북예멘 사이의 어느 정도 힘의 균형이 이루어졌을 때는 전쟁과 협상이 지속되다가, 남예멘에 대한 소련과 공산권의 지원이 중단되고 경제적 어려움이 지속되는 등 북예멘의 상대적인 우위가 커지자 필요에 의해 비례대표 통일이 이루어졌다. 그러나 힘의 격차가 아주 크지는 않았기 때문에 이뤄졌던 비례대표 통일은 마침내 내전으로 치닫고 말았다. 그리하여 힘의 우위를 점했던 북예멘의 무력통일로 끝남으로써 힘의 균형에 바탕을 둔 통일 논의가 내포하고 있는 위험성을 잘 보여주고 있다.

아직도 내전의 후유증이 완전히 치유된 것 같지는 않지만 예멘은 정치적으로 안정되어 있으며, 또한 세계은행과 국제통화기금 등 국제금융기구의 재정안정지원 계획에 따라 경제도 점차 회복세에 들어서고 있다(유지호: 325~336). 특히 남예멘 지역은 북예멘 지역보다 주민들의 지적 수준이 높은 편이고 여성들의 사회적 지위가 향상되어 있었는데, 이러한 남예멘의 합리적 문화가 북예멘 지역으로 확산됨으로써 예멘 전체 사회가 활기차게 발전하는 추세에 있다고 한다.

남북예멘이 합의 통일에 성공한 이후에도 무력충돌을 겪었던 이유는 남북예멘의 정치인들이 서로 상대방에 대해 뿌리 깊은 불신감을 지니고 있었고, 이 갈등을 대화로 풀어 나가는 일에 실패했기 때문이라 하겠다.

통일 후 4년 만에 내전이 벌어진 예멘 사례에서 우리는 민족통합이 뒷받침되지 못한 국가결합의 위험성과 함께 통일 후의 정치·경제·사회·문화 등 제 분야에서의 실질적인 통합과정의 복잡성에 대해 주목해야 할 것이다.

만일 남북예멘의 지도자들이 통일을 위한 준비를 좀더 착실히 다진 다음 통일에 임하였더라면, 또는 통일협상을 더욱 신중하고 현명하게 진행하였더라면 다시 분열되었다가 무력으로 재통일되는 사태는 예방할 수 있었을 것이다. 다행히 예멘공화국은 1997년 4월 예멘사회당이 불참한 가운데 2차 총선을 실시하여 살레 대통령이 이끄는 집권 국민회의당이 과반수를 차지함으로써 정치적 안정을 되찾게 되었다.


## 6. 예멘 통일의 시사점과 교훈

평화적인 예멘의 1차 통일로부터의 시사점과 교훈을 먼저 살펴보자. 첫째, 예멘의 통일은 아무리 국제정세가 호전된다 하더라도 분단국가의 통일에는 우선 두 당사자 간의 동질성 회복이 무엇보다도 중요하다는 것을 보여준다(허성순, 1990: 57). 예멘은 지난 1972년부터 통합협상을 해 왔는데, 쌍방의 최고책임자가 제3국 또는 남북을 왕래하며 정상회담을 개최하여 상호신뢰구축 및 문제해결 노력을 경주하지 않았다면 아무리 주변 여건이 통일추진상황에 유리했다 하더라도 통일을 성취하지는 못했을 것이다. 이는 18년간에 걸친 예멘인들의 통일노력의 결실이었던 것이다. 남북예멘의 장기간의 통일협상과정은 남북한이 평화적 통일을 달성하기 위해서는 상대방의 실체를 인정하고 상대방 체제에 대한 분열전략을 추구해서는 안 된다는 것을 보여준다. 남예멘이 내란을 겪고 있을 때 북예멘은 군사적 도발을 자제함으로써 남예멘 정부는 북예멘 정부에 대해 신뢰감을 갖고 통일협상에 적극적으로 임하게 되었던 것이다(김국신 외, 1994: 235). 그러므로 한반도에서도 자주적이고 민주적인 강력한 통일지향정부가 등장하는 것이 꼭 필요하며, 정상회담을 추진하여 정치적 신뢰를 강화하는 것이 필요하다.

둘째, 예멘 통일은 형식상 국가권력이 철저하게 안배된 국가 대 국가의 균등 통합이나, 실제로는 인구와 경제력이 앞섰던 북예멘이 주도했다는 것이다. 남한 정부가 흡수형 통일모델을 공식적으로 제의할 수 없다는 점과 장기적으로 통일을 위한 상황조성을 위해서는 완벽한 공존과 일정한 합의가 제시되어야 한다는 점을 감안할 때 예멘 통일과 유사한 방식의 통일모델이 한반도 통일에는 더욱 유용할 것 같다. 즉 남한이 통일을 주도하더라도 어느 일방의 힘에 의한 통일이 아니라 협상을 통하여 공통분모에 접근하는 통합이 바람직하다는 것이다.

셋째, 남북예멘이 조기통일을 실현할 수 있었다는 것은 남예멘의 개혁, 개방조치 이후 남북 간에 정책노선의 차이가 근소했다는 것이다(유정열 외, 1991: 23). 그들이 거울로 삼고 있었던 소련이 과거 70년간의 공산주의의 실패를 인정하고 개혁과 개방을 서두르자 1989년 6월, 남예멘 정부당국자들은 20년간에 걸친 사회주의 통치를 기념하는 자리에서 정치적 및 경제적 정책수행상에 실수가 있었음을 인정하고, 그에 대한 비판을 받아들일 준비가 되어 있음을 천명하였다(김수남, 1991: 69). 동구에서의 체제가 대체로 민중의 봉기와 압력에 의해 무너진 것에 비해 남예멘에서는 통치권자가 스스로 현실을 인정하고 결함을 고치려는 의지로 변화를 시도하여 이것이 통일의 결실을 이루는 초석이 되었다는 것은, 기본합의서까지 체결하기는 했지만 북한이 아직 '주체사상'으로 철저히 무장하고 전략무기를 통일협상과 식량 해결의 카드로 삼으려는 의도(≪서울신문≫, 1993. 5.11.)로 긴장이 계속되고 있는 한반도에 시사하는 바가 무척 크다고 할 수 있다. 남예멘의 개방·개혁이 예멘 통일의 결정적 계기가 되었다는 점을 고려할 때 남한은 북한의 개혁·개방을 촉구할 수 있는 다각적 방안을 모색해야 한다. 북한도 비효율적인 사회주의 체제에 집착하기보다 민족 전체의 실질적 이익과 공영에 도움이 되는 방향으로 개혁하는 것이 필요하다.

넷째, 예멘인들은 UN과 같은 국제기구보다는 주변 아랍국가들과의 역학관계를 보다 적절히 활용하여 통일을 이룩했다는 것이다. 예멘 문제도 중동의 다른 모든 국가와 마찬가지로 강대국의 대립관계가 지속되었다면 해결하기 힘들었을 터이지만, 예멘은 아랍연맹을 통해서 주변국과의 외교와 통일 문제 해결을 적극 시도했다. 남북예멘 간 통일 논의가 진행될 수 있었던 것은 아랍연맹의 중재가 있었기 때문이다. 북예멘은 사우디아라비아에, 남예멘은 소련에 경제적으로 예속되어 있었지만, 북예멘은 소련과 정상적인 외교관계를 유지하고 있었고 남예멘도 주변 아랍국으로부터 경제적 원조를 받고 있었다. 그 결과 남북예멘은 한 나라에 일방적으로 의존하는 데서 오는 피해를 줄일 수 있었고 불신감도 해소할 수 있었다. 남북한도 주변 강대국과 정치 경제적 유대를 형성하여 남북한 통일이 이들 국가의 이익에 해가 되지 않는다는 신뢰감을 얻어야 한다. 따라서 남북한은 국제기구 활용뿐만 아니라 적극적이고도 교묘한 외교활동을 통해 자주적이고도 민족적인 통일정책을 모색해야 할 것이다.

다섯째, 경제적인 측면으로 국경지대 유전의 공동개발은 상호협조의 노력을 실감케 했으며, 이것이 예멘 통일의 첩경이었다는 것이다. 남북예멘의 협상과정은 남북한이 기능적 협력관계와 병행하여 통일원칙에 대한 정치적 타결을 모색할 필요가 있다는 것을 보여준다. 남북예멘 주민들은 산악지대, 항만, 사막지대 등을 통해 교류할 수 있었고 사회·문화적 이질성이 심하지 않았다. 남북한은 심한 사회·문화적 이질성을 노출시키고 있다. 따라서 남북한은 남북예멘의 경우보다 경제·사회 분야의 기능적 협력 관계를 통해 상호신뢰를 회복하는 데 많은 노력을 기울여야 한다. 이런 의미에서 정부나 기업체는 대북경협의 추진이 북한 경제를 도와주는 데 있다는 시각을 버리고, 공동체 운명의 형성과 통일에 대비한 남북한 경제의 산업구조를 조정하는 측면에서 이해해야 할 것이다.

또한 남북예멘 지도층이 통일반대 세력을 우려하여 급속하게 통일을 선포하여 혼란이 야기되었다는 사실로부터 남북한도 안정확보를 위해 국민적 합의를 도출해 낼 수 있는 방식을 채택하고 통일협상과정을 공개해야 한다는 교훈을 준다.

끝으로 남북예멘의 통일 이후 내전이라는 사태로부터의 가장 큰 교훈은, 남북한의 통일정부의 통제권이 강화되어야 하는 것과 실질적 경제력에 기초한 통합정책을 실시해야 하며, 남북한의 차이가 장기간 지속되지 않도록 사회·교육정책에 대한 준비를 철저히 해야 한다는 것이다. 그리고 통합은 국제환경 속에서 주변국의 영향을 받으며 성숙되어 가므로 주변국들과 협조적인 관계를 유지할 수 있는 방안을 마련해야 할 것이다.

■ 참고문헌

국토통일원. 1990a. 『예멘 통일관계 자료집』. 서울: 국토통일원.
_____. 1990b. 『통일예멘공화국 합의과정 사례연구』. 서울: 국토통일원.
김국신 외. 1994. 『분단극복의 경험과 한반도 통일』. 서울: 한울.
김국신. 1994. 「예멘 통일 이후 문제점」. 『분단 극복의 경험과 한반도 통일 2』. 서울: 한울.
김명기. 1980. 『남북한 연방제 통일론』. 서울: 탐구당.
김수남. 1991. 「남북예멘의 통일과정과 교훈」. ≪국방연구≫, 제34권. 서울: 국방대학원 안보문제연구소.
김용욱. 1995. 『한민족의 평화통일론』. 서울: 대왕사.
김학준. 1987. 「정치적 통합 방안으로서의 연방제」. 『통일 한국의 모색』. 서울:

박영사.

외무부. 1991.5. 『예멘공화국 개황』. 서울: 외무부 중동일과.

유정열 외. 1991.9. 「예멘 현지 출장 결과 보고서」. 서울: 통일원.

유정열. 1985. 『중동 정치와 그 현실』. 서울: 어문각.

유지호 「예멘 통일 이후 문제점」. 민족통일연구원 제12회 국내학술회의 발표논문.

중동문제연구소. 1992. 『통일예멘과 남북한』. 서울: 한국외대 외국학종합연구센터.

허성순. 1990.7.1. "많은 것 일깨워 준 예멘 통일의 교훈". ≪주간조선≫, 통권
제1107호.

홍순남. 1991. 「남북 예멘의 통일정책과 UN」. ≪통일문제연구≫, 제3권 3호. 서울:
국토통일원.


Ahmmed, Imad Aldien Mohammed. 1991. "Yemen's division and unification in
the perspective of world system theory." Seoul: Yonsei University.

Ake, Claude. 1967. *A Theory of Integration*. Homewood, Ill.: Dorsey Press.

Balassa, Bela. 1961. *The Theory of Economic Integration*. Homewood, Ill.: Irwin.

Bey, Frauke Heard. 1990. "The society's tour to the Yemens." in *Asian Affairs*.

Bidwell, Robin. 1983. *The Two Yemens*. Colorado: Longman Westview Press.

Braun, Ursula. 1992. "Yemen: Another Case of Unification." in Aussen Politik.
*German Foreign Affairs Review*, Vol.43. Hamburg: Inter Press Verlag.

Burrowes, Robert D. 1987. *The Yemen Arab Republic, The Politics of Development*.
Boulder Colorado: Westview Press.

_____. 1989. "Oil Strike and Leadership Struggle in South Yemen: 1986 and
beyond." in *The Middle East Journal*.

Corry, J. A. "Constitutional Trends and Federalism." A. R. M. Lower and et. al(ed.).
in *Evolving Canadian Federalism*. Durham, N.C.

Dunvar, Charles. 1992. "The Unification of Yemen: Process, Politics and Prospects."
*Middle East Journal*, Vol.46, No.43, Summer 1992.

Foster-Carter, Aidan. 1992. *Korea's Coming Unification*. London: The Economist
Intelligence Unit.

Gause, Gregory. 1988. "Yemeni Unity: Past and Future." in *The Middle East Journal*,
Volume 42, No.1.

Ismael, Tareq Y. and Jacqueline S. Ismael. 1986. *The People's Democratic Republic
of YEMEN: Politics, Economics and Society*. London: Frances Pinter.

Livingston, W. S. 1956. *Federalism and Constitutional Change*. Oxford: Clarendon
Press.

Love, Lane and Rochester, Kent. 1991. *The Middle East and North Africa*. London: Europa Publications Limited.

Mitrany, David. 1966. *A Working Peace System*. Chicago: Quadrangle Books.

Page, Stephen. 1985. *The Soviet Union and The Yemens*. New York: Praeger Publishers.

Peterson, J. E. 1982. *Yemen, The Search for a Modern State*. Baltimore and London: Johns Hopkins University Press.

Pollock, David. 1985.5~6. "Moscow and South Yemen." in *Problem of Communism*.

_____. 1986. "Moscow and Aden: Coping with a Coup." in *Problems of Communism*.

Riker, W. H. 1975. "Federalism." F. I. Greenstein and N. W. Polllsby(ed.). in *Governmental Institutions and Proccesses*. Massachusetts: addison Wesley.

The Economist Intelligence Unit. 1991. *Oman, Yemen Country Report*, No.3.

"The Military Balance." in *Oxford University Press for the international institute for strategic studies, 23*. Tavistock Street, London WC2E 7NQ.

Trager, Frank N. 1968. "Introduction: On Federalism." Thomas M. Franck, *Why Federations Fail: An Inquiry into the Requisites for Successful Federalism*. New York: New York University Press.

Watkins, Eric 1991. "The Shadow of Suspicions." *The Middle East*, March 1991.

Wenner, Manfred W. 1967. *Mordern Yemen 1918~1966*. Baltimore: Johns Hopkins University Press.

Wheare, K. C. 1956. *Federal Government*(3rd ed.). London: Oxford Univ. Press.

# 제4장

# 베트남의 사례

안완기

# 1. 베트남의 특성과 프랑스 식민지배

## 1) 베트남의 특성

베트남은 인도차이나 반도의 동쪽 해안선을 따라 남북으로 약 1,600 km 가량 뻗어져 있다. 동쪽은 남지나해에 면에 있고, 서쪽으로는 해안선과 평행하게 늘어선 산맥들이 라오스, 캄보디아와 경계를 이루고 있다. 베트남은 열대지방이며 계절풍과 때로는 심한 태풍의 영향권에 속한 나라이다. 베트남은 쌀을 생산하는 두 개의 삼각주, 북쪽의 주강(Red River) 삼각주와 남쪽의 메콩 강(Mekong River) 삼각주가 길고도 좁은 연안지역에 의해 접속된 것처럼 보인다. 베트남의 면적은 32만 9,560km$^2$로 한반도의 1.5배 정도이다.[1]

역사적으로 남쪽사람, 즉 중국의 남부에 사는 사람들의 땅 남비에트(Nam Viet)로 알려졌고, 이것이 국가의 이름이 되어버린 베트남은 중국의 영향을 많이 받았다. 인구는 7,400여만 명으로 대부분이 농업에 종사하고 있다. 그러나 24세 이하의 젊은 층이 4,300여만 명으로 전체적인 인구구조는 완만한 피라미드형의 미래지향적인 형태를 띠고 있다.

인구의 80%가 대승불교를 믿고 있으며, 7%는 프랑스 식민지 시대에 개종한 가톨릭 신자들이다. 인종은 베트남족이 84.3%, 따이족, 타이족, 능족으로 구성되어 있다. 언어는 베트남어이고 영어와 불어, 러시아어 등이 통용된다. 베트남의 문맹률은 10%로 다른 인도차이나 국가에 비하여

---

\* 본고와 관련한 논의에서 군산대 고용권 명예교수와 전북대 김창희 교수의 도움에 감사드린다. 특히 고용권, 「베트남의 통일과정의 특성 및 한반도 통일에의 시사점」, 대학통일문제연구소협의회, 『베트남 개발정책 성과와 북한사회에서의 함의』(2003), 1~33쪽을 공동으로 연구하였던 데서 완전히 원용할 수 있도록 하여줌에 감사드린다.
1) 베트남의 일반 개황, 정치, 경제, 산업, 사회, 문화, 외교 및 국방 등에 대한 기본개요에 대해서는, 대외경제정책연구원(1992) 참조.

<표 4-1> 베트남 개관

| 면적 | 330,341km²(한반도 약 1.5배) | GDP | 450억 달러 |
|------|------|------|------|
| 인구 | 8,260만 명(2004년 기준) | 1인당 GDP | 542달러 |
| 수도 | 하노이(284만 명) | 경제 성장률 | 7.2% |
| 주요 도시 | 호치민(538만 명) | 총교역액 | 491억 달러 |
| 화폐 단위 | 동(DONG, 1달러당 15,740DONG) | 수출<br>수입 | 232억 달러<br>259억 달러 |

자료: 베트남 통계청(2004. 12.). 한국산업은행, 「베트남 경제현황과 한·베트남 경제교류 전망」, ≪산은조사월보≫, 제591호(2005년 2월), 47쪽 재인용.

낮은 편이다.

유교와 불교는 가장 오랜 전통을 가지고 있기 때문에 베트남인들의 사고방식과 행동양식을 규제하는 기본적인 가치체계를 형성하여 왔다. 이렇게 강한 정신적 지주를 가지고 있었기 때문에 프랑스 식민지 지배 이래 불교는 전통적 가치체계의 상징으로 탄압을 받았다. 특히, 불교는 프랑스 식민주의자들이 불교에 대항하기 위해 의식적으로 육성한 가톨릭이라는 외부 종교에 대한 전 민족적 저항의 상징이기도 하였다. 기본적으로 종교를 부정하고 있는 베트남은 어떤 식으로든 마르크스주의와 불교적 가치관 사이의 긴장관계를 해소하기 위해 모든 노력을 경주해야 했다. 베트남은 이 과정에서 일정 정도의 공산주의적 가치관에 전통적인 불교적 가치관을 수용하지 않을 수 없었다.

베트남에서 전통적 가치의 지속성은 여러 군데에서 발견된다. 젊은이들조차도 기성세대에 의해 일반적으로 인정되고 있는 유교적 가치체계에 적응하고 있는 실정이다. 베트남의 가족제도는 아직까지도 유교적 영향력을 강하게 받아 조상숭배를 근본이 되는 기본 축으로 하여 장유유서에 입각하여 운영되고 있다. 따라서 조상숭배를 위한 제사는 가장 중요한 의식인 것이다. 베트남의 농촌 공동체 역시 유교적 영향력이 깊이 잔존하여 마을의 장로들은 무언의 지도자인 동시에 그들의 이웃과 친지들로부터 그에 합당한 존경을 받을 수 있었다.

즉, 베트남은 19세기 후반까지 중국을 사대의 대상으로 삼은 유교문화권 국가였다. 베트남은 문화의 흐름이라는 관점에서 본다면 동북아의 유교를 중심으로 한 세력과 동남아의 힌두교를 중심으로 한 세력이 만나는 곳으로, 남베트남의 경우에는 문화 저변에 힌두교 전통의 참파문화와 크메르문화가 깔려 있다. 그 위에 유교전통의 중국식 동북아문화가 결합되었다. 특히, 중국과 인접한 북부베트남은 중국문화의 영향하에서 11세기이래 문묘(공자의 사당) 건립, 국자감과 과거제 운용 및 유학교육을 통해서 19세기 후반에 프랑스의 식민지로 전락하기까지 유교문화를 유지하였다(전경수, 1992: 233).

또한 민족주의는 베트남을 이해하는 데 핵심적인 개념이 되어 왔다. 사실 1,000여 년간에 걸친 중국 지배기간 동안 베트남은 민족주체성을 강하게 추구해 왔다. 베트남이 독자적인 전통을 간직한 채 중국의 지배로부터 벗어날 수 있었던 것은 민족주의에 대한 간절한 소망이 그들의 역사 속에 스며들어 있었음을 입증하는 것이다. 프랑스의 식민지, 일본의 점령, 그리고 미국의 개입에 대한 베트남의 투쟁은 그러한 민족주의의 중요성을 반영하고 있다.

기록된 역사에 의하면 베트남은 언어 문화적 유산을 공유한 민족공동체로서 2,000여 년을 지내왔다. 형식적으로는 수세기 동안 중국의 이른바 문화적 우월주의를 바탕으로 한 조공제도의 변방지역 범주에 속하는 영향권에 있었다. 그러나 베트남인들은 중국문화에 흡수되지 않고 자기들 나름대로의 정체성을 유지해 왔다. 비록 중국과의 특별한 관계인 조공관계는 1885년 프랑스에 의한 베트남의 합병 때까지 계속되었지만, 이러한 조공제도를 통해 직접통치에 대한 중국의 집념을 희석시키고 베트남 통치자의 정통성도 인정받게 되었다.

리 왕조(Ly Dynasty: 1009~1225)는 최초의 베트남 왕조였다. 1069년 제 3대 왕 리 탄 통이 남쪽과 서쪽으로 영토를 확장하여 나라 이름을 다이비에트라고 명명하였다. 이 국명은 1802년 지아롱 왕이 베트남이라고 고칠 때까지 계속되었다.

## 2) 프랑스의 식민지배와 베트남의 독립운동

베트남은 B.C. 111년~A.D.939년과 1408년~1428년에 걸쳐 1,000여 년 동안 중국의 직접통치를 받았다. 중국으로부터 직접통치를 받았던 시대에도 중국에 대한 조공의 의무를 다하고 왕권의 정통성을 상징하는 책봉을 받아 중국과는 갈등하면서 종속적 지휘를 크게 벗어나지 못했던 것이다(조세현, 1992: 60~61). 그러나 서세동점의 제국주의 세력의 일원인 프랑스가 1858년 중부 베트남의 해안 거점인 다낭의 침공을 시작으로 베트남을 공략해 들어갔다. 당시 베트남을 지원할 종주국의 위치에 있었던 청나라는 내란(태평천국의 난), 영국과 프랑스 등 서구세력의 중국대륙 침략으로 스스로를 추스리기에도 힘에 부쳤기 때문에 베트남에 대한 외부의 침략을 방치했다. 결국 1884년 청·불 전쟁이 일어나 청이 패하자 이후 베트남은 프랑스 식민지로 넘어갔다(김용욱, 1998: 94).

19세기 중반부터 베트남을 포함한 인도차이나에 진출한 프랑스는 1880년 중반에 이르러 베트남을 완전히 지배하게 되었다. 특히, 1862년 6월 6일 사이공 조약은 프랑스에 3개 성의 소유권을 인정케 했으며, 베트남의 남부는 코친차이나라고 하는 프랑스의 식민지가 되었다. 이어서 1883년 8월 25일에는 북부의 통킹과 중부의 안남을 프랑스보호령으로 만드는 조약을 체결하였다. 베트남이라는 칭호는 금지되었고, 프랑스는 베트남을 통킹, 안남, 그리고 코친차이나 등 세 나라로 분할 통치하였다. 그리고 캄보디아와 라오스까지 포함시켜 인도차이나 연합을 형성했다.

프랑스 식민통치는 토착인들을 경제적으로 수탈하는 고전적인 의미의 식민지 체제를 구축하여 정치적으로는 총독에서부터 각 성·시·현의 경찰, 교통, 법무 등의 주요 관직을 장악하고 '직접통치'를 실시하였으며, 토착 봉건세력과 지방의 매판세력을 그들의 추종세력으로 편입시켰다. 식민지 세력은 베트남을 프랑스 자본주의의 후배지로 전락시킴으로써 이 지역에 제국주의에 대항하는 반식민, 반제투쟁을 자초하였다.

이러한 과정에서 베트남에서 프랑스의 반봉건적 식민지 체제에 저항하는 운동은 19세기 후반부터 전개되었다. 첫째는 근대화된 일본의 자본주의와 중국의 부르주아 민족주의를 모방하려 했던 판 보이 찌우(Phan Boi Chau)와 그 추종자 그룹, 둘째는 서구의 부르주아 민족주의의 의회제도와 자유형 등의 이상을 추구했던 판 쭈찐(Phan Cho Trinh)과 르엉 반 깐(Luong Van Can) 그룹 노선, 셋째는 호앙 호아 탐(Hoang Hoa Than)의 농민을 중심으로 지방에 거점을 둔 항불 게릴라전 그룹 등이었다(베트남공산당사연구회, 1989: 18).[2]

이러한 세 갈래 운동은 프랑스 식민통치의 억압과 회유에 의해 대부분 좌절되었다. 그러나 혁명적 민족주의를 대표하는 호치민(Ho Chi Minh)의 경우는 달랐다. 즉, 1920년대 초 모스크바로 간 호치민은 인도차이나 반도의 공산주의 운동의 조직지령을 받고 코민테른 대표 자격으로 중국의 광동에 파견되었다.[3] 특히, 호치민 등을 중심으로 한 혁명적 민족주의 세력은 1925년에 이후 베트남 공산당의 시조인 베트남 청년혁명동지회(Thanh Nien)를 결성하여 새롭게 반제반식민 투쟁을 시작했다.

청년혁명동지회는 그 후 세 개의 파벌로 분열되었으며, 청년혁명동지회에 대항하여 조직된 또 하나의 조직은 베트남 국민당(VNQDD)으로 중국

---

2) 특히, 프랑스의 식민통치는 베트남의 민족주의를 발아시켰고, 이는 두 개의 정치적 흐름을 형성케 하였다. 하나는 온건적 민족주의요, 다른 하나는 근본적인 정치적 변화를 추구하는 혁명적 민족주의이다. 프랑스 보호령에 만족하는 온건적 민족주의자들의 실패는 혁명적 민족주의를 대두케 하였다.

3) 그 당시 중국 연안과 광동은 중국민족주의자와 공산주의자들의 활동무대인 동시에 베트남의 항불 독립운동가들과 중산주의자들의 집결장소였다.

국민당을 모델로 하였다. 1930년 베트남 국민당은 반란과 시위를 주도했고, 프랑스 당국이 가혹하게 탄압했기 때문에 지하로 숨어 제2차대전이 끝날 때까지 표면에 나타날 수 없었다. 베트남 국민당이 심하게 탄압당하게 되자 혁명적 여세는 공산주의자들에게 넘어가 망명 중의 각계 파벌들을 융합시켰으나, 인도차이나 공산당 역시 프랑스에 의하여 철저하게 탄압되었다(Esterline and Esterline, 1991: 35).

주목할 만한 점은 1930년 2월 호치민의 주도 아래 베트남 공산당(VCP)이 창당되었다는 사실이다. 이는 곧 코민테른의 지시로 인도차이나 공산당(ICP)으로 개명했으나, 베트남 공산당은 1930년과 1931년에 노동자 농민 단체와 학생들의 폭동을 통해 처음에는 노동자 농민의 생계보장, 노동조건 향상, 지주의 가혹한 수탈에 대한 저항, 지도자의 석방운동을 전개했다. 이후에는 그들의 운동목표를 민족해방과 토지재분배에 집중시켰으며, 각 지역 수준에서 농민 노동자가 주도하는 소비에트의 창설을 도모하였다.

1936년 7월 국제공산당 제국 인터내셔널 제7차 대회를 기점으로 베트남 공산당은 식민지 본국과의 직접적인 대결을 유예하고 공산종주국인 소비에트연방의 정책에 동조하여 반파시즘노선을 추구하였다. 그 결과 공산당이 비공산주의적 진보세력과 민족부르주아와도 연대하는 통일전선(1936~1939)을 형성하여 국내적으로 합법적 또는 준 합법적인 투쟁을 전개하였다(베트남공산당사연구회, 1989: 31~33).

1940년 6월에는 히틀러 파시스트들이 프랑스 본국을 점령하자 아시아의 일본 파시스트들은 인도차이나를 공략하였다. 즉, 프랑스의 베트남 식민통치는 태평양전쟁의 발발과 동시에 일본의 도전을 받게 되었다. 1940년 6월 독일에 패배한 프랑스에는 비시(Vichy) 정부가 들어섰고, 그 뒤로 독일과 연합한 일본이 베트남에서 주도권을 행사하였다. 일본이 인도차이나에서 비시 정권을 인정해 주는 대가로 프랑스정부는 이 지역에 일본군대의 주둔과 해군 공군기지의 설치를 허락하였다. 이러한 상황 속에서 호치민은 1941년 5월 북부베트남에서 인도차이나 공산당 중앙위원회 제8

차 회의를 소집하여 베트남 독립연맹, 즉 베트민(Vietminh)을 창설하였다. 이는 프랑스와 일본을 축출하고 베트남의 독립과 민주공화국의 수립을 지지하는 모든 사회계급, 혁명세력, 애국단체가 단체자격으로 가입할 수 있다고 하였다. 베트민은 표면상으로는 반불단체의 연합이었지만, 실제적으로는 인도차이나 공산당의 전술적인 전위기구였다.[4]

일본의 공략 속에서 대부분의 베트남 민족주의자나 공산주의자는 다같이 항일저항운동을 벌였다. 이 운동의 주체는 1941년 호치민이 결성한 베트남 독립동맹, 즉 베트민이었다(이정복, 1983: 286). 베트민의 구국항일 운동이 전국적으로 확대되어 나가자 파시스트들과 그 하수인들의 지배가 무력해지고, 1945년 3월 이후부터 폭동과 게릴라전에 의해 전국 각처에서 이원화된 권력구조가 형성되었다. 즉, 인민의 권력이 지배하는 혁명기지와 해방구가 전국의 주요 거점을 장악하였다(베트남공산당사연구회, 1989: 55~56).

1945년 8월 15일 일본이 연합국 측에 항복하자 그 다음날인 8월 16일 호치민이 베트남 민족해방중앙위원회 임시정부의 의장으로 선출되고, 9월 2일에는 베트남 민주공화국의 독립이 선포되었다.

그러나 제2차세계대전이 끝남과 동시에 펼쳐지는 새로운 국제 정세는 베트남으로 하여금 독립이라는 운동전선을 넘어 새로이 국토와 민족의 통일을 향한 거대한 전쟁의 소용돌이 속으로 진입하게 하였다.

---

4) 베트콩 게릴라 활동과 정부 수립이 전쟁 수행상 아주 유용함이 증명되자 미국은 1944년 10월 호치민을 베트남에 공수하여 그의 동료 보구 엔 지압과 합류시켜 거기에 본부를 차리도록 하였다. 당시 호치민의 민족주의 주장은 정통성이 있는 것으로 미국인들의 눈에 비쳤다.

## 2. 베트남의 분단과 통일

### 1) 베트남의 분단과 대불전쟁: 제1차 베트남 전쟁(1946~1954)

1945년 8월 일본의 항복은 호치민이 이끈 세력에게 절호의 기회를 주었다. 이른바 8월 혁명을 통하여 공산주의 세력이 일본군의 항복과 연합군이 베트남에 진주하기까지 약 2주간의 힘의 공백을 이용, 북부 및 중부 베트남을 석권할 수 있는 호기를 제공하였던 것이다. 베트민은 각 단체의 대표 60명으로 구성한 인민회의를 소집하여 호치민을 수반으로 하는 임시정부를 수립하였다. 이러한 과정에서 바오 다이는 왕위를 버리고 베트민을 친연합국 세력이라고 신뢰하여 지지를 표명함으로써 결국 베트민의 정통성을 인정하였다(Esterline and Esterline, 1991: 38).

나아가 1945년 9월 2일 호치민은 프랑스 식민통치의 종식, 군주주의의 종식, 베트남의 독립, 베트남 민주공화국(DRV)의 수립을 하노이에서 선포하였다. 이어서 11월 11일 호치민은 상징적 제스처로 공산당 해체를 선언하였는데, 이는 비공산주의 민족주의 단체, 복귀한 프랑스 식민당국, 중국 점령군을 겨냥한 일석 다조의 정책이었다(이범준 외, 1992: 102).

호치민 주도하의 베트남 공산당은 일본의 연합국 측에 대한 항복이 있은 후 베트남 민주공화국을 수립하고 북부베트남 지역을 석권해 갔다. 이때 포츠담 협정에 의해 연합국 측은 인도차이나의 북위 16도선을 경계로 그 이북에는 장제스(蔣介石, 1887~1975)의 중국군이 베트남에 진주하고, 그 이남은 영국군이 진주하여 일본군의 무장해제를 받았다. 이로써 16도 이북에는 중국군(장제스 군대)이, 이남에는 영국군이 일본군 철수를 감독하기 위하여 베트남에 주둔하게 되었다.

호치민이 주도하는 베트남 민주공화국은 베트남의 북부지역에 지배권을 확립하고 당면한 식량난을 해결하기 위해 프랑스 식민세력과 베트남 매판세력으로부터 토지를 몰수하여 빈민에게 분배하였다. 그리고 모든 인민에 공유지의 공정한 분배, 노사분규에서 노동자의 보호 등의 과감한 시책을 펴 나가면서 전국적으로 총선과 각 지역인민위원회의 설치를 추진하였다. 한편, 남부베트남에서는 영국군이 진주하여 대세를 장악해 갔기 때문에 북부(하노이)에 거점을 둔 베트남공화국은 남부베트남지역을 장악할 수 없었다.

당시 하노이 베트남정부는 1946년 3월 6일 장제스 군대의 철군을 앞당겨 완전독립을 위한 기반을 다지기 위해, 우선 프랑스와 타협하여 프랑스로부터 정부와 의회 및 군대를 지닌 자유국가로 인정받는 예비협정을 체결하였다. 그러나 프랑스는 이 협정을 곧 파기하고 1946년 11월 20일부터 북부의 하이퐁과 중부의 다낭을 거점으로 북위 16도선 이북의 베트남지역, 특히 북베트남의 내륙과 평야지대를 점령해 들어갔다(베트남공산당사연구회, 1989: 73~74).[5]

이로 인해 협상은 결렬되고, 프랑스와 토착민족주의적인 공산세력 사이에 9년간의 처절한 게릴라전, 진지전, 정규전을 벌였다. 바로 이 전쟁이 제1차 베트남 전쟁(베트남의 입장에서 보았을 땐 대불전쟁: 1946~1954)이었다(구종서, 1990: 305~307).

전투는 북부에서 치러졌는데, 가장 치열한 전투는 1947~1948년의 추계~동계 전투, 1948~1949년의 동계~춘계 전투 및 1950년 국경전투 등이었다. 분쟁은 1952년까지 계속되면서 프랑스 군은 도시를, 베트민은 지방을 장악하고 있었다. 1952년과 1953년에는 라오스에서, 1954년에는 베트남 남부, 캄보디아에 이어 다시 라오스에서 교전을 벌였다.

1947년 전쟁이 본격화된 이래 1953년 초까지의 전황은 프랑스 군에 유리했으며, 최대병력이 50만 명 수준을 유지했다. 그러나 전쟁의 장기화로 인한 병사들의 사기저하, 군수품의 보급지연, 프랑스의 국력피폐로 전력이 약화되었다. 이와 대조적으로 베트남의 공산당은 당원수의 증가와

---

5) 당시 프랑스는 전승국 자격으로 식민지배를 재확립하기 위하여 베트남에 총독과 군대를 파견하고 베트남의 독립적인 자주정부 수립을 저지하려 하였다.

철저한 사상교육, 특히 1953년 11월 각 지역 해방구에서의 지대감면과 토지개혁정책에 결정적으로 힘입어 전세를 유리하게 이끌었다.

프랑스는 전쟁의 장기화를 타개하기 위하여 1953년 5월 베트남정부에 협상을 제의하였다. 이러한 제의와 함께 군사적 승리에 집착한 나머지 베트남 현지에 나바르 장군을 파견하여 18개월 이내에 베트남 공산군을 완전히 토벌한다는 방침을 세우고 총공세를 펼쳤다.

베트남정부는 1953년 동계작전과 1954년 춘계작전을 통해 진지전과 게릴라전을 벌여 기존 해방구를 사수하고 프랑스군을 패배시켜 나갔다. 특히 1954년 5월 7일 베트남의 북서부 전략적 요충지인 디엔 비엔 푸(Dien Bien Phu)에서 벌어진 대회전은 제1차 베트남 전쟁을 판가름했다. 당시 55일간 계속된 전투에 양측이 투입한 병력은 베트남 측이 20만 명, 프랑스 측이 11만 2,000명이었다. 이 전투로 1만 6,000명의 프랑스군이 전사하거나 체포되었고, 프랑스 사령관 가스뜨리에(de Castries) 장군 이하 참모들이 모두 베트남군에 체포되었다(김용욱, 1998: 97).

디엔 비엔 푸 전투의 치욕적인 패배는 프랑스로 하여금 베트남에서의 군사적 승리가 불가능함을 깊이 인식케 하였다. 이로 인해 베트남 북부지역을 포기하고 베트남 분단을 가져온 휴전협정을 체결케 하였다(베트남공산당사연구회, 1989: 93). 이 처참한 9년간의 전쟁을 마무리 지은 것이 1954년 제네바 정전협정이다.

이 협정의 주요내용은 첫째, 북위 17도선을 군사경계선으로 설정하고 베트남 민주공화국군(월맹군)은 그 북쪽으로 철수하며, 프랑스 군은 그 남쪽으로 철수한다. 둘째, 중립국 감시위원회(인도, 캐나다, 폴란드 등 대표) 관리하에 1956년 11월 베트남 전 지역에서 자유선거를 실시하여 통일정부를 구성한다. 셋째, 통일 베트남 영토 내에 외국 군사기지를 허용하지 않고 어떤 군사동맹도 맺지 않는다는 것 등이다.

휴전협정이 이뤄지기까지의 9년간의 전쟁으로 양측은 500만 명에 가까운 인명이 희생되었다. 또한 프랑스 측에서는 2조 6,000억 프랑 이상의 전비, 미국 측에서는 26억 달러에 달하는 전쟁 지원비를 소모하였다.

## 2) 대미전쟁과 베트남의 통일: 제2차 베트남 전쟁(1954~1975)

### (1) 내전과 미국의 개입

호치민은 총선거를 실시하면 공산주의 베트민 체제에 의하여 통일이 달성될 것이라 믿었기 때문에 제네바 협정에 동의했다. 그러나 미국의 지원을 받은 남베트남은 독자적인 정권을 수립하며 선거를 거부하였다. 이후 북베트남은 남부에서 정치적 투쟁을 통해 그들의 목표를 달성하고자 하였다. 즉, 게릴라 혁명전쟁이라는 무장투쟁과 민족해방전선을 통한 정치투쟁을 결합하여 통일을 추구하였다. 제네바협정에 따라 그들의 주력부대를 북으로 철수시키면서도 남부에 공산당요원과 게릴라부대를 남겨놓았던 것이다. 베트콩(Vietcong: 남부베트남 공산주의자) 요원들이 남부지역의 일부를 장악하고 있었는데, 1957년부터 그들의 테러와 반란 전법은 경제개발, 토지개혁 및 사회복지 등 디엠 정부의 프로그램을 무력화시켜 남베트남 사회를 뒤흔들어 놓았다.

북베트남은 1960년 집권노동당 제3차 회의에서 남부반란에 대한 공식적인 정치-군사적 지원 프로그램을 채택하였다. 노동당 총서기 레 두안(Le Duan)이 이 프로그램을 지휘하였으며, 그의 노력에 의하여 12월에 인민해방전선(NLF: National Liberation Front)이 결성되었다. 1962에는 하노이의 군사지원을 효과적으로 집행하기 위한 중앙기구로서 인민해방군이 조직되었다. 미국의 지원에도 불구하고 베트남에서의 베트콩 세력은 계속 신장하였으며, 1963년 10월에 발생한 쿠데타와 디엠의 죽음 이후 열두 번에 걸쳐 비효율적인 불안한 군사정부가 남베트남에 들어섰다. 이 정부들은 경제개혁이나 사회개혁보다는 베트콩과 북베트남에 대한 군사적 승리에 더 많은 관심을 보였다(Neher, 1991: 185).

## (2) 미국의 개입과 대미전쟁

1954년 9월 미국은 프랑스와의 워싱턴 회의를 통하여 프랑스에 대신해서 남부베트남 지원을 약속했으며, 호치민의 베트남 민주공화국에 대항하여 남부베트남을 장악하기 위해 프랑스가 내세운 괴뢰 바오다이(Bao Dai) 왕정을 폐지하고 미국에 망명 중인 응오 딘 디엠(Ngo Dinh Dien)을 1955년 10월 국민투표를 통해 대통령으로 내세워 베트남 공화국(The Republic of Vietnam)을 출범시켰다. 이후 미국은 1954년 제네바 국제협정을 인정치 않고 그 협정 의무조항인 2년 이내 남북베트남의 총선거조차 거부하였다. 이는 호치민과의 선거대결에서 승산이 없기 때문이었다. 이후 베트남은 북위 17도선을 경계로 남과 북이 이질적인 체제로 분단된 채 대결하게 되었다(김용욱, 1998: 98).

1950년대까지도 미국은 남베트남에 군사원조를 했지만, 직접적인 군대 파병은 없었다. 그러나 남부베트남이 디엠 일가의 독재로 치닫자 남부베트남 내의 반정부세력은 1960년 12월 남부베트남 민족해방전선(FCN)을 결성하였다. 이와 함께 그 무력부대인 남부베트남 해방군 베트콩이 저항운동을 시작했고, 여기에 월맹(하노이)이 군사적으로 지원하게 되었으며, 나중에는 직접 개입으로 전환했다.

베트남에 대한 최초의 미군 파병은 케네디 행정부 때부터 시작되었다. 남부베트남의 해방군 활동이 격화되자 위기감을 느낀 미국은 게릴라 진압을 위한 특수부대요원을 파병하였다. 즉, 1962년 2월 18일 미국방성은 하킨스 휘하의 특수군사령부(Special Military Command)를 창설한 뒤에 특수부대요원 1만 2,000명을 베트남에 파병하여 베트콩의 게릴라 진압에 나서게 되었다(Kattenburg, 1980: 113). 소위 스텔리-테일러 계획(Staley-Taylor Programme)이라고 불렀던 이 특수전의 전략방안은 첫째, 남부베트남의 정부군을 헬리콥터와 장갑차로 중무장시켜 대베트콩 토벌전력을 강화하고, 둘째, 신속한 평정작전과 아울러 전략촌(Strategic Namlets)을 설치하여 농촌지역의 베트콩 거점을 철저히 분쇄하며, 셋째, 해안을 통제하고 군사분계선(북위 17도선)을 봉쇄하여 북베트남의 지원을 차단시켜 베트콩을 고립시킨다는 것이다(베트남공산당사연구회, 1989: 75).

이렇게 해서 미국은 단기간 내에 남베트남에 1만 7,000개의 전략촌을 설치하였다. 그러나 베트콩의 습격과 치열한 파괴공작이 뒤따라 이들 전략촌 건설은 소기의 성과를 거두지 못하였다. 이러한 전략촌 건설과 평정작전의 실패는 근본적으로 남부베트남 정부(사이공 정부)의 토지정책과 사회통합정책의 실패에 그 요인이 있었다(김용욱, 1998: 99).

특히 남부베트남 정부가 각급 상위 행정조직에 의하여 사회통제를 하려 했던 것과는 대조적으로, 베트콩의 혁명조직은 농촌의 마을공동체나 친족조직, 교우관계 등의 사조직을 기반으로 하였다. 또한 베트콩의 혁명조직은 무장테러나 군사적 투쟁도 불사했다. 하지만 이러한 이전 단계에 이미 반제·반미·사이공 정권의 타도를 내세워 정치투쟁을 표방하면서 농민과의 융합을 위해 전쟁에 싫증이 난 농민과 젊은이들에게 물리적 안정과 지위보장, 토지분배, 그리고 권력분배 등의 구체적인 동기를 부여했다. 나아가 계급투쟁보다는 도시와 농촌의 격차, 소수민족의 소외현상을 극복하는 데 주력했다. 예컨대, 당은 하층계층과 농촌 출신의 엘리트가 능력만 있으면 맨 하위의 치보(Chibo) 조직에서부터 당중앙위원까지 승진이 가능하도록 제도화하였다(박종철, 1987: 107, 135).

이와 같이 베트콩은 정치·경제·사회조직과 관련해서 고도의 총체적 혁명전략을 수립했다. 반면에 사이공 정부는 경직된 행정조직과 미국의 지원에 의한 군사적 토벌작전에만 급급하여 민심이 이탈되었으며, 모든 정책의 수혜는 기득권층인 지주·관료·군장교에 국한되었다. 결국 남베트남공화국과 그 동맹국인 미국은 거의 무제한적인 군사작전을 감행하였지만, 베트콩의 혁명전략에 밀리고 말았다(김용욱, 1998: 100). 베트콩의 치열한 게릴라 공세와 악순환되는 쿠데타 정부의 무능으로, 중반 이후부터 남베트남에서 미국의 직접적인 군사적 개입은 더욱 가속화되었다. 미국의 베트남 전쟁 확전 양상은 대규모의 병력 증파와 북베트남 지역의 폭격으로 나타났다.

1963년 케네디 사후 존슨 행정부가 들어서면서 베트남 확전이 시작되었다. 1964년 미국의 존슨 대통령과 러스크 국무장관은 지원 요청을 전문으로 25개 동맹국에 보냈으나 대부분의 동맹군들은 파병에 등을 돌렸다. 다만 아시아 태평양지역에서 태국, 필리핀, 호주, 뉴질랜드, 한국만이 이러한 요청에 응했다. 한국이 월남전에 참전한 명분과 동기에 대해서는 첫째, 과거 한국전쟁 중에 국제 연합군의 파병 지원에 대한 보답, 둘째, 대미관계에서 한국의 위상강화, 예컨대, '한·미 상호방위조약'의 강화방향으로 개정 요구, 군사원조 증액 등, 셋째, 베트남 참전으로 결과되는 잠재적·재정적 이익, 넷째, 베트남에 대한 지원과 참전을 통해 한국의 국제적 지위 향상(그러나 제3세계와의 관계는 부정적임) 등이다. 특히 한국의 경우는 '월남특수'가 가져올 경제적 실리가 주요 참전동기였다. 이리하여 1960년대 후반부터 사이공 정부군과 베트콩 게릴라와의 싸움은 하노이와 워싱턴 간의 전쟁으로 확대되었다.

1967년 말에는 30만의 공산군 가운데 5만의 월맹 정규군이 포함되어 전쟁은 정규전으로 전환되었으며, 미군병력은 54만 명 수준까지 파병되었다. 1968년도 한해 미국이 쓴 베트남전비는 265억 달러나 되었다. 이는 당해연도 미군사비 총액의 30%, 미국 GNP의 3% 수준이었다(구종서, 1990: 309).

베트남 전쟁이 확전될수록 미국의 군사적 패배가 거듭되자, 세계여론의 악화는 물론 미국 내의 반전운동은 더욱 격화되었다. 당시 반전여론은 존슨 대통령이 재선 포기를 선언했을 정도로 심각했다. 미국이 베트남 전쟁에 결정적으로 말려든 계기는 1965년 7월 존슨 대통령의 베트남 확전 결정(미지상군 완전참전과 5만 명의 파병결정 등)이다. 이후 존슨은 미국 역사상 가장 인기 없는 대통령의 한 사람으로 평가되었다.

결국 특정 비전이나 이데올로기에 대한 집착보다는 정치적 타협이나 현실지향적인 리더십을 가진 존슨 대통령은 베트남 전쟁에서 의회와 각계의 반전여론에 밀려서 과거 윌슨이나 루즈벨트가 결단했던 것처럼 강력하게 전쟁을 수행하지도 못했다. 그렇다고 베트남 전쟁에서 손을 떼지도 못하는 어정쩡한 상태로 베트남 전쟁에 말려들어 계속 표류하였다(Kahim, 1986: 239).

존슨의 후임인 닉슨 행정부도 1969년 6월 24일부터 10월 15일 사이에 11개의 반전과 철군에 관한 결의안이 미 의회에 상정될 정도로 의회의 치열한 반전론에 직면했다(홍규덕, 1991: 187). 이에 닉슨 행정부는 적극적으로 철군방침을 결정하고 베트남 전쟁의 베트남화(Vietnamization)를 꾀했다.

## (3) 협상과 전쟁의 병행을 통한 통일

북베트남은 한편으론 닉슨-키신저와의 막후협상을 진행하고, 또 다른 한편으론 남베트남 내의 혁명세력 강화에 박차를 가하면서 선택적 테러전술을 계속하였다. 1968년 5월 13일 대사급회담이 파리에서 시작되었다. 북베트남 대표들은 베트남인들이 자신들의 정치 문제를 결정할 수 있도록 DMZ에서의 모든 폭격의 중지와 미군의 전면철수를 요구하였다. 1969년 9월 호치민의 사후 북베트남의 지도층은 전쟁수행에 있어 다양한 견해를 표출시켰다. 남부의 침투를 위한 통로로 캄보디아를 이용함으로써 확장된 전쟁은 1969년 내내 캄보디아에 대한 미국의 비밀폭격을 유발시켰다. 그 폭격은 또한 미국-남베트남의 캄보디아 침공과 함께 더욱 강화되었다. 라오스도 같은 양상으로 전쟁에 휘말렸다. 이러한 상황 중에 남베트남에서는 티우가 1971년 재선에 성공하였다.

1972년 초 북베트남이 비밀회담 재개를 거부하면서 DMZ를 통해 대대적인 군사공세를 취하자, 미국도 이에 맞서 북베트남에 대한 대대적인 폭격을 단행했다. 그 후 협상은 재개되었으나 큰 진행은 보여주질 못했다. 그러나 1969년 5월 10일 미국과 월맹이 파리에서 '휴전협상'을 시작한

지 3년 반이 되는 1973년 1월 27일 파리에서 미국·북베트남·남베트남·베트콩 대표가 '베트남에서의 전쟁종식과 평화회복'에 관한 협정을 체결하기에 이르렀다.

파리협정의 핵심내용은 1954년 베트남에 관한 제네바협정에 의해 인정된 베트남의 독립주권의 당위성 및 영토보전(제1조), 베트남 내정에 대한 미국의 군사적 개입과 간섭 중지(제4조), 미국과 외국군 철수(제5조), 포로석방(제8조) 등을 규정했으며, 티우 정권의 존속을 인정하고 북베트남군의 남베트남 잔류를 묵인하는 선에서 상호 타협한 것이다. 파리협정은 미국이 적당히 체면과 명분을 세우고 힘겨운 베트남 전쟁에서 빠져 나오기 위한 방편으로 체결한 것이다. 이 협정에 의하여 미군이 철수하자 계속되는 북베트남군(월맹군)과 베트콩의 군사적 공세로 1975년 4월 30일 베트남이 붕괴되고 공산화통일이 달성되었다. 이 제2차 베트남 전쟁(1961~1975년)은 "이념을 내세운 거짓과 오산"으로 점철(이동원, 1992: 111)된 미국의 아시아지역에서 정치적·군사적 패배의 악몽이며 파노라마였다. 그것은 한마디로 미국의 우월주의에서 비롯된 아시아에서의 민족주의에 대한 미국의 무지의 결과다(구종서, 1990: 312~313).

이 전쟁으로 막대한 전비가 소모되고, 수많은 인명이 희생되었다. 대미전쟁(제2차 베트남 전쟁)은 베트남인의 경우 약 190만 명의 사망자, 450만 명의 부상자, 그리고 700만 명의 난민을 냈다. 미국의 경우 5만 8,000명이 사망했고, 13만 명이 부상당했으며, 미국이 소모한 전비는 1,700억 달러에 달했다(Philips, 1988: 117~118).

반세기간의 끈질기고 지루한 전쟁이 막을 내린 후 베트남 민주공화국은 베트남 사회주의공화국(SRV)으로 국호를 바꾸었다. 이것은 급진적 민족주의에 바탕을 둔 공산주의자들에 의한 통일을 의미하였다. 한편 1975년 제4차 당대회에서 노동당을 베트남 공산당으로 개칭함으로써 1930년 호치민이 창당했던 최초의 당 명칭으로 되돌아갔다.

## 3. 통일 후 베트남 통합의 필요성과 방식[6]

### 1) 통합의 필요성

하노이의 공산 지도자들도 여느 신생국들과 마찬가지로 승전의 기쁨을 누리기에 앞서 통일 베트남이 당면할 수밖에 없었던 국가건설, 국민건설, 복지사회건설 등 단기적이거나 장기적인 제 문제에 봉착하였다. 우선 정치적으로는 통치기반인 정치권력을 군건하게 구축하고 구정권의 잔여세력을 소탕하는 문제였다. 또한 전시체제를 평화체제로 전환시키며, 국민들이 새로운 혁명정부를 수용하도록 설득해야 했다. 오래도록 외세에 의존해 온 남부 베트남의 경제를 개조하고 수백만의 실업자를 구제해야 하는 일은 난제 가운데 난제였다.

장기적으로는 국토통일에 이어 실질적인 남북 국론통합과 이념의 재정립과 같은 문제를 해결해야만 했다. 통일 베트남은 오래도록 익숙해 온 남부 베트남의 자본주의적 경제구조를 사회주의 경제구조로 변형시키고, 상공업은 국유화, 농촌경제는 집단화해야만 했다.

특히 통일 정부의 당 지도부는 다음 세 가지 점에서 신속한 통합이 필요하였으며(이은호, 1990: 137~138), 이에 걸맞은 노력을 병행하였다.

첫째, 찬다(Chanda)에 의하면, 당지도자들은 남부베트남에서의 자본주의체제를 급속히 파괴하면 불안과 반항을 불러일으킬 수도 있지만, 잘 훈련된 충분한 숫자의 유능한 간부가 없는 상태에서 자유 시장경제를 유지하는 것은 혼란만을 초래할 것이다. 더욱 위험한 것은 남부에서 분권주의적 추세를 오히려 강화해 줄 것이라고 생각했다.

---

6) 이하에서 베트남 통합과 관련한 기본적 논의는 이은호(1990: 125~146)와 김도태 (1994: 21~144)에 근거하고 있다. 특히, 여기에서 사용되는 '베트남 사회의 통합'은 제도적 통일과 베트남 주민이 국민적 정체성을 획득하여 국민통합을 달성한 상태의 넓은 의미이다(김도태, 1994: 23).

둘째, 남부 베트남의 해방은 하노이에게 큰 걱정을 안겨주었다. 종전 직후부터 남북 간 교통·통신의 개통은 인적 왕래를 잦게 하여 남부인들은 북의 후진성 내지 열악한 생활조건에 놀랐고, 북부인들은 남부에서의 높은 생활수준에 놀랐다. 이러한 점에서 베트남의 공산지도자들은 만일 남북통합이 지연된다면 남부인들을 설득하는 데뿐만 아니라, 북부를 통제하는 데에서도 큰 난관에 봉착하게 될 것을 확신하게 되었다.

셋째, 남부의 시민해방전선의 지도자들과 임시혁명정부는 남부 베트남을 북으로부터 분리·독립시키려는 의도를 나타냈다. 심지어 1975년 8월 찬다와의 인터뷰에서 NLF의 구 후 토(Nguyen Huu Tho)는 "남부 베트남은 중립노선을 추구하고 베트남 민족 부르주아 사업인 및 경작자의 개인 소유권을 인정하며, 베트남 대륙붕에서의 석유시추를 위해 외국투자를 환영한다"고 하였다.[7]

이러한 상황에서 공산당 중앙지도부가 택한 통합접근방식은 국가발전 정책에서 '변형과 건설'을 병행하는 것이었으며, 이러한 통합시도는 빠를수록 좋다는 것이었다. 1976년 12월 개최된 제4차 당 회의에서 발표한 제2차 5개년계획은 바로 그 결과라 할 수 있다.

이와 같이 신생 베트남은 소련과 동구의 요소를 결합한 모델하에서 현대 공업국가를 건설하자는 장기적인 목표를 세우고 남북통합과 발전정책을 시작하였던 것이다.

## 2) 통합 방식 1: 정치적 통합

베트남은 통일 과정에서는 중국과 유사한 방법을 사용[8]하였으나 통일

---

7) Nguyen Van Canh, *Vietnam Under Communism, 1975～1982*(Stanford, Calf.: Hoover Institution Press, 1983), pp.19~20. 이은호, 「통일 직후 남·북베트남의 통합시도 과정」, 민병천 엮음, 『전환기의 통일문제』(서울: 대왕사, 1990), 137~138쪽 재인용.
8) 전쟁 중의 호치민은 전투전략에서 지압 장군의 보필로 마오쩌둥(毛澤東: 1893～1976)의 전략개념인 지연전술 및 장기대치전술을 이용하였다. 또한 기계화나 기동력

소련 모델:
1917년 혁명 후 소련이 택한 정책은 크게 다음 다섯 가지로 요약할 수 있다.

① 관료 제도를 중앙집권화하여 모든 계획은 국가에서 독점하고 실천하였다.
② 비밀경찰조직을 확대 및 전국화하였다.
③ 전투력을 국가가 독점하였다.
④ 국민 간의 통신을 정부가 통제하였다.
⑤ 당 기구를 확산하여 이념교육을 통해 공산주의를 교육하고 사고방식을 개조하고자 하였다.

후의 남북통합 및 사회건설과정에서는 소련모델을 선택하였다.

베트남 정권은 많은 시행착오를 통해 수정과정을 겪어왔지만, 전후 베트남의 초기 건설기간에 "당은 지도하고, 인민은 주인이며, 국가는 통치한다"는 슬로건을 걸고 당이 행정기구를 통해 모든 것을 해결하려 하였다.

1975년 4월 30일 사이공 함락 후 입성한 공산 세력이 당면한 첫 과제는 무엇보다도 정치권력의 공고화였다. 즉, 구 남부 베트남 정권의 와해로 초래된 힘의 공백을 메우며 새로이 재편하는 것이었다.

사이공 함락 후 그동안 남부 베트남정권을 타도하기 위해 조직되었던 모든 전위단체들을 폐지하거나 북부 베트남의 조직에 흡수하여야 했다. 전쟁 동안 의미가 있었던 인민혁명당(PRP: People's Revolutionary Party)도 더 이상 존재할 필요가 없었다.

그 과정에서 민족해방전선(NLF)과 민족민주평화세력연합(Vietnam Alliance of National Democratic and Peace Front)은 즉시 민족연합전선(National United Front)으로 통합되었다. 기타 남부에 있던 청년단체, 노동조합 및 여성단체 등은 북부베트남의 것과 통합되었다. 즉, 남부의 민족해방전선

---

에 의한 재래식 전쟁보다는 주민의 도움을 이용한 게릴라 전술을 썼다. 공격과 후퇴 및 속공과 우회전을 혼합한 전술을 사용하여 적의 후방을 교란시키고 정신적으로 피곤하게 하여 적으로 하여금 스스로 붕괴하게 하는 등 마오쩌둥이 중국에서 쓴 전략과 흡사한 전략을 사용하였다(이은호, 1990: 128).

을 모체로 1973년 파리협상 때부터 설립된 임시혁명정부(PRG: Provisional Revolutionary Government)에 의해 정치권력이 재편되기보다는, 북의 베트남노동당(공산당) 간부에 의해 정치권력이 통합되었다.

PRG는 정치권력을 인수받지 못했고, 5월 3일 북베트남 정규군 사령부는 질서회복을 호소하는 성명과 함께 트란 반 트라(Tran Van Tra) 장군을 위원장으로 하는 군사관리위원회(Military Management Committee)의 명단을 발표하였다. 이 명단엔 NLF 요원이 전적으로 배제되어 있었으며, 각급 군사관리위원회가 남부 베트남 전역에 걸쳐 설치되었다. 또한 하위급 행정단위인 도시의 구나 동, 지방의 군이나 면에는 소위 인민혁명위원회가 설치되어 행정을 담당하였다(이은호, 1990: 131~132).

그러나 혁명정부에 당면한 긴급한 문제는 경험 있는 간부가 부족하였다는 점이다. 남부 공산당원은 많지도 않았으며, 훈련된 인력 부족은 혁명정부의 행정, 특히 지방구를 설치하는 데 큰 난점이었다. 가장 기초적인 수준에서 혁명을 주도한 것은 인민혁명위원회(People's Revolutionary Committee)였으며, 지방선거가 실시될 때까지의 모든 법과 질서를 유지하고 지방행정을 주도하였다.[9]

또한 지방 수준에서 혁명정부의 가장 큰 과제는 질서를 유지하고 혁명정부에 반항하는 세력을 발본색원하여 진압하는 문제였다. 신정부는 반혁명세력을 진압하기 위해서 전쟁 중 게릴라 역할을 했던 NLF 지방군을 동원하였다. 북부정규군을 남부 전역에 배치하였고, 부족한 인력은 북에서 제공하였다. 이들 군대는 남부군의 휘하에 두질 않았으며, 정규군이 이동할 때마다 NLF 지방군은 주로 병참과 기타 보조역할을 할 뿐이었다. 즉, NLF군은 항시 소외되었고, 혁명이 성공했는데도 그 업적을 정규군과

---

9) 심지어 남부 베트남에서의 공산당원은 전 인구의 1%도 되지 않았지만, 북부 베트남의 경우엔 전 인구의 6%나 되었다. 이와 같은 인력부족으로 인해 남부 베트남 지역 어떤 지역에서는 누가 혁명군인지 누가 반동인지도 구별할 수 없을 정도였다(이은호, 1990: 132).

분점하지 못하고 인민해방군(People's Army of Vietnam)에 통합되었다(이은호, 1990: 133).

국토통일과 더불어 가장 핵심적인 통합의 문제는 선거라는 절차적 정당성 확립을 위해 남북대표들 간의 협상에 의한 합의를 도출하는 문제였다. 남북 협상팀은 사이공의 독립궁에서 1975년 11월 15일에서 20일까지 민족통일자문회의(Consultative Conference on National Reunification)를 개최하였다. 이 회의에서 북쪽 대표는 당 이론가이며 이전에 당 총서기였던 추롱 찐(Truong Chinh)이었으며, 남쪽 대표는 노동당 정치국 제4위 서열이었던 팜 훙(Pham Hung)이었다. 이들은 각기 25명의 대표단을 이끌고 회의에 참석하여 다음과 같은 합의를 도출하였다(이은호, 1990: 133~134).

> 본 회의는 통일 방법에서 만장일치의 결정을 보았다. 베트남 전역에 걸쳐 최고인민회의 총선거를 실시한다. 최고인민회의는 독립사회주의 베트남 국가권력의 최고기관이며, 국가의 구성을 결정하고, 국가의 주요 기관을 선출하며, 통일헌법을 기초한다.[10]

이러한 결정은 1975년 12월 북부에서는 북부 베트남(DVR)의 최고인민회의에서, 남부에서는 PRG의 인민대표회의에서 인준을 받았다. 이에 따라 1976년 4월 25일 총선이 실시되었으며, 북부 베트남에서는 최고인민회의의 상임위원회가, 남부 베트남에서는 임시혁명정부의 자문위원회가 그 관리를 맡았다. 두 개의 대중 조직인 조국전선(Fatherland Front)과 인민해방전선(PLF)에 의해 지명된 605명의 후보를 놓고 시행된[11] 총선 결과, 북부지역이 절반을 약간 상회하여 북부에서는 249명, 남부에서는 243명,

---

10) Nguyen Van Canh, *Vietnam Under Communism, 1975~1982*(Stanford, Calf.: Hoover Institution Press, 1983), p.16. 이은호, 「통일 직후 남·북베트남의 통합시도 과정」, 민병천 엮음, 『전환기의 통일문제』(서울: 대왕사, 1990), 134쪽 재인용.

11) Douglas Pike, "Vietnam During 1976: Economics in Command," *Asian Survey*, Vol.17, No.1(Jan., 1977), p.37. 이은호, 같은 책, 134쪽 재인용.

총 492명이 4년 임기로 선출되었다.[12] 이러한 총선을 통해 제6기 최고인민회의가 구성되었다.

신헌법 제82조에 의하면 선거에 의해 선출된 인민의 대표들로 구성되는 베트남 최고인민회의는 입법권, 행정권, 사법권을 동시에 관할하는 헌법상 최고의 국가주권기관이다. 따라서 통일 베트남 정부로서는 정당성과 합법성을 갖는 최고인민회의를 구성하는 것이 통일정부의 권위를 획득하고 증대하는 전제조건의 하나가 되었다.

남북 간 통일에 대비하여 구성된 제6기 최고인민회의는 남북 사이에 공동으로 구성된 최초의 정치기구였다. 특히, 이는 베트남 통일정부가 남북베트남 전 지역에 걸쳐 수립된 합법적 통합정치체제라는 사실을 확인하는 상징적 정치조직이었다(김도태, 1994: 70~71).

제6기 최고인민회의 대의원의 성분을 보면 남부지역의 경우 노동자, 농민, 지식인, 종교대표, 군인, 정치인, 여성과 소수민족 대표 등 다양한 계층을 망라하였다.[13] 선거절차는 민주적 방식인 보통·평등·민주·직접선거의 원칙을 강조하였으며, 유권자의 투표율도 매우 높았다. 이처럼 민주적 절차와 절대 다수 유권자들의 참여하에 실시된 선거로 말미암아 제6기 최고인민회의는 형식상 매우 합법적이고 정당하게 구성된 것으로 보였다. 또 이러한 모양을 갖춘 제6기 최고인민회의는 북베트남 정부로 하여금 남부지역을 흡수하고 통일정부를 구성하는 데에서 합법성을 부여하는 정치권력의 모체가 되었다.

---

12) 이는 당시의 남북 간 인구대비를 고려할 때(남: 2,000만, 북: 2,400만) 양 지역에 대한 인위적인 균형을 고려한 것으로 볼 수 있다(김도태, 1994: 71).

13) 남부지역 대의원의 구성을 보면 노동자 23인, 농민 50인, 애국적 지식인 39인, 종교인 11인, 군인 39인, 당원 80인으로 나타났다. 또 여성대표가 58인, 40세 미만의 젊은층이 57인, 소수민족이 29인으로 다양한 분포를 보였다. Tai Sung An, "The All Vietnam National Assembly: Significant Development," *Asian Survey*, Vol.17, No.5 (May, 1977), pp.433~443. 김도태, 「베트남 편」, 김국신 외 엮음, 『분단극복의 경험과 한반도 통일 2』(서울: 한울, 1994), 71쪽 재인용.

1976년 6월 24일 소집된 제6기 최고인민회의는 7월 2일에 공식적으로 베트남사회주의공화국(Socialist Republic of Vietnam)을 탄생시켰다. 이 과정에서 신생 공화국 요직의 대부분은 기존 북부 베트남 정부의 고위층 인사들로 구성되었으며, NLF 의장 구엔 후 토(Nguyen Huu Tho)가 제2부통령에 임명되었을 뿐이었다. 즉 남부인은 거의 각료로 충원되지 못하였고, 이러한 과정에서 과거의 남부 베트남 정부의 잔재는 모두 없어졌다(이은호, 1990: 134).

또한 제6기 최고인민회의는 하노이를 새 공화국의 수도로, 월맹기를 국기로, 그리고 월맹국가(<전선으로 가자>)를 새 국가로 지정하였다. 아울러 정부개편 및 그에 따른 인사이동, 그리고 행정구역 개편안을 통과시킴으로써 형식상의 신생국가 건립의 기틀을 구축하였다.

새로운 내각은 1977년 3월 25일 구 남북정권으로부터 국가·경제·사회 통제에 관한 400여 개의 법률을 수용할 것을 의결하였다. 특히, 통일 베트남에서 지방행정조직의 개편은 통일완수 작업의 마무리라는 점에서 의의가 있는데, 다음 두 가지 방향에서 살펴볼 수 있다.

첫째는 지방행정체계를 정비하여 지방조직의 자치영역을 확대한 점, 둘째는 주민들의 저항을 우려하여 당 조직을 중심으로 치안을 강화한 점으로 살펴볼 수 있다.

전자의 경우는 행정조직의 세분화를 통해 성(시), 군(구), 동(마을) 단위의 인민회의와 인민위원회를 설치한 사실에서 확인된다. 인민회의는 1977년 5월 선거를 통해 모든 행정단위에 설치되었으며, 주민의 대표로 구성되어 지역주민과 상급기관에 대해서 공히 그들의 역할에 따른 책임을 지게 하였다. 신헌법 제114조에 의하면 인민회의는 국가의 권위를 위임받아 주민생활과 연결되는 모든 문제 ─ 정치·경제·문화·사회·보안 등의 문제 ─ 에 대해 결정권을 갖는다. 이와 같은 인민회의의 역할 규정은 지방행정기관이 단순히 중앙정부와 지역 간의 연락업무 및 지시사항을 집행하는 데 그치지 않고 업무영역이 확대되었음을 잘 나타내고 있다.

한편 인민위원회는 인민회의의 결정을 집행하는 행정기구로서, 인민회의의 업무영역이 확대됨에 따라 인민위원회의 역할도 함께 확대되었다. 그러나 헌법 제123조는 이러한 인민위원회의 역할에 관해서도 인민회의나 상급행정기구에서 책임을 물을 수 있도록 견제조치를 규정하고 있다 (김도태, 1994: 77~78).

후자의 경우는 선거 후 갖가지 혁명행정이 지방행정기관에 의해 대체되었으며, 동·리·공장·학교·병원 등의 수준에서는 집행위원회가 설립되었다는 점 등에서부터 확인할 수 있다. 보다 세부적으로 농민·노동자·부녀자·학생·청소년·지성인, 기타 집단에 관한 온갖 조직이 형성되었다. 특히, 각 통반의 보안조직과 함께 이러한 모든 조직은 북베트남으로부터 온 당 간부에 의해 이뤄졌으며, 국가권력은 강화되었다. 또한, 치안은 군대·헌병·인민보안대를 통한 물리적 강제력에 의해 유지·통제되며(이은호, 1990: 135), 정치권력이 공고화되었다.

이처럼 정치적 통합을 지향하는 정치제도의 개편은 정치체제의 발전양태인 조직의 분화와 전문화가 증대되는 방향으로 이루어졌다. 그러나 내용상으로는 체제유지를 목적으로 남부지역 주민의 통제와 감시만을 중시하는 편향성을 나타냈다. 행정체계의 역할이 본질적으로 주민의 생활수준 향상에 있음을 고려하면, 이러한 당시의 변화와 개편은 체제발전의 긍정적 양상이라기보다 체제유지와 지속을 위한 단기적 미봉책이었다고 할 수 있다.

### 3) 통합 방식 2: 경제적 통합

통일정부는 남베트남 지역에 대해 사회주의 경제체제를 적용함으로써 남북 간 경제적 통합을 추진하였다. 통일정부가 초기에 경제적 통합을 추진하는 과정에서 택한 정책 기조는 크게 계획경제 구조, 생산수단의 국유화, 집단화 정책을 들 수 있다.

## (1) 계획경제 구조

통일정부가 남부지역에 적용한 사회주의체제로의 전환과정은 북부지역의 사회주의 경제구조를 바탕으로 하여 남부지역 경제구조의 변화를 우선 강조하는 것이었으며, 구조적 변화의 기반 위에서 경제발전을 모색하도록 하는 것이었다. 즉, 공산당 지도부는 남부지역을 사회주의로 직접 전환시키도록 하되 정책의 수행은 점진적으로 추진하고자 결정하였다. 반동매판자본가(은행가, 전쟁을 통한 수혜자, 제국주의자, 투기자)와 봉건지주세력의 제거, 구정부의 재산과 외국인 소유의 생산시설 국유화, 구정권 관료와 군인의 처리를 최우선 과제로 삼아 체제의 구조적 변화를 먼저 모색하였다. 한편 내용적으로는 생산과 분배수단에 대한 통제를 강화하여 점진적인 변화를 추진하였던 것이다(김도태, 1994: 83~84).

북베트남 정치지도자들은 남부지역에서 사회주의 목표인 프롤레타리아 독재체제를 건설함에 있어 계급구조의 개편이 가장 중요하다는 점에서 이러한 인식을 공유하였다.

1976년 제4차 당대회에서 채택한 제2차 경제개발 5개년계획(1976~1980)은 남부지역에서의 사회주의체제 건설을 위해 생산수단의 국유화(산업 분야), 생산방법의 집단화(농업 분야), 가격기제 없는 통제적 시장제도의 도입 등을 주요 내용으로 하였다. 이는 공산사회주의 이념에 입각한 통일정부가 계획된 통제경제체제를 통해 부의 균형적 배분을 달성하려는 데 비중을 둔 결과였다(김도태, 1994: 84~85).

## (2) 생산수단의 국유화

1978년 1월 당서기 구엔 반 린은 통일정부의 사회주의 경제정책목표는 자본주의 체제하에 존재해 온 착취제와 무정부적 경쟁구조를 남부지역에서 제거하고 생산에 따르는 이익을 노동자에게 돌리는 것이라고 하였다. 이는 통일정부가 경제정책의 목표를 달성하기 위해서는 생산시설에 대한 개인의 자본주의적 소유가 금지되어야 하며, 노동자의 이익을 보장하기 위해 국가가 생산관계를 직접 통제해야 한다는 것이었다. 이와 같이 사회주의 건설과정에서 생산수단의 국가소유는 필연적으로 요구되며, 국가의 계획과 관리하에 생산과정이 진행되어야 한다는 것이 국가소유제의 논리였다.[14] 이러한 실천 논리에 따라 1978년에 개인의 상행위 금지조치와 화폐개혁 조치를 단행하여 베트남 사회가 사회주의 국가소유구조로 전환케 하였다.

먼저 1978년 3월 공식적으로 발표된 '상행위 금지'는 남부 주민들에게 개인적 부의 축적을 용납하지 않겠다는 결정으로 자본주의 성격을 제거하는 조치였다. 종래의 상인들은 부르주아계급으로 분류되었으며, 이들에게는 단지 생산업의 근로자로서 생활할 수 있는 대안이 제시되었을 뿐이다.

또한 통일정부에서 실시한 화폐개혁도 국가소유제의 촉진수단으로 이용되었는데, 신화폐 교환 시 교환액을 제한하여 자본가들의 재산을 예금의 형태나 몰수의 방식으로 국가에 귀속시켰다. 화폐교환 조치로 남부주민들의 빈곤 정도는 악화되었고 자본가계급은 남부지역에서 거의 제거되었다.

생필품의 배급과 연결된 여러 가지 세금제도도 위의 방안들과 함께 이용되어 국유화 조치를 촉진시켰다. 농지세나 식료품세는 국가가 농민들로부터 농토를 빼앗는 수단이 되었는데, 과다한 세금의 부조리한 징수는 농부들로 하여금 농지를 포기하고 국가에 양도하게 만들었다.

상업분야에서는 국영 유통구조를 확대하고 생필품의 배급제를 실시하여 주민에 대한 독점적 공급체제를 구축하였다. 특히 복잡한 소매망에 대해서는 합작사를 조직하도록 하고, 다수의 소매상인에 대해서는 노동자로

---

14) 이러한 논리에 따라 제시된 구체적 실천방안으로는 매판자본가와 봉건적·자본주의적 착취제도에 의한 비합법적 경영방식을 개선하여 사영화되어 있던 대기업은 국가의 통제를 받는 공기업으로 전환시키고, 소규모의 개인 기업은 공급합작사나 생산합작사에 참여시켜 집단관리체제하에 두는 것이었다. 또한 국가소유하의 기업 관리는 강력한 국가계획과 원료 등의 물자를 원활히 공급하기 위한 사회내부 순환제도를 통해 이루어지도록 하였다(김도태, 1994: 86).

의 전직을 강요하였다(김도태, 1994: 86~87).

## (3) 집단화정책

제2차 5개년계획 내용에 포함되어 있는 남부지역 농민의 집단화정책은 정치·경제적으로 중요한 의미를 갖는 것이었다. 정치적으로는 반정부세력에 대한 통제를 강화하는 수단으로 사용될 수 있었으며, 경제적으로는 생산구조의 개혁을 통해 남부의 경제구조를 북부지역에서 추진되어 온 '대규모 경영' 방식으로 전환시키는 조치였다. 더욱이 오랜 전쟁의 결과로 농업이 피폐되어 만성적으로 식량부족을 겪는 베트남 사회에서 농업의 발전은 모든 산업분야에 우선적이었다. 따라서 규모의 확대가 생산에 유리하다고 믿고 있던 베트남 정치지도자들에게는 집단화정책이 남부지역의 사회주의 건설을 위해 매우 중요한 과정으로 간주되었다. 1976년 메콩 델타 지역에서 처음 선보인 '집단노동운동'으로 시작된 집단화정책은 1977년 6월 '남부발전에 관한 결의'안 채택과 1978년 3월의 자본주의적 경제활동(상업행위) 금지조치에 따라 본격적으로 추진되었다.

집단화운동은 마을 단위의 농업합작사 건설과 신경제지역의 건설[15] 두 가지였다. 마을 단위로 하나만을 두게 되어 있는 농업합작사의 건설은 토지공유를 전제로 하여, 초기 단계인 상호부조 조직단계에서는 토지의 효율적 배분이 중요한 요소가 되었다. 공유를 위한 토지의 확보는 반동적 주민(구정권의 관료와 군인 등)의 토지몰수와 기타 개인의 토지에 대한 유상수용을 통해 이루어졌다. 또한 수용된 토지는 농지가 없는 개인에게 분배

---

15) 더욱이 1976년 당시 남부의 도시지역 실업자 수는 약 300만으로 추산되었으며, 이들의 일자리를 구해 주는 것이 통일정부의 중요 임무가 되었다. 신정부는 이를 해결하기 위한 방법으로 도시지역 주민들을 신경제지역으로 이동하도록 유도·강요하였다. 그러나 주민들은 신경제지역으로의 인구이동정책을 성분 나쁜 숙청대상자에 대한 처벌수단으로 보았으며, 신경제지역으로 선정된 중부 산악지대나 메콩 델타 지역의 농촌지역으로 회귀하기를 거부하여 그 실적은 미진하였다(김도태, 1994: 88).

하여 이를 농업합작사에 등록하도록 하였다. 농기계 등의 장비 역시 공동 소유를 원칙으로 하여 개인의 독점적 소유를 막았다.

남부에서의 농업합작사 건설과정은 1977년 9월 남부농업개혁위원회 구성 및 집단농장과 합작농장에 대한 시험적 운영으로 출발하였다. 그러나 집단화 사업은 농작물에 대한 정부의 수매 강요나 지나치게 낮은 수매 가격으로 인해 농민의 반발을 가져왔다. 또한 생산성이 낮아지는 등의 역기능적인 결과를 초래하였다(김도태, 1994: 87~88).

### 4) 통합 방식 3: 인민의 가치 통합

통일 직후 북부 베트남 사회의 대체적인 결속과는 달리 남부 베트남의 사정은 달랐다. 공산당에 의해 통일되었음에도 불구하고, 남부 베트남에서의 공산당에 대한 지지는 미미했고, 사회적 균열은 여전하였다. 통일 직후 남부지역에 팽배해 있던 사회·문화적 특징 내지 기존의 가치체계는 ① 토지소유와 산업구조에 따른 다원적 계층구조, ② 오래도록 서구사회와의 관계를 통해 형성된 국제주의, ③ 오랜 전쟁 기간의 빈곤을 통해 나타난 부정과 부조리에 따른 개인주의 등이었다.

이러한 상황에서 남북베트남 간의 사회·문화적 차이에서 발생하는 갈등을 억제하고 해소하는 작업은 통일정부가 풀어야 할 주요 과제였다. 즉, 남부지역에서 사회주의체제 건설을 추진하는 통일정부로서는 사회주의 이념을 기초로 하는 남베트남 사회개혁을 통해 남북베트남 간 사회가치의 통합을 달성하는 것이 시급한 과제 중의 하나였다.

결국 통일정부가 달성해야 할 남북지역 가치통합과정은 남부지역 주민들에 대한 사회주의 이념의 주입과정이었으며, 남부지역 주민들에게 내재되어 온 기존의 가치체계를 사회주의 가치체계로 대체하는 과정이었다.[16]

---

16) 이는 '사회주의적 인간형을 만들기 위한 개조 학습'으로 규정할 수 있으며, 이에 대해서는, 전경수·서병철(1995: 172~188) 참조.

이러한 가치체계의 대체과정은 청소년의 교육과 주민에 대한 재교육, 대중매체를 통한 홍보 및 주민의 종교생활에 대한 통제를 수단으로 하였다(김도태, 1994: 99).

### (1) 교육

베트남 통일정부에서 교육은 무엇보다도 사회주의체제 건설을 위한 중요한 실천수단이었다. 이는 1976년 제4차 당대회에서 당 총서기 레 두안이 제시한 보고서의 교육개혁 필요성에 잘 나타나 있다. 레 두안의 보고서에 의하면 교육개혁의 필요성은 다음 두 가지 목표, 즉 ① 민족적 특성을 고려한 사회주의 이데올로기를 주민에게 전파하는 것, ② 주민 개개인에 대해 노동자 자질을 양성 발전시킴으로써 이들을 사회주의 인간으로 개조시키는 것에 의해 정당화되었다. 통일 베트남 사회의 교육은 남베트남 사회의 개인주의와 자본주의 잔재를 제거하는 데 초점을 두어 주민들에게 사회주의 이념의 정당성과 노동의 신성함을 강조하는 방향 및 주민통제의 맥락에서 개편되었다. 특히, 통일정부가 내세우는 교육목표는 통일 베트남 교육개혁의 기본 방향으로서 1979년 단행된 교육개혁 내용의 바탕을 이루었다(김도태, 1994: 100~102).

통일정부하에서 1979년 발표된 통일 베트남의 교육개혁은 북베트남에서 실시되어 온 사회주의 교육을 기본으로 하여 사회주의 이념교육과 집단주의적 노동자 양성을 목표로 수행되었다. 교육개혁의 주된 과정을 교육제도와 교육내용의 개편으로 살펴보면 다음과 같다(김도태, 1994: 102~104).

먼저 교육제도 개편의 내용으로는 미취학 어린이에 대한 교육 강화를 들 수 있다. 미취학 아동을 대상으로 한 유아교육은 2~6세까지의 어린이들에게 집단화교육과 사회주의 이념교육을 실시하여 이뤄졌다. 이를 위해 통일정부는 도시와 농촌의 전 지역에 탁아소와 유치원을 세우고 운영하였다.

9년의 의무교육을 마친 학생들에게는 고등교육의 기회가 부여되었는데, 2차 일반학교(10~12학년)와 대학으로의 진학은 성분 분류에 따라 제한된 소수의 학생들에게만 허용되었다. 그리고 대부분의 학생들에게는 기술학교나 직업을 선택하도록 권장하였다. 성분의 분류는 결국 베트남 사회의 새로운 계층화 현상을 가져오기도 하였는데, 이는 이념적으로 문제가 없는 가정의 자녀들에게 혜택을 주기 위한 것으로, 지역안전과가 확인하는 신분증명서를 기준으로 시행하였다. 한편 통일정부는 기술교육을 강조하여 성인교육에 이르기까지 실습을 강조하였는데, 이는 국민들의 노동의 질을 증대시키려는 목적하에 이뤄졌다.[17] 또한 학생들의 통제와 집단주의 성향 함양을 위하여 교육이사회제도 및 교육소조제도를 채택하기도 했다.

특히, 각 대학에 설치된 교육이사회에는 학장과 부학장 2인이 포함되는데, 부학장 1인은 당 지부의 서기가 맡도록 되어 있어서 학생은 물론 교수와 학교 직원에 대한 감시와 감독 업무를 담당하였다. 또한 교육소조는 7~8명의 학생들로 구성되었으며, 소조의 활동으로는 팀장을 중심으로 학생들 간 상호 감시활동과 타 학생에 대한 비판 및 자아비판활동을 하게 하였다.

다음으로 교육내용은 이념 및 노동 교육의 강화를 중심으로 개편되었다. 심지어 탁아소와 유치원 어린이들에게까지 사회주의 조국에 대한 인식을 심어주는 교육을 실시하였다. 초급 일반학교에서의 정규교육은 교육의 목표에 따라 노동준비 태세를 촉진시키기 위한 노동교육과 조직화된 방법을 통한 집단적 노동습관 함양에 역점을 두고 실시되었다. 더욱이 사회주의 이념 고취를 위한 교육은 제국주의 외세를 물리치는 상황이 이야

---

17) 기술교육의 강조로 일반 근로자도 3년 이상의 기간 동안 우수한 실적을 올린 경우 대학에 진학할 수 있는 기회를 부여받았다. Gareth Porter. *Vietnam: The Politics of Bureaucratic Socialism*(Ithaca: Cornell University, 1993), p.63. 김도태, 「베트남 편」, 김국신 외 엮음. 『분단극복의 경험과 한반도 통일 2』(서울: 한울, 1994), 103쪽 재인용.

기나 그림의 소재가 되었다. 또한, 공산주의에 관한 용어가 과학과 같은 비정치 분야의 교과서에도 사용되어 학생들의 인식체계의 바탕이 되도록 하였다(깐, 1989: 244, 248).

중·고등교육 과정에서는 마르크시즘과 레닌이즘에 대한 정치학습을 실행하였으며, 반외세투쟁을 중심으로 하는 역사 및 공산당사에 대한 교육에 비중을 두었다. 또한 대학에서 주로 시행된 교육소조활동의 초점은 학생들의 집단의식 증진과 당 및 국가에 대한 충성심의 제고에 있었다.

이러한 점은 결국 교육이 통일 베트남에서 사회가치통합을 위한 수단적 기제로서 정치체제의 유지 및 강화 수단으로 이용되었음을 잘 나타내고 있다.[18]

### (2) 사회재교육

통일정부에서의 사회재교육은 일반 주민들에게 사회주의 이념을 학습시키고 정치체제에 대한 홍보 및 선전을 접하도록 하여 신정치체제하에서 생활하는 데 필요한 지식과 사실을 습득시키는 것이 일차적인 목적이었다. 그러나 반공산체제에 참여한 인사들에 대한 통일 베트남 사회로부터의 격리는 단순한 재교육 과정으로 보기 힘든 다른 목적을 갖고 있었다. 즉, 통일정부는 무엇보다도 ① 남부지역 사회에 사회주의 가치관을 전파하는 데 있어서 반체제인사들이 장애 요소로 작용한다는 점에서 그들을 일반 주민들과 분리시키고, ② 남베트남의 공산화와 함께 시작된 체제안보의 문제로 남부지역 주민의 저항을 효과적으로 봉쇄하기 위한 측면에서 사회재교육을 실시하였다. 특히, 이러한 사회재교육은 일반적으로 신정부에 대한 충성에 의심이 가면 행정관서로 호출하여 조사하였다. 이 과정에서 반항의 가능성 정도에 따라 귀가 혹은 재교육을 할당하거나 크게 위반

---

18) 김도태(1994: 104). 특히 이상과 같은 교육의 제 문제점에 대해서는 104~105 참조.

하는 자는 격리된 작업장에 보내는(이은호, 1990: 133) 등 그 실시는 대상에 따라 다음 두 방향에서 이뤄졌다(김도태, 1994: 105~107).[19]

첫째 방향은 일반 주민을 대상으로 사회주의 이념과 체제에 대한 교육 및 홍보를 실시한 소극적 재교육을 들 수 있다. 일반 주민에 대한 소극적 재교육과정은 주민을 조직화하여 정부의 정책을 홍보하고 정치학습을 통해 사회주의 이념의 정당성을 강조하는 과정이었다. 따라서 모든 베트남 인민은 당이나 대중조직에 가입할 것을 강요받았으며, 대중조직활동으로 마르크시즘과 레닌이즘 학습을 내용으로 하는 정치교육과 주민의 일상생활에 대한 비판적 평가 및 자아비판 실시 등을 요구받았다.

둘째 방향은 베트남 임시혁명정부가 우선적으로 실시한 사항으로, 구정부의 정치인, 군인, 관료, 경찰, 보안요원 및 교사 등 구정치체제를 유지했던 특정 집단이나 개인에 대해 행해진 적극적인 재교육이었다.

정부는 재교육 대상자 선별을 위해 구정부에서 일한 사람들에 대해 등록을 요구하였고, 1976년 6월까지 재교육과정에 응한 대상자 가운데 95%에 달하는 인원이 교육을 받고 사회로 복귀하였다. 그러나 반공산주의 핵심세력으로 분류된 정치인, 관리, 반공정당원, 첩보요원, 군장교 및 특수병과의 하사관, 경찰간부, 반공지식인 및 예술가 등에 대해서는 3년 내지 5년에 이르는 장기재교육이 요구되어 계속적인 구금과 학습이 이뤄졌다.[20]

## (3) 대중매체의 독점

통일 베트남의 가치통합을 위한 주요한 수단 가운데 하나인 대중매체는

---

19) 한편 이러한 재교육의 문제점에 대해서는 김도태(1994: 107~108) 참조.
20) 적극적 방향에서 이뤄진 대상자의 수는 1976년 중반에 4만 명, 1977년엔 5만 명 등으로, 비공식적으로 조사된 자료에 의하면 1981년에는 30만 명에 달한 것으로 추계되었다(간, 1989: 3003~311).

철저하게 국가독점하에서 당과 정부의 정책을 홍보하고 주민을 설득하는 수단으로 이용되었다. 통일 직후 민간인에 대한 대중매체 활동은 엄격하게 통제되어 정부의 허가 없이는 누구도 출판 및 보도행위를 할 수 없었다.

이는 통일정부의 체제유지를 위한 극단적인 방법으로 대중매체를 통한 보도내용은 정부의 정책에 대한 홍보와 당의 업적을 찬양하는 내용이 주요 부분이며, 적대국에 대한 비난과 동맹국에 대한 우호적인 보도만이 주민에게 제공되는 국제정보의 전부였다. 따라서 보도되는 내용의 사실 여부보다는, 보도내용이 당과 정부가 주민에 대해 실시하는 이념교육에 얼마나 적합한가의 여부만이 중요성의 기준이 되었다(김도태, 1994: 108~109). 당과 정부가 체제유지를 위해 원하는 차원에서 대중매체의 활동영역이 규정화되는 철저한 통제정책의 일환으로 진행되었다.

### (4) 종교에 대한 탄압 정책

통일정부하에서 종교는 사회주의 이념에 반할 수 없는 하위개념으로 간주되었고, 정부에 의해 취해진 종교탄압은 주민의 사회재교육을 위한 이념교육의 한 과정이었다. 통일정부로서는 대중에 대한 종교의 권위가 정부의 권위와 경쟁적 관계에 놓일 수 있는 상황을 철저하게 봉쇄하였다. 종교가 갖는 이데올로기적 역할에 관해서는 통일정부의 사회주의 이념에 배치되지 않는 범주에 한해 인정하였다(김도태, 1994: 113). 이러한 맥락에서 통일정부가 취한 종교에 대한 정책은 기본적으로 탄압과 억제의 방향으로 진행되었다. 종교를 갖고 있는 다수의 인민을 고려하여 무조건적인 금지보다는 제한적으로 종교를 허용하는 점차적인 억제방식 정책을 취하였다.[21]

---

21) 이러한 점은 북베트남 사회주의정부가 1955년 가톨릭 교도의 폭동을 경험한 이후 종교에 대해 유화정책을 실시하여 온 것과 궤적을 함께하는 것이다(김도태, 1994: 110).

특히, 이러한 종교 정책은 ① 통일 직후 남부 주민들의 전통적인 종교 생활은 부정적 사회상황으로부터의 도피처로 이용되어 정치적 통일 당시 전 주민의 97%가 종교를 갖고 있었고(김도태, 1994: 99), ② 소수 민족과 종교적 분열이 심각하게 작용하고 있었다는 점, ③ 호아 하오(Hoa Hao)와 같은 종파는 1947년 베트민(Vietminh)의 지령에 의해 종파의 교조 현 푸 소(Huynh Phu So)가 암살된 뒤부터 공산당에 가졌던 오랜 증오를 풀지 않고 있었다는 점, ④ 가톨릭 교회의 지지도 기대할 수 없었으며, 다루기 어려운 화교사회와 캄푸치아 교민사회가 엄존하고 있었다는 상황 속에서 집행되었다.[22]

사회주의체제 건설을 지향하는 통일정부는 마르크시즘이 갖는 반종교적 성격에 따라 가톨릭에 대해서 좌경적 가톨릭 교도를 선동하고 지원하여, 종교자유의 확보 및 확대를 주장하는 반정부적인 가톨릭 교도에 대해 무력화를 시도하였다. 내국인 성직자에 대해 숙청을 단행하였고, 외국인 성직자에 대해서는 추방조치를 내렸다. 신자들에 대해서는 재교육을 통해 교회 문제가 당과 국가를 떠나서는 존재할 수 없음을 강조하였다.

인민의 다수를 차지하는 불교에 대해서도 같은 정책을 취하였다. 불교 승려들의 종교활동(예를 들어 불공, 참선, 금식기도, 심지어 새로운 신도의 영입 등)에 대해 금지조치를 내리고, 오히려 불교도들의 정치적 참여를 강요하였다. 이는 불교의 종교적 권위를 공산혁명의 권위로 전환시키고자 하는 의도에서 추진된 것으로, 불교단체나 조직에 대한 정부의 간여와 통제는

---

22) 더욱이 남부 베트남 인구의 40% 정도가 공산당의 영향이 크게 미치지 못하는 도시에 살고 있었고, 중산계층과 상업인구층이 북부보다 훨씬 높았다. 또한 남부 농민의 60% 이상이 자작농이었기 때문에 이전의 하노이에서 시행했던 토지개혁은 필요가 없었다. 특히, 사이공 정부나 군대에 종사했던 수많은 이들이 그대로 종사하고 있다는 점 또한 문제였다. Len Ackland, "Vietnam: United, Independent and Poor," *Editorial Research Report*(Congressional Quarterly Inc., Mar 18, 1988), p.150. 이은호, 「통일 직후 남·북베트남의 통합시도 과정」, 민병천 엮음, 『전환기의 통일문제』(서울: 대왕사, 1990), 136~137쪽 재인용.

불교성직자에 대한 구체적인 탄압으로 나타났다. 즉, 1978년까지 80%에 이르는 불교성직자가 그들의 지위를 빼앗겼으며, 1,300명의 승려가 생산직 근로자로 차출되기까지 하였다(김도태, 1994: 111~112).

## 4. 통합 후 체제 발전전략: 도이모이 정책

### 1) 도이모이 정책

통합 후 베트남 정권이 체제의 발전전략으로 취한 경제개혁의 일환인 도이모이 정책(Doi Moi Policy: '바꾸고 새롭게 한다'는 소위 쇄신정책)의 핵심 내용, 추진 배경 및 경과는 다음과 같다.[23]

#### (1) 도이모이 정책(1986년) 핵심 내용

도이모이 정책은 무엇보다도 대외개방을 통한 외국과의 경제협력 확대, 시장경제요소 도입을 핵심 내용으로 하고 있다(한국산업은행, 2005: 30). 이는 베트남 정부가 ① 다변화, 다양화를 기조로 하는 대외지향적인 정책을 추진하고, ② 지역 및 국제 협력에 동참하는 개방적, 적극적 대외 정책을 추구하며, ③ 물가안정, 재정적자 축소, 외국인 직접투자 증대 등 안정적인 경제성장을 유도한다는 점에서 잘 나타나고 있다.

특히 도이모이 정책은 외교의 기본 전략을 이데올로기 중심에서 경제 중심으로 전환시켰다는 점에서 그 핵심을 찾을 수 있다.

---

23) 특히, 통일 직후의 베트남 경제 상황에 대해서는 전경수·서병철(1995: 149~171) 참조

(2) 도이모이 정책의 추진 배경

 베트남 정부가 도이모이 정책을 추진하게 된 배경은 크게 다음 두 가지
점에서 찾을 수 있다(한국산업은행, 2005: 29).

 첫째, 베트남은 인도차이나 반도의 중심국가로서 1975년 통일 이후 중
앙집권적인 계획경제를 추진하였다. 그러나 전쟁 후유증, 비효율적인 경
제운용, 서방제국의 경제제재조치 등으로 심각한 경제난에 봉착하였다.

 둘째, 1970년대 말 심각한 경제난에 직면한 베트남은 신경제정책(New
Economy Policy)을 추진하여 경제개혁을 단행하였다. 그러나 가격 및 통화
개혁의 부작용으로 경제혼란을 가중시켰다. 특히, 1980년대 들어 생산량
저하, 인플레, 스태그플레이션 확대 등에 대처하기 위해 산발적인 경제개
혁을 단행하였으나 실효를 거두지 못했다.

(3) 도이모이 정책의 추진 경과

 베트남 정부는 1986년 경제의 개방화를 추구하는 개혁노선(도이모이 정
책)을 채택하여 계속적으로 대외지향적인 경제성장정책을 추진하였다(한
국산업은행, 2005: 29~30).

 즉, 1987년 '외국인투자법 공포', 1993년 '담보권, 사용권, 토지상속권
을 인정하는 등의 토지법 개정', 2000년 '국내기업 설립요건 완화 및 외
국인직접투자 유치 강화, 주식시장 최초 개소' 등의 조치를 지속적으로
전개하였다.

 그 결과 1991~2000년 10년 동안에 연평균 7.6%라는 고도성장을 이
룩하여 GDP 2배 증가, 수출액 3배 증가 등 급속한 경제성장을 달성하였
다. 더욱이 2002년 이후에도 7%대의 고도 성장세를 유지하고 있으며,
최근 베트남의 주요 경제지표(2003~2004년)는 다음 <표 4-2>와 같다.

## <표 4-2> 베트남 주요 경제지표(2003~2004년)

| 항목 | | 2003년 | 2004년 |
|---|---|---|---|
| GDP | | 390억 달러 | 450억 달러 |
| 1인당 GDP | | 483달러 | 542달러 |
| 경제 성장률 | | 7.24% | 7.2% |
| 산업생산지수 | | 16% | 16% |
| 물가 상승률 | | 3.1% | 9.0% |
| 실업률 | | 7.0%(도시지역) | na. |
| 산업구조 | - 1차 산업 | 21.8% | 21.8% |
| | - 2차 산업 | 40.0% | 40.0% |
| | - 3차 산업 | 38.2% | 38.2% |
| 화폐·금융 | 외채 | 약 177억 달러 | na. |
| | 외환 보유고 | 61억 달러 | na. |
| | 국내 저축률 | 31.4% | na. |
| | 화폐 단위 | VND(Vietnam Dong) | |
| | 환율 | 1USD: 15,740VND(2004.9. 현재) | |
| 무역 | 수출 | 199억 달러(19.0% 증가) | 232억 달러(16.7% 증가) |
| | 수입 | 225억 달러(26.5% 증) | 259억 달러(15.3% 증가) |
| | 수지 | 26억 달러 | 27억 달러 |
| | 주요 수출품목 | 원유, 의류, 신발, 수산물, 쌀, 커피 | |
| | 주요 수입품목 | 기계, 정유, 섬유직물, 철강, 화학, 전자제품 | |
| | 주요 교역국 | 일본(59억 달러), 미국(50.8억 달러), 중국(48.7억 달러), 싱가포르(39억 달러), 대만(36.6억 달러), 한국(31.2억 달러) | |
| 외국인 투자 (연간) | 투자건수(연간) | 746건 | 723건 |
| | 투자금액(연간) | 1,858백만 달러 | 2,200백만 달러 |
| | 주요 투자국 | 1위: 대만(187건 372백만 달러) 2위: 한국(181건 336백만 달러) | 1위: 대만(225건 453백만 달러) 2위: 한국(187건 340백만 달러) |
| | FDI 누계 | 5,050건, 45,500백만 달러 | |
| 주요 자원 및 농산물 | 쌀 | '03년 생산 3,452만 톤, 수출 386만 톤(세계 2위 수출국) | |
| | 기타 작물 | 고무, 커피(세계 2위), 사탕수수, 후추(세계 1위) *농림수산업이 총고용인구의 60% 이상 고용 | |
| | 원유 | 추정매장량 50억 톤, 일 38만 배럴 생산 중 | |
| | 가스 | 추정매장량 5조 입방피트, 일산 293백만 입방피트 | |
| | 무연탄 | 추정 매장량 80억 톤 | |
| | 철광석 | 추정 매장량 7억 톤 | |

자료: 베트남 통계청(2004. 12), 한국산업은행, 2005: 48의 재구성 인용.

## 2) 경제정책 기조 및 발전 전략

### (1) 경제정책 기조

베트남에서 추진하고 있는 경제정책 기조는 크게 다음 세 가지 점으로 압축할 수 있다.

첫째, 경제사회발전 전략으로 우선 경제발전을 위한 경제개발 5개년계획을 시행하고 있다. 즉, 베트남은 2001년 제9차 당대회에서 2001~2010년 경제사회 발전전략을 수립하고, '제7차 경제개발 5개년계획(2001~2005)'을 시행하였다. 이러한 경제개발 정책의 주된 목표는 경제안정화와 지속적인 성장 유지, 경제·노동 구조의 전환을 통한 산업화와 근대화 달성, 경제의 효율성 제고와 경쟁력 강화를 도모하는 데 두고 있다.

둘째, 성장기반 구축을 위한 국영기업 개혁 및 SOC 건설 사업을 추진한다. 고도 경제성장을 유지하기 위하여 국영기업의 민영화 및 제조업, 건설업, IT업종 등 산업분야의 개발투자를 추진하고 있다. 정부는 민간부문 활성화를 위해 2005년부터 향후 5년 내에 전체 5,600개 국영기업 중 약 2,000개 기업의 민영화를 추진하고 있다. 이를 통해 생산성이 높은 민간기업 및 외국인투자기업의 비중이 커지면서 시장경제체제가 안정적으로 정착되고 있다.[24] 또한 경제발전과 기업 활동의 근간이 되는 사회간접자본 확충 및 에너지 자원을 본격적으로 개발하기 위해 ① 철도, 고속도로, 항만, 발전소, 수로 등 사회간접자본에 대한 투자를 확대하며, ② 특히 전력 및 석탄, 유전 등의 개발과 관련해서는 풍부한 천연자원을 활용한다.

셋째, 금융개혁을 실시한다. 금융개혁 이전 금융정책은 국영기업의 생

---

24) 이를 위해 정부는 2005년 개발투자에 190억 달러를 조달하여 총 투자금액 중 70%는 도로, 교량 등 경제 인프라 개발에, 22%는 사회 개발에 투자할 것을 기획하였다. 특히, 이러한 재원은 국가예산 40억 달러, 국가신용 19억 달러, 국영기업 37억 달러, 외국인 직접투자 27억 달러, 나머지 67억 달러는 국채 및 토지 경매 등으로 민간에서 조달하는 방식을 채택하였다(한국산업은행, 2005: 30~31).

산활동을 위한 금융지원이 가장 중요한 기능이었다. 이는 주로 정부의 경제개발계획에 맞추어 적정 자금소요량을 지원해 주는 신용계획에 근거하여 결정되었다.

1988년부터 금융개혁에 착수한 정부는 중앙은행으로부터의 일반 상업은행 분리, 합작은행 설립 및 외국은행의 지점개설 허용 등을 추진하여 다음과 같이 금융부문의 다변화와 재무구조의 개선 등을 이루고 있다.

① 중앙은행은 사회주의 국가에서 통용되고 있는 일원직 은행제도를 유지하여 왔다. 그러나 개혁 이후 중앙은행으로서의 기능을 강화하고, 상업은행의 기능은 농업은행(이전의 농업개발은행)과 공상은행(이전의 상공은행)으로 이관하였다.

② 증시발전을 위한 합작은행의 상장을 추진하였다. 베트남에서 1~2위 규모인 사이공 상업은행(Sacombank)[25]과 아시아 상업은행의 증시 상장을 추진하였다. 이때의 상장 요건은 5년 이상 영업 및 최근 2년간 연속 흑자 경영, 3% 이하의 불량채권 등으로 규정하였다.

(2) 경제발전 전략

베트남 정부는 베트남 경제 성장을 위해 이상과 같은 경제정책 기조 속에서 다음과 같은 전략을 기획·추진하고 있다.

첫째, 베트남은 경제성장 가속화(한국산업은행, 2005: 36) 전략을 추진하고 있다.

베트남 정부는 경제성장을 가속화하기 위해 2005년도 경제정책의 중점사항을 <표 4-3>에 나타나 있는 바와 같이 확정하고, 재정·금융 및 통화정책 등을 강력하게 추진하고 있다.

---

25) Sacombank는 1991년 4개 신용기관의 합병으로 호치민 시에 설립되었고, 2004년 8월 말 자본금이 6,756억Dong(Vietnam Dong)으로 베트남에서 최대 규모 합자은행이다(한국산업은행, 2005: 31).

<표 4-3> 2005년도 경제정책 중점 사항

---

▷ 경제 및 산업의 성장구조 확대
▷ 경제체제 및 시스템 개혁
▷ 농민 및 빈곤층 생활수준 개선
▷ 농업 및 과학·교육·문화·의료 지원확대

---

자료: 베트남 투자계획부(MPI); 한국산업은행, 「베트남 경제현황과 한·베트남 경제교류 전
   망」. ≪산은조사월보≫, 제591호(2005년 2월) 36쪽 재인용.

특히, 베트남 정부가 경제성장 가속화를 위해 국영기업 및 주식화 과정
을 통한 증시발전 전략을 기획·추진하고 있는 점은 주목할 만한 정책이
다. 시장에서의 자본조달, 외국자본의 유입 등을 겨냥하여 현재 상장기업
주식에 대한 외국인 소유한도를 30%까지 허용하나, 최근 재무부에서 동
상한선의 인상 내지 폐지를 검토하고 있다.

둘째, 산업의 균형발전을 유도(한국산업은행, 2005: 37)하는 전략을 추진
하고 있다.

베트남 통계청 자료에 나타나 있는 베트남의 산업별 현황(<표 4-4>)에
의하면 2·3차 산업 비중이 높게 나타나고 있다.

이러한 점은 산업 및 지역의 균형발전을 위해 인프라사업을 비롯한 농업,
에너지 분야에 대한 지원을 강화할 필요성을 나타내고 있다. 즉, ① 농촌의
도시화에 따른 농촌 주민의 수입증대 및 노동자원의 합리적인 배분과 시장
규모의 건전한 실현으로 고질적인 3농(농민, 농촌, 농업) 문제의 해결 모색,
② 에너지 공급의 효율을 증대시키기 위하여 에너지 확충을 위한 투자
확대 및 석탄·전력·석유 운송의 협력강화 정책을 추진하고 있다.

또한, 투자의 80% 이상이 집중된 남부지역에서 지역산업 발전의 다변
화를 위해 북부 및 중부 지역으로 투자를 유도하고 있다. 이는 남부지역이
북부지역에 비해 물류시설과 인프라가 잘 정비되어 있고, 질 높은 노동력
확보, 기업 간 정보교류, 비즈니스 환경 등에 있어 북부지역보다 상대적으
로 우위에 있기 때문에 집중 투자되고 있다.

<표 4-4> 산업별 현황

| 분류 | 1차 산업 농림수산업 (농림·수산업·광업) | 2차 산업 공업 및 건설 (전통공업·IT) | 3차 산업 서비스업 (관광산업) |
|---|---|---|---|
| 성장 기여도 | 21.8% | 40.0% | 38.2% |

- 1차 산업
-농림업(수산업을 포함할 경우 총 노동인구의 약 60% 이상이 종사)
  · 쌀, 고무, 사탕수수, 커피, 열대과일
  · 2003년 쌀 생산은 3,452만 톤(벼 기준)이고, 수출은 386만 톤으로 태국에 이어 세계 2위
  · 커피는 브라질, 콜롬비아에 이은 제3위 수출국
-수산업: 담수어업, 연안어업, 양식업
-광업
  · 원유: 제1의 부존자원, 매장량 약 50억 톤 추정
  · 1986년 최초로 원유생산을 시작한 이래 2001년 1,700만 톤(31.26억 달러), 2002년 1,685만 톤(32.7억 달러), 2003년 1,717만 톤(38.2억 달러) 수출 달성
  · 무연탄(매장량 80억 톤), 철광석(매장량 7억 톤), 주석 등
- 2차 산업
-공업발전을 위해 자본지출, 설비혁신, 선진기술 도입 및 적용, 산업현대화 적극 추진
-전자 및 정보기술, 기계, 조선, 석유·광물자원 개발 산업, 사회간접자본 적극 육성
  · 전기 및 전자 조립생산, 자동차, 소형 모터, 농업기계류, 시멘트 제조(내수용), 비료생산, 합성수지 생산 분야도 성장 전망
- 3차 산업: 서비스업, 관광업 성장률 점진적 증가 추세

자료: 베트남 통계청(2004. 12). 한국산업은행, 「베트남 경제현황과 한·베트남 경제교류 전망」, ≪산은조사월보≫, 제591호(2005년 2월), 47쪽 재인용.


# 5. 향후 한반도 통일에 주는 시사점

## 1) 베트남 통일의 특성

약소국과 강대국 간의 전쟁 과정에서 약소국에 의한 통일이라는 점에서 베트남 통일의 특성은 크게 다음 두 가지로 규명·논의할 수 있다.

베트남의 통일이 부여하고 있는 특성은 무엇보다도 자유민주체제를 상대로 하여 이뤄진 공산주의 통일이라는 점을 들 수 있다. 즉, 베트남의 통일은 자유민주주의와 공산주의체제로 분열되어 전쟁을 수행한 하나의 민족이 공산정권의 사회주의혁명 전략 내지 전술에 의해 폭력으로 통일되었다(정용석, 1992: 105)[26]는 점을 주요 특성으로 들 수 있다.

베트남의 통일은 월맹에 의해 지속적이고 끈질기게 추진된 공산주의혁명 전략전술의 효과성이라고 볼 수 있다. 특히 이러한 전략전술 수행과정에서 월맹이 유용하게 활용하였던 점은 앞에서 고찰하였던 베트남의 역사적 특성에 있었다. 베트남은 장기간에 걸쳐 프랑스의 식민지배를 받아야 했고, 심지어 제2차세계대전 중에는 일본군에 점령당하기조차 하였다. 공산월맹은 바로 이러한 장기간에 걸친 외국지배를 통해 축적된 베트남인들의 외세배척 감정을 적절하게 월남 공산화에 활용하였다(정용석, 1992: 109). 더욱이 미국을 또 다른 식민세력으로 규정하여 월남인의 반미감정을 극대화시켜 효과적인 대결 전선을 구축하였다.

둘째로 들 수 있는 점은 물자적 측면의 군사력이 전쟁 수행상의 승리로 귀결되는 것만은 아니라는 선례를 제공하였다는 사실이다. 근래 이라크 전쟁을 통해서 나타난 바와 같이 가공할 군사력에 의한 전쟁 수행은 대량 살상과 파괴라는 점에서 공포적이며, 전쟁 승패의 관건으로 작용하고 있다. 그러나 베트남에서 미국을 상대로 한 전쟁 수행과정은 무엇보다도 국력의 핵심 요인으로 작동하는 '국민성'이 또 다른 핵심요인임을 명백하게 제시하였다.[27] 특히, 국민들을 지도하는 지도자의 대응 역량이나 의지 등의 지도력이 얼마나 크게 국력의 작동기제로 운영되는가를 여실히 보여주었다.

---

26) 특히, 이러한 점은 공산주의 세력의 적절한 전쟁수행전략과 베트남 주민의 정치적 태도가 주요한 결정요인이기도 하였다.

27) "정신적 전력이 물리적 전력보다 더 강한 힘을 보여주었다"(장석은, 1990: 81)는 점은 이후 논의하는 남북한 통일에의 시사점은 물론이요, 대외 관계에서 국력의 요인으로 각인하여야 할 점이다.

## 2) 향후 남북한 통일에의 시사점

베트남의 통일이 제시하는 시사점 내지 교훈은 여러 가지 맥락에서 고찰할 수 있다. 특히 베트남 통일의 특성으로 분석한 앞의 두 가지 점에서 추론할 수 있는 바와 같이, 무엇보다도 중요한 점은 지도자의 역할과 관련된 점을 들 수 있다. 보다 세부적으로 향후 남북한 통일에서의 시사점을 살펴보면 다음과 같다.

첫째, 민족에 의한 통일과정에서 통일 후 민족이나 지역 간의 갈등을 함축할 수밖에 없는 전쟁을 통한 통일은 배제되어야 한다는 점이다. 현재 베트남은 1986년 12월 이후 채택한 도이모이 정책을 지속하고 있다. 그럼에도 불구하고 여전히 사회통합 문제가 국가발전의 가장 중요한 핵심과제이자 난제로 존재하고 있음은 전쟁이 초래한 결과라 할 수 있다(김용욱, 2001: 115).[28]

둘째, 이데올로기적 맥락에서 공산주의에 의한 통일은 배제되어야 한다는 점이다. 도이모이 정책 이후의 전 과정을 통찰하였을 때 베트남 발전의 주요한 변화의 핵심 방향은 결국 정치적으로는 자유민주주의, 경제적으로는 자본주의적 시장경제체제라는 점이다. 물론 베트남정부가 기존 사회주의체제를 고수하고 있음은 사실이다. 즉, 개혁과 개방을 주도하고 있는 베트남 공산당의 위상을 아무리 전제한다 할지라도 사실상 자유민주주의나 자본주의 이데올로기에 의한 접근이 베트남 발전의 역동성으로 작용하고 있다. 이러한 점은 인간본연의 모습과 동떨어진 한계성을 띠고 있는 공산주의 이데올로기의 한계성을 철저하게 극복할 필요가 있다는 점과 상통한다고 할 수 있다.

---

28) 특히, 전쟁을 통한 베트남 통일은 ① 정치적 보복, ② 월남인의 상대적 자유 상실, ③ 경제적 빈곤 등의 후유증을 안고 있다(정용석, 1992: 145~149)는 점에서 전쟁을 통한 통일은 단호하게 배격되어야 한다. 더욱이 우리의 경우는 한국전쟁(1950.6~1953.7)을 통해 500만 이상의 민족 사상자가 발생하는 처절한 역사적 체험을 통한 교훈이 이를 잘 역설하고 있다.

셋째, 부패하고 무능한 정권이나 지배자는 국민적 지지를 받지 못할 뿐만 아니라, 몰락할 수밖에 없다는 역사적 사실을 제시하고 있다. 어떠한 체제가 아무리 자유민주주의의 이상을 내세운다고 할지라도 그 체제가 군사독재로 전락하고 부정부패로 민심이 이반하면 공산주의자들과의 대결에서도 무력했다는 것을 실증하였다. 결국 체제안보는 무엇보다도 자주적 노력과 국민의 지지에 있다는 점을 역사적으로 예증하였다(김용욱, 2001: 109).

이러한 역사적 사실은 먼저 우리 남한 대한민국 차원에서 성찰하고 대응해야 할 사례이지만, 한편으로는 한반도 통일에 매우 순기능적 측면에서 고찰할 수도 있다. 그러한 점은 북한이 현재 처한 인권유린의 독재 내지 부패성과 무원칙적 무능성 측면에서 그렇다. 아무리 강력한 독재체제일지라도 국민으로부터 지지를 담보해 내지 못할 경우엔 몰락할 수밖에 없다는 역사적, 인류사적 사실이 하나의 진리이기 때문이다.

베트남 통일 직전의 남부베트남은 54만 명의 미군, 7만의 연합군, 60만의 자체병력, 세계 최첨단의 미군 무기, 1,400억 달러의 지원비 등을 갖추고 있었다(정용석, 1992: 110). 그럼에도 불구하고 부패하고 무능한 정권과 지배자들로 인해 패망하고 말았다.

끝으로 정당성을 확보하지 못한 군사력은 아무리 강하다 해도 종국엔 패배할 수밖에 없다는 역사적 교훈이다. 이러한 점은 모겐소(Hans J. Morgenthau)가 베트남의 교훈과 관련하여 제시한 미국이 범한 다음과 같은 기본적인 과오 속에 잘 나타나 있다.[29]

첫째, 베트남 전쟁에 미국이 개입한 기본적인 오류는 베트남 자체의 경제적·사회적 혁명이 결과한 민족해방전쟁을 베트남 밖의 외부세력의

---

29) Hans J. Morgenthau, "34 America's Anti-Revolutionary Foreign Poliucy," in Don L. Mansfield & Gary J. Buckley(ed.), *Conflict in American Foreign Policy*(New Jersey: Prentice-Hall, Inc., 1985), pp.284~288. 김용욱, 『한민족 통일과 분단국 통합론』(서울: 전예원, 2001), 105~108쪽 재인용.

음모의 결과라고 고집했던 미국의 그릇된 신념이다. 구소련과 중국이 공산주의를 위해 세계정복을 목적으로 남부베트남에서 혁명을 선동했다는 생각은 무지하고 겁먹은 정치가들의 상상력에서 비롯된 논리에 지나지 않았다는 점이다.

둘째, 전쟁을 서구문명 차원에서 정의와 부정의의 전쟁으로 구분하는 전통적 의미에서 볼 때, 베트남 전쟁은 부도덕하며 부정의한 전쟁의 전형적인 예이다. 모겐소에 의하면 베트남 전쟁이야말로 200년 이상 지속시켜 온 미국 독립선언의 원칙에 대한 전면적인 부인이며, 미국사회의 응집력을 약화시키고 분열시켜 신뢰의 위기를 초래하였다. 나아가 미국의 세계적 위상에 타격을 주었다.

셋째, 모겐소에 의하면 미국은 베트남 사태에서 실재라고 착각했던 악몽과 같은 미신과 결별하고 세계를 존재 자체로 보아야 하며, 그러한 세계 속에서 미국의 언행을 적응시키는 용기를 가져야 한다는 점이다. 이러한 점은 장기적인 측면에서 미국의 힘과 영향력을 전 세계에 걸쳐 지속적으로 유지하는 전략·전술적 측면과 관련하여 매우 의미 있는 강조점이라고 할 수 있다.


■ 참고문헌

경남대학교 극동문제연구소. 1989(봄)/ 1991(봄). ≪한국과 국제정치≫.
구종서. 1990. 『민족과 세계』. 서울: 나남.
김국신·김도태·여인곤·황병덕. 1994. 『분단극복의 경험과 한반도 통일 2』. 서울: 한울.
김도태. 1994. 「베트남 편」. 김국신 외 엮음. 『분단극복의 경험과 한반도 통일 2』. 서울: 한울.
김용욱. 1998/2001. 『한민족 통일과 분단국 통합론』. 서울: 전예원.
깐, 구엔 반. 1989. 『베트남 공산화의 이상과 현실』. 김기태 옮김. 서울: 조명문화사.
대외경제정책연구원. 1992. 『베트남 편람』.

민병천 엮음. 1990. 『전환기의 통일문제』. 서울: 대왕사.

박종철. 1987. 「남베트남: 혁명운동의 기원과 전개과정(제 3세계의 혁명과 발전)」. 경남대학교 극동문제연구소.

베트남공산당사연구회. 1989. 『베트남 공산당사』. 김종욱 옮김. 서울: 도서출판 소나무.

이동원. 1992. 『대통령을 그리며』. 서울: 고려원.

이범준 외. 1992. 『동남아 공산권 연구-베트남·캄푸치아·라오스』. 서울: 박영사.

이정복. 1983. 「인도차이나 3국의 정부와 정치: 베트남, 캄푸치아, 라오스」. 『동남아 정치론』. 서울: 법문사.

장석은. 1990. 『분단국 통일문제』. 국통통일원 통일연수원.

전경수·서병철. 1995. 『통일사회의 재편 과정』. 서울: 서울대학교출판부.

전경수. 1992. 『베트남일기』. 서울: 통나무.

정용석. 1992. 『북단국통일과 남북통일』. 서울: 도서출판 다나.

조세현. 1992. 「제 3차 인지전쟁연구」(경희대학교 대학원 박사학위논문).

한국산업은행. 2005. 「베트남 경제현황과 한·베트남 경제교류 전망」. ≪산은조사 월보≫(2월, 제591호).

홍규덕. 1991. 「미국·베트남전쟁정상화 과정과 요인분석」. 『한국과 국제정치』. 경 남대학교 극동문제연구소.

An, Tai Sung. 1977. "The All Vietnam National Assembly: Significant Development." *Asian Survey*, Vol.17, No.5(May).

Canh, Nguyen Van. 1983. *Vietnam Under Communism, 1975~1982*. Stanford, Calf.: Hoover Institution Press.

Esterline, John H. and Mae H. Esterline. 1986. *How the Dominoes Fell: Southeast Asia in Perspective*. Lanham and London: Hamilton Press. 동남아정치연구회 옮김. 1991. 『동남아정치입문』. 서울: 박영사.

Kahim, George Mc. T. 1986. *Intervention: How America became involved in Vietnam*. New York: Knopf.

Kattenburg, Paul M. 1980. *The Vientnam in American Foreign Policy. 1945~1975*. New Brunswick: Transaction Books.

Morgenthau, Hans J. 1985. "34 America's Anti-Revolutionary Foreign Poliucy," in Don L. Mansfield & Gary J. Buckley, ed., *Conflict in American Foreign Policy*. New Jersey: Prentice-Hall, Inc.

Neher, Clark D. 1991. *Southeast Asia in the New International Era*. Westview. 동남아지 역연구회 옮김. 『현대 동남아의 이해』. 서울: 도서출판 서울프레스.

Philips, Dennis. 1988. *Ambivalent Allies*. New York: Denguin.

Pike, Douglas. 1977. "Vietnam During 1976: Economics in Command," *Asian Survey*, Vol.17, No.1(Jan.).

Porter, Gareth. 1993. *Vietnam: The Politics of Bureaucratic Socialism*. Ithaca: Cornell University.

# 제5장

# 중국과 대만의 사례

전형권

# 1. 서론

중화인민공화국(中華人民共和國)과 중화민국(中華民國)이 분단된 지 반세기가 넘었다. 그동안 양국은 서로 체제를 달리하며 나름대로의 정치, 경제적 발전을 이룩해 왔다. 국제사회에서 하나의 정치실체만을 인정하는 배타적인 승인원칙에 의해 이들은 분단 이후 치열한 외교전을 벌여왔고, 그 결과 중화인민공화국이 국제사회에서 중국을 대표하는 정치실체로 자리잡게 된다.

그동안 경제적인 상호의존성이 심화되었지만 현재까지도 정치적 통합에 대한 큰 진전은 보지 못한 채 자신들의 체제에 대한 구심력을 강하게 유지하고 있는 것이다. 이러한 각자의 체제 구심력은 양안통합의 진전을 막는 기제로 작용해 왔다(오규열, 2000: 197). 현재까지도 양안은 이미 20년이 넘는 교류를 통해 경제적 상호의존이 심화되었음에도 정치적으로는 주권 문제를 두고 대립각을 세우고 있다. 양안 간의 대립은 한편으로 실리적인 교류를 추진하면서도, 정치적으로는 예민한 쟁점을 놓고 그동안 수차례 갈등과 위기를 겪어왔으며 현재는 과도기적 교착상태에 놓여 있다.

'중국'이란 엄격히 구분해 볼 때, 중화민국과 중화인민공화국을 포함하는 하나의 포괄적인 개념이라고 할 수 있다. 양국 정부는 공식적으로 '하나의 중국'을 표방하고 있다. 하지만 '하나의 중국'이 의미하는 바는 서로 다르다. 분단 당사자인 서로의 정치적 입장에 따라 각자가 중국을 대표하는 정치실체라고 주장하는 것이다(김남이, 1999: 157). '하나의 중국'이라는 원칙은 본래 과거 '중국'의 정통성을 어느 정부가 계승하고 있는가라는 문제에서 비롯되므로 양안 간에 있어 매우 중요하고 민감한 부분이다. 양안관계(兩岸關係)에서 호칭을 어떻게 사용하느냐 하는 것은 곧 중국과 대만이라는 실체를 어떻게 규정하는가의 문제와 직접 맞닥뜨린다. 때문에 우리가 어느 일방을 '중국'이라고 말하는 일은 과거의 역사와 현재 진행

중인 양안관계를 어떤 측면에서 해석하는가, 혹은 분단상태를 어떻게 이해하는가에 대한 인식의 문제와 결부되어 있어 매우 혼란스럽다.[1]

중국에 따르면 대만은 주권을 지닌 하나의 정치실체가 아니라 자치권을 지닌 지방정부에 해당된다. 따라서 중국과 대만은 국제법상 독자적인 지위와 주권을 가진 분단국가가 아니다. 양안의 현 상태는 과거 역사적 결과에 따른 내부적 모순으로서 중앙정부로부터 이탈한 대만으로 인해 형성된 매우 부자연스러운 내분상태로 보는 것이다. 반면, 대만 측에 의하면 중국은 현재 두 개의 정치실체로 분단되어 있으며, 중화인민공화국은 중국대륙을 실질적으로 통치하고 있는 정권인 반면, 중화민국은 대만을 통치하고 있는 정치실체로서 정권의 정통성을 지닌다.

양측의 주장과는 별개로 여기서 확인하고 넘어가야 할 사항은, 과연 중국과 대만은 분단국가(divided state)인가, 하는 점이다. 중국과 대만의 국제법상 지위가 불일치함으로 인해 양안 간의 관계를 규정하는 변수들은 복합적이며, 따라서 일반적인 분단국가와는 다른 특수한 측면들이 존재한다. 까띠(Gilbert Caty)에 의하면 분단국가란, '법적으로 지속되는 하나의 국가'가 국제법상 양자 모두 부분국가의 동등한 지위를 지닌 두 개의 국제적인 주체로 잠정적으로 분단되어 있는 국가[2]라 할 수 있다. 이러한 정의에 의하면 중국과 대만은 당시의 독일, 베트남, 그리고 남북한과는 달리 부분국가의 동등한 지위를 지닌 두 개의 동등한 국제적 주체로 보기 힘들기 때문에 분단국가의 범주에 넣기가 곤란할 것이다.[3] 하지만 분단국

---

1) 이 글에서는 국제법상의 지위와 일반적 관행에 비추어 편의상 중화인민공화국을 '중국'으로, 중화민국을 '대만'으로 부르기로 한다. '중국'과 '대만'에 대한 호칭 자체는 이미 양자의 실체를 어떻게 규정하며, 누가 국제법으로 전체 중국을 대표하는가의 논쟁에 일련의 해답을 내포하고 있는 개념이다. 따라서 이러한 호칭은 대만 측의 입장에서 볼 때 수용하기 힘든 것이 사실이지만, 현실적으로 대다수의 학자들이 이러한 구분을 수용하고 있으며 이러한 호칭 자체가 양국의 국제법적 지위를 그대로 인정하는 것이 아니라는 점을 전제로, 이 글에서는 이를 따르고자 한다.

2) Gilbert Caty, *Le statut juridique des Etats divide's*(Paris, 1969). 김준희, 『민족통일론의 전개』(형성사, 1986), 137쪽 재인용.

의 개념적 유형을 두 당사자의 국제법적 지위에만 국한시키지 않고 분단 원인과 과정에 폭넓게 초점을 맞추는 경우, 중국과 대만은 국내정치적 내란에 의한 분단, 즉 내쟁형 분단국가4)로 분류되기도 한다.5)

이렇듯 중국의 분단이라는 동일한 현상을 두고도 그것을 규정하는 방식은 다양하며, 경우에 따라 어느 일방의 입장을 지지하는 셈이 된다. 양측의 현상태에 대해 다분히 논쟁의 소지가 있는 분단국가라는 개념보다는 '분단상태'로 규정하는 것이 보다 타당할 것이다.6) 분단상태를 극복하려는 중국과 대만의 노력이 궁극적으로는 '통합(統合)'을 지향하고 있으나, 역사적 경험 속에서 양측은 '통일'을 공식·비공식적으로 언명해 왔다.

필자는 대만과 중국이 현실적으로 분단되어 있는 두 실체이므로 그들의 국제법적인 지위 여부에 상관없이 '분단상태'에 있다고 보며, 정치적 통합과정을 내포하는 '통일'과 '통합'이라는 개념틀을 병행하여 접근하는 것이 보다 현실적인 방법이라 생각된다. 비록 중국과 대만이 분단의 성격과 그 규정하는 바에 대한 인식이 서로 다르다 하더라도 역사적으로 양측이 '하나의 중국'을 지향해 왔다는 점에서는 동일한 이해를 갖는다고 할수 있다.

이 글에서는 비록 시기별로 다양성을 보이고는 있지만 현재의 양안관계를 비정치적인 교류의 확대에서 정치적 통합을 이루어가는 과도기적 교착상태로 규정하고, 지금까지 양안관계 변화의 과정과 변화의 동인 및

---

3) 중국을 분단국에서 제외하는 것은, 1951년 9월 8일 '샌프란시스코 강화조약'에 의해 권한을 행사하는 영사가 대만정부에 부여되어 새로운 국가 중화민국이 성립되었다고 보기 때문이며, 만일 중국이 분단국가가 되기 위해서는 이 평화조약 서명 후에 장제스가 중국대륙에서 물러 나와야 할 것이기 때문이다(김준희, 1986: 137).
4) 전득주(2004)는 분단국가 유형을 분단의 원인을 중심으로 국제형 분단과 내쟁형 분단으로 나눌 때 중국은 내쟁형 분단에 속할 수 있다고 본다.
5) 뭉끄도 중국의 사례를 내전형 분단국으로 본다(Munch, 1962: 5).
6) 그렇다고 해서 대만의 국가적 지위를 부정하는 것은 아니다. 필자는 국제법상의 지위 인정 여부와는 별개로 현실적으로 대만은 국가성(statehood)을 지닌 실체라는 점을 인정한다.

그 성격을 중심으로 살피기로 하겠다.

2절에서는 분단의 과정과 양안관계의 성격을 검토하고, 3절에서는 중국과 대만의 정치경제 체제의 성격을 살필 것이다. 4절에서는 중국과 대만의 양안관계에 대한 입장 및 통일정책을 비교 분석하고자 한다. 5절에서는 양안관계의 역사적 전개과정을 부문별로 살펴보고 양안관계가 향후 어떻게 전개될 것인지를 전망함과 동시에, 6절에서는 양안관계의 사례가 남북한 통합에 주는 시사점을 도출하는 것으로 결론을 대신하고자 한다.

이 연구는 중국과 대만에 대한 비교정치학적 접근 및 역사주의적 접근법을 원용하기로 한다. 연구자료는 주로 중국과 대만당국에서 발간한 1차자료 및 양안 문제와 통일정책에 관한 선행연구문헌, 그리고 최근까지 발간된 중국과 대만 내부의 신문 및 관련 인터넷 사이트 등을 참고하였다.


## 2. 분단의 과정과 양안관계 성격

양안관계는 분단의 산물로서 중국의 공산당과 국민당 간의 대결에 뿌리를 두고 있으며, 본격적으로는 1949년 공산당이 중국 베이징에 정권을 수립하고 국민당 정권을 난징에서 광저우를 거쳐 대만으로 이주하면서 전개되었다. 중국과 대만은 분단국가로 규정될 수 있는지의 문제와 마찬가지로 아직까지도 양안관계의 본질에 관한 정의가 분명하지 않은 상황이다. 따라서 양안 문제를 단순히 내정 문제로 볼 것인가, 아니면 분단현실을 인정하여 두 개의 정치실체가 존재하는 국제 문제로 볼 것인가를 둘러싸고 현재까지도 양안 상호 간은 물론 대만 측 내부에서조차 주장이 일치되어 있지 않다. 이처럼 양안관계의 특수성은 두 지역의 입장과 국제사회의 양안 문제에 관한 합목적적인 인식에 따라 객관적 논의를 펴기 어렵다.

이 장에서는 양안관계의 특수성을 규정하는 역사적 분단의 과정을 밝히고자 한다. 또한 분단의 산물로 형성된 양안 간의 긴장과 갈등관계의 기본성격 및 주요 쟁점들이 무엇인지를 설명할 것이다.

## 1) 분단의 과정

중국과 대만은 진한(秦漢)시대부터 상당한 접촉을 하였으며 송원(宋元)시대(960~1368)에 이르러 중국인들에 의한 대만 개발이 본격적으로 이루어졌다.[7] 16세기 말부터 서방국가들의 대만 침공을 물리친 이래 청나라 정부는 1683년 7월 병력을 동원하여 대만을 점령한다. 그리고 대만에 행정기구를 확대 설치하여 대만에 대한 통치를 강화하게 된다.[8] 19세기 중엽, 청 말기의 중국은 대외전쟁에 실패하면서 불평등조약 체결로 속령을 잃었고, 국토는 할양되고 이권의 침해를 받게 된다. 특히 1870년대 명치유신 이후의 일본이 대외팽창정책을 추진하면서, 대만을 차지하기 위해 중국과 교섭을 추진하는 동시에 대만에 대한 무력침략을 준비하게 된다. 먼저 일본은 중국과 1871년 청일수호조약 및 통상장정을 체결함으로써 상호 조공국 관계가 아닌 평등한 관계에서 국교가 수립되었고, 일본과 중국 사이에 대만 문제가 거론되기 시작한다(류동원, 2001: 61).

1871년에 오키나와인(琉球人)과 일본인이 조난하여 대만 표류 중 원주민에 의해 피살당하는 사건을 계기로 상호 군사적 긴장이 발생하여 결국 양국은 북경전약(北京專約)을 체결하게 된다.[9] 이 전약은 대만이 중국의 영토이며 중국정부에 조공을 하는 속지임을 대외적으로 확고하게 하는

---

7) 많은 문헌과 史書에서는 중국인이 일찍부터 대만을 개발하기 시작하였음을 기록하고 있는데, 전국시대의 문헌인 『禹貢』에서 '島夷'라는 명칭으로 대만을 지칭하고 있다. 秦漢代에는 중국대륙과 대만 간 상당한 접촉이 있었으며, 『前漢書』와 『後漢書』에서는 대만을 '夷洲'로 지칭하고 있다(류동원, 2001: 59~61).

8) 17세기 이후 중국인들의 대만개발 규모는 점차 거대화되었으며, 17세기 말에는 대륙에서 대만으로 넘어간 이들이 10만여 명에 이르렀고, 1893년에는 총수 50만 7,000戶에 254만여 명이 거주하였다(류동원, 2001: 60).

9) 이 專約에서 중국정부는 오키나와(琉球)가 일본에 속한다는 사실을 인정하게 되었다(傳啓學, 1972: 122~123).

계기가 되었다. 이러한 상황에서 청 왕조는 대만을 중앙정부가 직접 관할하는 하나의 성으로 구분했다(中共中央臺灣工作辦公室, 1998: 7). 1884년 청일전쟁에서 일본이 승리하고, 이듬해 체결된 바칸 조약(馬關條約: 淸日講和條約)에 따라 대만은 일본의 식민지가 되며 청국은 대만 및 부속도서와 팽호열도(澎湖列島)를 일본에게 할양한다. 이에 따라 일본의 식민지가 된 대만은 자본주의적 식민경제를 발전시키게 된다(류동원, 2001: 62).

1895년에서 1945년까지는 대만에 대한 일본 식민통치 시기이다. 독립을 선포한 '대만민주국'의 조직적인 무장저항이 잔혹하게 진압된 후에도 일본군에 대한 대만 한족 이민들의 무장반항은 계속해서 1930년대까지 지속되었다(姚禮明, 1998: 171~189). 1943년 12월 중국, 미국, 영국 등의 연합국 지도자들은 전후 일본의 처리를 논의하는 과정에서 대만과 중국과의 관계를 명확히 규정한 카이로선언에 서명한다. 이 선언은 침략전쟁의 결과 체결된 '바칸 조약'을 근본적으로 부정하였으며, "일본이 강탈한 중국의 영토, 예컨대 만주, 대만, 팽호열도는 중국에 귀환한다"라고 하였다(國務院臺灣事務辦公室, 1991: 850). 일본이 패망하고 1945년 말 대만은 미국의 적극적 지지에 의해 완전히 국민당 정부의 주권 통치하에 들어간다.

한편, 중국대륙의 상황은 1911년 신해혁명에 의해 청조가 붕괴되고 중국국민당이 주도하는 중화민국정부가 등장하게 되었지만, 여전히 군벌에 의해 분열된 상태였다. 국민당 지도자인 쑨원(孫文)은 이듬해 광저우에서 중화민국의 대통령으로 추대되었는데, 이는 중국통일의 상징적 의미였을 뿐이다(전득주, 2004: 364). 1921년 마오쩌둥(毛澤東)이 이끄는 공산당이 창당되어 중국국민당과 주도권 경쟁을 벌이게 된다. 쑨원 당시의 최대의 걸림돌이 각 지방에 할거하여 통일된 중화민국의 성립을 방해하던 군벌들이었다면, 장제스 집권 당시는 일본이라는 외세의 침략이 국민당은 물론 마오쩌둥의 공산당이 동시에 물리쳐야 했던 난관이었다. 바로 이러한 외부의 도전을 배경으로 국민당과 공산당은 두 차례에 걸친 합작을 통해 공동전선을 펼치게 된다.

1923년 중국공산당이 쑨원을 방문하여 상호공동전선으로 군벌타도를 위한 국민혁명에 전진할 것을 요청한 것을 계기로 체결된 제1차 국·공합작은 쑨원 사망 후 장제스가 공산당과 결별하는 1927년까지 지속된다. 장제스의 입장에서 중국의 통일과 근대화를 저해했던 세력은 일본제국주의자들뿐만 아니라 중국공산당과 소련이었던 셈이다. 1930년 국부군의 제1차 공산군소탕전이 개시되어 위기에 처한 공산군은 이듬해 만주사변을 맞아 일제에 침략에 즈음하여 국민당 정부에 대해 내전을 중지하고 함께 '항일민족통일전선'을 구축하여 대일항전에 나설 것을 촉구한다(박두복, 1979: 281~282). 그러다가 1937년 12월 '시안(西安)사건'을 계기로 국민당과 공산당은 내전중지와 항일무장투쟁, 국민당 정부의 개혁 등 일련의 협상을 성사시키게 된다.

국민당 정부는 1937년 7월 중일전쟁의 발발을 계기로 중공(중국공산당 정부)의 '공부국난선언(共赴國難宣言)'[10]을 통한 국·공합작 제의를 수용하면서 제2차 국·공합작이 시작된다(전득주, 2004: 369). 제2차 국·공합작 중에 공산당은 중공세력의 확장을 도모하면서, 중공 당정치국은 1937년 10월 '항전전도와 중공의 노선'이라는 결의를 통해 장차 중국에서 공산당 정권쟁취를 위한 기초를 확보하는 것을 당의 기본방침으로 결정하게 된다(김준엽, 1982: 95~103).

일본의 강력한 공격으로 충칭으로 수도를 이전한 장제스 정부는 날로 세력을 확장하는 중공군에 대한 대항력이 점차 약화된다. 국·공합작을 위한 협정부터 1940년까지 최초 3년간 공산군은 국민당 정부로부터 재정적 보조를 받았고, 공산당은 국민당 정부의 임시수도인 한커우에서 ≪신화일보(新華日報)≫를 발행할 수 있는 허가를 받아낸다. 그러나 국부군은 약 10만여 명의 중공 측 신사군(新四軍)이 국부군의 명령을 어기고 국부군을

---

10) 1937년 공산당은 국민당 정부에 대해 삼민주의를 신봉하고 소비에트 정부의 수립을 취소하고, 국민당 정부 군사위원회의 지휘를 받도록 약속한 '공부국난선언(共赴國難宣言)'을 발표한다.

공격했다는 데 대한 응징으로 1941년 1월 17일 신사군을 궤멸시키고 이들을 해산시켰다. 그 결과 신사군사건은 전쟁 중에 국·공관계 패턴의 전환점을 이루게 된다. 이로 인해 결국 국·공 간의 실질적인 협력의 종말과 상호 내전이 개시된다. 1943년 초 소련의 군사적 상황이 호전되고 독일군이 와해되면서, 일본군과의 장기간의 고전으로 인해 물심양면으로 사기가 저하된 국부군보다 우세해졌다고 판단한 마오쩌둥은 그동안의 타협적 태도를 돌변시키고 그 결과 국·공 간의 정치협상은 교착상태에 빠진다(박두복, 1979: 286~288). 이때부터 중공은 국민당의 중국 내 독점적 지위에 도전하고, 연합정부의 수립을 주장함으로써 국민당과 중국의 정치권력 분할을 요구한다. 그러나 국민당 정부는 중공을 대등한 위치로 보지 않고 어디까지나 국부 중앙의 하위조직으로 간주하기 때문에 상호 간의 갈등이 있어왔다.

국·공 간의 상대적 지위를 둘러싼 신경전에 이어 협상의 성격이 변화하면서 갈등을 보이자, 이를 기점으로 미국이 국·공관계에 개입하여 그 조정역할을 담당한다. 일본의 패망 후 1945년 11월 미국의 트루먼 대통령은 마셜 장군을 주중특사로 임명하고, 평화적이고 민주적인 방식에 의한 전 중국 통일이라는 미국의 대중국정책의 목표를 달성하기 위해 국·공 쌍방 간의 정전조치를 지시한다. 하지만 국·공 간의 충돌은 계속되고 쌍방 간의 정치협상이 종말을 고함으로써 1946년부터 3년간의 내전에 돌입한다.[11] 내전 초기에는 국민당 군대가 압도적으로 우세했으나, 국민정부 통치하의 지역에서는 봉건적 대지주의 세력이 강하고 특히 농촌에 대한 가혹한 징발과 증세, 소수의 관료와 자본가의 부패로 민심을 획득하는 데 실패하였다. 국민당 정부는 끝내 1948년 말 서주전투에서 주력부대가 대

---

11) 국부군과 중공군은 반전, 평화운동에 편승하여 대외적으로는 미국의 중재노력을 수용하고 정치협상을 시도했지만 대내적으로는 틈만 나면 일당에 의한 중국지배라는 그들의 목표를 실현하고자 노력하였고, 궁극적으로는 무력에 의한 중국지배라는 방식을 선택하였다(전득주, 2004: 373~374).

패하고, 이를 계기로 공산군은 국민정부군에 대해 군사적 우위를 점하게 된다.

마침내 1949년 1월 공산군이 화베이 지방의 경제적 정치적 요충지인 베이징과 톈진을 점령한 결과, 장제스가 하야하고 4월에는 리쭝런(李宗仁) 대리총통하의 국민당 정부가 공산당과 평화협상을 시도하지만 실패한다. 중공군은 소련이 만주에서 노획해 넘겨준 일제무기들과 장제스 군대로부터 노획한 미제무기들을 사용하여 3년간의 국·공 내전을 승리로 이끌었다. 1949년에 공산군이 중국 본토의 거의 전 지역을 점령하면서 1949년 10월 1일 중화인민공화국을 수립하게 된다. 국민당 정부를 지원하던 미국마저 1949년 7월 중국백서를 발표하고 원조를 중단하게 되면서 궁지에 몰린 국민당은 1949년 12월 결국 대륙을 버리고 대만으로 퇴각하여 자신의 독자적인 정부를 유지하게 된다. 이로써 중국에는 두 개의 정부가 들어서고, 근대적 의미의 분단의 역사가 시작된다. 이후 대만을 거점으로 한 국민당 정부의 할거라는 분단 상태가 지속됨으로써 향후 양안 간의 긴장을 지속적으로 유지하게 된다.

## 2) 양안관계의 성격과 쟁점

### (1) 양안관계의 기본성격

일반적으로 '양안관계'는 대만해협(臺灣海峽)을 사이에 두고 있는 두 실체, 즉 중국과 대만을 둘러싼 관계를 말하는데, 그것은 과거의 중화인민공화국과 중화민국의 관계, 중국 대륙과 대만지구(臺灣, 金門, 彭湖, 馬祖)의 관계뿐만 아니라 국제사회에서 보편적으로 통용되는 중국을 대표하는 합법정부로서의 중화인민공화국과 그것의 불가분의 일부분으로서의 대만의 관계 등을 포괄하는[12] 3차원적인 분석수준을 갖는다.

이미 앞 절에서 과거의 두 실체에 대한 분석을 한 바 있으며 중국대륙과 대만지구의 관계는 분단과 통합논의의 실질적인 분석수준이 아니라 생각되므로, 여기서는 국제정치적 차원에서 현재의 중국과 대만의 관계에 초점을 맞추고자 한다. 국제정치적으로 양안 문제의 근본성격과 쟁점은 양안 간의 관계를 실질적으로 규정하는 근원인 정치적 지위 문제와 직결되어 있다. 양안관계의 성격과 쟁점 규명에 앞서 분단 이후 전개된 다음과 같은 상황을 참고할 필요가 있다.

1949년 장제스의 국민당 정부가 마오쩌둥과의 내전에서 패하고 대만으로 이주하여 두 개의 중국이 형성된 때부터 '전체 중국을 대표하는 정권'이 어디인가 하는 문제는 단순히 양안만의 문제가 아니라 국제정치 문제로 대두하였다(김남이, 1999: 160~165). 1949년 내전에서 승리한 마오쩌둥은 국제사회에서 중국의 입지강화와 동시에 대만의 외교적 고립정책을 추진하였다. 중국은 이러한 외교적 목적달성을 위해 먼저 연합국에서 전체 중국을 대표하는 권한과 각국으로부터의 외교적 승인을 받고자 노력힌다(胡克難, 1981: 122). 마오쩌둥은 정권을 잡은 이후 구소련과 기타 사회주의 국가들의 지원을 받아 중화민국[13]의 연합국에서의 지위를 대신 수행하는 작업에 착수하였다. 1970년대로 접어들면서 급격히 변화하기 시작한 시대적 조류에 편승한 중국은 연합국에서 다수 회원국의 지지를 얻어 '중국대표권'을 획득할 수 있는 기반을 마련하였고, 정세가 역전되자 중화민국은 1971년 연합국에서의 탈퇴를 선언하게 되었다. 이로써 대세를 장악한 중국은 중화인민공화국만이 중국을 대표하는 유일한 국가이며 대만은 중국영토의 일부분임과 비국가(a non-country)임을 강조하여, 국제사회에서 대만의 외교적 고립화를 추진하여 오늘날 대부분의 국가들이 중국을 대표하는 유일한 국가로서 중화인민공화국을 승인하고 있다(김남이, 1999: 160~165).

이처럼 양안관계는 중국에 의한 대만의 국제적 고립을 특징으로 하고

---

12) 양안관계에 대한 성격규정은 문홍호(2000) 참조.
13) 중화민국은 원래 연합국 안전보장이사회 5개 상임이사국의 하나였다.

있으며, 이로 인한 양측 상호 간의 긴장과 대립, 그리고 서로 주장과 접근법은 다르지만 '하나의 중국'을 향한 상호 간의 협상과 교류를 기본 축으로 전개되고 있다. 하지만 양안 문제를 현재의 국제적 지위와 결부시켜 규정하는 데 대한 대만 측 반발도 만만치 않다.

대만 측 입장은, 1949년 중화인민공화국의 수립으로 대만으로 천도하였으며 중국 전체로 볼 때 이때부터 분단국가(divided nation)가 되었다고 주장한다. 대만은 적어도 민진당(民進黨) 정부 출범 이전까지는 공식적으로는 비록 양안의 분열이 직접적인 동서냉전의 산물은 아니지만 이념과 제도 문제 및 동일민족과 공동의 언어·문자, 통일의지, 그리고 두 개의 정부가 대만해협을 사이에 두고 각자가 통치하는 일종의 분치(分治)상태이기 때문에 분단국가의 특징을 그대로 갖고 있는 전형적인 분단국가라는 인식을 갖고 있다. 따라서 양안 문제가 분단국가 모델의 하나로 인식되어 상호 대등한 입장에서 쌍방 문제가 처리되기를 희망한다. 즉 국제적으로 분단국가로 인정받는 가운데 '독일통일 모델'에 따른 상호 정치실체 인정과 호혜와 평등에 기초한 평화적인 교류와 접촉을 통한 양안 문제 해결을 선호한다(康埈榮, 2003: 80~81). 대만이 이와 같은 형식을 주장하는 것은 우선, 내전으로 이어진 적대관계를 청산하고 정상적인 관계를 설정하는 데 유리하며, 둘째, 정상적인 관계에서만 쌍방교류의 실질적 확대가 가능하며, 셋째, 이러한 교류가 전제가 되어야 대만의 경제력이 중국에 실질적인 도움이 될 수 있고, 마지막으로 평화적 통일달성에 초석이 될 수 있기 때문이라는 것이다(『臺海兩岸關係說明書』, 1994).

반면, 중국 측은 대만 문제가 결코 동서 냉전의 결과가 아닌 국내 문제이기 때문에 절대로 분단국가가 아니며, 대만이 주장하는 '두 개의 정부에 의해 나누어 통치되는 중국'은 실제로 두 개의 중국을 획책하는 분열적 책동이라고 반발하고 있다. 중국은 양안 문제가 내전의 산물로서 대만정권은 중국의 일개 지방정부에 불과하다는 것이며, 따라서 대만이 정치주체로서 국제사회의 행위자가 될 수 없다는 원칙을 고수하고 있다(康埈榮,

2003: 81).

이처럼 양안의 정권은 지금까지 서로 상이한 정치적 입장과 가치판단
의 기준으로 정치적 현안 문제를 바라보고 있다. 분단체계에 대한 국제법
의 명확한 규정이 없기 때문에 중국과 대만은 국제적 지위와 실체를 둘러
싸고 늘 논쟁에 휩싸인다.

그런데 양안 문제를 더욱 복잡하게 만든 것은 이 문제에 대한 미국의
개입이다. 1950년대 초기에서 1960년대 말기, 냉전시기 동안 사회주의
세력 확대를 막아내려는 미국의 전략적 필요성에 따라서 중화민국은 미국
을 포함한 대다수 자유세계의 국가들과 외교관계를 유지 혹은 수립하여
중국을 대표하는 유일한 합법정부로 인정받았으며, 반면 중화인민공화국
은 소련을 위시한 사회주의 국가들의 승인을 받았다. 이처럼 쌍방은 모두
가 전통적 국제법체계 내에서 서로 배타적인 승인을 얻었으며, 이러한 상
황은 20년 가까이 유지되었던 것이다(Soloman ed., 1981: 5~11). 그런데
양안관계에 대한 미국의 전략적 모호성(strategic ambiguity)이 문제를 더욱
복잡하게 만들어버렸다. 실제로 미국은 대만과 단교하면서 단교 후에도
대만의 안전보장을 명문화한 「대만관계법(Taiwan Relation Act)」[14]을 제정
하여, 표면상 대만 문제에 대한 중국의 입장을 지지하지만 실질적으로는
대만에 공간을 확보해 주는 전략으로 대만에 대한 무기판매 등 경제적
실익도 확보하고 중국의 동아시아 패권국가화를 견제하는 자기모순적이
고 이중적인 외교전술을 구사하고 있다. 이처럼 대만의 국제 생존공간 확
보를 위한 노력이 미국의 대중정책과 내부적으로 연결되어 있다는 점에서
양안 문제는 또한 민감한 국제정치적 성격을 가진다.

---

14) 미국의 국내법인 이 법은 1979년 3월 26일 제정되어 4월 10일 발효되었다. 이 법에
   따르면 대만의 평화유지 및 이를 위한 미국의 방위물자 제공, 대만 국민과 사회, 경
   제제도에 대한 어떠한 위협이나 이로 인해 발생할 수 있는 미국의 이익수호를 위한
   대응력 유지(3조 3항)를 핵심으로 한다(王國探, 1995: 557~572).

## (2) 양안관계의 쟁점

양안관계의 주요쟁점들로는 '하나의 중국(一個中國)'이라는 정치적 지위의 문제, '일국양제(一國兩制)'의 통합 문제, 그리고 중국의 무력사용에 따른 '대만의 안전 문제' 등이 있다. 양안의 갈등구조는 크게 대만을 통일시키려는 중국의 대대만 통일정책과 대륙으로부터 분리 독립하려는 대만의 분리 독립정책으로 대비할 수 있다(정용하, 2000).

과거에 중국과 대만은 수십 년간 상대방의 영토에 대한 실질적인 주권을 행사하지는 못했지만, 외면적으로 '하나의 중국'이라는 원칙을 고수해 왔다. 대만은 초기에는 '하나의 중국'이 중화민국이라는 일관된 입장을 고수해 왔으나, 1992년의 왕구(汪辜) 회담에서 양측이 '구두방식으로 각자가 하나의 중국을 표현한다'는 원칙에 합의한 것을 근거로 1994년부터 '하나의 중국'이 '미래에 다가올 중국(未來中國)'이 되어야 함을 강조한다. 때문에 '하나의 중국'은 결코 실존하는 중화인민공화국도 중화민국도 아니며, 어느 일방도 중국 전체를 대표할 수 없는(『臺灣海峽兩岸關係說明書』, 1994) 미래 실현을 지향하는 개념이라는 것이다. 그러나 중국 측[15]은 기본적으로 중국의 유일한 합법정부는 자신들이며, 자신들이 중국의 법통을 계승하고 있으므로 이 문제는 논의의 대상이 되지 않음을 분명히 해 왔다. 따라서 '하나의 중국'이라는 문제는 대만의 '정치적 지위', 즉 '주권영역'에 관한 문제와 결부되어 통일을 향한 양안관계 발전에 있어서 가장 접근하기 어려운 논쟁점이 되고 있다.

다음으로 '일국양제'의 통합방식에 관한 문제이다. 일국양제는 원래 1984년 중국이 영국과 홍콩반환 협상을 진행하면서 제시한 통합방식이었다. 당시 덩샤오핑(鄧小平)은 중국의 사회주의와 대만의 삼민주의는 상호 이질성이 있으므로 양안 문제의 무력적 해결이 쌍방 모두에게 불리하다는

---

15) '하나의 중국'에 대한 중국 측의 논리와 입장은 1993년 8월 31일 발표한 『一個中國與中國的統一白皮書』에 잘 나타나있다.

전제하에서 '한 국가 두 체제(一國兩制)'를 실시할 것을 제안한다. 이러한 제안은 이후 중국정부의 공식적인 통일정책으로 자리 잡게 된다. 그런데 중국이 말하는 '일국(一國)'은 당연히 중화인민공화국이며, 대만은 중앙정부의 통치하에 있는 지방정부임을 전제로 한다. 일국양제에 의한 통일 후에도 대만은 50년간 자본주의 체제를 유지하면서 '고도의 자치권'을 행사하지만, 중앙의 중국은 불변의 사회주의국가라는 내용을 골자로 한다.[16]

이에 대해 대만은, 중국 측이 제시하는 '일국'이 중화인민공화국이라는 중앙정부로 설정되어 있고 대만을 한낱 지방정부로 격하시키는 구도이므로 수용할 수 없다는 입장이다. 특히 2002년 천수이볜(陳水扁) 총통이 제시한 '한 곳에 한 국가(一邊一國)'론은 기존의 '하나의 중국, 하나의 대만(一中一臺)'론의 연장에서 나온 것으로서 이는 현재 대만정부는 대만이 이미 독립된 국가이므로 독립을 선포할 필요가 없으며, 중국대륙의 중화인민공화국과 대만지역의 대만은 이미 서로 독립된 실체로 기능하고 있으므로, 중국의 일국양제는 수용할 수 없다는 기존 입장을 되풀이한다.

다음으로, 중국의 무력사용을 둘러싼 갈등 또한 양안관계의 중요한 쟁점이 되고 있다. 그동안 중국은 대만에 대해 누차 무력사용의 가능성을 제기해오면서 양안관계를 '힘으로' 관리해 왔다.[17] 중국은 대만에 대한 무력사용 비배제 원칙이 대만 문제에 외세가 개입하는 경우와 대만이 독립을 선호하는 경우[18]에 적용될 것이라고 주장한다. 중국 측의 이러한 무

---

16) 여기서 고도의 자치권은 일국양제 통일방식에 의한 통일 후에도 여전히 대만인에 의해 통치되며, 중국은 어떠한 개입이나 간섭도 하지 않으며, 대만이 외국과 맺은 각종 조약 및 협약도 유효하고, 법률문제에 대한 종심권(終審權)을 향유할 수 있고 일부 군사력도 보유할 수 있으며 제한된 외교권도 행사하는 국가에 준하는 자치권을 행사할 수 있음을 뜻한다. 吳江 主編, 『一國兩制決策研究』(北京: 黨建讀物出版社, 2000). 康埈榮, 「양안관계의 구조적 성격과 쟁점으로 본 중공 16대 이후의 양안관계 전망」, ≪中國硏究≫, 제31권(2003), 84쪽 재인용.

17) 2002년 주룽지 총리는 대만은 중국이 접수해야 할 대상이며 평화적 방법으로 해결이 불가능하다면 다른 방법을 강구할 수도 있음을 내비쳤다.

18) 2000년 대만통일 문제에 관한 문건에서는 대만이 통일협상을 지연하는 경우에도

력사용론은 대만에게 가장 위협적인 요소이며, 양안관계의 국면을 언제든지 뒤바꿀 수 있는 변수로 작용하고 있다.

양안 문제에 있어 나타나는 중국과 대만의 인식차이는 근본적으로 양측의 영토, 인구, 군사력, 자원, 그리고 국제적 영향력 등에서 나타나는 명백한 비대칭적 불균형 구조 때문이다(康埈榮, 2003: 91). 중국에 비해 정책적 운신의 폭이 제한적인 대만은 경제교류의 확대와 군사적 안전을 동시에 고려하는 정책을 펴고 있다. 반면 중국의 경우, 양안 간의 비대칭적 우세를 국내외적으로 적극 활용하면서 국제적으로는 대만이 자신의 일부분임을 강조하는 동시에 대만인들에게는 기존 제도의 유지를 보장하는 '하나의 중국'과 '일국양제'를 기조로 대만에 대한 '정당성 권력(legitimate power)'을 압박수단으로 활용하고 있다고 할 수 있다. 바로 이 때문에 1987년 활성화된 양안의 교류는 거의 모든 분야에 걸친 폭발적인 활성화에도 불구하고 정치적인 면에서는 지속적인 답보상태를 걷고 있는 것이며, 특히 이러한 중국의 기조를 위협하는 대만 민진당 정부의 중국정책으로 정치적 해결의 가능성은 더욱 어렵게 전개되고 있다(康埈榮, 2003: 92). 더욱이 대만의 안전판인 미국의 존재는 양안관계의 모호성을 더욱 증가시킬 것이며, 그들의 세계전략과 동북아에서 국가이익의 변화는 양안 문제의 근저를 뒤흔들 만큼 충분한 영향력을 확보하고 있다.

## 3. 중국과 대만의 정치·경제

분단 당시 중국은 중앙집권식 계획경제와 전 인민소유제에 기초를 둔 사회주의 경제체제를 선택하였으며, 일찍이 일본의 식민지 자본주의 경제를 발전시켜 온 대만은 국민당 집권 이후로도 자본주의 경제진영에 편입

---

무력사용이 가능함을 천명하여 대만을 압박해 왔다. "一個中國的原則與兩岸關係," ≪人民日報≫ 2000年2月22日字.

되어 왔다. 중국은 그동안 경제체제와 경제구조 및 경제성장의 면에서 그 이전 시기와 구분되는 혁명적인 변화를 겪었으며, 집권적 계획경제에서 사회주의 시장경제로 순조롭게 체제전환을 이룩하고 있다. 과거 단일한 사회주의적 소유제도(국유 및 집체소유)로부터 국유, 집체, 사영·개체 및 외자경제와 공존 경쟁하는 다원화된 소유제 구조로 변화하였다.

한편, 대만의 국민당 정부는 아시아 최초의 공화국을 내세우고 민족·민권·민생의 삼민주의를 기본이념으로 하면서 반공과 대륙복귀를 국시로 삼아 중국과 대립하여 왔다. 일찍이 자본주의 경제를 실현시킨 기술과 자본력을 바탕으로 후발주자인 대륙 중국시장을 개척하는 등 놀라운 경제발전을 이룩하였다. 그러나 국가주도적인 경제발전의 결과로 나타난 중산층이 민주화를 요구하자 국민당은 1980년 후반부터 일당독재체제를 포기하고 다당제를 수용하게 된다. 강성 권위주의 이민정권의 통치를 30년 가까이 받아온 대만은 민주주의 역사가 15년이 채 되지 못하지만 짧은 기간에 압축적으로, 그리고 비교적 성공적으로 민주화의 발전을 보여왔다. 대만은 경제발전에 따른 사회변동과 시민사회의 성숙을 수반함으로써 권위주의 체제로부터 변화를 경험했음을 알 수 있다.

이 장에서는 중국과 대만의 정치경제를 체제의 성격, 변화과정 등을 중심으로 논하기로 한다.

### 1) 중국의 정치경제

중국공산당은 중국혁명 과정에서 마르크스주의의 한계를 극복하고 새로운 국가이념을 창출하기 위한 이론적 모색의 방법을 구해 왔다. 혁명의 지도자인 마오쩌둥은 마르크스-레닌주의를 모방하기보다는 중국적 상황을 고려하여 '마오쩌둥주의(Maoism)'라는 독자노선을 개발하고, 이를 기반으로 농민대중을 중심으로 세력을 확장하였다. 그 결과 장제스의 국민당 정부를 대만으로 몰아내고 건설된 중국은 이후 낙후한 중국대륙에 사회주의 혁명을 뿌리 내리기 위한 여러 프로그램을 실시한다. 하지만 중국의 사회주의적 개조는 당시의 열악한 중국경제를 고려하여 매우 신축적이고 점진적인 관점에서 출발하였으며, 그러다 보니 상호모순적인 정치경제적 제도의 요소들을 도입하였다.

신중국의 성립을 전후하여 마오쩌둥, 류사오치(劉少奇) 등 중국의 혁명지도자들은 당시 중국의 낙후한 사정을 고려하여 직접 사회주의사회 건설을 목표로 하는 사회주의 혁명이라기보다는 노동자 계급의 지도 아래 객관적으로는 자본주의 발전을 위한 길을 닦는 부르주아적 혹은 신민주주의[19]적 혁명이 선행되어야 한다고 인식하고 있었기에, 혁명 승리를 위한 조건으로 우선 자본주의를 발전시켜야 한다고 생각했다.[20] 이러한 구상에 따라 혁명의 성공 후에도 자본주의 경제가 장기간 필요하다는 방침이 수차례 천명된다. 중국은 혁명뿐만 아니라 그 이전의 항일전쟁과 국·공 내전 등을 통해 피폐해진 국민경제의 회복을 위해 1951년까지는 비교적 충실하게 신민주주의적 노선에 따라 제반 경제정책을 취하였다. 관료자본의 몰수와 토지개혁에 따라 국영경제와 농민의 개체경제가 확립되었고, 자본주의 경제에 대한 일정한 보호와 발전정책이 취해졌으며, 국가자본주의적 경제가 정초되어 갔다.

그러다가 1952년 중국 국민경제의 회복이 가시화되자 마오쩌둥은 '과도기의 총노선'을 정식화했다. 마오쩌둥은 이러한 과도기에서 당은 상당

---

19) 마오쩌둥은 1939년 12월 「중국혁명과 중국공산당」이라는 글에서, 현 단계 중국혁명은 프롤레타리아 사회주의적인 것이 아니라 부르주아 민주주의적인 것으로 보고, 이를 '신민주주의혁명'으로 지칭하였다(브로소 쇼 엮음, 1986: 51).

20) 그리고 혁명 성공 후 신민주주의 사회가 갖게 될 주요 경제구성 요소로서는 사회주의적 성질을 지닌 국영경제, 半사회주의적 성질을 지닌 합작사 경제, 私人자본주의 경제와 개체경제, 국가와 사인이 합작한 국가자본주의 경제라는 다섯 가지 형태를 설정하였다. 이것들이 인민공화국의 중요한 경제요소이자 신민주주의 경제형태를 구성하는 것들로 보았다. 1949년 3월 5일 중국공산당 제7기 2중전회에서 행한 毛澤東의 '보고'. 중국학회 엮음, 『중국 체제개혁의 정치경제』(21세기북스, 1999), 18쪽 재인용.

히 장기간 동안 국가의 공업화와 농업, 수공업 및 자본주의 공상업에 대한 사회주의적 개조를 기본적으로 완성해야 함을 역설한다(陳國權 外, 1995: 45~46). 이는 신민주주의 사회의 장기화를 천명한 기존의 구상을 '우경적 착오'로 간주한 배경21)과 맥락을 같이한다. 이러한 방침에 따라 1953년부터 1956년에 걸쳐 행해진 농업과 개체 수공업의 집단화(합작화 혹은 협동조합화) 및 자본주의 공·상업에 대한 국유화(공사합영화) 조치가 이루어진다. 과도시기의 총노선에 기초하여 중국에서는 제1차 5개년계획(1953~1957) 동안 한편으로는 중공업을 중심으로 하는 대규모의 공업건설과 다른 한편으로는 농업, 수공업과 자본주의 공상업에 대한 사회주의적 개조를 기본적으로 완료한다.

그러나 애초의 구상과 달리 너무 갑작스런 방향 선회로 이루어진 사회주의적 개조는 비록 다양한 정치경제적 배경에서 이루어졌지만, 매우 단기간에 급속한 '운동'의 방식으로 진행되다 보니 개조 대상자인 농민, 자본가 계급과 마찰이 발생하고 지도자 사이의 의견대립을 초래하게 된다. 개조의 결과 확립된 소유제 구조 및 경제관리 체제하에서 중국의 생산력 발전은 지체되고 많은 문제를 내포하게 된다(중국학회 엮음, 1999: 46~47).

마오쩌둥 집권 이후 누적된 이러한 중국경제의 체제적 모순은 이를 타개하기 위한 새로운 프로그램을 절박하게 요구하게 된다. 류사오치나 덩샤오핑 등의 실용주의자들은 생산력을 향상시키기 위해 인민들에게 물질적 동기를 부여해야 한다고 주장하고, 계급투쟁과 같은 정치이념보다는 전문적인 기능이나 지식을 보다 강조하였다.22) 특히 덩샤오핑이 제기한 '사회주의시장경제'론은 그러한 모색의 결과이다. 즉 상호모순적으로 작동하는 두 가지의 중심축(兩個中心)을 시스템적 틀 속에서 '하나의 기본점

---

21) 마오쩌둥이 1953년 6월 15일 당중앙정치국회의 연설에서 류사오치의 '신민주주의 사회질서 확립'론에 대해 행한 비판에서도 공식화되었다(燕凌, 1990: 16).

22) '계급투쟁'과 '정신적 우월성'이 급진파의 구호라면, '實事求是(현실에서 진리를 찾는다)'와 '黑猫白猫論(검은 고양이든 흰 고양이든 쥐만 잘 잡으면 된다. 사회주의든 자본주의든 경제만 발전하면 된다)'은 온건파의 구호라 할 수 있다.

(一個基本點)'으로 엮어내려는 시도(김영화, 1995: 231)를 한 셈이다.

실용주의 세력의 등장에 따라 중국은 사회주의 제도의 발달과 사회주의 정권의 공고화는 전적으로 사회생산력의 발전에 의지해야 한다는 점을 깨닫게 된다. 1978년 덩샤오핑에 의해 중국의 개혁과 개방이 공산당 11기 3중전회(三中全會)에서 공식화됨으로써 마오쩌둥의 시대가 마감된다.

중국의 개혁·개방이 중국의 정치와 경제에 미친 영향은 막대하다. 이후 1980년 들어 경제환경과 경제제도의 현대적 재정비를 통해 중국은 놀라운 성장과 변화를 경험한다. 덩샤오핑의 개혁·개방노선 속에 집약된 이론적 틀이 바로 '중국 특색의 사회주의' 건설론이다. 현재까지 중국의 정치경제구조와 내용을 규정짓는 틀인 '중국 특색의 사회주의' 내용은 '하나의 중심, 두 개의 기본점(一個中心, 兩個基本點)으로 요약할 수 있는데, '하나의 중심'이란 중국이 당면한 국가지상목표로 현대화된 사회주의국가 건립을 위한 '경제건설'이라 할 수 있으며, 그 목표를 향한 두 가지의 원칙을 '두 개의 기본점'이라 할 수 있다(張炳玉, 1994: 26~27). 중국에서 특색 있는 사회주의적 발전경로의 성공은 한편으로 개혁지도부의 통일전선론[23]에서도 찾을 수 있다. 거대하고 복합적인 중국 사회구조를 통합·관리해 나가는 데 통일전선의 방침은 매우 유용한 전술로 작용한다. 덩샤오핑은 마오쩌둥, 저우언라이(周恩來) 등 이전 혁명가의 통일전선사상을 계승 발전하였고, 그의 핵심적인 지도하에서 제정된 새로운 통일전선론은 3중전회 이후 당의 전선과 방침 및 정책의 주요 골간이 되고 있다(關世雄 編, 1993: 379~403).

중국의 개혁은 정치, 행정, 경제가 일체화된 복합체계에서 경제를 분리하여 독립된 경제주체들의 시장원리에 의한 생산 및 판매활동을 촉진하고, 국가행정은 이러한 자율적 경제활동을 뒷받침하는 제도와 기반시설을

---

23) '검은 쥐든 흰 쥐든' 사회주의적 축적의 위기를 돌파하는 당면과제에 부합하는 것이라면 어느 것과도 전술적으로 타협하는 현 중국지도부의 유연성은 마오쩌둥의 통일전선론과 맥을 같이 하는 것으로 보인다.

확충하는 데 주력하며, 공산당은 경제활동과 국가행정이 국가발전 및 인민복지를 구현하는 방향으로 이루어지도록 거시적 차원의 정치적 지도를 발휘하는 구도를 지향해 왔다(중국학회 엮음, 1999: 87). 때문에 경제의 사유 내지는 사영화 및 시장화는 정경분리라는 국가체제의 대전환을 전제한 것이다.

그런데 중국의 이러한 정경분리적 접근과 점진적 개혁방식은 시장경제 도입과정에서 시장경제적 원리와 비시장경제적 원리가 공존하는 과도기가 매우 길어지는 결과를 초래한다. 이는 때로 경제성장 및 복지증진이라는 긍정적인 결과를 가져오기도 하지만, 두 제도의 혼재에 따른 사회경제적 질서의 왜곡이 심해지는 상황이 빈번하다. 비록 시장화가 경제에서의 국가 역할 축소를 필연적으로 가져오지만, 시장화 과정 자체는 국가(정치, 관료)에 의해 그 방향과 속도가 결정되기 때문에 여기에 정치·행정적 권력의 오남용이 빈발하게 되는 것이다(중국학회 엮음, 1999: 90). 때문에 경제적 개혁·개방의 폭과 속도와는 별개로 여전히 정치적 차원에서는 개혁이 지연되어 있는 체제의 이중성(双重性)을 보여주고 있다.

현 단계 중국경제는 외국자본을 포함한 다양한 사적 경제주체들이 활발히 활동 중이며, 집체나 국가부문의 경제조직들이 갈수록 국가의 행정적 지시나 당의 정치적 지도로부터 자유로운 활동목표와 방향을 잡고 있다. 특히 국유기업의 구조조정을 통해 경제전반에 걸친 시장기제가 점차 확산되는 추세이다. 국가행정에 대한 기술관료적 접근은 거시 경제관리, 기업경영 등을 중심으로 보편화되고 있으며, 시장경제의 제도적 기반 구축을 위한 다방면의 노력이 전개되고 있다. 당조직의 경제 및 행정과정에 대한 직접적 간섭은 많이 약화되고 있다(중국학회 엮음, 1999: 87).

개혁·개방 이래 적극적 대외무역과 외자도입을 통해 경제성장을 도모하려는 중국의 국제시장 지향적인 산업화 정책은 필연적으로 요소부존과 경제발전 단계에서 상호보완성이 높은 대만과의 경제교류·협력을 수반하게 된다(황병덕, 1998: 40~43). 이러한 정책을 통하여 중국은 무역을 통한 이익, 투자유치를 통한 자본·기술·경영기법의 도입 및 고용확대 등의 경제이익을 취하는 한편, 대만과의 경제적 상호의존성 제고를 통하여 통일을 모색하고 있다.

## 2) 대만의 정치경제

1949년 중국 공산당에게 본토를 넘겨주고 대만으로 퇴각한 국민당 장제스 정권은 이후에도 그들이 중국 전체를 대표하는 유일한 합법정부임을 주장하면서 본토에 대한 통수권을 계속 주장하게 된다. 그리하여 전국적 차원의 선거는 중국통일이 달성될 때까지 무기한 연기되었고, 지방 차원의 선거만 시행되었다(임석준·임성학, 2000: 174).

국민당 집권 이래 대만의 정계는 대륙인 출신인 국민당 우위의 정치분업체계가 구축되는데, 이는 양안관계를 둘러싸고 대만 내부가 분열된 목소리를 표출하는 요인이 된다. 집권 국민당은 지난 반세기 동안 '하나의 중국', '국민당이 유일한 중국정부', '중국본토와의 재통일'이라는 원칙하에 자신의 정통성과 정치적 독점을 정당화하였다. 본성인(本省人), 즉 대만인들의 입장에서 볼 때, 국민당의 이러한 주장은 중국본토 출신의 대륙인(外省人)이 중앙정치무대를 독점하고 대만인에게 지방 수준의 자치를 허용한다는 정치분업체제를 정당화하게 되는 셈이다. 인구분포 면에서 열세인 대륙인들이 대만에서 국민당을 중심으로 권력을 장악할 수 있었던 것은 무엇보다 일본 패망 후 대만의 토착엘리트들이 국가기구를 장악하지 못했다는 점에 있다. 식민통치 기간 일본에 의해 본성인(대만인)들이 정부의 주요관리로 거의 충원되지 못했기 때문에, 국민당 파견 관리들이 일제 패망 이후 일본 통치기구를 인수하게 된다. 그 결과 소수의 본토인들이 다수의 본성인들을 정치적으로 배제하는 가운데 국민당 일당체제를 구축하게 된다. 대륙의 '공산반란군'과 대치한다는 명분하에 선포된 계엄령으로 인해 정치적 반대정당 금지 등 정치활동이 매우 제한되었다. 정당이 허용되지 않았던 수십 년 동안 대만의 정치는 정당으로서 오로지 국민당만 존재하고, 나머지는 '당외(黨外)'라는 명칭을 사용해 왔다. 이렇듯 대만 국민당 정권은 정부기구와 사회에 깊이 침투된 고도의 집중화된 지도력과 당기구를 지닌 '준레닌주의적' 권위주의 정권(Cheng, 1989; Cheng and Haggard eds., 1992)으로서, 당간부는 혁명적 전위세력으로 사회화되었고 당과 국가가 조직적 일체감을 지녔으며 당기구는 군대는 물론 여러 수준의 국가 행정기구를 직접 통제하는 방식을 취했다. 사르토리(Sartori, 1976: 192~237)의 분류에 따르면 대만은 정부천도 이후 38년 동안의 비경쟁적 일당체계 혹은 패권정당체계에서 1980년대 중반 이후 대체적으로 경쟁적 일당우위체계(one-party predominant system)의 모습을 보인다.

대만인들이 주축이 된 정치적 반대세력은 1970년대부터 민주화 요구와 함께 국민당의 '하나의 중국' 정책에 도전하기 시작한다. 그들은 민주화의 목표를 대만정체성의 부각과 독립에 결부시켜 왔다. 대만에서 정치적 민주화 노력은 그동안 국민당에 의해 억눌려온 대만의 정체성을 부각시키고 대만 민족주의(Taiwanese nationalism)를 불러일으켰다. 그 결과 대만을 중국의 일부분으로 간주하여 독립을 반대하고 중국과 궁극적 통일을 주장하는 대만 내의 중화민족주의 세력과 갈등을 초래하였다.

한편, 일본의 식민지 자본주의 경제의 잔재와 함께 여전히 낙후를 면치 못했던 대만의 경제 역시 국민당 정권이 일련의 경제개혁을 추진하면서 점차 수습되기 시작한다. 1970년대 초부터는 수출지향적 공업화의 초기 단계와 구별되는 새로운 단계에 진입하게 되는데, 즉 수출산업의 구조변화와 노동력 개발에 주력하는 한편 중화학 공업화와 사회간접자본의 확충을 꾀하였다. 그 결과 대만은 당시 세계에서 가장 높은 수준의 경제성장을 달성하여 아시아 신흥공업국의 선두주자로 자리매김하게 된다. 이러한 경제성장에 따라 중산층이 형성되었으며, 이들을 중심으로 한 새로운 정치적 민주화 요구들이 점차 집약되기 시작하였다.

장제스의 정권을 물려받은 장징궈(蔣經國)의 국민당은 그동안 성장한 중산층의 민주화 요구와 당외의 계속되는 도전에서 권위주의적 통치방식을 더 이상 고집할 수 없었다. 1986년 야당인 민주진보당(民主進步黨)이 생기고 1987년 40년 동안 시행되어 온 계엄령이 해제되면서 정치적 민주화가 위로부터 집권층의 통제하에서 서서히 이루어지기 시작한다. 1986년에 야당인 민주진보당이 정권을 잡고부터 장징궈의 권위주의 체제하에서 금기시해 왔던 '대만독립'의 문제가 전면에 부각된다.[24]

국민당 정부는 반대세력이 미약한 가운데 민주개혁을 시작하였고, 1996년 집권 국민당 후보인 리덩훼이(李登輝)가 대만 최초의 직접 총통선거에서 당선된다. 대만 출신인 리덩훼이는 필요한 경우 재야와 대화를 나누면서 비교적 무난하게 민주화 프로그램을 진행하여 민주주의의 제도적, 외양적 모습을 갖추었다. 초기 민주화가 제도적으로 이루어진 1998년 이후의 대만 민주주의는 적어도 외형적으로는 무난한 공고화의 과정을 거쳐 왔다. 외교적 고립과 중국의 위협이라는 국제구조, 외래정당이라는 태생적 한계, 그리고 재야 정치세력의 부상 및 국민들의 민주화 압력은 장징궈와 리덩훼이로 하여금 국민당의 계속적인 집권을 위하여 내부적으로는 당의 대만화와 외부적으로는 민주화정책을 추진하도록 요구하였다.

2000년 들어 대만의 정치는 또 하나의 이변을 낳게 된다. 대만의 독립을 주장해 온 민진당이 몇 차례의 양안위기와 수차례의 선거경험을 통하여 이전에 비해 보다 유연한 자세를 취한 데다가, 국민당마저 내부분열을 일으키는 우연이 겹쳐 2000년에는 대만 최초로 비국민당 출신인 민진당 천수이벤이 총통에 당선된 것이다. 또한 이로써 대만의 정치체제는 일당지배체제로부터 경쟁적인 선거와 다양한 체제의 인정 등 제도적 민주화가 이루어지고 있다. 이러한 민주화는 사회의 갈등구조를 수용할 수 있는 제

---

24) 민진당은 독립 주장의 정도는 다르지만 국민당의 통일정책과 대중국정책에 반대하는 4개 주요 대만독립세력이 연합해 결성되었으며, '대만이 이미 독립된 국가이며 적어도 대만의 독립을 추구하는 정당'임을 黨綱에서 명확히 밝히고 있다(康埈榮, 2003: 79).

도를 이루었다는 점에서 적어도 외형적으로는 민주화를 공고화하였다고 할 수 있다(김범석, 2005: 5). 그러나 시민-정치권 및 정당 간 민주적 통합의 절차를 형성한다는 내용적인 면에서 대만은 앞으로 정상적인 정치적 갈등의 수위를 넘어선 정책마비(policy stalemate) 등 심각한 정치적 불안정에 처할 가능성이 높다(정상화, 2001: 133~137).

한편으로 대만의 정치적 민주화는 대만의 국내정치에 국한된 문제가 아니라 양안관계는 물론 국제사회에도 미묘한 영향을 행사할 개연성이 있다는 점에서 외부적 관심의 대상이 된다. 그 이유로는 대만의 민주화는 민족정체성에 대한 자각을 바탕으로 하는 이른바 '정체성의 정치'를 고양시킴으로써 대만독립에 대한 요구를 증가시키고, 중국은 대만독립을 막기 위한 군사적 행동을 감행할 수 있다는 점에서 양안관계의 불안정을 초래할 우려가 있다(김범석, 2005: 58). 대만은 이민사회이기 때문에 지연관계가 자연히 커다란 응집력을 지니며, 이러한 응집력은 지연관계가 다른 사람에게는 배타적으로 나타나기 쉽다. 이로 인해 출신 성적(省籍)에 따른 모순이 존재하는 것이다(尹章義: 121~122). 원적(原籍)이라는 요소는 대만 정치과정에서 중요한 변수이다. 최근에 이르러 출신지에 따른 갈등(성적모순)이 대만에서 이미 다소 약화되었지만, 그러나 여전히 완전하게 해소되지 않고 있다. '통일'과 '독립'의 문제에서도 대만독립을 주장하는 민진당의 경우 거의 대부분이 원적을 가진 인사인 반면, 핵심인물이 주로 외지인인 국민당은 통일을 바라고 있는 것이다(姚禮明, 1998: 171~189).

리덩훼이 정권하에 추진되어 온 대만의 정치민주화는 1996년 봄 총통선거를 통해 완성되는데, 이는 필연적으로 '대만화'를 초래할 수밖에 없게 된다. 즉 대만(중화민국)의 국가원수가 대만의 민주를 묻는 선거에서 선출된다는 사실은, 중화민국이 머지않아 중국 대륙이 아닌 대만을 대표하는 국가가 된다는 의미이다(박정동, 1997: 169). 대만이 민주화된다는 것은 중국으로서도 개입할 명분이 없지만, 대만의 민주화는 대만정치의 '대만화'를 실현시키게 될 것이고, 그 연장선상에서 '대만독립'의 요구가 합법적으로 분출하게 된다. 또한 대만의 민주화는 국제사회에서 민주국가의 실체로서 대만의 합법적 지위와 존재를 부각시킬 수 있는 계기가 된다는 점에서 중국이 주장하는 통일정책에 걸림돌로 작용할 수 있다.

## 4. 양국의 통일정책과 비교

중국과 대만은 양안통일에 대해 각자가 가지고 있는 기본인식을 바탕으로 각기 다른 통일관과 통일정책을 보이고 있다. 중국은 "대만은 중화인민공화국의 신성한 영토의 일부이며, 조국통일의 대업을 완수하는 것은 대만인민을 포함한 전 중국의 신성한 책임"이라고 헌법에 규정하고 있듯이 통일 문제와 관련해 홍콩에 적용했던 '1국 2체제' 원칙을 고수해 왔으며, 대만이 독립을 추진할 경우 무력침공도 불사하겠다는 입장을 천명해 왔다. 따라서 중국은 중국대륙의 현 사회주의 체제와 대만의 자본주의 체제가 주종관계로서 1국 2체제하에서 상호협력과 보완 및 경제발전을 통해 국가의 주권을 수호하고 영토를 보존하여 중화민족의 진흥을 실현할 것을 목표로 삼고 있다. 이에 반해 대만은 상호 대등한 '일국양구(一國兩區)' 체제하에서 대륙을 포함한 중국 전역에서의 정치적 민주화, 경제적 자유화, 사회적 다원화 등의 실현을 통해 민주, 자유, 균부(均富)에 기초한 하나의 통일된 중국을 건설하려는 목표를 갖고 있다(이병대, 2001: 83~84).

이처럼 중국과 대만은 외형적으로는 통일의 필요성과 당위성을 강조하지만, 그 기본전제가 상이하고 각자의 견해와 원칙만을 고수하기 때문에 구체적인 합의를 이루는 데 어려움이 따른다. 이 장에서는 분단과 양안통일에 관한 중국과 대만의 기본인식 및 그들의 통일정책을 시기별로 살펴보고 그 특징을 상호비교하기로 한다.

## 1) 중국의 통일정책

### (1) 분단과 통일 문제에 대한 기본인식

중국은 분단, 즉 대만 문제가 형성된 배경과 그것이 해결되지 못한 주요원인을 중국의 자주적 역량 결여와 그에 따른 외세의 개입과 결부시켜 인식하고 있다. 따라서 중국은 양안의 통일을 민족통합과 자주적 역량의 회복, 영토보존이라는 차원에서 강조하고 있으며, 홍콩과 마카오의 반환 이래 중국 전체의 통일 문제에 대해 더욱 관심을 기울이고 있다.

중국은 기본적으로 현재의 중국과 대만의 관계가 1894년 청일전쟁 이후 일본의 대만점령, 국민당이 야기한 반인민적 내전, 제2차세계대전 후 미국을 중심으로 한 외세의 개입 등 일련의 역사적 사건에 의해 형성되었다는 인식을 갖고 있다. 즉 역사적으로 대만은 중국대륙의 영토인데, 제국주의 열강의 중국침략, 중국혁명과정에서 벌어졌던 중국 공산당과 국민당의 내전, 1949년 이후 주요 서방국가들의 내정간섭 때문에 대만이 중국대륙에 귀속되지 못해 지금의 대만 문제가 생긴 것이라고 생각하고 있다. 중국으로서는 대만이 중국에 완전히 통합되지 못한 분단현상을 '대만 문제'의 본질로 보고 있으며, 통일을 그 해결의 정답으로 간주하고 있다.

중국이 주장하는 논리로는 우선, 중국의 정권은 과거 5,000년간 다른 이름으로 존재해 왔더라도 통일된 '중국'이 유지되어 왔다는 점, 중화인민공화국의 수립으로 중화민국은 소멸되었으므로 중국의 정통성은 중화인민공화국이 계승하고 있고 대만은 중국의 지방정부에 불과하다는 점, 국제법적으로 카이로선언과 포츠담선언을 통해 일본은 대만을 중국에 양도하여 중국의 영토가 되었다는 점, 그리고 중국과 대만의 문제는 남북한이나 동·서독의 문제와 달리 지역적이고 국부적인 내부분열이므로 양안 문제의 국제화는 있을 수 없다는 점, 따라서 양안 문제에 대한 국제적 관심도 내정간섭이라는 점이다.

중국 측은 대만정부가 '양안의 독립적 정치실체에 의한 현실적 분치'를 강조하는 것에 대해 이를 실질적으로는 '두 개의 중국' 정책이므로 결코 수용할 수 없다는 강경한 자세를 고수해 왔다. 양안의 협상에서도 국가와 국가 간 혹은 정부와 정부 간이 아닌 당과 당 간의 협의로 그 의미를 축소하고 있다.[25]

## (2) 정책의 변화과정

통일 문제 해결을 위한 중국의 대만정책은 1978년 덩샤오핑 체제의 성립을 전후로 다른 양상을 보인다. 이전의 대만정책은 무력적이고 위협적인 통일방식을 추구하던 시기였다면, 덩샤오핑 이후의 대만정책은 평화적 방식으로 통일을 추구하던 시기라 규정할 수 있다(류동원, 2001: 66). 특히 평화적 통일방식의 구체적인 모델로서 일국양제 정책은 1979년 '대만동포에게 고함(告臺灣同胞書)'의 발표 이래 그 모형이 가다듬어져서 1980년대를 거치면서 기본적 형태가 완성되었고, 1990년대 탈냉전이라는 새로운 국제환경에 따라 상당한 변화를 가져오게 된다. 여기서는 마오쩌둥, 덩샤오핑, 장쩌민, 그리고 최근의 후진타오(胡錦濤) 시대에 이르는 통일정책 내지는 대대만정책의 변화과정을 살펴본다.

우선, ① 마오쩌둥의 대만정책은 기본적으로 '대만해방'을 위한 군사적, 정치적 해결모색으로 규정지을 수 있다. 그의 정책은 제1차 대만해협위기(1954.12.) 혹은 제2차 대만해협위기(1958.8.)를 정점으로 크게 전후기로 나눌 수 있는데,[26] 전기는 군사적 공격에 의한 통일달성이라면 후기는

---

25) 실제로 중국은 1971년 10월 제26차 UN총회 2758호 결의안을 통해 중국을 대표하는 유일한 합법정부로 공인받은 이후 대만 국민당 정부를 지칭하는 데 있어서 독립적인 정치실체 혹은 정부로서의 오해를 야기할 소지가 있는 표현을 철저히 배제해 왔다. 또한 양안관계를 처리함에 있어 중화민국의 국호는 물론 중앙, 전국, 국립, 국가, 중앙정부 등의 명칭 사용을 대만은 물론 수교국 측에 허용하지 않고 있다.

26) 류동원은 통일을 위한 수단이 무력이냐, 평화공존이냐에 따라 두 시기로 나누며,

정치적 해결을 통한 통일추구였다. 무력의존기인 1949년 말과 1950년 초에 걸쳐 중국은 내란을 종결짓기 위한 적극적인 공세를 펼친다. 그 결과 홍콩과 마카오(澳門)를 제외한 중국의 통일이 오는 듯했으나, 1950년 한국전쟁 발발로 미국이 개입하면서 중국의 통일전망은 불투명해졌다.[27] 1950년대 중기에 이르러 중국정부는 국제 및 국내정세의 변화에 따라 대 대만정책을 수정하게 된다. 중국의 무력을 통한 대만통일 시도는 미국이라는 변수로 인해 쉽게 실현되기 어렵게 되었으며, 이에 따라 중국의 통일정책은 정치적 협상을 통한 평화적 수단을 강구하게 된다.[28] 이후 중국은 양안 간 제3차 '국·공합작'의 성사에 주력하면서도 한편으로는 무력사용을 배제하지 않는 모습을 보여왔다.

② 덩샤오핑은 개혁·개방정책을 통한 4개 현대화를 지상과제로 설정하면서 통일정책을 포함한 기존의 대만정책을 상당 부분 수정하게 된다. 1979년 들어 중국은 대대만 무력통일 방식을 공식적으로 폐기하고 평화적인 통일방안, 즉 '일국양제'의 통일방침을 제시하게 된다. '일국양제'의 원칙이 중국의 공식적인 통일정책에서 중요한 위치를 차지했다는 것은 중국의 헌법에 그 원칙이 규정되었다는 점에서도 발견된다. 중국은 1982년 12월 제5차 전인대 8차회의에서 새로운 헌법을 제정, 통과시키면서 제31조에서 '특별행정구(特別行政區)'에 대한 규정을 신설하여 중국 통일정책의 헌법적 근거를 마련하였다. 이에 따라 중국은 대만의 중국 편입 시에 실행하게 될 제도와 정책에 대한 법률적인 근거를 갖게 되었다(류동원, 2001: 75). 덩샤오핑의 정책은 과거처럼 무력적이든 평화적이든 '대만해방'이라는 정책적 용어를 사용하지 않았다는 점이 중요하며(방빈, 1999:

---

그 기준을 제1차 대만해협위기가 발발한 1954년으로 본다(류동원, 2001: 67~74).

27) 한국전쟁을 계기로 미국은 제7함대의 대만해협 배치와 공군 제13항공대의 대만주둔을 명령하여, 중국 인민해방군의 대만해방을 무력으로 저지하였다.

28) 1955년 4월, 인도네시아 반둥에서 개최된 아시아·아프리카 비동맹회의에서 중국은 미국의 대만 문제에 대한 개입을 차단하고 미국과 직접 접촉을 위해, 대만 문제를 평화적인 방식에 의해 해결할 것을 강조한다(류동원, 2001: 73).

103~104), 대만의 자본주의 체제를 인정한다는 입장이 특징적이다.[29] 일국양제의 구상은 1979년 이후 중국의 대내외 정책변화, 국제정세 변화추이에 맞추어 점진적으로 형성·보완되어 왔으며, 중국 국무원이 1993년 8월 31일 발표한『통일백서』는 기존의 모든 논의를 종합하여 대만 문제를 해결하고 양안의 통일을 위한 기본방침으로 일국양제를 구체적으로 설명하고 있다.

③ 한편, 덩샤오핑이 제시한 일국양제에 의한 대만 문제 해결원칙의 연장선상에서 장쩌민(江澤民)은 1995년 1월 24일 대만통일에 대한 중국의 입장을 8개 조항으로 발표한다. '장팔점(江八點)'(江澤民, 1995)으로 불리는 이 원칙은 '일국양제'에 바탕을 둔 철저한 대만정책을 천명한 것으로, 그 기본입장은 대만 내의 정치·사회적 변화에 대한 우려와 그에 따른 대응 의도가 더욱 엿보이는 특징을 가지고 있다. 장쩌민은 평화적 통일방식을 견지하면서 대화를 통해 통일을 요구하는 것으로 보이면서도, 다른 측면에서는 대만 내의 반통일적 경향들에 대해 압력을 행사하겠다는 과거 통일정책들의 양면적 특징을 그대로 유지하고 있다고 볼 수 있다.

그런데 대만 민진당의 천수이볜이 55년간의 국민당 집권을 종식시키고 총통에 당선된 후 중국의 대만정책은 큰 변화를 가져오게 된다(이병대, 2001: 39~40). 대만 내 각 정치세력들의 분리주의 강화는 장쩌민 중국 지도체제로 하여금 대만 문제 해결의 긴박성을 느끼게 한 것이다(류동원, 2001: 76~77). 그 결과 장쩌민 지도부는 '평화통일, 일국양제'의 큰 틀을 유지하면서, 대만에 대한 통일정책을 적절히 조정하면서 압박의 강도를 더해간다.

④ 후진타오 중국공산당 총서기 역시 기존의 '하나의 중국' 정책을 기

---

29) 이러한 정책적 변화의 배경에는 탈 이데올로기적 국제질서와 함께 中美관계의 변화라는 요인도 있었다. 1979년 1월 중국과 미국은 국교를 수립하였으며, 동시에 미국은 대만과의 방어조약을 종식시키고 국교를 단절하였다. 미국이 중국 북경정부를 중국의 유일한 합법정부로 인정한 대가로 북경정부는 대만 문제의 평화적 해결가능성을 공식적으로 받아들여야만 했다.

초로 양안 간 대화재개 및 3통 실현을 목표로 한 대만통일정책을 표방하고 있다. '양안관계 발전을 위한 4항원칙'을 주제[30]로 행한 취임연설에서 후진타오는 현재 양안관계 발전의 걸림돌이 대만 당국이 '하나의 중국' 원칙을 거절한 결과라고 주장한다. 또한 그는 평화통일은 어느 한 측이 다른 측을 흡수하는 것이 아니고 서로 평등하게 협상하여 통일을 이루는 것임을 주지시켜 무력과 흡수방식에 의한 통일이 아님을 거듭 강조한다.[31] 후진타오는 취임 후, '평화통일과 1국2체제'의 기본방침과 장 주석의 8대 통일정책(江八點)을 토대로 대만과의 양안관계 개선에 매진하겠다는 방침을 강조했다. 그는 '하나의 중국' 정책을 토대로 (2000년 5월 천 총통 취임 후 중단되어 온) 대만과의 대화와 담판을 재개하는 등 양안 각 방면에서의 교류와 합작을 적극 추진하고자 하였다. 그러나 대만독립 문제에 대해서는 "분열주의자들의 행동을 절대 용납지 않겠다"고 경고했다 (≪연합뉴스≫, 2003.1.2.). 후진타오가 제시한 4항원칙은 기존의 '평화통일, 일국양제'를 견지한 것으로서, 장찌민의 주장(江八點)보다 더 명확하고 구체적, 창의적인 것으로 평가된다.[32]

2005년 봄, 대만의 국민당 렌잔(連戰) 당수와 중국의 후진타오 주석의 역사적인 상봉이 이루어짐으로써 양안관계는 새로운 국면을 맞고 있다. 후진타오 주석은 국·공 내전으로 공산당과 국민당이 결별한 지 56년 만에 대만 국민당 당수인 렌잔을 공식 초청, 2005년 4월 29일 베이징에서

---

30) 첫째, '하나의 중국' 정책은 변하지 않음, 둘째, 평화통일 노력을 포기하지 않음, 셋째, 대만인민에게 희망을 거는 원칙 불변, 넷째, 대만독립이라는 분열적 행동에 대하여 절대로 타협하지 않음(第一, 堅持一个中國原則決不動搖. 第二, 爭取和平統一的努力決不放弃. 第三, 貫徹寄希望于台湾人民的方針決不改變. 第四, 反對"台獨"分裂活動決不妥協). ≪人民日報≫ 2005.3.4.

31) 和平統一, 不是一方吃掉 另一方, 而是平等協商, 共議統一. ≪人民日報≫ 2005.3.4.

32) 그 이유로는 대만당국의 대대륙정책의 변화에 대해 긍정적으로 평가하고 있다는 점, 양안회담의 대상에 대해 서로의 입장을 배척하지 않는다는 점, 양안의 평화통일의 여러 이점에 대해 모두 다루고 있다는 점, 그리고 '인간을 근본으로 삼음(以人爲本)', '국민에 비중을 둠(以民爲重)'의 정신을 들 수 있다. 孫升亮, 「富有新意的政策主張」.

양당 지도자회담을 가졌고,[33] 이어 5월 12일에는 대만 연합야당의 또 다른 지도자인 쑹추위(宋楚瑜) 친민당 당수를 만나는 등 대만의 야당지도자들을 상대로 적극적인 통일전선을 시도하고 있다.

## 2) 대만의 통일정책

### (1) 분단과 통일 문제에 대한 기본인식

대만은 통일 문제를 독일과 한반도와 같은 분단국가의 모델을 통해 접근하고자 한다. 대만은 중국 공산당이 정권탈취를 기도하면서 중국의 재분열이 시작되었고 항일전쟁 이후 공산당이 무장반란을 통해 본토를 석권하면서 대만이 천도(遷都)했다고 주장해 왔다. 따라서 '대륙을 공격하여 중국을 통일한다(反攻陸 統一中國)'는 정책은 대만정권의 정당성을 보장하는 것이었으며 '적대적 공존'에 기초한 정권연장의 기제이기도 하였다(주유진, 2000: 49~5).

중국의 통일정책에 대한 대만의 입장은 여러 면에서 모순을 지닌 채 중국과 미묘한 불일치를 보이고 있다. 대만은 중화인민공화국의 대륙에 대한 관할권은 인정하지만, 중화인민공화국이 결코 중국일 수는 없으므로 대륙과 대만 모두 하나의 중국의 일부분이라고 주장한다. 결국 중국은 아직 통일되지 않았고 통일을 이루기 전까지는 분열되어 통치하는 것이 현실이므로, 대만을 대등한 정치적 실체로 인정해 줄 것을 요구한다. 대만의 통일정책은 기본적으로 '하나의 중국, 하나의 대만'이라는 분리주의 색채를 띠고 있다. 대만의 대중국 및 통일정책은 '신중하고 절제된(戒急用忍: Cautious and Self-Restrained)' 정책의 지속과 단절(이희옥, 2000: 27)로 요약할 수 있다. 대만정부가 주장하는 통일을 위한 기본전제의 핵심내용은 대

---

33) 렌잔은 중국에서 "양안은 하나의 중국이다"고 천명, 대만 여당의 독립 시도를 돕지 않을 것임을 약속했다.

만에 대한 중국의 무력사용 포기를 통한 양안의 확고한 평화정착, 대만의 정치적 지위보장과 중국의 정치민주화 등이다. 하지만 대만의 국내정치연합의 변화에 따라 대만의 대중국정책 내지는 통일정책의 기조는 다음과 같이 변해왔다.

### (2) 정책의 변화과정

① 1950년 1월 중국 국민당총재의 신분으로 장제스는 「전국 동포에 고하는 글」을 발표해 전 중국인민에게 한마음으로 끝까지 반공할 것을 요구했으며, 대만정부는 국가 영토 주권회복과 국민의 생명, 재산의 자유를 보장하고 공산당을 물리치는 데 힘쓸 것이라고 강조했다(張其勻, 1973: 60). 이로써 '반공복국(反共復國)'은 대만의 국가통일 기본정책으로 자리잡게 된다. 이 정책은 1978년 말까지 지속되면서 삼민주의(三民主義) 중국 통일 정책의 기저가 되었다(張炳玉, 1993: 120). 1971년부터 장제스의 사망 시기까지 중국의 대만에 대한 무력 불포기와 평화공세 속에서 대만은 부접촉(不接觸), 불담판(不談判), 불타협(不妥協)이라는 '3불정책(三不政策)'을 표방해 나간다.

② 1978년 제6대 총통으로 취임한 장징궈는 중국의 '3통4류(三通四流)', '섭9조(葉九條)', '등6점(鄧六點)' 등 일련의 일국양제 전략에 맞서 삼민주의에 의한 중국통일정책을 추진한다. 1981년 4월 5일 국민당은 전국대표대회를 소집해 '삼민주의에 의한 중국통일' 방침을 제기하였다. 이는 삼민주의에 의한 새로운 국가건설, 반공복국의 행동강령 실천, 통일 후 중화민국의 건설경험을 통한 대륙재건 등을 담고 있었다. 그 후로 중국의 각종 정책에 대해 장징궈는 장제스의 3불정책으로 대항하면서(張五岳, 1991: 204~20) 대륙과는 차별성 있는 대만화정책을 견지해 나간다.

③ 대륙에 대한 대만의 본격적인 태도변화는 1988년 대만성 출신인 리덩훼이 총통 취임 후 대만 정치지형에 구조적 변화가 발생하기 시작하

면서부터이다. 국민당 지배구조의 변화에 따라 과거 본토수복정책으로부터 장기적 분단현상을 받아들이는 현실주의 정책으로의 전환을 가져왔다. 즉, 과거 철저한 반공이념에 바탕을 두고 소위 본토수복 차원에서 통일문제를 인식했던 대만은 장징궈 사후 정치·이념적인 측면보다는 현실적인 차원에서 통일을 인식하기 시작하게 된다. 또한 경제발전과 규모의 확대에 따라 서방과의 무역마찰이나 임금상승 등 많은 어려움을 맞게 됨으로써, 이에 대한 하나의 대응책으로서 중국과의 경제교류의 요구가 급증함에 따라 3불정책의 수정에 대한 재고가 필요해 진 것이다.

대만의 민주화와 함께 최초의 직접선거로 선출된 리 총통의 등장은 과거 국민당 정부의 대만화 정책이 본성인 중심으로 추진됨을 의미한다. 더욱이 1980년대 이후 대만의 민주화가 가속화되고, 특히 1988년에 개최된 국민당 13기 전체회의에서는 기존의 3불정책을 견지하면서도 양안 간 민간교류를 공식적으로 허용할 것을 결정한다.[34] 1990년 들어 리 총통은 중국을 '반란단체'로 규정하는 것을 포기하고 처음으로 중국을 국가로 인정하는 태도를 보인다. 이어 1991년 계엄령을 해제하는 한편 총통부의 직속기구인 국가통일위원회가 '국가통일강령'[35]을 제정하여 '하나의 중국'은 서로 예속되지 않는 대등한 정치실체라는 일국양체론(一國兩體論)을 정립한다.[36] 이와 함께 '일국양구'의 통일방안을 중국에 새로이 제안했다.[37] 이는 주권 및 통치권과 같이 정치적으로 민감한 부분에 대해서는

---

34) 이러한 의미에서 대만 출신인 리덩후이 총통의 등장을 추인한 1988년 7월 7일 국민당 제13기 전국대표대회는 대중정책의 질적 변화 면에서 주요 전환점을 이루었다고 볼 수 있다(이병대, 2001: 29~30).

35) 1991년 3월 공포한 '국가통일강령' 전문은 "해협 양안은 이성·평화·대등·호혜의 전제하에 적절한 기간의 교류·합작·협상을 통해 민주·자유·균부에 대한 공감대를 형성하고 공동으로 통일중국을 재건한다"는 점을 명시한다. 강령에 따르면 통일조국의 목표는 민주, 자유, 균부로 두고, 그 절차는 호혜적 교류단계 → 상호신뢰와 협력단계 → 통일협상단계로 설정했다.

36) 이것은 그동안 대만에서 지속적으로 제기해 왔던 '1국가 2정부(一國兩府: One Country Two Government)'가 지닌 정치적 민감성을 희석하기 위한 것이었다.

일단 뒤로 미루어두고, 우선 하나의 중국이란 원칙 아래 대륙지구와 대만지구는 정치적·경제적 실체를 상호 인정하자는 것이다.

하지만 1994년 행정원의 '대륙위원회'가 「양안관계설명서」를 발표하여 중국대륙이 1993년 발표한 『대만 문제와 중국의 통일백서』에 대응을 시도하였는데, 이러한 노력들에서 대만은 '두 개의 대등한 정치실체'를 핵심으로 대내적으로는 '분열분치(分裂分治: 분리통치)', 대외적으로는 '평등대표권'과 '교차승인'을 주장하면서, 대만의 '독립주권국가'의 지위를 확립하려는 노력을 계속한다. 국민당 정부는 중국정부의 적극적인 반대에도 불구하고 국제무대에서 '실용외교'를 적극 추진하여 중국본토를 자극함으로써 1994년 이후 양안관계는 재차 긴장상태를 유지하게 된다. 이러한 본토와의 분리 독립을 고취하는 주장들은 '신대만인주의'[38]로 수렴되고 집약되고 있다. 이러한 일련의 일들은 '하나의 중국'정책을 견지하고 있는 중국의 반발을 야기하였다.

리덩휘이 시기 양안관계에 대한 대만의 입장은 내용적으로 대만의 분리에 기초해 있었고, 이것은 '강8점'에 대응해 리덩휘이가 제기한 '6대조항(李六條)'과 '양국론'에서 찾아볼 수 있다. 리덩휘이 시기 대만은 교류협력의 유연성에도 불구하고 쌍방의 수뇌회담 등 정치회담에 대해 '국제적인 장'과 '무력불사용의 약속'을 전제하고 있다는 점에서 사실상 '나누어

---

37) 대만통일정책의 핵심이 되는 一國兩區는 1990년 6월 대만의 國是會義에서 당시 행정원 부원장이던 施啓陽에 의해 제기된 것으로, 중국은 하나지만 대륙지구와 대만지구로 분할되어 각자가 독자적이고 대등한 정치실체로서 지위를 갖고 있다는 점을 강조하기 위한 것이다.

38) 대만 정체성의 인정을 강조하고 대만의 이익 제일주의와 '대만인의 대만'이 강조되는 것을 말한다. 따라서 신 대만인주의는 대만의 대외정책과 대륙과의 대등한 지위를 확립하려는 대륙정책의 개념적 기초를 이루고 있다. 또한 신 대만인주의는 대만 사회 내 대만계와 대륙계 간의 모순을 완화시키려는 효과를 갖는 면도 있으나, 반면에 대만의식을 강조하여 대륙계를 더욱 주변화시킬 가능성도 배제할 수 없다. 그러나 신 대만인주의는 대륙계인 宋楚瑜와 馬英九가 대만성장과 대만시장에 당선되는 데 결정적 작용을 하기도 했다.

통치하는(分製分治)' 방안을 강조한 것으로 볼 수 있다.[39] 이처럼 역대 국민당 정부는 특수한 양국론으로 양안관계를 정의하면서 통일보다는 현상유지 또는 독립국가로서의 지위획득에 보다 많은 무게를 쏟고 있다. 즉 먼저 대만의 주권국가 지위를 획득하고 대륙이 경제발전과 정치적 민주화가 어느 정도 진척된 다음에야 대등한 위치에서 통일에 관한 정치협상을 추진할 수 있다는 것이다.

④ 2000년 3월에 총통에 당선된 민진당의 천수이볜은 리덩훼이 시기의 '신중하고 절제된' 정책을 공개적으로 비판해 왔다(≪聯合早報≫, 1999. 11.21.). 그 이유는 이러한 정책이 대륙과의 교류를 제한하여 결국 대륙으로부터 이탈하고 국제적 자유화의 추세에 역행한다는 것이었다. 천 총통은 국민당과는 차별화된 정책을 통해 대만경제의 출구를 확보하겠다는[40] 인식을 보여준 것이다. 그는 여러 차례 대륙 투자금액과 투자분야를 제한한 국민당의 '신중하고 절제된 정책'을 폐기할 것이라고 공언했으며, "대륙의 대만 증시 진출도 허가하겠다"고 밝힌 것도 같은 맥락에서 이해할 수 있다(≪중앙일보≫, 2000.3.21.). 결국 독립에 대한 원칙을 유지하는 것보다 경제교류의 폭을 확대하는 정책을 요구받게 된 것이다. 이런 점에서 역설적으로 '독립파' 정권이 교류의 확대를 선택하고 있다고 말할 수 있다(이희옥, 2000: 40). 그는 비록 중국의 '하나의 중국' 원칙에 대한 거부와 대만독립 의지를 강력히 밝혔지만, 총통으로 취임한 이후 중국의 강경한 입장을 감안하고 경제교류의 이득을 놓치지 않으려 노력하는 모습을 보인다(최명길, 2003: 61~84).

통일정책의 일환으로 천 총통은 중국과의 긴장관계에서의 해소와 자신

---

39) 이러한 인식은 1999년 7월 9일 독일 라디오와의 회견에서 "대만은 향후 대륙과의 관계를 특수한 국가 대 국가의 관계"로 풀어 나간다는 '양국론'을 제기하면서 더욱 진전되었다. 이것은 '하나의 중국'과 여기에 기초한 '일국양체' 모델을 폐기하고, 독일모델을 채택하겠다는 의미로 볼 수 있다(楊力宇, 1999: 36).

40) 일각에서는 천 총통이 자신의 최대 지지세력인 대만 출신 중소자본가들의 이해를 보호하기 위한 제스처로 해석한다(Clark. 2000).

의 입지를 부각시킬 수 있다는 일환으로 소3통(小三通)을 제의했다. 중국으로서도 대만과의 경제적인 접촉이 중국경제에 실보다는 득이 많다는 판단에 따라 소3통 제안에 묵시적인 동의를 함으로써(박광득, 2001) 현재까지 진행되고 있다.

천수이볜 정부의 대륙정책의 기본인식과 구체적인 정책내용은 1999년 11월 15일 발표된 민진당의 21세기를 맞이한 『중국정책백서(跨世紀中國政策白皮書)』[41]에 잘 나타나 있다. 여기서 보이는 천수이볜 정부의 대륙정책의 기조는, 첫째, '두 개의 국가 간의 특수관계'라는 정치적 지위의 설정이다. 이는 대륙의 '하나의 중국' 원칙에 대한 수용불가의 입장으로서, 국민당 리덩휘이 정부의 입장을 그대로 이어받은 것이다. 둘째, 양안 간의 접촉교류를 장단기적 전략하에 추진한다는 구상이다. 단기적으로 다양한 통로와 의제로 중국과의 대화와 협상을 추진하고 이를 통해 양안 간의 이해 증진, 신뢰회복 및 갈등해소를 이룩하며, 장기적으로는 개인, 조직 및 단체들과의 합작을 통해 대만주권에 대한 중국 내의 지지세력을 형성하고 중국 내의 민주화도 촉진한다는 것이다. 이는 국민당의 소극적 자세에서 탈피하여 정치적 의제를 포함한 어떠한 형식의 협상에도 적극 응한다는 것을 의미한다. 셋째, 중국의 민주화에 대해 적극적 역할을 수행해야 한다는 것이다. 넷째, 민진당은 향후 중국과의 경제교류에 있어 보다 개방적인 정책을 통해 '경제안전 발전전략'을 채택해야 한다는 것이다. 이상에서 살펴보았듯이 민진당은 향후 대만이 '3통(三通)'을 포함한 경제교류에 있어 비교적 전향적인 자세를 취할 것임을 예고한다(박광득, 2001).

소수파 정권의 부담 때문에 천수이볜의 기본노선은 분리에 기초한 새로운 양안모델보다는 '국가연합' 구성방안을 긍정적으로 평가하는 한편, 갈등을 축소하면서 현상을 유지하고자 하는 정책을 선호하고 있다(≪明報≫, 2000.4.22.). 대내적 변화에 따라 양안관계의 주요 초점은 '통일'에서 '현상

---

41) 원문은 http://www.dpp/org.tw/d_news/center/abtain991115_1.htm (검색일 2005.5.20.)

유지'를 위한 주권논쟁으로 옮겨간 것이다. 즉, 현상유지의 차원에서 중국에 대한 실체 인정을 요구하며, 각종 대륙정책을 포함한 국내외 정책도 이러한 틀 속에서 운영된다.

이처럼 대만은 현 단계에서 실질적으로 중국에 대한 흡수를 의미하는 통일을 추구하지도, 중국과 극단적인 대치상태를 초래할 독립을 추구하지도 못하는 상황에서 현상유지를 최선의 대안으로 삼고 있다.

### 3) 현 단계 양안의 통일정책 비교

양국이 주장하는 통일정책은 첫째, 그 핵심이라 할 수 있는 통일방안을 비롯해, 둘째, 통일의 전제조건, 셋째, 통일의 수단, 넷째, 통일여건의 조성을 위한 노력 등에 있어 차이점을 보이고 있다. 이를 차례로 검토해 보기로 한다.

첫째, 통일방안에 있어서 중국이 일국양제 방식의 통일이라면, 대만은 일국양구에 입각한 통일방식을 주장한다. 중국의 일국양제와 대만의 일국양구는 양안 간의 통일에 대한 기본인식과 정책방향을 표현한 개념으로서, 서로 '하나의 중국'이라는 원칙과 통일의 당위성에 대해서는 별다른 대립이 없다. 하지만 '양제(兩制)'와 '양구(兩區)'는 중국과 대만의 통일정책에 있어 근본적인 차이를 보여준다.[42] 중국의 일국양제는 홍콩과 마카오에 대하여는 외국 식민세력으로부터 주권을 회복한다는 의미가 강하고, 대만에 대해서는 분열된 국가의 통일이란 의미가 강하다(박병석, 2000: 246~249).

그러나 대만 측에 따르면, 일국양제에 의한 양안 간의 통일방식은 그 자체가 문제가 된다. 왜냐하면 일국양제에 의한 주권 반환은 홍콩이나 마

---

42) 애초에 중국이 일국양제론을 제기한 동기는 대만과의 통일에 있었으나, 이후 점차 체계화·이론화되면서 중국의 개혁개방에 따른 경제특구의 이론적 기초 및 홍콩·마카오 주권회수 후의 통합 문제와 연결되었다.

카오처럼 국제조약에 의한 공약기간이 당도했을 때 주권을 반환받는 정책인데, 양안 간의 분열은 국제조약이 아니라 내전에 의해 분할되었기 때문에 홍콩과 마카오와는 다른 양상을 띠고 있다는 것이다(藍薔薇, 2001.: 63~64). 그리하여 대만이 제시하는 '일국양구' 통일강령은 '하나의 중국'을 통일의 기본원칙으로 설정하고 있지만 사실 대만은 먼저 중국이 인정하는 정치실체의 대등한 관계를 확립하는 데 중점을 두고 있기 때문에 중국이 제시하는 '일국양제' 통일방안의 기본구상 자체를 부정하는 측면도(이병대, 2001: 64~67) 다분히 내포하고 있다.

이와 같이 중국과 대만이 모두 '하나의 중국' 원칙에 동의함에도 불구하고, '양제'의 공존에는 양안관계를 중앙정부와 지방정부로 규정하려는 중국과 두 개의 대등한 '정부' 또는 '지역'으로 설정하려는 대만 간의 근본적 갈등이 있다(정재일, 1998: 180).

사실 중국이 강조하는 '일국양제' 통일방안은 통일 후 사회주의와 자본주의가 공존할 수 있다는 원칙적인 미래상만 그렸을 뿐, 이를 실현하기 위한 구체적인 방안이나 절차는 명확하게 설정하지 않았다. 이는 공산중국도 아니고 중화민국도 아닌 중화연맹 혹은 중화국가협력체(大華國協) 등으로는 수용할 수 있다는 것이다. 그렇지 않으면 일국정부, 두 개의 대등한 정치실체, 단계적인 두 개의 중국 또는 국제연합 속의 두 개의 중국대표, 중화민국은 대만 속에 있다는 것으로 주장하고 있다(沈君山, 1996.: 81~83).

둘째, 통일의 기본전제로서 중국과 대만은 '하나의 중국'이라는 원칙과 통일의 당위성에 대해서는 공감하고 있지만 사실은 그들의 태도 및 표현상의 차이가 있다. 즉 중국은 '하나의 중국' 원칙을 '일국양제' 통일방안의 기본전제로 인식한다. 국제질서에서 '중국'은 오직 하나만 존재하고 대만은 중국의 분할할 수 없는 일부분이다. 그러나 대만이 제시하는 일국양구론은 대륙의 사회주의제도와 대만의 자본주의제도가 주종 내지는 중앙-지방이라는 불균형적인 관계로 공존하는 것이 아니라, 독자적인 통치지역과 통치권을 가진 두 개의 정치실체가 공존하는 것을 의미한다. 이렇듯 대만은 대만주권을 지키려는 의도로 일국양제를 다른 방면으로 해석하고 있다.

셋째, 통일의 수단에 있어서 중국은 원칙적으로 정치적 협상을 선호하고 있고, 대만은 직접적인 정치적 대담보다는 민간교류와 경제협력 등의 비정치적 수단을 선호한다. 그렇지만 양국은 모두 평화적인 통일방식을 강조하고 있다. 중국은 1997년 이후 대만 문제를 해결하는 방법을 기존의 무력에 의한 '대만해방' 전략에서 '평화통일' 전략으로 전화하였으며, 대만 또한 무력에 의한 '반공대륙' 정책을 포기하고 양안의 평화정착, 교류협력을 통한 평화적 통일방법으로 수정했다. 대만은 통일의 원칙으로 양안 간의 현 정치체제의 인정과 평화정착, 양안 주민들의 생활수준 제고, 그리고 평화통일을 위한 기반 조성 등의 평화적인 방법에 의해 통일을 달성해야 함(行政院大陸委員會, 1999; 臺灣 行政院大陸委員會 홈페이지 참조)을 강조한다. 하지만 여전히 중국이 대만에 대해 무력사용 가능성을 버리지 않고 있어 긴장요인은 남아있는 상태이다.

넷째, 통일여건 조성을 위해 중국과 대만 양국은 교류 협력의 확대, 공식적인 접촉 및 지도자의 상호방문, 통일협상 등 평화적 방법을 점진적이고 단계적으로 추진해야 한다는 데 공감하고 있지만, 구체적인 단계설정, 각 단계에서의 정책목표 및 조건 등에 있어서는 상이한 입장을 취하고 있다. 중국은 양안관계의 현실을 고려하여 통일실현 이전에 상호존중, 호혜평등 등의 원칙에 따라 쌍방의 경제합작 및 3통4류[43]를 실현함으로써 평화통일의 여건을 조성한다는 점을 강조하고 있다.

반면, 대만은 자신들의 정치실체를 인정함과 동시에 무력사용 포기를 양안 간의 '3통'을 허용하는 조건으로 제시한다. 대만은 중국에 비해 점진적·단계적 통일의 중요성을 더욱 강조하고 있으며, 현 단계에서 통일을

---

43) 三通(通商, 通郵, 通航), 四流(친척방문, 관광, 학술·문화, 체육교류)

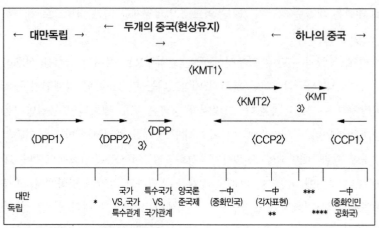

<그림 5-1> 양안의 통일과 독립논의의 스펙트럼

\* 대만은 이미 독립국(현 국명, 중화민국)
\*\* 중화인민공화국 vs. 未來中國
\*\*\* 대만은 준국가 형태의 독립된 실체
\*\*\*\* 일국양제
자료: Putnam(1988: 441); 康埈榮(2003: 82) 참조하여 재구성함.

위한 최종 협상에 이르는 과정을 교류·호혜, 상호신뢰·합작, 통일협상의
3단계로 설정하고 각 단계에서의 주요 정책방향을 명시하고 있다(文興鎬,
1997: 141~143). 절대적인 힘의 열세에 처해 있는 대만으로서는 이처럼
통일 문제를 점진적·단계적으로 접근하는 동시에 각 단계에 조건을 부여
함으로써 자신들의 입지를 강화할 수 있는 계기를 모색하려 하고 있다.

지금까지 논의되어 왔던 양안 간의 통일과 독립을 둘러싼 쟁점과 주장
들을 다음의 <그림 5-1>과 같이 스펙트럼으로 나타낼 수 있다. 그림에
서 보듯이 왼쪽에는 '대만독립'이라는 분리주의적 주장을, 오른쪽에는
'하나의 중국'이라는 통일지향적인 주장을, 그리고 가운데는 '두 개의 중
국 공존'이라는 현상유지 옹호론이 있을 수 있다.

역대 양안 간의 정파 중, 대만의 분리·독립을 가장 극명하게 천명한
것은 민진당(DPP)이 주장한 '하나의 중국, 하나의 대만(一中一臺)'론이다
(DPP1). 그리고 대선기간 민진당의 천수이볜 후보는 대만이 '중화민국'이

라는 독립국으로서 이미 한 쪽에 존재하고 있다는 '일변일국(一邊一國)'44) 론을 제시하기도 하였다(DPP2). 그런데 민진당 내부에서도 2000년, '하나의 중국' 문제가 의제화된 바 있으며(DPP3), 이를 계기로 대만 내부의 입장도 보다 다양화된다.

민진당의 분리·독립노선에 비해 상대적으로 '하나의 중국(一國)'에 관심을 가져온 국민당(KMT)은 1991년 '국가통일강령'을 통해 일국양체론에 입각한 일국양구론을 중국 측에 제시한다. 또한 1992년 양안 간 왕구 회담45)에서의 '하나의 중국(一中)'에 대한 구두방식을 통한 각자표현(一個中國, 各自表述)'에 대한 합의를 이끌어내기도 하였다(KMT2).46) 하지만 1993년 『대만 문제와 중국의 통일백서』에서 국민당 리덩훼이 정부는 '두 개의 대등한 정치실체'를 핵심으로 대내적으로는 '분열분치'론을 통해 대만의 '독립주권국가'의 지위를 확립하려는 노력을 계속한다. 그 결과 1999년 양국론(兩國論)으로 집약되면서 평화적인 현상유지를 옹호하게 된다(KMT1). 그러나 이러한 양국론은 중국을 자극함으로써 1994년 양안위기가 재발하는 결과를 초래한다.

한편, '하나의 중국'을 줄곧 제기해 온 중국 측의 주장은 스펙트럼 상 오른쪽에 위치지울 수 있다. <CCP1>은 1982년 당시 덩샤오핑 중국공산당 총서기의 '일국양제'가 전형적인 모델이다. 여기서 '하나의 중국'은 중화인민공화국을 의미하는 것으로서, 대만의 분리 독립과 가장 대척점에 서 있다. <CCP2>는 <KMT2>와 같이 1992년 왕구 회담의 합의에서

---

44) 2002년 8월 3일 일본 도쿄에서 열린 WEFA(세계대만민주화자원연맹) 제29차 회의에서 천수이볜 총통이 제기한 이 개념은, 대만해협 양쪽에 이미 '한 곳에 한 국가'가 존재한다는 것으로서 독립된 두 실체를 기정사실화시키자는 것이다. ≪明報≫(香港), 2003.8.4.

45) 중국의 왕따오한(汪道涵) 해협회 회장과 대만의 구전푸(辜振甫) 해기회 회장을 대표로 한 회의임.

46) 당시 중국정부는 '하나의 중국'이 '중화인민공화국'이고, 대만은 '미래의 중국'이라 주장하면서 각자 입장표현을 달리했다.

보이는 현상이다.

양안관계에 대한 모델은 이처럼 '하나의 중국'으로의 통일에서부터 시작해 연방(聯邦), 방련(邦聯), 국협(國協), 두 개의 중국 공존을 통한 현상유지, '일국일변', 그리고 독립파의 '일중이국(一中二國)', '양국론', '일중일국'까지 모두 포함할 수 있다. 그렇다면 2005년 중국을 방문하여 양안간의 통합논의에 충격을 준 국민당 렌잔 당수가 제기한 '연방제론'은 스펙트럼 상 어디에 위치지울 수 있을 것인가? 그가 제창하는 연방론은 대만의 분리 독립과는 달리 중국의 '일국양제'와 친화력이 있는 모델로서 <그림 5-1>의 스펙트럼 상 <KMT3>으로 위치지울 수 있다. 현재 중국으로서는 대만에 대하여 일국양제에 의한 통일정책을 고수하지만, 연방제를 양안통일의 초급단계라고 규정하고 있기 때문이다.

이상에서 보았듯이 통일논의의 전개과정에서 두드러진 현상은 중국은 지금까지 '하나의 중국'과 '두 개의 중국' 요구를 '1국 양제'라는 모델로 통합하여 줄기차게 주장해 온 반면, 대만 측 입장은 역사적으로 통일되어 있지 못하다는 점이다. 대만은 중국이 제시하는 일국양제에 대해 기본적으로 '하나의 중국, 두 개의 정치실체'라는 일국양구론으로서 대응해 왔으나 국내정치연합의 변화에 따라 '하나의 중국, 하나의 대만(一中一臺)'이라는 대만분리·독립으로 그 성격이 변화하고 있으며, 국내적으로도 대륙인과 본성인 간의 통합에 대한 선호와 접근방식이 달라 한 목소리를 내는데 실패하고 있다.


## 5. 양안관계의 전개과정과 전망

1949년 이후 양안관계는 '해방대만', '광복대륙' 등의 구호에서 알 수 있듯이 첨예한 대립의 정치적 양안관계만이 대만해협을 사이에 두고 존재했다. 하지만 1978 이후 중국의 개혁·개방과 함께 대만에 대한 평화통일 공세를 계기로 대만해협 양안에는 정치적 관계 이외의 다른 부분의 관계가 형성되기 시작했고, 이 부분의 교류와 협력은 쌍방의 이해에 따라 과정이나 속도의 차이는 있지만 지속적으로 확대되고 있다. 그리고 더 나아가 이념적, 정치적 제약의 틀을 뛰어넘어 예민하게 반응하는 정치적 관계를 선도하는 양상을 보이고 있다(이병대, 2001: 80~81). 정치적 갈등에도 불구하고 중국과 대만은 다른 나라 사람들이 "과연 갈등관계에 있다고 할 수 있는가?"라고 의문을 제기할 정도로 경제 및 사회교류가 매우 활발하다.

중국과 대만의 관계는 중국이 개혁·개방을 실시하고 이어 대만정부가 대만인들의 대륙 친지방문(探親)을 허용한 후, 정치관계의 냉각에도 불구하고 양안 간 경제관계를 중심으로 발전을 거듭해 왔다. 2001년 11월부터 중국은 미국을 제치고 대만의 최대 수출시장으로 부상하였으며, 나아가 민간교류도 활발하게 추진되어 왔다. 양안 간의 갈등과 긴장은 대내외적 상황에 따른 주기를 보여왔으나, 양안 간 경제교류를 핵심으로 한 기능적 구조는 꾸준히 지속되어 왔다. 하지만 무역과 투자관계가 비대칭적으로 발전해 옴에 따라 대만이 중국에 경제를 볼모로 잡히는 결과를 초래하였고(오규열, 2000: 192), 이에 따라 대만은 중국에 대한 지나친 경제의존성을 탈피하고자 경제교류의 보폭을 조절하고 있다. 후진타오 지도부는 경제발전을 최대의 국가목표로 노정하고 있으며, 외교에서도 민족주의적 성향을 띠고 있다. 중국의 입장에서 볼 때 무력으로 대만을 침공해 통일을 시도하지 않는 이상 지속적인 경제발전이나 정국 주도 등을 위해 새로운 양안관계의 틀을 규정해야 하는 시기에 와 있는 것이다(康埈榮, 2003: 80).

이 장에서는 양안관계에 대해 우선 시대적 특징을 밝히고, 다음으로 정치·제도적 측면, 경제교류와 협력, 그리고 사회문화적 관계를 중심으로 어떻게 진전되어 왔는지를 차례로 살핀 후, 향후 어떻게 변할지 전망을 내리기로 한다.

## 1) 양안관계의 시대적 특징

1978년 중국의 개혁과 개방정책, 그리고 1987년 대만의 중국에 대한 문호개방 이후 양안의 실질적 관계는 꾸준히 개선되어 왔다. 지난 55년간의 양안관계는 시대적 특성에 의거하여 대략 다음과 같은 4단계로 나누어 볼 수 있다.[47]

### (1) 제1단계: 군사적 충돌단계(1949~1978년)

1949년 내전에서 패한 장제스 국민당정부가 대만으로 이주한 이후 1978년까지는 양안 간 군사적 대립과 긴장이 지속되었던 시기다. 이 기간 동안 양안 간에는 크고 작은 군사적 대립이 지속적으로 발생하였다. 그러나 1960년 이후 양안의 군사충돌은 그 규모나 수에 있어서 점차 줄어들다가 1972년 미국의 닉슨이 중국을 방문하여 양안의 평화를 촉구한 '상해공보(上海公報)'에 저우언라이와 함께 서명한 것을 계기로 양안의 긴장이 어느 정도 해소되기 시작하였으며, 1979년 미·중 수교 이후 실질적 군사충돌은 지금까지 발생하지 않았다.

### (2) 제2단계: 평화대치단계(1979~1987년)

1979년 중국은 전국인민대표대회 상무위원회에서 발표한 '대만동포에게 고하는 글(告臺灣同胞書)'을 통해서 '조국 평화통일'의 방침과 양안의 우편, 항공, 통상 분야에 있어서 쌍방의 개방을 의미하는 '3통' 주장과 동시에 무력으로 대만을 해방시키겠다는 기존의 주장을 일정 기간 보류할 수 있음을 천명하였다. 또한 1981년 9월 30일 당시 전국인민대표대회 상무

---

47) 3단계까지는 海基會(www.sef.org.tw, 검색일 2005.3.21.)의 자료를 참조하였고, 4단계는 연구자가 구성하였음.

위원회 위원장이던 예지엔잉(葉劍英)은 "대만은 조국의 품으로 돌아와 평화통일을 실현하자"는 상무위원회의 공식입장을 표명하였다. 이는 무력이 아닌 평화적인 방법으로 통일을 이루겠다는 중국정부의 공식적인 입장을 대변한 것이라고 할 수 있다.

반면 대만에서는 같은 기간 정치민주화와 경제자유화를 가속화하는 동시에 통일방안으로서 '삼민주의를 통한 중국통일안(以三民主義統一中國)'을 정책적 대안으로 제시하였다. 그러나 중국정권에 대해서는 기존의 '3불정책' 입장을 고수하여 '일국양제'를 통한 중국의 통일전략에 어느 정도의 정치적 거리감을 두게 된다.

### (3) 제3단계: 민간교류 제도화단계(1987~1998년)

중국 개방정책의 가속화에 따른 경제발전과 대만의 정치적 민주화, 그리고 양안정세의 평화기류에 따라서 대만은 1987년 중국에 대한 문호를 개방, 양안교류 활성화를 위한 새로운 계기를 마련하였다. 1988년 7월에는 국민당 제13차 전국대회를 통해 '현단계대륙정책안(現段階大陸政策)'을 마련하였고, 8월에는 행정원(行政院)에 양안교류 활성화를 위한 정부기구로서 대륙공작회보(大陸工作會報)를 설치하였으며, 국민당 중앙상임위원회에 대륙공작지도소조(大陸工作指導小組) 설치, 1980년 9월 총통부에 국가통일위원회(國家統一委員會), 1991년 행정원 산하 대륙공작회보의 대륙위원회(大陸委員會) 승격, 같은 해 2월에는 민간단체인 재단법인 해협교류기금회(海峽交流基金會)를 인가하여 양안의 공식적인 업무를 처리하는 민간중개단체로 운영하는 등, 1987년 이후 중국과의 사회·경제·문화방면에 있어서의 민간교류가 지속적으로 성장하여 왔다.

## (4) 제4단계: 제한된 정치적 접근(1998년 이후 현재까지)

양안의 관계는 1990년대에 들어서며 교류·협력의 제도화와 동시에 정치·비정치 분야, 정부·민간 차원의 철저한 분리라는 기존 교류·협력방식의 점진적인 전환을 모색하는 단계로 진입하게 된다. 이와 같이 정경분리에 기반한 교류협력의 제도화는 1998년 10월 상해에서 열린 제2차 왕구회담을 기점으로 양측이 보다 현실이고 유연한 입장으로 선회하는 데 중요한 역할을 하였다. 2차 왕구 회담은 양안 간의 대화에서 '정치적 차이'가 여전히 결정적인 변수라는 사실을 재확인시켜주긴 했지만(이희옥, 2000: 27~46), 양안 간에 최초로 정치 문제를 언급했다는 점에서 정치협상의 서막으로 평가될 수 있다. 향후 대화의 의제에 있어 정치 문제도 포함할 수 있다는 합의는 대만이 기존의 정치회담에 대해서 철저히 거부하는 태도에서 보다 유연한 자세로 전환하고 있음을 알게 해 주는 사실이다(≪中國時報≫, 1998.12.26.).

## 2) 정치·제도적 측면

### (1) 반관(半官)기구 교류

1979년 이후 중국은 대만에 대해 제3차 국·공합작을 위한 중국공산당과 국민당의 당 대 당 회담 제의를 비롯해 각종 정치적 제안을 해 왔다.[48] 하지만 이러한 제안은 대만의 3불정책으로 인해 번번이 거부된다. 중국은

---

48) 1979년 이래로 중국은 국내외적인 큰 변화가 있을 때마다 대만에 회담을 제의하였는데, 그 대표적인 것들로서 1979년 전인대 상무위원회에서 발표한 대만과의 인적물적 교류제안(三通四流)과 1981년 9월 30일 중국 인민대회 상임위원장인 예지엔잉이 대만 국민당과의 제3차 국·공합작을 도모할 양당 간의 대등회담 등 '평화통일을 위한 9개 항의 방침'을 제안한 '葉9條', 1983년 6월 26일 덩샤오핑이 밝힌 대만과의 관계 개선을 위한 다섯 가지 중점사항(鄧5點) 등을 들 수 있다.

<표 5-1> 양안 간의 반관(半官)기구 협상현황

| 년도 | 2001년 | 2000년 | 1999년 | 1998년 | 역대 총계 |
|------|--------|--------|--------|--------|-----------|
| 협상횟수 | 0차례 (1~6월) | 0차례 | 2차례 | 4차례 | 22차례 (1991.1~2001.6) |

자료: 財團法人海外交流基金會 http://www.sef.org.tw/

대대만정책 중에서 양안 간의 회담, 특히 정치회담을 최우선으로 하여[49] 추진해 왔지만, 이러한 노력에도 불구하고 통합이나 통일을 전제로 한 정치적인 회담은 성사되지 않은 채 오늘에 이르고 있다. 다만 <표 5-1>에서 보는 바와 같이 첨예한 정치적 대립의 완충지대 역할을 하는 반관기구를 중심으로 현재까지 22차례의 협상이 진행되어 왔다.

이들 반관 민간협상기구로는 1990년대 들어 대만의 해협교류기금회(海基會)와 이에 대응하여 중국이 설립한 해협양안관계협회(海協會)를 들 수 있다.[50] 이들 기구는 '대만 불인정'과 '3불정책'이라는 양측의 반목에 발목이 잡혀 있는 정부 간 대화의 대체통로로서 외형상 민간기구의 형식을 취하지만, 실질적으로는 정부에 의해 주도되고 있다. 대만당국은 1987년 탐친정책 이후 대만인의 대륙방문이 급격히 증가하면서 이를 위한 행정업무 처리 등 날로 증가하는 문제에 대한 대안이 필요해짐에 따라 이와 같은 비정부기구를 설립하게 된 것이다. 중국 측이 대만당국을 정부로 대하지 않고 있는 상황에서 정부 간 협상이 불가능하게 되자, 양안의 실무적인 문제를 위탁받아 처리할 민간기구의 설립이 필연적이었던 것이다.

중국의 해협회는 대만의 해기회의 교섭상대로 설립된 조직으로, 대만이 3불정책을 고수하고 있는 상황에서 대만의 해기회와 접촉하여 양안의 교

---

49) 중국의 대만정책이 정치회담에 치중하고 있음은, 매년 발간되는 대대만 중요문서로서 증명할 수 있다. 大陸評阿扁的2001元旦祝辭, ≪參考消息≫2001年05月17日≪盤点陳水扁這一年≫轉自

50) 이들 두 기구는 양안정부의 위탁을 받아 업무를 수행할 뿐만 아니라, 양안 민간교류 중 발생하는 각종 분규와 문제를 해결하고, 또한 적극적으로 실무적인 문제에 대한 중재를 맡는 것을 주요임무로 한다는 점에서 반관기구(半官機構)의 성격을 갖는다.

류·협력과정에서 파생된 제반 문제를 협의하는 동시에 양안의 3통과 정부 차원의 협상분위기를 조성하는 기능을 갖고 있다(金都姬, 2000: 119). 정치적 협상이 불가능한 상황에서 양측의 정치적 채널을 대신해 온 해협회와 해기회는 고착상황에 빠져 있던 양안관계의 새로운 협상의 틀을 제시하고, 실제적인 민간교류상의 문제를 해결하기 위한 양측의 유연한 자세를 유도해 냄으로써 양안 문제의 돌파구 형성에서 교량적인 역할을 수행하고 있다. 양안의 교류·협력과정에서 발생하는 각종 문제에 대한 해결과 동시에 교류·협력의 창구를 제도화할 수 있는 이러한 중재기구의 탄생 이후, 양안 간에는 그 어느 때보다 정치적 관계 개선의 움직임이 두드러지게 나타났다.

무엇보다도 양측의 정치적 필요성에 의해 위로부터 조직된 태생적인 특성에 따라, 두 기구는 양안 당사자 간의 정부조직과 상층적으로 연계되어 있다(金都姬, 2000: 132). 두 기구의 가장 큰 성과라고 할 수 있는 것은 1993년 4월 싱가포르에서 개최된 왕구 회담이다. 이는 중국정부와 대만 정부의 사실상의 최초 공식접촉으로 간주되고 있다. 이와 같은 제도적 협력은 비록 민간형식의 접촉을 취하고 있었으나 결국 정부의 의지와 역할이 중요했기 때문에, 양안의 적대의식은 이전에 비해 약화되었다. 이후 제1차 왕구 회담을 제도적으로 보완하기 위한 수차례의 실무회담이 열렸으나 별다른 진전을 보지 못한 채, 1995년 대만해협위기를 계기로 대화 단절상태가 지속된다.[51]

중국과 대만은 왕구 회담을 통해 교류·협력의 제도화 추진을 위한 양안의 공식적인 접촉통로 확립이라는 기본적인 목적 이외에도, 정치적인 목적을 갖고 있었던 것으로 보인다(王銘義, 1997: 5~90). 중국은 이 회담을 통해 대만을 협상테이블로 끌어들임으로써 '3불정책'의 변화를 유도하려고 했다. 즉 제1단계로 대만의 '3불정책'을 공격한 후 대만과 접촉할 수

---

51) 양안협상은 1980년 1월~1998년 12월까지 22차례 열렸고, 그 후 1998년 4차례, 1999년 2차례 더 열렸다.

있는 루트와 모델을 만들고 2단계의 제도적 협상을 통해 3단계의 통일로 이끈다는 것이다. 따라서 2단계 협상을 어떻게 신속하게 마치고 3단계로 진입할 것인가에 관심을 가지고 있었다(沈建中, 1997: 198~199). 그러나 대만은 '3불정책'을 고수함으로써 중국으로부터 투자보장 문제와 무력사용 포기를 요구하면서 양안의 정치경제 환경의 변화, 경제무역의 빈번함, 사회문화 교류가 파생하는 문제점을 실무적으로 해결하는 데 관심을 가지고 있었다. 따라서 양안교류 과정에서 나타나는 분규를 처리하기 위한 기구 설립과 법적 문제가 중요한 사안임에도 불구하고 중국은 대만의 정치적 실체를 인정하지 않으려는 태도를 취했고, 대만도 협상과정에서 대등한 정부로 인정받으려는 의도에 집착했다(문홍호, 1994: 78~79). 이렇듯 중국은 대만과의 각종 협상이나 협정을 국내 차원으로 인식할 뿐 대만의 정치적 실체를 전혀 인정하지 않으려는 태도를 취했던 반면, 대만은 양안 간의 협상을 대등한 정부 대 정부 차원으로 끌어올리려는 의도를 갖고 있었기 때문에 이들 기구는 한계를 드러낼 수밖에 없었다.

### (2) 군사·안보적 측면

중국과 대만의 상이한 통일방안은 정치적·군사적으로 첨예한 긴장관계를 유발해 왔다. 무엇보다 양안관계를 특수한 국가관계로 규정할 뿐만 아니라, 독립 여론이 높은 대만의 정치 분위기에 대해 중국이 매우 강경하게 대응해 왔기 때문이다. 실제로 중국은 1999년 7월 이후 리 총통의 양국론 발언에 대해 다시 무력사용 가능성을 시사하고 대만 인근 해역에 미사일을 발사하여 대만독립 여론을 잠재우려 했으며, 또 2000년 대만 총통선거를 전후해서 대만에 대한 무력사용 위협의 의지를 표명하기도 하였다. 이처럼 대만해협은 수차례의 군사적 위기를 겪어왔다.[52]

---

52) 군사적 균형이 깨지는 것도 대만에게 불리하게 작용하고 있다. 현재 중국은 600기의 미사일을 대만을 향해 배치하고 있고, 2005년에는 75기를 추가 배치할 예정이다.

미국의 반대에도 불구하고 중국은 그동안 양안 간 안보 문제를 순수한 내정인 대만 문제의 일부분으로 규정하고 제3국의 개입의도와 여지를 철저히 봉쇄하려는 반면, 대만은 양안 안보 문제를 의도적으로 국제화하고 이를 통해 다자안보의 틀 속에서 대만해협의 평화정착을 확보하려는 전략을 취해 왔다.

### (3) 법제적 정비

중국 국무원은 1988년 7월 3일, 투자보호와 대만 투자기업에 대한 우대조건 등을 주요내용으로 하는 「대만동포 투자 장려에 관한 규정」을 공포·시행하여 대만주민의 투자에 대한 법적인 보호와 함께 당시의 일반 외국인투자자에 비해 상당히 유리한 우대조건을 제시하였다. 한편, 중국에 진출한 대만투자자의 합법적 권익을 보호하고 투자자의 안전감을 한층 제고시킬 필요성이 제기됨에 따라 중국의 전국인민대표대회 상무위원회에서는 1994년 3월 「중화인민공화국 대만동포투자보호법(中華人民共和國臺灣同胞投資保護法)」을 제정 통과시켰다(芹夫, 1996: 90). 그리고 1999년 12월 5일에는 국무원령 제274호로 「중화인민공화국 대만동포투자보호법 실시세칙(中華人民共和國臺灣同胞投資保護法實施細則)」을 공포·시행하여 대만인에 대한 투자 장려의 법적 근거를 마련하였다(최명길, 2003: 61~84).

대만은 1987년 대륙친척 방문을 허용한 이래 대륙과의 교류를 관리하기 위하여 임기응변적으로 교류협력 관련법규를 제정하여 왔다. 그 후 양안교류의 기본원칙을 수립하고 통일추진기구를 설립하며, 교류절차 및 이에 기인한 분쟁해결의 기본원칙을 규범화한 기본법을 제정하여 양안교류를 제도화함으로써 교류를 촉진하는 한편, 적정한 제한과 통제를 가하기 위하여 수년간의 준비과정을 거쳐 1992년 7월 31일 양안관계와 교류에 관한 기본법인 「대만지구여대륙지구인민관계조례(臺灣地區與大陸地區人民關係條例)」[이하 「양안관계조례(兩岸關係條例)」]를 공포하고,53) 같은 해 9월 16일 그 시행세칙을 공포하여 각각 9월 18일부터 시행하게 되었다. 그리고 2003년 5월 16일 「과국기업요청대륙지구인민래대종사상무상관활동허가판법(跨國企業邀請大陸地區人民來臺從事商務相關活動許可辦法)」을 제정하여 대만인의 대중국 투자를 위한 길을 열어두었다(臺灣 行政院大陸委員會 홈페이지).

대만은 현재까지 양안관계를 규율하기 위하여 많은 행정방침과 법규의 제정, 개정 및 폐지를 거듭해 왔는데, 현재 시행되고 있는 양안교류의 관계법규들 중 중요한 것을 행정원 대륙위원회에서 1999년 7월 발간한 「대륙공작법규휘편(大陸工作法規彙編)」(제4판)에 의하여 분류하여 보면, 양안관계의 법적 근거와 기본정책을 규정한 기본류로서 중화민국 헌법 및 그 증수조문, 국가안전법 및 그 시행세칙, 양안관계조례 및 그 시행세칙을 포함하여 50여 개의 법규가 있다(臺灣 行政院大陸委員會 홈페이지 참조). 전체적으로 볼 때 중국투자에 대한 대만정부의 정책과 법규 제정은 중국 측의 주도와 대만기업들의 요구에 밀려 수동적으로 이루어진 소극적인 것이었다고 할 수 있다(芹夫, 1996: 91).

대만 측 양안관련 기구로는 국가통일위원회(國家統一委院會)와 행정원 대륙위원회(行政院 大陸委院會) 등이 있는데, 전자는 리덩훼이 총통체제하에서 1990년 10월 7일 결성되었다. 이 기구는 양안관계의 실질적인 변화에 따라 양안의 통일과 관련된 장기적인 정책을 수립하고 추진해야 할 필요성에서 등장했는데, 공식적인 행정기관이라기보다는 총통 직속의 통일정책 자문기구의 성격을 띤다. 이 점에 있어서, 중국 측의 중앙위 대만공작영도소조와 성격이 비슷하다고 할 수 있다. 후자는 중국 국무원의 대만사무판공실과 유사한 기능을 담당하고 있는 기관으로, 대만의 대륙정책, 통일정책을 실질적으로 집행하는 최고 실무기관이다.

한편 중국 측의 양안관련 기구를 살펴보면 중국공산당 중앙위원회 대

---

53) 지난 1992년 7월 17일 대만 立法院은 대만과 중국의 현 단계에서의 주민관계를 규율하는 기본법으로서 1989년 1월 12일에 초안이 작성된 이래 3년간의 심의과정을 거쳐왔던 「兩岸關係條例」를 정식 통과시켰다(法制處, 1992: 35).

만공작영도소조(中央委院會 臺灣工作領道小組)가 중국의 대만정책, 통일정책을 최종적으로 심의·결정하는 기관이라면, 국무원 대만사무판공실(國務院 臺灣事務辦公室)은 대만공작영도소조의 지침을 받아 대만정책, 통일정책과 관련된 각 부처의 업무를 조율하고 각종 정책의 집행을 지원하는 역할을 담당하는 기관이다.

## 2) 경제교류와 협력

중국과 대만 간의 경제교류와 협력은 1980년대 이후 양안관계 변화를 주도한 중요한 요인의 하나이다. 현재 양안 간의 경제교류는 이미 비공식적인 간접교역단계에서 벗어나 무역·투자 규모를 확대하면서 제도화를 추진하는 단계에 접어들었다(최명길, 2003: 61~84). 양안 간 경제교류의 확대는 경제적 측면의 영향에 그치지 않고 정치 분야를 포함한 기타부문의 양안관계에 상당한 영향을 미쳤으며, 결과적으로 양안의 전반적인 관계개선 및 안정에 기여하고 있으므로 자세히 살펴볼 필요가 있다.

### (1) 양안 경제교류 실태

1987년 말 대만정부의 탐친정책을 기점으로 양안 간 경제교류는 빠른 속도로 증가하여, 양안교역과 대만의 대중투자 면에서 모두 높은 증가율을 기록하면서 그 규모도 확대되었다. 대만과 중국의 경제적 상호보완성을 토대로 양안 간 교역량은 대만정부의 '3통' 불허에도 불구하고 매년 증가세를 보여, 대만의 대중국 수출액은 1991년 당시 69억 달러에서 2004년에는 449억 달러로 급증하였다. 대만의 대중국 수입액 또한 동기간 11억 달러에서 166억 달러로 현저한 증가를 보였다. 또한 교역상품구조에 있어서도 초기의 노동집약적 상품, 원자재 위주의 교역에서 점차 자본집약적인 상품의 교역으로 전환되고 있다. <표 5-2>에서 보듯이,

## <표 5-2> 역대 양안 경제관계 통계치(무역통계표)

(단위: 억 달러)

| 연도 | 무역총액 | 성장률(%) | 중국의 대만수출 | 성장률(%) | 대만으로부터 수입 | 성장률(%) |
|---|---|---|---|---|---|---|
| 1978 | 0.46 | - | 0.46 | - | 0 | - |
| 1979 | 0.77 | 67.4 | 0.56 | 21.7 | 0.21 | |
| 1980 | 3.11 | 303.9 | 0.76 | 35.7 | 2.35 | 1019.1 |
| 1981 | 4.59 | 47.6 | 0.75 | -1.3 | 3.84 | 63.4 |
| 1982 | 2.78 | -39.4 | 0.84 | 12 | 1.94 | -49.5 |
| 1983 | 2.48 | -10.8 | 0.9 | 7.1 | 1.58 | -18.6 |
| 1984 | 5.53 | 123 | 1.28 | 42.2 | 4.25 | 169 |
| 1985 | 11.01 | 99.1 | 1.16 | -9.4 | 9.85 | 131.8 |
| 1986 | 9.55 | -13.3 | 1.44 | 24.1 | 8.11 | -17.7 |
| 1987 | 15.16 | 58.7 | 2.89 | 100.7 | 12.27 | 51.3 |
| 1988 | 27.21 | 79.5 | 4.79 | 65.7 | 22.42 | 82.7 |
| 1989 | 34.84 | 28 | 5.87 | 22.5 | 28.97 | 29.2 |
| 1990 | 40.43 | 16.08 | 7.65 | 30.41 | 32.78 | 13.18 |
| 1991 | 57.93 | 43.26 | 11.26 | 47.11 | 46.67 | 42.36 |
| 1992 | 74.10 | 23.9 | 11.2 | -0.6 | 62.9 | 34.7 |
| 1993 | 143.95 | 94.26 | 14.62 | 30.54 | 129.33 | 105.6 |
| 1994 | 163.3 | 13.44 | 22.4 | 53.21 | 140.8 | 8.87 |
| 1995 | 178.8 | 9.49 | 31 | 38.39 | 147.8 | 4.97 |
| 1996 | 189.8 | 6.1 | 28 | -9.6 | 161.8 | 9.5 |
| 1997 | 198.38 | 4.5 | 33.96 | 21.2 | 164.42 | 1.6 |
| 1998 | 204.99 | 3.3 | 38.69 | 13.9 | 166.29 | 1.1 |
| 1999 | 234.79 | 14.5 | 39.5 | 2.1 | 195.29 | 17.4 |
| 2000 | 305.33 | 31.1 | 50.4 | 27.6 | 254.9 | 30.6 |
| 2001 | 323.4 | 5.9 | 50 | -0.8 | 273.4 | 7.2 |
| 2002 | 446.6 | 38.1 | 65.9 | 31.7 | 380.3 | 39.3 |
| 2003 | 583.7 | 30.7 | 90 | 36.7 | 493.7 | 29.7 |
| 2004 | 783.3 | 34.2 | 135.5 | 50.4 | 647.8 | 31.28 |
| 累計 | 4045.75 | - | 651.78 | - | 3393.97 | - |

자료: 國務院臺灣事務辦公室; 海基會 ≪兩岸經貿月刊≫, 第163期(2005.7), 해기회 사이트
(http://www. sef.org.tw/index.html) 동시 참조.

<표 5-3> 연도별 臺商의 중국투자 통계

(단위 : 억 달러)

| | 台資項目(건) | 增長率(%) | 계약총액 | 增長率(%) | 실제투자<br>총액 | 增長率(%) |
|---|---|---|---|---|---|---|
| 1988 이전 | 437 | - | 6 | - | 0.22 | - |
| 1989 | 540 | 23.57 | 4.32 | -8.33 | 1.55 | 600 |
| 1990 | 1103 | 104.26 | 8.9 | 61.82 | 2.22 | 44.16 |
| 1991 | 1735 | 57.3 | 13.9 | 56.18 | 4.66 | 109.91 |
| 1992 | 6430 | 270.61 | 55.43 | 298.78 | 10.5 | 125.32 |
| 1993 | 10948 | 70.27 | 99.65 | 79.78 | 31.39 | 198.95 |
| 1994 | 6247 | -42.94 | 53.95 | -45.86 | 33.91 | 8.03 |
| 1995 | 4847 | -22.4 | 58.49 | 8.4 | 31.61 | -6.8 |
| 1996 | 3184 | -34.3 | 51.41 | -12.07 | 34.74 | 10.19 |
| 1997 | 3014 | -5.3 | 28.14 | -45.3 | 32.89 | -5.54 |
| 1998 | 2970 | -2.55 | 29.82 | 10.38 | 29.15 | -7.43 |
| 1999 | 2499 | -14.1 | 33.74 | 10.2 | 25.99 | -13.82 |
| 2000 | 3108 | 22.16 | 40.42 | 16.49 | 22.96 | -9.39 |
| 2001 | 4214 | 36.15 | 69.14 | 73.1 | 29.8 | 32.82 |
| 2002 | 4853 | 15.2 | 67.4 | -2.5 | 39.7 | 33.2 |
| 2003 | 4495 | -7.38 | 85.58 | 26.96 | 33.77 | -14.94 |
| 2004 | 4002 | -10.97 | 93.06 | 8.74 | 31.17 | -7.69 |
| 累計 | 64626 | - | 799.35 | - | 396.23 | - |

자료: 商務部, 國務院臺灣事務辦公室: http://www.gwytb.gov.cn/jlwl/rywl1.htm

2004년 현재, 양안 간 무역총액은 783억 달러를 넘어섬으로써 34.2%의
성장률을 보였다. 이 중 중국의 대만수출은 135.5억 달러임에 비해 대만
의 중국수출은 647.8억 달러로서, 대만이 중국에 비해 압도적으로 무역이
득을 보고 있는 것으로 나타났다. 양안의 교역량은 앞으로도 계속 확대될
것이며, 교역방식에 있어서도 기존의 간접교역 위주에서 점차 직접교역
형태[54]를 띠게 될 것으로 보인다.

무역뿐만 아니라 투자에 있어서도 양안 간에는 밀접한 관련을 맺고 있

다. <표 5-3>에서 보듯이, 1990년대 이래 다소 변동은 있지만 전반적으로 대만기업들의 대중투자가 급증하였다. 1989년 540건에 4억 3,200만 달러(계약액 기준)에 불과하던 대중투자가 5년 후 1993년에는 1만 948건에 99억 6,500만 달러를 기록하여 투자건수는 약 19.8배, 계약금액은 약 22.8배가 증가하였다. 1989년 이래 2004년까지 투자항목은 총 6만 4,626건, 계약총액은 799.4억 달러이고, 이 중 실제투자액은 396.2억 달러에 달했다.

## (2) 양안경제교류협력의 성격

대만기업의 대중국 투자는 기본적으로 양안의 부존자원 차이와 경제발전 수준의 차이에 따른 경제적 상호보완성에 기초하고 있다(서석홍, 1997: 131~162). 중국과 대만은 동일한 언어를 사용하여 의사소통이 자유롭고 민족적·문화적 동질성과 지리적 인접성이라는 커다란 이점을 갖추고 있다(黃安余, 1996: 40~41). 이러한 상호보완성과 이점을 바탕으로 1989년 말부터 대만기업의 활발한 중국투자 붐이 일기 시작하였다. 중국투자를 통해 대만기업은 축적된 자본, 기술, 관리기법과 판매망을 중국의 저렴한 토지, 노동력과 결합함으로써 잃어버린 국제경쟁력을 회복할 수 있게 되었다.

중국 역시 국내의 자금부족을 해소하고 취업압력을 완화하며, 현대적인 기술, 관리기법과 해외마케팅 능력을 습득함으로써 경제발전을 꾀하고자 대만과의 경제교류 확대를 적극적으로 도모하며 관련 법제들을 개정하고 있다.

하지만 양안 경제교류가 쌍방 간에 차지하는 비중이 커지면서 우려를 나타낸 측은 중국보다는 대만이었다. 대만당국은 자국경제가 발전을 거듭

---

54) 지금까지 경제교류는 주로 홍콩을 경유한 간접교역 형태가 주류를 이루고 있으며, 1992년 이래 중국은 대만의 2대 교역국, 대만은 중국의 4대 교역국이 되었다.

함에 따라 역설적으로 대중국 의존도가 높아지는 현상을 보면서 일련의 속도조절과 견제정책을 쓰게 된다. 대만정부의 예상을 훨씬 뛰어넘는 속도로 중국과의 경제교류가 발전하고 특히 대만기업들의 대중투자가 급증하면서 자본이 유출되자 대만정부는 양안경제교류를 제한하는 정책을 수립·실시하였는데, 그 대표적인 것이 이른바 '남향정책(南向政策)'과 '계급용인(戒急用認)' 정책이다.[55] 1996년 9월 리덩훼이가 제안한 이 정책은 대만의 대기업과 첨단산업의 대중투자를 규제하는 것이다. 즉 대만의 중국에 대한 취약성을 약화시키기 위해서는 중국에 대한 경제적 의존도, 특히 대기업들과 첨단산업 분야에서의 대중 의존도를 감소시키는 것이 가장 중요하다는 인식에서 제안된 것이다(Leng, 1998a: 134~137). 이는 대만자본이 계속 중국으로 유출되어 국내투자를 감소시킬 뿐 아니라 중국의 정치적 간섭이나 통일 캠페인에 말려들 것을 우려하여 나온 정책으로 보인다(Zhao, 1997: 192; Lien, 1996). 대만정부는 경제적 이득을 위해 발전하는 중국과의 경제관계를 유지하면서 한편으로는 정치적 위험성에 대한 우려 때문에 국가안보를 방어한다는 차원에서 경제교류에 대한 제한을 가하고 있는 것이다(Leng, 1998b: 497~499). 대만은 표면상 자신들의 '남향정책'이 동남아 국가들에 대한 투자증대를 통해 대만 경제발전에 초점을 두고 있다고 주장하지만, 중국 측은 대만경제의 대중의존도를 감소시켜 정치적으로 불리한 입장에 놓이지 않기 위한 방안으로 보고 있다(甘觀仕 外, 1998: 313~314).

---

55) 1995년 리덩훼이의 미국방문 이후 양안 간 대립과 긴장이 고조되자 대만정부는 대만의 기업들에 대해 양안 경제교류를 서두르지 말고 천천히 신중하게 하라는 '戒急用認' 정책을 표방하였다. 이 정책은 대만경제의 대중의존도를 탈피하기 위해 '동남아 국가'들을 향후 해외투자와 무역의 중심지역으로 삼을 것을 천명하는 한편, 1993년 대만정부의 지원하에 '아시아 대만상공회 연합총회(亞洲臺灣商會聯合總會)'를 타이베이에 설립하여 대만기업의 동남아 진출에 적극 노력하기로 결의한다. 대만정부는 '남향정책'을 채택한 이후 이의 추진에 전력을 기울였고, 특히 정부 고위층의 외교적 지원도 활발히 전개하였다(津田邦廣, 1998: 64~65).

<표 5-4> 양안 간 인적 왕래교류 현황

| 연도 | 대만인의 중국방문 숫자 | 增長率 (%) | 대륙인의 대만방문 숫자 | 增長率 (%) | 대만으로의 교류항목 수 | 增長率 (%) | 대만으로의 교류인원 수 | 增長率 (%) |
|---|---|---|---|---|---|---|---|---|
| 1987 | 46,679 | - | - | - | - | - | - | - |
| 1992 | 1,317,770 | 39.2 | 10,904 | 21.1 | 155 | 761.1 | 920 | 3307.4 |
| 1997 | 2,117,576 | 22.1 | 56,570 | -13.2 | 1,262 | 30.4 | 8,430 | 49.3 |
| 2002 | 3,660,565 | 6.4 | 13,8981 | 13.7 | 4,384 | 50.4 | 38,259 | 54.8 |
| 2004 | 3,685,250 | 34.9 | 144,526 | 14.2 | 4,475 | 57.18 | 30,728 | 25.52 |
| 累計 | 33,885,252 | | 1,040,261 | | 24,241 | | 183,999 | |

자료: 國務院臺灣事務辦公室 홈페이지.

양안 간 교류협력에 대한 중국의 기본태도는 경제적 측면보다 정치적 측면이 더욱 강하다고 볼 수 있다. 중국은 대만주민에 대하여 각종 특혜조치로 경제적 이익을 주면서 대만의 중국에 대한 경제적 의존관계를 심화시키는 한편, 대만 내에 친중국 이익단체를 양성하여 대만정부의 대륙에 대한 경제무역정책에 영향력을 행사하도록 함으로써 궁극적으로 일국양제방식하의 통일을 실현하려는 것으로 보인다.

### 3) 양안 간의 사회·문화적 교류

양안의 사회·문화적 측면에서도 1987년 친척방문(探親)을 시작으로 다양한 교류가 이루어졌다. 인적교류는 단순한 왕래 이상의 정치적 사회적 의미를 가진다. 양안의 인적교류는 대만정부가 국민당정부를 따라 대만에 이주한 국부군 중에서 일부 퇴역자들 가족의 친척방문을 허용하는 차원으로 출발하였지만 그 정치적 의미는 작지 않다. 대만에서는 대륙방문을 무역, 투자, 학술취재의 기회로 활용하였다.[56]

---

56) 당시 국민당 내에서는 그 자체를 반공정책 포기로 받아들일 정도로 보수세력의 반

<표 5-5> 양안 간의 문화교류 현황

| 항목 | 2001년(1~6) | 2000년 | 1999년 | 1998년 | 歷年總計 |
|---|---|---|---|---|---|
| 문화/교육교류목적 대만방문 중국인 수 | 7,350인 | 12,154인 | 11,622인 | 10,660인 | 72,732인 (~2001년 6월) |
| 중국 출판물 유입 | 236,854권 | 946,642권 | 669,186권 | 1,263,159권 | 11,426,583권 |
| 중국 영화 유입 | 0편(部) | 0편(部) | 7편 | 0편 | 59편(部) |
| 중국의 TV 프로그램 유입 | 46편(捲) | 1,097편(捲) | 2,771편 | 14,894편 | 42,420편(捲) |

자료: 財團法人海外交流基金會 http://www.sef.org.tw (검색일 2005.2.2.).

대륙의 친지방문 허용 이후 대만인의 대륙방문숫자는, <표 5-4>에서
보듯이, 첫해인 1987년에는 4만 6,679명에 불과하였으나, 2004년에는
368만 5,250명으로 증가함으로써 총 연인원 3,388만 5,252명이 대륙을
다녀온 것으로 나타났다. 대륙인의 대만방문 역시 연간 평균 10% 이상
증가율을 보여 2004년 연인원 104만 261명에 달하였다. 또한 2004년
말까지 대만에 대한 대륙의 교류항목은 총 2만 4,41건에 달했으며, 교류
인원 역시 18만 3,999명이나 되었다.

<표 5-5>에서 보듯이, 양안 간의 문화·교육 및 교류를 목적으로 한
대만 방문 중국인 수는 2001년 6월까지(허가된 수 기준) 7만 2,732명이나
되었으며, 중국 출판물의 대만유입은 2001년까지 1,142만 6,583권, 영화
유입 59편, 중국 TV프로그램 4만 2,420편(捲)이 유입되는 등 문화교류가
활발하다. 또한 양안 간의 서신왕래가 1억 7,000만 통, 전화통화는 7억
3,000만 통에 이르는 등 비정치적 교류가 폭발적으로 확대되어 왔다(孫升
亮, 1998: 33; http://china. management.org.tw).

양안 간의 문화·예술분야의 교류는 양안주민의 상호 이해를 촉진시키
는 데 중요한 역할을 수행하고 있으며, 특히 1988년 7월 대만정부가 중국
내 문학작품 및 서예·음악작품, 문화TV·음악작품의 출판과 유입을 허용

---

대가 있었고, 결국 집권 말기의 장징궈의 정치적 결단으로 성사되었다.

하고, 또 TV·신문 등이 언론매체를 통해 대륙의 각종 풍물을 소개하면서 본격화되었다.[57]

양안 간 민간교류는 양안당국과 민간단체의 적극적 활동으로 인적교류 및 각종 형식의 교류가 진행되어 왔다. 이러한 교류는 정치적 색채가 적기 때문에 나름대로 성과를 거둘 수 있었다. 중국의 경극교사단이 대만에 와서 강의하거나 전문가를 상호 초청하는 형식의 예술교육의 교류, 강의·학술조사·토론회 방식의 학술교류, 학술토론회·대규모 조사단의 합동조사연구 등의 과학기술교류, 고위 체육인사 회담·상호 친선경기·국제경기 참가 등의 체육교류 등 다변적이고 전면적인 교류활동 등이 그것이다. 또한 대만의 우이예술공사(牛耳藝術公司)를 비롯한 30여 개의 표연예술류(表演藝術類) 단체와 청소년류, 과학기술, 교육학술 등 사회문화 부문별로 수백여 개의 민간단체들이 중국과 교류를 하고 있다. 특히 중국문화통일촉진회(中國文化統一促進會)를 비롯해 중화민국 해협양안 문교교류협회(中華民國海峽兩岸文教交流協會), 중국 추동양안 문화경무교류협회(中國推動兩岸文化經貿交流協會), 중화 해협양안 문화교육경제무역관계촉진회(中華海峽兩岸文化教育經濟貿易關係促進會) 등도 중국과 적극적인 교류를 추진하고 있다.[58] 양안 간의 학술교류를 위해 대만정부는 1988년 7월 '현단계대륙정책안(現段階大陸政策案)'을 통해 양안의 사회·문화교류지침을 마련한 데 이어, 1988년 12월 1일 대만 행정원은 '대륙 문제와 관련된 국제학술회의, 문화·체육활동요강' 및 '대륙 내 저명인사 및 해외 유학생의 대만방문규정'을 공포한 바 있다. 이러한 조처에 힘입어 학술분야 교류는 제1단계로 제3국에서 개최하는 국제학술회의에 상대방의 학자들이 참가함으로써 상호접촉을 하였고, 마지막으로 중국 또는 대만에서 양안 공동으로 학술회의를 개최

---

57) 대만의 중국인 방문 허용 이후 1994년 말까지 연예계 인사로서 대만을 방문한 인원은 3,389명, 민족예술 및 민속기술 전수인원으로서 대만을 방문한 중국인은 4명이며, 종교계인사는 187명에 이른다. 법무부, 「중국과 대만의 통일 및 교류협력법제」 참조.
58) 대만 해협교류기금회 홈페이지 자료 참조(http://www.sef.org.tw, 검색일 2005.9.10.).

하는 단계로 발전되어 왔다(문홍호, 1993: 2).

이처럼 정부 간 대화가 단절되고 양안의 정치관계가 저조하여 대만정부가 교류의 속도와 폭을 조절하는 상황에서도 사회·문화 교류는 과거에 비해 갈수록 단계가 점차 향상되고 있으며, 또 교류의 범위와 내용·방식이 다양해지고 있다. 더욱이 2001년에는 양안 간 바닷길이 처음으로 열렸고, 2005년 9월 초에는 대만의 여객기가 중국 영공을 통과하게 됨으로써 3통이 부분적으로 실현되고 있을 정도이다.

하지만 양안 간의 사회·문화교류는 경제교류에 비하여 쌍방 간의 정치적·이념적 제약과 뿌리 깊은 상호 불신이 해소되지 않아 아직은 실질적인 성과가 미흡한 실정이다. 왜냐하면 중국은 사회·문화교류에 따른 '화평연변(和平演變)'[59]의 가능성을 우려하면서도 대만 내 분리·독립분위기 억제를 기대하려는 의도를 가지고 있는 반면, 대만은 중국의 통일전선 의도를 경계하면서도 대륙주민들에게 자신들의 이념과 체제의 우월성을 인식시킨다는 목표를 설정해 놓고 있기 때문이다(許倬雲, 2000). 따라서 중국과 대만은 사회·문화교류가 자신들의 체제유지에 위협요인이 되지 않는다는 조건 하에서 어느 정도의 학술·언론·문화·체육교류의 확대·발전을 기대하고 있다.

### 4) 양안관계의 전망

이처럼 1990년대 들어 양안관계는 경제적 협력과 정치적 대립, 혹은 민간협력과 정부 간 대립이라는 대조적인 양면성을 보이면서 진행되어 왔다. 과거에 비해 교류협력의 질과 양적 측면에서 큰 발전을 가져온 것이 사실이지만, 양안 간의 통합전망을 여전히 어둡게 만들고 있다. 양안 문제는 여전히 중국과 대만의 핵심적 정치 사안임에는 틀림없으며, 양안정책

---

59) 和平演變이란 평화적인 방법으로 사회나 체제를 변화시킨다는 의미로, 원래는 문화대혁명 기간 중 사회주의로부터 자본주의로의 변질을 비난하는 뜻으로 사용되었다.

을 어떻게 표방하느냐에 따라 자국 내의 정치적 입지와 영향력이 달라질수 있음을 일면 보여준다. 후진타오 등장 이후 「반국가분열법」의 통과와 롄잔 당수의 방문을 통한 '대만 흔들기'는 대다수 중국민들에게 강력한 지도자로서의 인상을 심어주었으며, 리덩훼이의 대중국 속도조절론과 대만내부의 정치동학에 따라 다소 변화해 온 천수이볜의 '분리독립'론은 수위가 조절되어 왔다.

양안의 새로운 지도자가 등장함에 따라 이들이 과거와는 차별화된 양안정책을 통해 자신의 정통성을 확보하려는 동기를 갖게 되거나, 국내외 정치경제적 상황변화와 깊숙이 맞물리면서 양안관계의 새로운 국면을 예고하고 있다. 또한 2000년 들어 중국의 두 번째 통일백서 발표와 천수이볜의 대만총통 당선을 계기로 양안관계의 변화 여부에 초점이 모아지고 있다. 대만의 독립을 강령으로 하는 천수이볜 총통하에서 양안관계는 기본적으로 과거 50년간 유지되어 왔던 국민당과 공산당 주도의 양안관계 기초가 근본적으로 바뀌는 전환의 시대를 맞이한다.

아직도 내전에서 비롯된 분단의 지속적 과정에서 양안관계는 그동안 국내정치의 변화, 상대국과의 상호작용 및 미국을 위시한 국제정치적 변수들의 영향력에 따라 양안정책, 법제, 그리고 교류성격이 변화해 왔다. 특히 분단과 통합을 국제정치적 관점에서 정치화하려는 대만과 이를 저지하고 국내정치적 관점에서 접근하고자 했던 중국, 그리고 양안 간의 긴장과 협력을 자국의 영향력 확보와 국가이익이라는 관점에서 관리해 왔던 미국을 빼놓을 수 없다. 따라서 향후 양안관계가 어떻게 전개될지를 대만의 국내정치, 제4세대 중국지도부, 그리고 미국의 영향력이라는 세 가지 변수의 측면에서 전망하기로 한다.

우선, 대만의 국내정치적 변수이다. 지금까지 대만당국의 '3불', '계급용인', '강본서진(强本西進)'으로 이어지는 일련의 반협력적 정책의 최종목표는 주권국가로서의 대만의 '안전'이지 결코 교류협력과 '하나의 중국'이라는 가능성 자체를 부정한 것은 아닌 것으로 보인다.

경제교류와 관련된 기본적인 천수이볜 정부의 방침은 국가안전의 측면을 고려하되, 수세적인 제한을 통한 안전확보가 아닌 국내경제의 체질강화를 통한 안전확보와, 그를 통한 교류의 확대라는 공세적, 실리적인 자세다. 결국 체질강화를 통한 경제안전의 확보와 동시에 중국이 주창하는 '3통'정책의 수용을 통해 적극적인 협력관계를 추진할 가능성도 높다.

하지만 천수이볜은 국내정치연합과 세력판도에 있어서 과거처럼 안보적 고려를 우선시하는 경도된 대중국정책을 표방하기에 여러 모로 어려운 상황에 놓여 있다. 무엇보다 독립이나 현상타파보다는 실리적 차원에서 현상유지를 선호하는 대만자본의 이해를 반영하지 않을 수 없기 때문이다.

2000년 현재 대륙에 투자하고 있는 대만기업인은 약 20만으로 추산되며, 그들이 대만선거에서 영향을 끼칠 수 있는 표는 약 100만 표로 추산된다. 그 중 10%만이 민진당 천수이볜을 지지하는 것으로 나타났다.[60] 이들은 집단적인 의사표시를 통해 3통 지향적인 후보에 대한 지지의사를 분명히 하였으므로[61] 중국과의 분리·독립은 여러 모로 불리한 구호로 작용할 가능성이 크다.

더욱이 2005년 9월, 대만항공의 중국 영공 통과 허용조치 등을 통해 볼 수 있듯이[62] 경제교류협력이 보다 심화될 경우, 쌍방 간의 통항(通航)을 향한 노력의 성과가 가시화될 것으로 전망된다.

---

60) "二十萬臺商百萬標源," ≪亞洲週刊≫, 2000.2.28.~3.5., p.28.

61) 선거기간 중이던 2000년 3월 약 20여만 개에 달하는 중국 내 대만투자기업 대표들은 기자회견을 통해 "항운노선 개설과 대만계 은행의 중국진출, 중국 내 취득면허의 대만 내 '인정' 등 총 7개 사항의 실천을 약속하는 후보에 대해서는 공개적 지지를 할 것"임을 선언한 바도 있다(South China Morning Post, 2000.3.12.).

62) 대만 여객·화물기들이 2005년 9월 5일부터 분단 후 처음으로 중국 영공을 통과, 유럽과 동남아로 운항했다. 중화항공을 비롯해 창룽(長榮), 리룽(立榮), 화신(華信) 등 대만의 4대 항공사는 중국 민항총국으로부터 일주일에 120여 편의 여객·화물기의 대륙 영공 통과 운항허가를 받아 이 날부터 대륙 영공 통과 운항을 시작했다. 이로써 대만 항공사들은 운항 시간이 단축되고, 항공유를 연간 한화 약 100억 원어치 절약하는 등 원가를 절감, 경쟁력이 높아지게 됐다(≪연합뉴스≫, 2005.9.5.).

한편, 대만의 국내정치 지형의 변화와 관련해서 볼 때, 대만 내의 현상유지론이나 독립론이 확산되면서 '통일'의 발목을 잡을 가능성도 크지 않다. 지금까지의 양안관계의 이러한 변화는 주로 대만 내부의 정치사회적 변화에 기인한 측면도 강했다. 리덩훼이 총통의 집권 이후 국민당의 '대만화'와 민주화가 추진, 심화되면서 대만 주체의식을 바탕으로 확립된 '대만인 노선'은 대륙정책 결정에 상당한 영향을 미쳤다. 이 노선에 의하면 대만의 존엄이나 안전을 저해한다면 '통일'이든 '독립'이든 모두 반대할 수밖에 없는 것이다.[63]

양안의 통합 문제를 놓고 국내적으로도 집권 민진당은 야당인 대륙 출신 국민당과 한목소리를 내는 데 실패하고 있다.[64] 더구나 현재 민진당은 여소야대에 처해 있고 천수이볜도 독립온건파이기 때문에 '독립'을 통한 정면돌파의 방법은 대만주민의 지지를 확보하는 데 실패할 가능성이 크다. 실제로 대만의 장래 문제에 대한 선택에 있어서도 현재 대만주민의 통일과 독립에 대한 지지율은 각각 21.4%와 18.3%에 머물고 있는 반면, 현상유지에 대한 선호도는 54.5%에 달하고 있다는 사실[65]이 이를 설명해 준다.

또 하나는 대만자본이 '독립'의 발목을 잡고 있다는 점이다. 대만 중소자

---

63) "李登輝走的是臺灣人路線," ≪財訊≫, 1997年 8月號.
64) 대만의 '대만화'는 일반 국민의 현상유지론과 함께 결합되면서 더욱 증폭되었다. '통일파'를 계승한 국민당도 사실상 기존의 '하나의 중국' 원칙을 수정하여 사실상 '통일하지도 독립하지도 않고, 통일도 하고 독립도 하는(不統不獨 又統又獨)'이라는 모호한 정책을 수행해 왔고, 리덩훼이 집권 이후에는 이러한 현상유지론이 더욱 확산되었다(李雪巖, 1998: 73). 민진당도 당강령에 대만자결원칙을 명기하고 있으나, 현실정치를 고려하여 대만독립에 대한 주장이 매우 유연해지고 있다. 徐博東, 「民進黨'臺獨'轉型五階段論」, ≪臺灣研究≫(3期, 1998), pp.37~43, p.96. 이희옥, 「양안관계의 지속과 변화: '하나의 중국'을 둘러싼 새로운 흐름」, ≪한신사회과학연구≫, 한신대 사회과학연구소, 27~40쪽 재인용.
65) 臺灣大陸委員會 통계자료(www.mac.gov.tw/english/CSExchan/economic, 검색일 2003. 4.23.)

본의 중국진출 좌절은 민진당의 주요한 정치적 기반을 상실하는 것일 뿐
아니라, 39.3%의 지지에 기반한 소수파 정권이 재집권 기회를 상실한다는
것을 의미한다. 천수이볜 정부가 중국시장 진출을 둘러싼 국제적 경쟁이
전개되는 상황에서 양안 경제교류에 제한을 계속한다면 그 비판은 대만독
립론을 겨냥할 것이고, 민진당은 고립될 것이기 때문이다(이희옥, 2000:
35~38). 이에 따라 천수이볜 정권은 급격한 독립과 현상타파적인 정책을
통해 대내외적 고립을 자초하기보다는 현상유지를 바라는 대내적 여론과
선언적이나마 '평화유지'를 희망하는 중국 측의 외압에 의해 당분간 실리
주의적인 외교노선을 통해 온건한 정책을 표방할 것으로 보인다.66)

다음으로 중국 후진타오 지도부의 태도이다. 리덩훼이 전 대만총통이
'양국론'을 제기한 이후 조급성을 보이고 있는 중국은 후진타오 체제 출
범으로 대만 압박정책을 더욱 강화할 가능성이 있다(楊開煌, 2000: 12). 중
국은 대만 총통선거를 몇 주 앞두고 대만이 통일회담을 무기한 거부할
경우 무력을 사용하겠다는 내용의 백서를 발간한 바 있다.『하나의 중국
원칙과 대만 문제(一个中國的原則與臺灣問題)』라는 제목의 백서67)는 대만이
독립할 경우와 외국이 대만을 점령할 경우에 한해 무력사용을 하겠다는
종래의 입장에서 진일보하여 통일에 미온적인 대만의 자세까지 겨냥하고
있다.68) 이러한 중국의 강경한 태도는 2005년 「반국가분열법(反分裂國家

---

66) 대만 내부의 다원족군(多元族群)에 맞서 천수이볜 정부는 대만을 '화인국가(Chinese
   state)'로 정의하곤 했는데, 이는 중국정부의 '하나의 중국 원칙'에 대한 선의의 반응
   으로 볼 수 있을 것이다. 천수이볜은 2000년의 대통령선거 과정에서 롄잔의 '연방론'
   에 대해 비난하지만, 그는 대통령에 당선된 후에 비국민당이며 비외성인(非外省人)
   의 신분으로 중국정부에 대한 '평화추구'의 자세를 나타냈다.

67) 中華人民共和國 國務院 臺灣事務辦公室,『一个中國的原則與臺灣問題』(北京: 2000
   年 2月).

68) 이 백서는 또한 리덩훼이의 '양국론(兩國論)'과 '통일전제로서 대륙민주화' 주장,
   그리고 '국민투표에 의한 양안관계 재규정'이라는 민진당의 국민투표론을 일축하고
   있다. 이 백서는 1993년 발간한『대만 문제와 중국의 통일(臺灣問題與 中國的統一)』
   백서에 이은 두 번째 것으로, 1990년대 중반 이후 구체화된 대만의 독립 움직임에

法)」의 제정에서 뚜렷이 확인된다. 헌법상 최고의결기구인 전국인민대표대회(全人大)가 2005년 3월 14일 대만 독립을 저지하기 위한 「반국가분열법」을 통과시킴으로써 양안관계가 최악의 국면으로 치달을 가능성이 높아지고 있다. 이로써 중국은 대만의 독립 기도에 대해 비평화적인 수단을 동원, 저지할 수 있는 법적 근거를 마련했다. 총 10개 조항의 중국의 반국가분열법은 중국과 대만의 평화통일을 위한 지속적인 대화와 더불어 통일 후 대만의 자치를 보장한다는 내용을 명시한 법률이다. 그러나 대만의 독립 의도 혹은 그 지원 등에 대해 "비평화적인 수단 및 기타 조치"를 취할 수 있다고 규정함으로써, 당 법률에 의거 대만뿐 아니라 대만을 지원하는 외부세력까지 견제할 수 있게 되어 있다.[69] 중국이 이 법안을 제정하게 된 배경은 일차적으로 대만의 분리 독립운동의 일환으로 추진되는 중화민국 대신 대만의 이름을 사용하는 정명(正名)운동을 막고, 대만의 독립 시도를 원천적으로 봉쇄하기 위한 것으로 보인다. 원자바오(溫家寶) 총리는 이날 전인대 폐막 후 가진 기자회견에서 "반국가분열법이 대만기업의 이익을 보호하고 대만 독립세력을 억제, 반대하는 것으로 해협의 평화로운 정세를 유지할 수 있다"고 주장했다. 그는 이어 "중국은 군사력에 있어서 미국에 뒤지지만, 우리는 외국의 간섭을 원하지 않으며 두려워하지도 않는다"고 강조했다. 원 총리의 발언은 중국이 대만과의 평화적 통일을 원하지만 외세가 개입하거나 대만이 독립을 시도한다면 군사력을 동원하겠다는 것을 확인하는 것이라고 볼 수 있다. 이에 반발하여 대만은 대규모

---

쐐기를 박는 동시에 중국의 통일에 대한 입장을 재확인하기 위한 것으로 보인다.
69) 대만의 독립 저지를 위한 이 법안의 주요 내용은 ① 대만 문제는 국내 문제이므로 어떠한 외세의 간섭도 배제한다. ② 대만의 평화적 통일을 추구하며, 통일 후 대만에 고도의 자치를 부여한다. ③ 대만 독립 세력이 사실상 대만을 분리 독립할 경우, 분리 독립을 초래할 수 있는 중대 사변이 발생한 경우, 평화통일의 가능성이 완전 상실된 경우 등 세 가지 경우에 비평화적인 수단과 필요 조치를 취할 수 있다고 되어 있다. 「反分裂國家法」, 2005年3月14日, 第十屆全國人民代表大會第三次會議通過(國務院臺灣事務辦公室: 홈페이지(http://www.gwytb.gov.cn/jlwl/rywl1.htm, 검색일 2005.7.30.).

반대시위를 하고[70] 국제사회의 지지를 호소하고 나섰으며, 대규모 군사훈련을 강화해 나갈 태세다.

마지막으로, 양안관계의 전개과정에서 상당한 영향력을 행사해 오고 있는 미국의 외교정책이 미칠 영향이다. 부시 행정부는 그동안 중국이나 대만 모두에게 양안의 현상유지를 변경하려는 행위를 하지 말 것을 촉구해왔다.[71] 때문에 미국은 대만이 공격당할 경우 결코 상황을 좌시하지 않을 것으로 보인다. 특히 부시 행정부는 집권 2기의 목표로 자유와 민주주의 확산을 내세우고 있는 만큼, 중국의 대만에 대한 무력 행동을 용인할 수 없을 것이다. 또한 반중국파 의원들이 많은 미 의회는 중국에 대한 보복조치를 촉구하거나 반중국 결의안을 채택할 가능성이 높아, 앞으로 미국과 중국의 관계는 상당히 악화할 가능성이 높다.

이처럼 양안관계는 당분간 '경제의 활성화, 정치적 냉각' 및 '민간교류의 활성화, 관방(官方) 교류 냉각'이라는 과도기적 틀을 유지할 것으로 보이지만, 중장기적으로 볼 때, 대만정부는 경제교류의 활성화 및 민간교류의 활성화로 인해 결국 중국이 주장하는 전면적인 3통의 압력을 받게 될 것이다. 그리하여 대만의 대중국 경제의존도가 더욱 심화됨으로써 대만정부의 정치적 위기를 초래할 개연성도 있다. 한편, 제4세대 등장 이후 조용하지만 밀도 있게 추진되고 있는 중국의 제도화와 민주화의 진전은 양안사회의 공통가치를 수립하는 데 유효한 면이 많을 것이지만, 국수적인 민족주의의 충돌을 배제할 수도 없다(康埈榮, 2003: 92).

---

70) 대만 국가정책연구원이 9~12일 실시한 여론조사에 따르면 대만인 93.4%가 반국가분열법 제정에 반대했다(≪연합뉴스≫, 2005.3.14.).

71) 콘돌리자 라이스 미국 국무장관도 2005년 "중국의 반국가분열법은 양안 간 긴장을 고조시킬 뿐"이라며 강력히 비난했다. 라이스 장관은 "반국가분열법은 양안관계에 도움을 주지 않을 것"이라면서, "(반국가분열법은) 양안의 현상을 변경하려는 일방적인 결정에 해당한다"고 지적했다. 스콧 매클렐런 백악관 대변인도 8일 "우리는 반국가분열법이 도움이 되지 않고 최근 양안관계의 유화 추세에도 거스르는 것으로 본다"며 "중국정부에 이 법안 통과 재고를 촉구한다"고 밝힌 바 있다(≪연합뉴스≫, 2005.3.14.).

이처럼 양안 간 정치적 대립이 완화되고 있지 않은 상태에서 양안 경제교류가 계속 발전한다면, 정치영역으로의 직접적인 파급효과가 가시화되기보다는 양안 간 정치협상의 필연성을 부각시켜 정치적 측면의 '변화'가 가능할 수도 있을 것이다.

## 6. 한반도 통합에 주는 시사점

양안관계와 남북한관계는 오랫동안의 이념과 체제적 대립을 경험하였고, 현재까지도 본질적 관계가 그러한 대립을 주축으로 하고 있다는 점에서 유사한 측면이 존재한다. 또한 두 관계의 행위자들은 모두 문화권을 같이할 뿐만 아니라 동북아 경제공동체 권역 내에 있으며, 궁극적으로 교류·협력의 확대를 통한 민족화해와 통합(통일)을 지향하고 있다는 점에서도 유사성을 보인다. 두 관계는 모두 현실적으로 외교력과 군사력, 경제력 등 현격한 국력의 차이를 보이고 있으며, 더욱이 상호 간의 교류와 협력이 지속됨에 따라 상호의존성 역시 심화될 것으로 보인다. 특히 상대적으로 약소국인 대만과 북한은 교류협력의 득은 취하면서도 비대칭적 의존구도가 확산되어 상대방에게 흡수되는 것을 경계해 왔다. 따라서 양안과 남북한은 이념, 체제의 대립을 완화하고 교류·협력을 확대하는 과정에서 서로의 경험을 활용할 수 있을 것이다. 이 장에서는 양안관계와 남북한관계가 지니는 유사성과 특수성을 근거로 양안관계가 향후 남북한의 통합에 주는 시사점이 무엇인지를 검토하면서 결론을 맺기로 한다.

### 1) 유사성과 특수성

남북한과 양안 문제는 민족 내부의 문제이면서도 이미 국제정치적으로도 매우 민감한 쟁점이 되어 왔던 것이 사실이다. 중국은 대만 문제를 내정 문제로 규정하고 외부의 간섭을 거부해 왔으나, 대만은 미국 등 국제사회가 중국의 부상에 대한 경계를 늦추지 않고 있는 틈새를 파고들며 문제를 국제정치화시키고자 해 왔다. 이 점은 북한의 경우도 마찬가지이다. 북한은 시대별로 차이는 있으나 기본적으로 한반도 문제 원인과 해결의 중심축을 남북관계에서 찾기보다는 북미관계에서 찾았으며, 그로 인해 한반도 문제가 국제정치화되어 가는 양상을 보여왔다. 그런데 중국과 대만은 국가적, 국제적 수준에서 정치적 대립을 지속하는 가운데에서도 비정치·민간 차원의 인적, 경제적, 사회·문화적 교류에 있어서는 남북한 간의 교류·협력수준을 크게 능가하고 있는 실정이다. 경제적 측면에서도 중국은 대만의 매력적인 투자처로서 대만의 민간자본을 유입하려는 각종 유인책과 법제적인 정비를 개발해 왔고, 대만 역시 중국에게 자본과 기술 및 선진경영기법을 전수할 수 있는 보고로서 간주되어 왔다. 때문에 상호 간에 정도의 차이는 있지만 일반적인 의존성이 강하다. 하지만 북한의 제한적인 개혁·개방과 낙후한 경제사정으로 인해 상호 간 비대칭적인 경제 의존성이 심화되고 있다. 양안 간의 교류협력이 상호대칭적인 성격을 기본으로 전개되고 있음에 비추어 남북한 간에는 여전히 일방적인 지원이 주를 이루고 있다.

이 외에도 남북한관계와 양안관계는 다음과 같은 몇 가지 점에서 특수성을 갖는다.

첫째, 남북한관계가 미·소 중심의 냉전적 국제세력질서의 재편과정에서 형성된 외부적 요인이 강하다면, 양안관계는 국민당과 공산당의 내전으로 인한 내부적 요인이 강하다. 분단 이후 남북한은 미·소의 냉전적 체제에 깊숙이 편입되어 왔으며, 그 결과 남북한 문제는 당사자인 민족 내부의 동력을 바탕으로 하기보다는 미국 등 국제사회의 영향력에 좌우되는 국제적 쟁점의 일부였고, 이러한 경향은 1990년대 탈냉전 이후 점차 남북 당사자의 주도권이 회복되기까지 계속되었다. 반면, 양안관계는 주로 당사자들 간의 문제로 인식되어 왔고, 국제정치화하려는 대만의 의도가 번번이 대륙의 힘에 의해 무산된 것이 사실이다. 비록 양안위기를 틈타 미국이 개입해 온 것은 사실이지만, 중국이 갖는 군사, 경제 강국으로서의 지위 및 UN 안보리 상임이사국이라는 국제적 지위로 인해 외부의 영향력이 그대로 파고들기에는 한계가 있었다. 게다가 분단 이후 한국전쟁이라는 내전을 겪음으로써 2차대전 후의 국제적 산물로 형성된 남북한관계는 민족 내부의 극단적인 이념적 반목과 대결이라는 모순을 한 겹 더 얹게 된다. 이로 인해 그동안 남북 문제가 복잡하게 전개되어 왔다.

둘째, 중국과 대만, 그리고 북한과 남한이 비록 각각 사회주의 진영과 자본주의 진영에 속해 정치, 경제체제를 유지해 온 점에서는 공통성이 있으나, 각 당사자들 간의 경제적 격차와 이로 인한 체제유지의 자신감은 상이하다. 일찍이 개혁·개방을 통해 경제대국을 건설해 오고 있는 중국은 서방세계로부터 조심스럽게 체제를 변화시키는 이른 바 '화평연변'에 대한 경계심에도 불구하고 대만과의 정치·경제적 역량 차이에 대한 자신감, 이미 자본주의체제에 대한 적응력을 키워왔다는 확신 때문에 대만과의 경제교류·협력을 확대하는 문제에 있어서 전혀 부담을 느끼지 않았다. 따라서 양안관계에서는 오히려 중국이 대만에 대해 각종 제안, 특혜조치를 통해 대만의 개방적인 대륙정책을 적극 유도하는 입장이었다. 반면에 남북한관계에서 북한은 폐쇄적인 정치체제의 속성과 남북한 경제력의 현격한 차이 때문에, 남한과의 교류·협력을 강화할 경우 자신들의 정치·경제적 기반이 와해될 수 있다는 불안감을 갖고 있다(文興鎬, 1997: 132~133). 또한 미 의회가 만장일치로 통과시킨 「2004 북한인권법」 등을 외부세계로부터 북한을 고립시키고 체제를 전복시키려는 북한식 '화평연변'으로 간주하고, 북한 당국이 관리하지 않은 일단의 접촉을 무척 경계하고 있다.

셋째, 상대방의 정치적 지위와 양안관계에 대한 인식의 차이에도 불구하고 중국과 대만은 인적·물적 교류를 확대하고 있고 반관 성격을 띤 민간기구 차원의 교류협력이 정치적 교착상태를 돌파하는 기능을 발휘하고 있다. 특히 동남아를 중심으로 거점을 확보한 화교경제권과 화교 네트워크가 양안 간의 정치, 군사적 긴장을 해소하고 통합을 위한 양측의 정책선호를 바꾸는 데 어느 정도 순기능을 하고 있다. 하지만 남북한 간 민간기구 차원의 교류협력은 물론 해외교포들의 참여통로가 지극히 협소하고, 민간기구보다는 정부 주도적인 교류가 진행되고 있다. 그러다보니 평화적으로 남북한관계를 관리하고 개선하려는 정책목표하에서 각종 남북교류가 정부의 대북사업의 연장선상에서 진행되고 있는 실정이다.

## 2) 시사점

양안관계의 검토를 통해 얻을 수 있는 한반도 통합에 대한 시사점은 다음과 같다.

첫째, 중국과 대만이 정치적 사안과 경제적 사안을 분리시켜 실용주의적인 양안관계를 정착시켜 온 점은, '햇볕정책' 이후 지속되고 있는 우리의 정경분리적 접근이 여전히 지속되어야 할 필요성을 제기한다. 양안관계의 전개과정에서 보여준 것처럼 정치적 차이가 상호접촉과 교류의 가능성을 원천적으로 차단하고 제한할 때, 그것으로부터 상대적으로 자유로우면서도 현실적인 이해관계 때문에 강력한 동기부여가 가능한 경제 분야에서의 교류를 적극적으로 추진하는 일은 충분히 의미 있는 일이다. 정경분리는 동시에 남북관계에서 정부의 역할과 민간의 역할에 대한 새로운 관점을 요구한다. 정경분리는 남북한 간 상호불신과 긴장요인에도 불구하고 지속적으로 경제교류·협력을 민간주도로 추진하기 위한 원칙으로서, 정부는 민간접촉의 환경을 조성하고 법적·제도적 장치를 마련하는 역할을 하며 북한과의 교류·협력을 민간기업이 주도하도록 하여야 할 것이다. 때문에 우리 정부의 경제교류에 대한 개입 수준은 적절한 선에서 접근하는 것이 필요하다. 단기적으로는 정부의 직접적인 개입과 통제가 불가피하다 하더라도, 향후 남북교류협력과 관련하여 경제교류 활성화를 위해서는 민간기업에 대한 간접적인 규제방식을 제도화하여 민간부문의 대북경협을 조정해 나가야 할 필요가 있다. 즉, 정부는 민간기업에 대하여 관리자나 보호자이기보다는, 지원자 및 조정자로서의 역할에 중점을 두어야 할 것이다.

둘째, 중국과 대만이 상호 간의 정치적 접촉이 단절된 상황에서 각자의 입장과 정책을 전달하는 효율적인 수단으로 해외교포들을 적극 활용했다는 점이다. 중국과 대만 간의 경제관계 발전은 전 세계의 화교 네트워크를 강화하는 부수적 효과를 거둘 뿐만 아니라, 역으로 이러한 화교 네트워크의 발전과 이들의 적극적인 대중화권 투자가 양국 경제성장의 동인이 되고 있다. 과거 중국과 대만의 정치군사적 갈등에도 불구하고, 1980년대 이후 지속적으로 확대·심화된 양안의 실질적 관계는 해외 화교상권이 이념적 장애를 극복하고 중국과 대만을 매개할 수 있는 계기를 제공함으로써 중화경제권의 형성과정에서 시너지효과를 가져온 것으로 평가된다.[72] 이러한 측면에서 150여 개국 650여만 명의 재외동포를 갖고 있는 남북한으로서는 이들 재외 한인을 네트워크화하여 이들의 성공적인 현지정착을 돕고, 동시에 이들의 모국에 대한 투자와 기술이전 등 일련의 선순환의 고리를 확보하는 것이 중요하다. 재외동포는 남북한 간의 불신의 벽과 적대감을 여과시키고 교류와 협력을 매개할 수 있는 중개자로서의 가치와 역할이 크다. 이들은 남북한에 거주하는 민족구성원들과는 달리 이념적으로 분단되어 있지 않기 때문에, 상호 연계망을 갖고 네트워크를 구축함으로써 통일과정에서 많은 역할들을 할 수 있다. 분단된 조국의 통일을 위해 그들이 참여할 수 있는 방법은 거주국가의 특성에 따라 차이가 있겠지만, 국제사회의 우호적인 통일분위기 조성, 변경무역과 투자, 대북지원과 변화유도 등 다양하다. 특히 200만 규모의 중국 조선족은 북한의 함경도, 양강도, 자강도 등과 접경하는 지역에 거주하며, 조-중 변경무역[73]과 투자

---

72) 예를 들어 1993년 4월 싱가포르에서 개최된 海峽會와 海基會의 '汪辜會談'이 성사되기까지 싱가포르의 李光耀 전총리가 지대한 역할을 했다(吳承烈, 2002: 543).

73) 2000년부터 북·중 간의 변경무역이 활성화되기 시작한 이래 2004년 상반기에 무려

등 북한과 밀접한 관계를 유지하며 다양한 분야에서 교류협력을 진행하고 있다. 또한 이들은 탈북자 문제, 북한 식량난 문제해결과도 직간접적으로 연계되어 있다. 최근에는 조직화된 해외 한인무역인 네트워크(W-OKTA)가 중심이 되어 북한과 직접적인 경제교류와 협력을 추진하고 있다. 이는 경색된 남북관계 속에서도 개최됨으로써 재외동포가 쌍방 간의 갈등을 조정하고 통합의 길로 나아가는 데 일정한 역할을 할 수 있음을 보여주는 사례이다. 따라서 초국경적이고 탈이념 지향적인[74] 재외동포들이 통일과정에 참여할 수 있는 기제와 함께 이들을 실제로 끌어들이기 위한 프로그램이 개발되어야 할 것이다.

셋째, 중국의 경제특구 활용 및 양안관계의 법제는 우리 남북 경제교류협력법제에 많은 시사점을 준다(최명길, 2003: 61~84). 중국과 대만의 교류협력법제로는, 우선 중국의 경우는 교류협력의 기본법의 성격을 띤「중국 공민의 대만지구 왕래관리판법(往來管理辦法)」을 들 수 있다. 이 법은 대만해협 양안주민의 왕래보장과 각 방면의 교류 촉신 및 사회질서의 유지와 보호를 위해 제정하였다(동 판법 제1조). 이에 대해 대만의 경우는 중국과의 교류협력을 위해 기본법이라고 할 수 있는「양안관계조례(兩岸關係條例)」를 제정하고, 이에 따른 양안 간의 교류협력의 기본원칙하에 교류협력을 추진하였다. 우리의 대북경협의 법체계적인 면에서는「남북교류협력법」이 있지만 교류협력에 관한 기본법이라고 하기에는 내용이 너무 빈약하며, 교류협력에 관한 법률문제를 포괄적으로 다루기에도 부족한 점이

---

1억 2,408만 달러로 반기 최대 교역액을 달성하기 하였다. 2004년 상반기 북한은 변경무역을 통해 중국에 7,046달러(전년동기 대비 122.5% 증가)를 수출하였고, 5,362만 달러(전년동기 대비 4.7% 증가)를 수입하였다. 현재 북한은 연변주 대외무역의 주요수출국으로서 한국, 일본 다음으로 제3위를 차지한다.

74) 재외동포들은 한민족네트워크에 북한도 참여해야 할 것이라고 응답한 비율이 전체의 71.7%로 압도적이었고, 반대한 응답자들은 11.9%로 나타나 대부분의 참석자들이 한민족네트워크 사업을 북한을 포함한 범민족적 차원에서 희망하고 있는 것으로 보인다. 이는 제3차 세계한상대회 참가자를 대상으로 한, 전남대 세계한상문화연구단이 실시한 설문조사 결과임(2004.10.26.~28., 제주도 국제컨벤션센터). 전형권, 2005.

많다. 따라서 최근 급증하고 있는 남북 간 교류협력사업의 추세, 간접투자에서 직접투자에로의 교류협력방식의 전환 등 새로운 환경에 맞추어 개인 및 기업들의 교류협력을 지원하면서 향후 발생할 가능성이 있는 문제점들을 해결할 수 있는 내용을 포괄하는 방향으로 경제교류협력법체계를 재구성해 나갈 필요가 있을 것이다. 또한 중국과 대만이 상호 교류협력을 촉진하기 위해 '각 부문별로 입법'을 하였다는 점에서 남북교류협력법제에 시사하는 바가 크다.[75] 현재 남북교류협력법제의 경우 경제교류협력에 대한 내용은 「남북교류협력법」에 규정하고 있고, 그 규정의 내용 또한 미흡하여 개별 단행법의 제정 요구가 그동안 계속 제기되어 왔다.[76] 현행 「남북교류협력법」상 경제교류협력분야 규정의 문제점을 개선하고, 남북경협의 활성화를 위한 법제도적 조치를 강구하기 위해서도 남북 간 경제협력 부문에서 특례적인 규정이 포함될 수밖에 없는 상황을 고려하여 남북경협관련 법제도를 확립하는 조치가 요청된다.

마지막으로, 비록 남북관계는 국제정치적 산물이었지만 북한 문제를 비롯한 한반도 문제가 지나치게 국제정치화되는 것을 경계해야 한다. 아울러 자유 서방세계가 의도하는 북한의 '연착륙' 및 남북한 경제통합과 대남의존성에 대한 북한의 위기의식을 불식시켜야 할 것이다. 남북한 간 교류·협력 확대가 경제적 비대칭성을 심화하여 결국 북한의 기존 정치·경제체제의 위협요인으로 작용하지 않는다는 점을 확신시켜주어야 할 것으로 보인다. 오히려 남북 간 교류·협력의 확대는 원조와 이에 따른 개입의

---

75) 양안 간의 경제교류협력법제를 살펴보면, 중국의 경우 경제교류와 관련한 법제로는 대만동포의 투자를 보장하기 위해서 「臺灣同胞投資獎勵에 관한規定」과 「臺灣同胞投資保護法」을 제정하였다. 대만의 경우는 좀더 많은 경제교류협력법제를 두고 있었는데, 「臺灣地區와 大陸地區貿易許可辦法」, 「大陸地區에서의 商業行爲從事 許可辦法」, 「大陸地區住民의 臺灣에서의 經濟貿易關聯活動許可辦法」, 「大陸地區에서의 投資 및 技術合作從事許可辦法」, 「大陸地區産業技術導入許可辦法」 등이 그것이다.

76) 개별 단행법으로서의 제정 필요성에 대한 강조는 張明奉(2002a: 29, 2002b) 참조.

국제화를 차단하고 결과적으로 남북통합의 중심축을 외부로부터 민족 내부로 돌릴 수 있는 동력이 될 것임을 확인시켜야 한다.

일반적으로 남북관계에서는 국제변수의 영향력이 지배적이며, 상대적으로 영향력은 작지만 남북한도 자신들에게 유리한 쪽으로 국제변수를 변화시키려고 시도하게 된다. 남북정상회담이 그 대표적인 경우이다.77) 이 회담은 그동안 당사자가 배제된 채 미국을 경로로 해서 조율되던 한반도 문제의 중심이 반전되었을 뿐만 아니라, 과거처럼 주변국의 대한반도 정책이 남북관계에 일방적으로 영향을 미치는 단방향성으로부터 남북관계의 진전 역시 주변국의 한반도 정책결정과정에 영향을 미칠 수 있는 쌍방향성을 확인시켜 주었다(오승렬, 2000: 97~98). 한반도 문제의 해결에 우리의 역할을 확보하기 위해서는 대미 일변도의 정책공조보다는 한미공조와 민족공조 두 축을 동시에 활용하고 조율해야 할 것이다. 남북한의 공동이익을 위해 필요한 경우에는 남북한이 적절하게 역할을 분담하거나 외교사회에서 공조를 모색할 필요도 있다. 그러나 여기서 경계해야 할 점은, 남북문제의 해결을 지나치게 외교적 사안으로 규정함으로써 주변국들을 불러 모으는 것은 문제의 해결을 위해 그다지 바람직스럽지 못하다는 사실이다.78) 남북문제에 대한 국제정치 행위자의 수가 많을수록 주변국들 간의 이해관계를 조율하여 협력을 도출하는 작업이 어려울 것이기 때문이다(전형권, 2003). 이러한 맥락에서 일방적인 한미공조의 집착을 견제하면서 주변국들과 상황에 맞는 다각적인 공조체제를 구축해야 할 것이다.

---

77) 남북정상회담은 남북한이 국제변수를 움직인 대표적인 경우이다. 당시에는 북한의 '통일'과 남한의 '화해·협력'이라는 정치적 술어가 모두 다 포괄되는 형식을 취하였다. 이러한 변화의 근저에는 북한이라는 변수가 긍정적으로 작용하고 있었음에는 틀림없다(임채완·전형권, 2000: 137).

78) 게임이론의 관점에서 무정부 상태의 국가 간 협력을 연구한 오이(Kenneth A. Oye)에 따르면, 국제협력을 가능케 하는 전략으로서 '보상구조(payoff structure)', '미래의 투영', 그리고 '행위자의 수'의 차원에서 분석하고 있다. 그런데 행위자의 수가 2명 이상일 경우, 무임승차(free rider)의 문제가 발생하기 때문에 협력의 가능성을 감소시키게 됨을 강조하고 있다(Oye, 1986: 1~24).

## ■ 참고문헌

康埈榮. 2003. 「양안관계의 구조적 성격과 쟁점으로 본 중공 16대 이후의 양안관계 전망」. ≪中國研究≫ 제31권.

김남이. 1999. 「대만의 국제환경과 실무외교」. 중국관계연구소. ≪中國學研究≫.

金都姬. 2000. 「中國과 大灣의 民間차원 協商機構에 관한 연구」. ≪중소연구≫, 85호.

김범석. 2005. 「대만민주화와 양안관계의 변화: 민주평화론을 적용하여」. ≪국제정치논총≫, 제45집 2호.

김영화. 1995. 「포스트 鄧시대 中國政治에 있어서 孔子思想의 復活과 江澤民體制」. 대륙연구소. ≪中國研究≫, 1995년 여름.

김준엽. 1982. 『중국공산당』. 문명사.

김준희. 1986. 「분단국가이론에서 본 한반도의 장래」. 양호민 외 공편. 『민족통일론의 전개』. 형성사.

류동원. 2001. 『중국의 통일과 一國兩制』. 부산대학교 출판부.

文興鎬. 1993. 『中·臺灣關係의 現況과 發展方向』. 민족통일연구원.

_____. 1994. 「中·臺灣의 統一政策 比較研究」(연구보고서 94-04). 민족통일연구원.

_____. 1997. 「兩岸關係와 南北韓 關係」. ≪동아시아역사연구≫ 제2집.

_____. 2000. 「양안관계 연구」. 정재호 엮음. 『중국정치연구론』. 나남.

박광득. 2001. 「兩岸關係에서의 '小三通'의 含意」. ≪대한정치학회보≫, 제9권 1호. 대한정치학회.

박두복. 1979. 「중국의 국공담판」. 동아일보사 엮음. 『분단국의 대화』. 동아일보사.

박병석. 2000. 「중국의 일국양제 대만통일론의 국가구조와 이론 한계」. 『새로운 동북아 질서와 한반도』. 법문사.

박정동. 1997. 『21세기 중국』. 한국경제신문사.

방빈. 1999. 「중국의 대대만 정책」. ≪중소연구≫, 1999년 겨울호.

法制處. 1992. 「中國과 臺灣의 交流法制」. 法制資料 第162輯.

브로소 쇼 엮음. 1986. 『중국혁명과 모택동사상 Ⅱ』. 석탑출판사.

서석홍. 1997. 「臺灣企業의 對中國投資와 兩岸 經濟統合」. ≪中蘇研究≫, 통권 73호.

오규열. 2000. 「21세기 양안관계에 대한 전망」. ≪中國學研究≫, 제18집.

오승렬. 2000. 「정상회담 이후 남북관계 전망과 과제」. 『남북정상회담의 성과와 남북관계의 전망』. 통일연구원.

_____. 2002. 「중·대만 관계의 구조적 특징 연구」. ≪중국연구≫, 제30권.

姚禮明. 1998. 「1949년 이전의 대만해협 양안관계」. ≪東西研究≫. 延世大學校 東西問題研究院.

이병대. 2001. 「中國과 臺灣의 統一政策 比較研究」. 충남대학교 행정대학원석사 학위논문.

이희옥. 2000. 「양안관계의 지속과 변화: ‘하나의 중국’을 둘러싼 새로운 흐름」. ≪한신사회과학연구≫. 한신대 사회과학연구소.

임석준·임성학. 2000. 「정당성의 변화와 대만의 민주주의 발전」. 김유남 외 공저. 『21세기 비교정치학』. 삼영사.

임채완·전형권. 2000. 「6·15 남북정상회담이 남북한 및 국제사회에 미친 영향」. ≪한국동북아논총≫ 제17집. 한국동북아학회.

張明奉. 2001. 「南北經濟交流協力 活性化를 위한 法制度 改善方案」. “민주평화 통일자문회의 경제과학분과위원회 제47차 회의” 발표논문. 민주평화통일자 문회의. 2001.11.19.

_____. 2002a. 「南北韓 交流協力法制의 現況과 展望」. “南北韓 交流協力法制와 中國·臺灣(兩岸)關係法制” 韓·中學術세미나(韓國 國民大 法大 BK21 北 韓法制研究事業팀·韓國法學敎授會 北韓法研究特別委員會/中國 上海社 會科學院 法學研究所·復旦大學 法學院. 2002.8.30.).

_____. 2002b. 「南北韓 經濟交流協力의 活性化를 위한 法的 課題」. 『東北亞 經濟協力 活性化를 위한 法的 課題』. 東北亞 經協 國際學術會議(韓國 國民大 法大 北韓法制研究센터·韓國法學敎授會 北韓法研究特別委員會/ 中國 北京 人民大學 法學院. 2002.12.11.).

張炳玉. 1994. 「‘중국특색의 사회주의’건설과 새로운 국제질서」. ≪中國研究≫, 1994년 봄. 대륙연구소.

전득주. 2004. 『세계의 분단사례 비교연구』. 푸른길.

전형권. 2003. 「노무현 정부에서 한미공조와 남북관계」. 한국동북아학회. ≪한국동 북아논총≫ 제8권.

_____. 2005. 「재외동포네트워크의 특성과 네트워크 활용 및 활성화 방안」. 국사편 찬위원회 학술회의 자료집.

정상화. 2001. 「중화민국(대만) 민주주의의 발전과 전망」. 연세대동서문제연구원. ≪東西研究≫, 제13권 제2호.

정용하. 2000. 「대만의 선거와 양안 관계」. 부산대학교 한국민족문화연구소 ≪한국 민족문화≫, 15권 1호.

정재일. 1998. 「중국과 대만의 통일정책」. 남서울대논문집.

주유진. 2000. 「중국과 대만의 통일정책과 양안관계에 관한 연구」. 원광대학교대학 원 석사학위논문.

중국학회 엮음. 1999. 『중국 체제개혁의 정치경제』. 21세기북스.

津田邦廣. 1998. 「대만의 남향정책이 노리는 바」. ≪극동문제≫, 1998년 7월호.

최명길. 2003. 「남북한 경제교류협력법제와 중국·대만(양안)의 경제교류협력법제 와의 비교」. ≪북악논총≫, 제20집. 국민대학교대학원.

황병덕. 1998. 『분단국 경제교류·협력 비교연구──동·서독, 중·대만, 남북한』. 민족 통일연구원.


"李登輝走的是臺灣人路線." ≪財訊≫. 1997年 8月號.

甘觀仕 外. 1998. 『中國國民黨在臺灣四十年』. 北京: 中國大百科全書出版社.

江澤民. 1995.1.31. "爲促進祖國統一大業的完成而繼續奮鬪." ≪人民日報≫.

關世雄 編. 1993. 『中國共産黨 統一戰線史: 社會主義時期』. 北京: 中國文史出版 社.

芹夫. 1996. "撞不住的兩岸經貿潮." ≪廣角鏡≫. 1996年 10月號.

『臺灣海峽兩岸關係說明書』. 1994. 臺北: 中華民國行政院大陸委員會.

藍薔薇. 2001. 「中共在港地下全面滲透」. 『爭鳴』. 香港: 百家出版社.

徐博東.. 1998. 「民進黨'臺獨'轉型五階段論」. ≪臺灣研究≫ 3期.

孫升亮. 1998. 「海峽兩岸關係的現狀及發展趨勢」. ≪臺灣研究≫(1期).

楊開煌. 2000. 「臺灣大選後之兩岸關係」. ≪投資中國≫(臺北), 2000年4月號.

楊力宇. 1999. 「兩國論對抗一國論」. 『爭鳴』(8月).

燕凌. 1990. 「從新民主主義到 社會主義的轉變」. ≪中國社會科學≫ 第2期.

吳江 主編. 2000. 『一國兩制決策研究』(北京: 黨建讀物出版社).

王國探. 1995. 『一個中國與兩岸統一』(臺北: 環宇出版社).

王銘義. 1997. 「兩岸和談: 臺灣與中國的對話」. 『第1次 汪辜會談的背景和過程』 (臺北: 財訊出版社).

李雪巖. 1998. 「臺灣政治人物對兩岸關係的基本態度」. ≪鏡報≫ 2月號.

張其勿. 1973. <中華民國創立史>. 臺北: 華崗出版社.

張炳玉. 1993. <中共一國統一政策與臺灣海峽兩岸的經務關係之研究>. 台北: 國立政治大東亞細亞研究所.

張五岳. 1991. 『分裂國家統一政策之比較研究』. 台北: 國立政治大學東亞研究所.

傳啓學. 1972. 『中國外交史』(臺北: 臺灣商務印書館).

中共中央臺灣工作辦公室. 1998. 『中國臺灣問題』. 北京: 九洲圖書.

中華人民共和國 國務院 臺灣事務辦公室. 2000. 『一个中國的原則與臺灣問題』 (北京: 2000年 2月).

中華人民共和國 國務院 臺灣事務辦公室. 2000. 『一个中國的原則與臺灣問題』.

陳國權 外. 1995. 『中華人民共和國經濟建設簡史』(中國物資出版社).

沈建中. 1997.『大陸海峽兩岸關係協會硏究』(臺灣大學博士論文).
沈君山. 1996.「北京歸來看兩岸關係」.『九十年代』(香港: 1996.3.)
行政院大陸委員會. 1999.「國家統一綱領」.『大陸工作法規彙編』.
許倬雲. 2000. "兩岸之間的和解." ≪臺北報導≫, 2000.5.1.
許倬雲. 2000. "兩岸之間的和解". ≪臺北報導≫. 2000.5.1.
胡克難. 1981.「中華民國的國家利益、國力與外交政策」(臺北: 國立政治大學 外
　　交硏究所).
黃安余. 1996.「臺商投資大陸的動因及現狀剖析」. ≪經濟科學≫, 1996年 第3期.


Caty, Gilbert. 1969. *Le statut juridique des Etats divide's*. Paris.
Cheng, Tun jen and Stephan Haggard(eds.). 1992. *Political Change in Taiwan*. Boulder
　　CO.: Lynne Rienner.
Cheng, Tun jen. 1989. "Democratization the Quasi-Leninist Regime in Taiwan."
　　*World Politics*, July 1989
Clark, Cal. 2000. "The 2000 Taiwan Presidential Election." *Asian Society*.
Leng, Tse-Kang. 1998a. "A Political Analysis of Taiwan's Economic Dependence
　　on Mainland China." *Issues & Studies* 34, No.8, August 1998.
＿＿. 1998b. "Dynamics of Taiwan-Mainland China Economic Relations." *Asian
　　Survey*, Vol.XXXVIII, No.5, May 1998.
Lien, Chan. 1996. *Government Report to the Legislature*. September 6.
Munch. 1962. "A propos de la question allemande." *dans Journal du droit international*.
Oye, Kenneth A. 1986. "Explaining Cooperation Under Anarchy: Hypotheses and
　　Strategies." in Kenneth A. Oye(ed.). *Cooperation Under Anarchy*. Princeton:
　　Princeton University Press.
Putnam, Robert D. 1988. "Diplomacy and Domestic Politics: The Logic of
　　Two-Level Game." *International Organization*. Vol.42. No.43, Summer 1988.
Sartori, Giovanni. 1976. *Parties and Party Systems: A Framework for Analysis*.
　　Cambridge: Cambridge University.
Soloman, Richard H.(ed.). 1981. *The China Factor*. New York: Prentice-Hall.
*South China Morning Post*. 2000.3.12.
Zhao, Sui Sheng. 1997. "Economic Interdependence and Political Divergence: the
　　emerging pattern of relations across the Taiwan Strait." *Journal of Contemporary
　　China*, Vol.6, No.15.


"二十萬臺商百萬標源" ≪亞洲週刊≫, 2000.2.28.~3.5.

연합뉴스, 2003.1.2./2005.3.14./2005.9.5.
≪明報≫(香港), 2003.8.4./2000.4.22.
國務院臺灣事務辦公室(http://www.gwytb.gov.cn/jlwl/rywl1.htm. 검색일 2005.7. 30.).
≪人民日報≫ 2000.2.22./2005.3.4.
≪中國時報≫1998.12.26.
≪聯合早報≫ 1999.11.21.

孫升亮.「富有新意的政策主張」. http://news.xinhuanet.com/taiwan/2005-03/06/content_2656026.htm (검색일 2005.8.30.)
http://www.dpp/org.tw/d_news/center/abtain991115_1.htm(검색일 2005.5.20.).
대만 해협교류기금회 홈페이지(http://www.sef.org.tw. 검색일 2005.9.10.).
臺灣大陸委員會(www.mac.gov.tw/english/CSExchan/economic. 검색일 2004.4.23)
臺灣行政院大陸委員會 홈페이지(http://www.mac.gov.tw. 검색일 2005.8.10.).
http://www.chinataiwan.org/web/webportal/W2001366/A2112840.html.

# 제6장

# 정치경제론적 관점에서 본

# 남북한 분단과 통합

선학태

# 1. 분단상황과 한국전쟁에 대한 정치·경제적 인식

## 1) 분단의 2중 구조 형성

민족분단의 싹은 항일독립운동의 전개과정에서 나타났다는 견해가 있다. 그러나 독립투쟁은 지역적으로 분산되고 이념적으로 상이했으나, 독립운동세력은 좌·우 세력을 포용하여 중간노선을 채택하고 통일 독립국가 건설을 추진했다(신용하, 1988: 32~34). 남북한 분단구조는 그보다는 일련의 전시연합국회담에 일차적 책임이 있다. 물론 전시연합국회담에서는 한반도 분할에 대해 논의도, 합의도 없었다. 그러나 미국이 주도적으로 발의했던 워싱턴 회담, 카이로 회담, 테헤란 회담, 얄타 회담 등 전시연합국회담이 한반도 분단에 대한 책임으로부터 자유롭지 않다는 사실은 명백하다. 전시회담은 일제 패전 후 한반도에 즉각적인 독립을 부여하는 것을 합의하지 않고 연합국의 신탁통치를 부과하기로 결정함으로써 전후 한반도 운명을 국제화시켰다. 결국 전시연합국회담은 종국적으로 한반도가 분할되도록 하는 길을 열어놓았던 것이다. 특히 얄타 회담은 소련으로 하여금 패전 직전에 있었던 일본에게 선전포고를 하는 근거를 마련해 주었다. 이것이 소련이 한반도에 군사적 진출을 시도하고 한반도의 북쪽을 점령하는 결정적 단서가 된 것이다. 이러한 논거에는 전시 미국의 전후처리에 관한 프로그램, 특히 당시 루스벨트 대통령의 구상과 지론이 그대로 투영되었다는 점에 주목할 필요가 있다. 한반도의 지정학적 위치가 갖는 국제 정치적 의미를 알고 있었던 그는 한반도에 이해관계를 갖는 연합국들이 일제 패전 이후 한반도를 공동관리(신탁통치)함으로써 이해관계의 충돌을 방지해야 한다는 구상을 갖고 있었다. 이러한 구상이 연장되어 1945년 8월 일본에 원자탄의 투하로 일본의 패전이 임박하고 소련군이 한반도 북쪽(나진, 청진 등)으로 진격하는 등 전황이 급박하게 돌아가자 서둘러 한반도를 북위 38도(N 38°)에서 분단하기로 결정한 것도 미국이었다. 즉 군사분계선이 되었던 N 38°는 미 육군이 제안하여 당시 스팀슨(H. Stimson) 전쟁장관에 보고하고 이를 기초로 '일반명령 제1호'가 작성되었으며, 당시 트루먼 대통령은 이를 영국, 소련, 중국에 통고하여 국제적 동의를 얻어냈다. 이에 따라 N 38° 이북은 일제로부터 소련군이 항복을 접수하고, 그 이남은 미군이 항복을 접수하여 소련군과 미군이 북한과 남한을 각각 점령하게 된 것이다. 이로써 한반도의 군사적 분단이 이루진 것이다.

한반도 N 38° 이남과 이북에 각각 군사적 점령을 감행한 미국과 소련은 남한과 북한에서 어떤 정책을 시도했는가? 우선 남한에 진주한 미 점령군은 1945년 9월 9일 일제 조선총독부로부터 항복문서를 접수하고 미군정청을 수립했다. 미군정청은 자신이 남한의 유일 합법정부이고 남한의 영토와 조선인민을 직접 통치하겠다고 선언했다. 또한 미군정청은 독립국가를 건설하기 위해 민족의 주체 역량기구였던 건국준비위원회, 그리고 대한민국임시정부의 존재를 인정해 주지 않았을 뿐만 아니라 김구를 비롯한 독립투사들의 환국을 지연시키려 했다. 그리고 미군정청은 일제하의 관리들과 친일파를 중심으로 해방정국을 이끌어가려고 했다. 결론적으로 미군정청은 민족의 지도세력을 약화시켰으며 미군정과 토착 민족주의세력 사이에 정치적 불협화음을 야기했다. 북한의 경우 소련 점령군은 군정청을 수립하지 않고 점령군 사령부가 배후에서 정치공작만 하고 표면상 간접통치 방식을 취했다. 따라서 소련 점령군사령부는 남한의 미국 점령군과는 달리 각 도에 설치되어 있는 건국준비위원회를 인정했다. 이런 분위기 속에서 북한에는 소련의 지원을 받아 1945년 10월 각 도에 존재했던 건국준비위원회가 발전적으로 해체되어 북조선5도행정국(북한 단독정권 제일보)이 설치되었으며 조선공산당 북조선분국이 창당되었다.[1]

---

1) 조선공산당은 1920년대 초반에 결성되었으나 일제의 탄압에 의해 지하에 잠복했었다. 그러나 1945년 8월 해방과 함께 서울에서 박헌영에 의해 조선공산당이 지상으로 나오게 되었으며, 이에 따라 북한 평양에는 조선공산당 북조선분국이 설치된 것이다.

한편, 해방정국에서 남북한에는 수많은 정당, 사회단체가 우후죽순처럼 분출했다. 그 주요 정파로서 남한에는 여운형이 이끄는 건국준비위원회, 이승만을 추대하는 한국민주당 계열, 김구로 대표되는 대한민국임시정부 계열(한국독립당), 박헌영을 중심으로 한 조선공산당 등이 포진하고 있었다. 북한에는 조만식 중심의 민족주의 계열, 김두봉이 이끄는 조선신민당 계열, 갑산파(김일성) 중심의 극좌계열, 허가이 중심의 소련파 등이 활동하고 있었다. 이들 정파는 당시 민족정화(친일파 처리), 신탁통치, 좌우합작, 남북지도자협상, 정부 수립, 통일 등 해방공간의 현안 문제를 놓고 치열한 대립과 갈등을 연출했다. 결론부터 말하면 당시의 각 정파들은 해방인식에 있어서의 자주성이 결여되었다. 즉 미국과 소련에 의해 야기될지도 모를 분단 점령정책에 대해 주체적으로 대응하지 못하고 모두 '자주독립국가'의 건설에 대한 심각한 문제의식을 갖는 데 미흡했다.

무엇보다도 1945년 '모스크바 협정'의 한국조항으로 지칭되는 '신탁통치' 문제는 해방 직후 우리 민족이 맞이한 최대의 시련이요, 도전이었다. 이로부터 남북 국내 좌·우 정치세력 간의 대립이 첨예화되었다. 앞서 지적했듯이 신탁통치안을 처음 구상하고 제의한 나라는 미국이었고 그 장본인은 루스벨트 대통령이었다. 모스크바 협정의 한국조항은 두 관점에서 해석이 가능하다(Cumings, 1981: 217). 우선 한국조항의 저변에는 미국과 소련의 첨예한 이해관계가 깔려 있다는 것이다. 소련은 탁치안을 탐탁하게 여기지 않았다. 왜냐하면 미·영·소·중의 4대국에 의한 탁치안이 구체적으로 실현되면 그 위원단의 구성이 '자본주의 3국 vs 공산주의 1국'으로 이루어져 세가 불리했기 때문이다. 그러나 소련은 당시 한반도 내부 정치세력의 역학관계로 볼 때 좌파가 우세했기 때문에, 신탁통치를 계기로 한반도에 친소적인 좌파 정권이 들어설 수 있다는 판단을 갖고 탁치안을 전격 수용했다. 미국 또한 탁치안이 실천되면 그 위원단의 구성에서 유리하며 이를 계기로 한반도에 친미적인 정권을 등장시킬 수 있다는 전략적 판단을 내리고 소련의 요구와 주장을 많이 반영시킨 탁치안에 합의했다.

　다음으로 당시 한국조항의 초점은 '임시조선민주정부' 수립에 있었다는 해석이 가능하다. 탁치안에는 최고 5년 동안 4개 연합국의 공동통치 형태라는 것 이외에 다른 규정이 존재하지 않았기 때문이다. 한국조항의 제3항에는 먼저 조선임시정부가 수립되고, 이 정부가 연합국과의 협의를 거쳐 신탁통치의 구체적 형태와 내용을 결정한다는 것이었다. 따라서 이는 미국 루스벨트 대통령의 구상과 지론을 배척한 것이었으며, 한국 민족의 자존심을 북돋워주기에 충분한 것이었다. 당시 남북의 국내 정치세력들이 결속하여 '통일임시정부'를 수립하고 이를 계기로 탁치안을 사실상 무력화시킬 수 있는 여지도 있었던 것이다.

　그러나 당시 남북 국내 좌·우파 정치세력은 모스크바 협정의 한국조항 중 '통일임시정부' 수립 부분을 외면한 채 '신탁' 조항에만 집착하여 찬탁·반탁 등 격렬한 탁치 논쟁을 불러일으켰으며, 그들 간의 분열된 대결 국면은 가히 내전을 방불케 했다. 결국 이는 남북 국내 정치세력이 해방정국을 주체적으로 대응할 수 있는 단서가 될 개연성이 있었던 통일임시정부 수립에 실패한 것을 의미한다.

　이러한 실패는 중도좌파인 여운형과 중도우파인 김규식 등 중간파가 중심이 된 '좌·우합작운동'에도 되풀이되었다. 1946년 5월 미국은 중국의 국·공합작을 모델로 하여 신탁 문제와 친일파 처리 문제로 남북 국내 정치세력이 크게 대립하고 있는 국면에서 온건 좌·우 정치세력을 타협시켜 '통일임시정부'를 수립하려는 의도를 갖고 있었다. 그러나 극우 보수세력과 극좌 공산세력은 중간파의 좌·우합작운동에 극력 반대했다. 특히 박헌영 계열의 극좌 공산당은 전국 여러 곳에서 봉기를 일으켰고, 이에 미군정은 극우세력과 협력하여 강경 대처하는 과정에서 유혈사태가 분출했다. 이에 따라 결국 좌·우합작운동은 실패로 끝났으며, 이는 친미 우파세력을 앞장세워 미군정 당국으로 하여금 남한에서의 단독정부 수립을 서두르게 하는 구실을 만들어주었다. 남한에서 김구가 "단선·단정 수립은 한반도 분단을 영구화시킨다"고 주장하며 '남북정치지도자회담'을 제의하는 가운데 결국 1948년 8월 남한에서 총선을 거쳐 대한민국이 선언되었고, 초보적 행정부와 정당을 수립하여 정권 창출을 준비해 온 북한에서도 1948년 9월 조선민주주의인민공화국이 등장했다.

이와 같은 맥락에서 볼 때 남북의 군사적 분단과는 달리 한반도에 두 개의 정권 및 국가가 등장함으로써 발생한 남북의 정치적 분단은, 내세의 분열과 갈등 때문에 외세의 영향력이 상대적으로 크게 작용한 상황에서 발생한 것으로 분석할 수 있다. 만일 해방정국에서 좌·우 정치세력과 지도자들이 분단지향적이지 않고 통합지향적 의지와 정책으로 '좌우연립 정부' 수립에 합의하고 내세적 정치력의 결집에 성공했다면, 한반도에 두 개의 정권과 국가가 수립되는 정치적 분단의 비극은 막을 수 있었을 것이다.[2]

## 2) 해방공간의 정치경제

일제에 의해 강요된 한국사회의 기본성격은 식민지 반봉건 사회였다. 이를 극복하기 위해 한국 민중운동은 식민지적 억압으로부터의 해방이라는 민족해방의 과제, 그리고 낡은 전근대적 잔재로부터의 해방이라는 반

---

2) 이는 오스트리아 사례가 웅변해 준다. 오스트리아는 제2차세계대전 종식 후 미국, 영국, 프랑스, 소련 등 4대국 연합국 군대에 의해 4분할 점령 상태였다. 설상가상으로 오스트리아 국내 정치세력은 좌·우 이념대결로 심한 분열 상태에 있었다. 그러나 오스트리아 국내 정치세력은 이념적 대결에도 불구하고 연합국에 의한 분할 점령이라는 조국의 위기를 돌파하기 위해 대동단결하여, 4대국과 집요한 협상을 통해 마침내 분할 점령한 군대를 철수시키고 중립화 형태의 통일국가를 만드는 데 성공했다. 만일 미·소 양국 군대가 한반도를 분할 점령한 현실에서 당시 남북 국내 정치세력이 '중립화 통일'과 같은 구상을 통해 미국과 소련의 이해관계를 절충, 타협시킬 수 있는 정치적 지혜와 경륜을 가졌다면 정치적 분단은 발생하지 않았고, 통일 독립국가를 수립했을 것이다. 이런 점에서 한반도의 분단과정에서 외세에게만 그 책임을 전가시킬 수 없으며, 한국 정치세력의 책임도 작지 않다.

봉건 민주주의(민주적 권리) 실현 과제를 안고 있었다. 이러한 관점에서 8·15 광복은 한국 민중에게 진정한 반제(反帝) 자주화 민족해방 및 반봉건 민주주의의 실현에 의한 물적 토대와 민주적 정치제도의 창조라는 역사적 과제를 부여했다(강원돈, 1987: 274~276). 따라서 이 시기의 한국 민중은 우선 반제 자주화와 민족해방의 진정한 실현을 위하여 일제 잔재세력 혹은 부일 매판세력을 청산, 자주적이고 독립적인 민족국가를 수립하는 민족적 과제를 실현해야 했다. 또한 한국 민중은 식민지 자본주의 경제제도, 즉 일본 독점자본과 매판자본을 환수하여 새로운 생산관계를 창출하는 동시에, 반봉건적 토지 소유관계(지주-소작)를 극복하여 토지개혁을 통해 삶의 기회를 마련해야 했다. 나아가 한국 민중은 민주적 권리를 실현하는 동시에 반민중적이고 반민족적인 세력을 배척하고, 민족적이고 민중적인 새 국가기구를 창조해야 할 과제를 안고 있었다. 그렇다면 남한과 북한은 각각 한국 민중의 이와 같은 시대적 과제에 어떻게 대응했는가?

미군정정은 남한의 극우 보수세력과의 동맹을 위한 구체적 조치를 취해 나갔다. 첫째, 미 점령군은 남한에서 '조선인민공화국'을 해체시키는 데 총력을 경주했다. 당시 여운형을 중심으로 한 조선인민공화국의 선포를 전후하여 한반도 전역에는 도·시·군·면·리에 이르기까지 '지방인민위원회'들이 자연발생적으로 조직되었는데, 북한의 경우 이러한 지방인민위원회들이 정권의 수립에 대중적 기반을 제공했던 것에 반해, 남한의 경우 미군정은 이를 해체시켰다. 특히 미 점령군 사령관 하지는 1945년 12월 '조선인민공화국'을 불법화했다. 둘째, 미군정청은 자신의 행정부서 요원을 지주 계층 출신, 친미 극우파, 부일 협력자 출신의 한국인들로 충원했다. 셋째, 미군정 당국과 남한의 보수·극우세력 사이의 동맹은 1945년 말에 창설된 남한의 경찰기구에 일본군 및 일본경찰 출신 인사들이 참여하는 형태로 나타났다. 넷째, 1946년 2월 군정 자문기관으로 '대한민국 대표민주의원'(의장 이승만)이 설립되었는데, 이는 미군정의 비호 아래 남한의 지배세력으로 성장했다.

한편, 미군정은 8·15 이후 일본인 재산의 즉각적 몰수를 단행했다. 그러나 미군정은 한국 민중의 진보적 사회경제 개혁요구들을 수용하지 않고 식민지·반봉건적 생산관계를 온존, 재편성했다. 당시 한국 민중의 진보적 개혁 요구들은 해방 직후 활동을 개시했던 각급 인민위원회의 '일본인 토지몰수 및 무상분배, 일본인 공장 및 기업의 몰수' 주장에서 엿볼 수 있다. 그러나 미군정은 인민위원회에 의해 강력히 추진되었던 자본관계 및 반봉건적 토지 소유관계의 재편성을 완전하게 부정하는 한편, 남한의 총 자산 약 80%에 달하는 공장, 기업, 토지 등을 접수함으로써 남한의 최대 지주와 최대 자본가로 부상했다. 또 미군정청은 적산(敵産)의 관리와 경영을 일제하에서 매판적 활동을 하였던 상인자본가 및 지주들에게 위탁하였다. 그리고 미군정청은 접수한 귀속재산을 자신들이 선정한 극우·보수적인 관리인(친일·친미적 성향의 지주, 자본가, 중간관리층, 영어 및 일어 능통자) 등에게 헐값으로 불하했다. 이러한 미군정청의 정책은 토지개혁과 귀속재산 처리에서 반민족적·반민중적 세력과 지주세력의 물질적 기초를 강화하는 방향으로 추진되었다. 또한 귀속재산을 그들에게 헐값으로 불하한 것은 커다란 특혜였으며, 이런 특혜에 참여할 수 있는 자본가는 관료와의 유착으로 이어졌다.

이처럼 미군정을 통해 남한의 기존 생산관계가 근본적으로 청산되지 않는 가운데, 친일세력과 부일 매판세력이 새로운 반민족적·반민중적 지배세력으로 부상했다. 이것은 소수의 극우·친미 보수세력이 미군정과의 동맹관계를 통해 남한의 지배세력으로 성장한 것과 궤를 같이한다.[3] 이러한 정치적·경제적 상황은 정치부문과 경제부문에서의 민중 배제라는 결과를 초래하였다.

---

3) 남한에서 미군정의 일차적 전략은 친미정권을 수립하여 이로 하여금 공산주의에 대한 방파제 역할을 하도록 하는 것이었으며, 이러한 기본정책은 미군정 초기부터 남한의 단독정부 수립이라는 복안으로 구체화되었다. 결국 남한에는 반공주의로 무장된 일방적인 극우파 정권이 탄생하였고, 이러한 정권은 전근대적 생산관계의 온존과 재편성이라는 물적 토대 위에 세워졌다.

북한의 경우 1946년 2월 '북조선 5도행정국'이 발전적으로 해체되면서 각 정당, 사회단체, 도·시·군 인민위원회를 토대로 북조선임시인민위원회가 설립되었다. 이 북조선임시인민위원회는 무상몰수, 무상분배의 원칙 아래 「북조선 토지개혁에 관한 법령」을 반포하고 토지개혁을 단행했다. 이 토지개혁은 일본인 토지 소유와 조선인 지주들의 토지소유 및 소작제를 철폐하여 토지이용권을 경작자에게 주었다. 이로써 토지해방을 통해 반(半)봉건적 지주-소작관계를 청산했다. 이 토지개혁은 농업 경영양식을 사회주의적 협동농장제로 전환시키는 과도기적 성격을 띠고 있었는데, 농업경영양식의 사회주의적 개조는 1950년대 중반부터 시작되었다. 1946년 7월에는 「남녀 평등권에 관한 법령」을 제정 공포하였다. 그리고 같은해 8월에 「주요 산업 국유화에 대한 법령」을 발표했는데, 이 법령을 통해 일본의 사인(私人) 및 법인 등이 소유하고 있던 일체의 기업소, 광산, 발전소, 철도, 운수, 체신, 은행 등을 무상으로 몰수하고 이를 조선 인민대중의 소유라는 이름으로 국유화하였다. 이로써 북한의 인민민주주의 정권은 확고한 물적 토대를 확보했다. 이러한 국유화 조치는 북한이 사회주의 사회 건설을 위한 준비를 마쳤다는 것을 의미한다. 이처럼 당시 북한 당국은 일제의 식민지적 착취제도와 반봉건적 착취제도의 잔재를 청산해 갔다. 정치적으로는 1946년 8월 조선신민당과 조선공산당 북조선분국이 통합되어 북조선노동당이 조직되었으며, 이로써 북조선노동당이 북한지역의 공산주의운동을 완전 지배하였다. 행정부와 당이 결성되어 북한은 언제라도 단독정권을 수립할 수 있는 만반의 준비가 갖추어졌다. 이러한 북한에서의 사태발전은 남한에서의 단독정부 수립운동과의 상관관계 속에서 전개되었다.4)

---

4) 북한에서의 이러한 사태발전은 북한체제에 견딜 수 없는 사람들, 곧 친일세력, 지주, 재산을 상실한 상류계급, 종교인 등을 남한으로 내려오게 하였으며, 이러한 현상은 남한 당국의 정책을 극우화시켰다.

## 3) 한국전쟁이 남북한 정치경제에 미친 영향

한국전쟁은 국제적 차원에서 미국과 소련을 중심으로 한 냉전질서를 격화시켰을 뿐만 아니라, 남한과 북한 사이의 심각한 불신, 적대감, 증오 등 제로섬적인 민족 내부의 갈등(intra-national conflict)을 고착화시켰다.[5]

민족 내부의 갈등을 초래한 한국전쟁은 남한사회에 남북협상파와 중간파에 대한 국민적 신뢰의 저하 현상을 초래했다. 그리고 사회민주주의와 같은 온건한 이념도 공산주의와 동일시되었고, 냉전적·친미적·극우적·반공적·반북한적 정치질서를 구축하는 계기를 만들어주었다. 특히 전쟁의 참혹한 경험은 사회주의 진영에 대한 범사회적·범국민적 반감과 증오를 확산시켜 반공 이데올로기가 전 사회의 밑바닥까지 파고들게 했다. 또한 한국전쟁은 군부의 위상을 급격히 상승시켜, 남한사회에서 가장 강력한 조직화된 집단으로 성장시켰다. 이 때문에 비록 직접적인 정치게임은 억제되었으나 군부는 국내정치에 대한 영향력을 강화시키는 계기를 얻었다.[6] 미국은 제2차세계대전 이후 세계자본주의체제를 미국 중심의 재생산구조로 재편성하고 냉전질서하에 반공의 보루로서 남한이 갖는 정치적·군사적 전략의 중요성을 인식하고 남한에 군사 및 경제원조를 제공했다. 미국의 군사 및 경제원조를 제공받은 이승만 정권은 대미 자율성을 상실했지만,

---

5) 한국전쟁의 기원에 관한 학설에는 전통주의 시각과 수정주의 시각이 있다. 전자는 냉전의 책임을 소련에 돌리고 소련의 팽창정책이 북한 정권을 사주했으며, 결국 북한 정권이 한국전쟁을 발발시켰던 것으로 보고 있다. 이에 반해 후자는 미국이 전후 국제질서를 미국 중심으로 재편하려고 했고 이에 대한 소련의 대응에 따르는 과정에서 냉전이 발생했으며, 이의 연장선에서 한국전쟁은 미국, 그리고 정치적 위기에 직면했던 남한의 이승만 정권의 공모에 의해 발생한 것으로 보고 있다.
한편 제3의 시각은 한국전쟁을 북한 내부의 정치세력, 즉 김일성을 중심으로 한 북로당과 박헌영을 중심으로 남로당 간의 권력투쟁의 연장선에서 야기된 것으로 인식한다.

6) 결국 군부가 5·16을 통하여 정치적 지배세력의 핵심으로 자리 잡게 되는 배경에는 바로 한국전쟁이라는 계기가 결정적으로 작용했다.

대내적으로는 절대 자율성을 행사할 수 있었다.[7] 즉 미국에 대한 군사적·경제적 종속을 면할 수는 없었지만, 대내적으로는 무소불위의 국가권력에 대항할 어떤 조직화된 시민사회의 세력도 존재하지 않았다. 이는 억압적인 국가기구의 양적·질적 팽창을 시사한다. 철저한 반공정책으로 좌파적 지식인 및 노동세력의 활동공간은 극도로 협소했다. 주기적 선거, 상당한 언론의 자유, 야당의 정치적 활동 공간 허용 등과 같이 외피적으로는 자유민주주의를 인정했지만, 실제로는 독재권력 행사를 서슴지 않았다. 1951년 창당된 자유당은 다양한 관변단체를 바탕으로 조직되어, 독재권력 유지에 봉사하는 정치적 도구로 전락했다.

한국전쟁 이후 남한에는 원조-국가-재벌 체제가 형성되었다. 1950년대에 남한 경제는 원조 물자를 가공해 판매하는 삼백(三白)산업으로 대표되는 소비재 경공업 중심이었다. 이런 까닭에 남한의 경제 및 재정은 사실상 미국의 원조에 거의 전적으로 의존했다. 이승만 정권은 미국 원조의 담당 기관으로서 역할을 수행했는데, 귀속재산 불하 및 원조물자의 배정 과정에서 특정 자본가에게 특혜를 제공하고 그 반대급부로서 정권의 정치자금을 받아냈다. 국가는 대미 의존적이면서도 대내적으로 자본축적의 강력한 지렛대로 작용했는데, 원조를 주된 물적 토대로 한 국가권력의 비호하에 소수 재벌이 형성되고 성장했다. 이로써 이승만 정권-미국-삼백자본가를 중심으로 한 대외의존적 수입대체 산업화 연합의 형태로 지배연합이 구축되었다. 그러나 대외의존적 수입대체 산업화 과정은 1958년부터 미국 원조의 감소로 어려움에 처하게 되었고, 이는 자유당 정권 몰락으로 이어지는 배경으로 작용했다.

한편, 한국전쟁은 북한 정치경제에 어떤 영향을 미쳤는가? 북한의 경우 한국전쟁은 김일성 정권을 강화시키는 기회를 제공했다. 이를 계기로 김일성 정권은 남한 이승만 정권을 미제국주의의 앞잡이며 남한인민을 정치

---

7) 한국전쟁은 국군통수권의 주한미군 사령부 귀속 등 미국에 대한 남한의 군사적 종속을 가져오는 원인이 되었다.

적으로 억압하고 경제적으로 착취하는 파쇼정권으로 규정했다. 전쟁 이전부터 교화되고 내면화된 반미사상이 한국전쟁을 계기로 북한 정치사상사업의 주요 테마로 떠오르면서 반미 적대심은 더욱 더 격화되었다. 이런 반미 적대심은 전후 복구 및 사회주의 건설사업에 당과 정권을 중심으로 북한 인민대중을 결속시키는 이데올로기로 작용했다.

북한에서는 앞에서 지적했듯이 이미 해방공간에서 시작된 사회주의적 생산관계(농업의 협동화 및 집단화, 산업시설의 국유화)로의 개조가 한국전쟁을 계기로 더욱 촉진되어, 1958년에는 사회주의적 생산양식이 지배하는 사회주의국가로 부상했다. 이 과정에서 전쟁의 여파는 농민이나 자본가들의 저항을 최소화시키는 데 기여했다. 그런데 북한에서 이 당시 추진되었던 생산관계의 사회주의화는 마르크스주의 이론에 배치된다. 즉 생산력 발전을 가능케 하는 사회주의적 산업화가 이룩된 후 사회주의적 생산관계로의 전환이 실현된다는 마르크스주의의 토대-상부구조 모델이 준용되지 않았다(강정구, 1991: 183). 당시 북한 경제는 생산력 발전을 경험하지 않았다는 점에서 그렇다. 또한 북한의 전후 복구·발전 기본 노선은 자립적 민족경제 건설이었고, 이의 실현을 위한 전략은 '중공업 우선', '경공업·농업의 동시발전'에 두었다. 중공업 우선정책은 '국방의 자위'에 필수적이었다. 경공업 및 농업의 동시 발전 전략은 '혁명적 군중노선'에 의존했다. 혁명적 군중노선은 대중에 대한 정치사상 교양사업을 지속하면서 당과 대중의 연계를 강화하고 인민의 지혜와 창의성을 개발하는 동시에 자력갱생의 혁명적 기풍을 진작함으로써 인민대중을 동원하여 사회주의혁명 과업의 달성을 꾀했다.

전후 복구과정에서 북한은 대외적 자주노선을 확고히 하는 계기를 마련했다. 남한에서의 미국과는 달리, 소련과 중국은 북한의 내정에 대한 간섭을 자제했다. 말하자면 북한정권은 소련과 중국에 대해 상대적 자율성을 견지했다. 특히 한국전쟁 직후 중·소 분쟁이 발생했는데, 북한정권은 이의 틈새를 최대한 활용하여 소련과 중국 두 나라에 대한 자주노선을 관철시킬 수 있었다. 이로써 김일성 정권은 정치, 경제, 군사, 외교 등에서 독자노선을 구축하고 권력의 대내·대외적 공고화에 성공했다. 이는 김일성을 중심으로 하는 항일 유격대 권력체계의 공고화를 의미한다. 즉 김일성 중심의 갑산파는 한국전쟁 이후 박헌영 중심의 남로당 계열, 무정(武亭) 및 김두봉 등의 연안파를 비롯한 반대세력을 사대주의파, 종파주의자, 간첩 등으로 규정하고, 이들을 숙청함으로써 유일독재체제를 굳건히 확립했다. 1958년 무렵에는 항일무장세력에 의해 권력체제가 공고화되며 이를 계기로 '주체'가 주창된다. 인민대중의 자주성, 창조성, 자력갱생, 혁명적 군중노선 등을 주요 콘텐츠로 하는 주체사상이 한국전쟁 이후 전후복구, 사회주의 건설과정을 통해서 형성되기 시작했다. 전쟁으로 인해 생산시설이 파괴되고 충분한 물적·기술적 토대가 없는 단계에서 전후 사회주의 건설을 위해 철저한 인간 중심의 주체사상이 탄생된 것이다. '전 사회의 주체사상화'를 위해 혁명적 군중노선이 강화되었고, 이는 천리마운동으로 표출되었다.

## 2. 남북한 체제의 작동

### 1) 남한체제의 정치경제적 작동

한국전쟁 이후 과잉 비대화된 군부엘리트에 의해 장악된 국가는 사회세력에 대한 비대칭적인 위계적 통제가 가능한 권위주의적 통치를 제도화시키는 한편, '초청에 의한 상승전략(strategy of promotion by invitation)' (Wallerstein, 1981: 275), 즉 외자·기술도입형, 수출지향적인 산업화를 주도하였다. 이 수출산업화 과정에서 권위주의국가는 자체의 물적 토대와 정치적 정당성의 창출을 위해 자본가계급에게 재정지원, 저금리의 내외정책 금융, 세제혜택 등 보호와 특혜를 제공하는 가운데 '시장형성(market-shaping)'을 주도하였다. 시장에서 국가의 이러한 항상적 자본육성 정책망은 사적자본의 집적·집중을 통해 독점대자본을 창출시켰고, 이로써 국가와 독점자본은 전략적 상호의존(strategic interdependence) 관계를 형성한 것이다. 그러나 정치·군사적 논리가 우선적으로 고려된 중화학공업화 추진과정에서 상실된 시장기능을 회복시키기 위해 1980년대 초 이후 국가는 부분적인 '자유화 및 민간주도화'로 제한적 '시장적응(market-adapting)' 정책을 추구했다.

시장형성 및 시장적응 정책하에서도 정치적 억압성을 구사해 온 시장권위주의(market-authoritarianism)하의 남한국가는 국가 코포라티즘(state corporatism)적 민중통제 정책망을 강화하였다. 이는 유인(inducements)변수보다는 강제(constraints)변수(Collier and Collier, 1979: 980~983), 즉 법제도적·물리적·이데올로기적 통제 등으로 가시화되었다. 이러한 통제장치에 의해 국가는 민중부문에 대해 정치적 억압과 경제적 배제를 구사할 수 있었다. 즉 시민사회의 탈정치화(depoliticization), 특히 노동시장에서의 민주적 조직화 저지를 강제하였고, '선 성장, 후 분배'의 논리에 따라 수출경쟁력 제고를 위한 저임금정책과 노동력의 생계비 보전을 위한 저곡가정책을 정착시켰다.

그러나 1980년대 중반 이후 시장권위주의체제의 협애한 정치공간 속에서도 신중간층과 민중 간에 형성된 반지배 민주연합세력의 체제 저항적인 에너지가 가속적으로 동력화되었다.[8] 특히 1987년 6월의 대규모 민주항쟁을 기점으로 정치적 민주화 이행을 경험한다. 즉 6·29 선언 이후 정치적 경쟁규칙의 부분적 제도화(경쟁적 선거제도 등)는 시장민주주의가 제한적 수준에서 작동할 수 있는 돌파구를 마련해 준 것이다. 다시 말하면 절차적(procedural) 차원에서의 제한적 민주화는 시장적 국가권력의 구성

---

8) 그것이 갖는 정치적·경제적 함의는 시장권위주의적 지배블록(군부 및 기술관료 엘리트, 독점자본)이 자신들의 비경쟁적인 정치적 특권과 경제성장의 몫을 사회세력에게 양보하는 데 있었다(최장집, 1989: 257).

및 배분을 가능케 했으며, 사회운동세력의 제한적 집회, 결사의 자유, 특히 노조의 설립 및 활동의 자유의 확대는 다원주의적 산업관계를 형성하였다.

그러나 노동세력에 있어 '제한적 시장민주주의'는 매우 불완전한 것이었다. 왜냐하면 시장권위주의체제하에서 제도적으로 봉인된 정치공간이 충분히 복원되지 않았을 뿐만 아니라, 더욱이 사회경제적 민주화는 실현되지 않았기 때문이다(최장집, 1989: 298). 이러한 정치적·경제적 과제는 절차적 민주화를 실현하는 데 있어 정치연합세력이었던 중산층의 반노동적 보수성향으로 좌절되곤 했다.9) 이런 상황 속에서 등장한 김영삼 정부하의 정치경제 체제의 방향은 시장민주주의의 신장이었다. 즉 정치적 민주화의 진척과 함께 신자유주의화의 길이었다.10) 따라서 남한에서의 정치적 민주화는 재벌개혁과 노동통합에 기여하지 못했다. 김영삼 정부의 경제정책은 친재벌적 내용이었는데,11) 여신관리규제, 비업무용부동산 취득규제, 업종전문화 등 그 이전 권위주의 정권의 재벌규제 정책은 더욱 완화되었다. 이로써 민주화 이후 재벌의 경제력 집중은 이전 권위주의 시기보다 오히려 심화되었다. 김영삼 정부는 초기 '고통분담론'을 통해 노동정책에 대한 개혁을 시도하고자 했으나, 얼마 되지 않아 개혁적 노동정책은 반전되었다. 정부의 경제활성화, 국가경쟁력 강화 담론하에서 노동자의 과도한 요구는 "기업의 투자를 위축시킨다"는 명분으로 국가의 노동운동에 대한 억압과 배제를 야기했다.12) 정치개혁 차원을 넘어서 재벌을 중심

---

9) 이런 사실은 공안정국(1989년), 3당통합(1991년 1월), 대선(1992년 12월) 등에서 여실히 드러났다.
10) 신자유주의는 '워싱턴 콘센서스(Washington Consensus)'라고 불리는 특정의 정책내용을 갖는다. 워싱턴 콘센서스는 미국식 시장경제체제의 대외 확산전략 혹은 신자유주의적 원칙(시장자유화, 민영화, 탈규제, 긴축재정 등)에 따른 정책적 처방을 의미한다.
11) 물론 노태우 정부는 재벌의 비업무용 토지 규제, 업종전문화 정책을 추진했으며 3당합당을 통해 집권한 김영삼 정부 역시 정경유착의 고리를 끊는 데 기여할 금융실명제를 실시했다.

으로 한 보수 기득권체제를 변화시키는 실질적 개혁은 시도되지 못했다. 김영삼 정부의 경우 기존 기득권층과의 연합을 통해 집권한 정부였기 때문이다.

1997년 말 헌정사상 최초로 선거절차를 통해 야당에 의한 평화적 정권교체가 IMF 관리체제의 등장과 거의 동시적으로 실현되었다.[13] 김대중 대통령은 IMF 관리체제를 극복하기 위해 자신의 정치경제이론으로서 제시해 온 'DJ노믹스' 내용을, 집권 이후 민주주의와 시장경제가 병행 발전하는 '민주적 시장경제(democratic market economy)'로 구체화했다. 이는 정치제도의 개혁을 통한 정치적 시민권뿐만 아니라, 사회경제적 시민권을 확대하겠다는 대통령의 강렬한 의지 선언을 의미한다. 그런데 IMF 개혁 패키지는 재벌기업의 구조조정, 금융개혁, 공공부문 개혁, 노동개혁 등을 포함하고 있었다(Sun, 2002: 309~331). 이를 위해 김대중 정부는 구조조정 정치(restructuring politics)를 실시했다. 이 과정에서 노동-자본-정부 사이에 심각한 갈등이 분출했고, 김대중 정부는 사회협약정치(social pact politics)를 통해 계급·계층갈등의 제도화를 시도했다. 나아가 김대중 정부의 '생산적 복지정치(productive welfare politics)'는 그 한계에도 불구하고 국가 책임성 증대와 제도적 확대로 표출되었다. 이로써 김영삼 정부하에서 단순한 절차적 민주주의 수준에 머무르던 한계를 극복함으로써 김대중 정부는 경제사회 영역에서 '실체적 민주주의(substantive democracy)'의 단계로 진입, 즉 민주주의와 시장경제의 공존 전망을 밝게 해 주었다.

IMF 위기가 제공한 전략적 '기회의 창(window of opportunity)'을 이용하여 재벌에 대한 상대적 자율성을 보유한 김대중 정부는 재벌과의 구조적

---

12) 김영삼 정부의 노동정책이 갖는 배제적·억압적 성격은 1996년 12월 노동법 개정과 이에 저항하는 노동운동의 총파업사태(1996.12~1997.3)에서 극명하게 드러난다. 이 총파업은 김영삼 정부를 심각한 통치위기 상황으로 몰아넣는 계기가 되었다.

13) 김영삼 정부는 시장경제에 대한 민주적 통제를 위한 제도적 장치를 마련하지 못한 결과로 비대해지는 재벌의 방만한 경제운영이 자기 또는 사회파괴적(self-and society-destructive)인 운명, 즉 IMF 경제위기를 초래했다.

유착고리를 차단하고 재벌개혁에 착수했다.14) 그리고 시민사회의 권력화 (empowering)를 통해 '악마의 손(hands of evil)'을 내장하는 시장경제의 자기파괴성(self-destructiveness)을 감소하고 재벌권력의 증대를 차단하기 위해 시장을 민주적으로 통제하려고 했다. 그러나 김대중 정부하의 경제사회는 경제적 세계화와 민주적 공고화 간의 본질적 갈등과 긴장을 극복해야 할 숙제, 예컨대 재벌의 세습적 소유와 경영방지, 지배구조 개선, 노동의 경영참여, 산업자본과 금융자본의 분리, 사회복지 확대 등을 해결하지 못했다. 나아가 IMF 관리체제하에서 국내 기득권 세력에 대해 자율성을 가졌던 김대중 정부가 개혁프로그램을 만들고 이를 실현할 수 있는 정치적 조건을 발전시켰더라면 기존의 경제체제를 크게 변화시킬 수 있는 가능성은 컸다. 당시 신자유주의적 독트린을 수용하고 IMF 개혁 패키지를 이행하는 것은 불가피했으나, 노동자와 중산층에 많은 정치적 부채를 가졌던 김대중 정권은 '구조조정정치' 수준을 넘어서 과감한 정치개혁을 수행해야 했다. 말하자면 민주주의와 시장경제의 병행발전을 지향하면서 보다 민주주의 측면을 부각시켜야 했다. 예컨대 정치시장에서 노동이 중요 행위자가 되고 지역 중심의 정당체제 해체, 계급·계층갈등이 중심축이 되는 새로운 정당체제로의 전환, 보수 독점적 정치구조의 혁파, 정책결정과 집행과정에 노동의 참여 등이 정착되어야 했다. 이러한 정치개혁은 시장경제 측면에서 재벌과 금융의 개혁, 시장의 공정경쟁, 경영투명성 등과 결합되는 '민주적 시장경제'가 실천되어야 했다. 그러나 김대중 정부의 '민주적 시장경제론'은 정책으로 구현되지 못한 채 수사적 담론으로 끝나버리고 말았다. 이러한 맥락은 김대중 정부하에서도 남한 정치경제는 시

---

14) 김영삼 정부와는 달리 김대중 정부의 집권세력은 권위주의 시기에 고착화된 지배 엘리트 구조에서 소외된 주변부 엘리트로 교체, 기득체제에 지지 기반을 두지 않았으며, IMF 구제금융이라는 외적 충격은 기존의 재벌 중심적 경제체제의 구조개혁을 강제하는 힘으로 작용한 것이다. 이런 상황에서 기득권 세력은 자신의 헤게모니를 상실했으며, 따라서 김대중 정부는 국내 기득권 세력에 대해 그 이전 어느 정부도 누려보지 못한 자율성을 가졌다.

장민주주의체제의 수준을 넘지 못했음을 시사한다.

이와 같이 민주화 이후 남한의 민주정부들은 경제 및 사회영역에서 시장민주주의적(신자유주의적·시장주의적)인 독트린과 정책 레짐을 추구해 왔다. 이 점에 관한 한 노무현 정부도 예외가 아니다. 물론 노무현 정부는 사회경제적 시민권 신장을 위한 다양한 정책 개발을 시도해 왔다. 즉 노무현 정부는 고용창출, 노동인권의 개선, 비정규직 차별 철폐, 노사관계의 안정, 지역균형 발전, 사회보장과 복지제도 확충, 공정한 시장구조 창출, 사교육시장 해소 등 시민들의 삶과 직접적으로 연관돼 있는 경제정책·사회정책의 주요 어젠다들을 설정했다. 그러나 이를 구체적으로 실천할 수 있는 정부의 능력 및 전략부재를 드러내고 있다. 결과적으로 노무현 정부 하에서도 정치경제적으로 '신자유주의적 민주주의'의 틀을 크게 벗어나지 못하고 있는 것이다.

## 2) 북한체제의 정치경제적 작동

남북한의 대결구조에 영향을 받으면서 수령의 주체사상, 혁명사상에 의해 지도되는 북한의 당국가 융합체제는 위로부터의 강력한 대중동원에 기초해 자력갱생(autarcky) 전략에 따라 사회주의적 '자립적 산업화'를 주도하여 왔다. 정치영역에서 북한은 당우위의 당국가체제(party-state)라는 사회주의의 일반원칙을 근간으로 하면서 최고지도자인 수령의 사상과 유일적(monolithic) 영도를 전사회적으로 실현시키기 위한 정치 시스템이 결합되어 있는 '수령 중심의 유일지도체계'를 제도화하였다(사회과학출판사 편, 1989: 191). 이를 부연하면 혁명과 건설의 최고영도자로서의 수령과 혁명의 참모부로서의 노동계급의 당, 당의 노선과 정책의 집행자이고 당과 인민대중을 연결하는 국가기관, 그리고 당의 혁명적 무장력으로서의 인민군대로 이루어지는 전일적 조직체, 즉 수령-당-인민대중이 하나의 사회정치적 생명체를 이루는 유기체적 구조로 되어 있다.[15] 북한체제에서 국가는 개인이나 가족보다 앞서는 최우선적인 가치를 집단에 두고 있다.16) 따라서 국가권력과 대결하면서 획득해 온 시민적 자유의 개념은 존재하지 않는다. 대신 국가-사회의 통일, 즉 수령·당·대중의 통일체 속에서 누리는 자유의 개념이 인정된다. 이러한 자유는 "개인의 요구에 따라

15) 북한체제의 작동논리는 '혁명적 수령관'과 '사회정치적 생명체론'이다. 혁명적 수령관의 핵심은 혁명과 건설에서 수령이 차지하는 지위와 역할을 규명하고 있다. 수령은 "인민대중의 최고 뇌수이며 통일단결의 중심이며 자주성을 위한 혁명투쟁의 최고령도자"이다(김창하, 1985: 199). 수령은 인민대중의 의사와 요구를 집대성하고 그것을 실현하도록 함으로써 인민대중의 이익의 최고 대표자, 체현자이다(김창하, 1985: 200). 이러한 혁명적 수령관은 1980년대에 수령-당-대중을 유기체적 체제로 바라보는 '사회정치적 생명체론'으로 발전한다. 이에 따르면 사회정치적 생명체는 정치적 생명을 매개로 어버이 수령, 어머니로 규정되는 당, 대중이 '혈연적 관계'에 기초해 혁명의 주체로서 유기적으로 통일되어 '혁명적 대가정'(또는 사회주의 대가정)을 이루고 있는 사회체제이다. 개별적 사람의 생명의 중심이 뇌수인 것처럼, 사회정치적 집단의 생명의 중심은 집단의 최고 뇌수인 수령이다(최희열, 1992: 70). 수령(뇌수)-당(심장)-대중(몸통)은 사회정치적 생명체 내에서 '혈연적 관계'로 맺어지고 대중은 정치적 생명의 은인인 '어버이 수령'에게 충성과 효성을 다하며, 역으로 수령은 이민위천(인민을 하늘처럼 여기는 것)에 기초한 인덕정치(인민에 대한 사랑과 믿음의 정치), 광폭정치(전체 인민을 한 품에 안아주는 정치)를 시행한다. 북한에서 정치는 사회정치적 생명체의 수령이 믿음과 사랑을 가지고 베푸는 대상으로 간주된다. 대중은 이에 충성과 효성으로 보답한다. 이러한 정치인식 속에 복수의 후보가 경쟁하는 선거의 절차를 통한 최고지도자의 선출이라는 개념은 존재할 수 없다. 북한의 논리에 의하면 이는 가족구성원들인 대중이 가장인 지도자를 심판하는 것이 불경스러운 일이며 한 집안의 가장이 수시로 교체될 수 없는 것과 같다. 사회정치적 생명체의 최고 뇌수로서 집단의 생명을 대표하고 있는 수령에 대한 혁명적 의리(충실성)와 동지애는 절대적이고 무조건적이다. 혁명적 의리와 동지애로서 수령에 대한 충실성=당에 대한 충실성=인민에 대한 충실성이라는 단순논법을 만들어내고 실제 정치과정에서는 수령에 대한 충실성을 일방적으로 강조할 수 있는 논리구조를 마련한다. 혁명적 의리와 동지애의 원리는 개인의 생명보다 수령-당-대중으로 구성된 사회정치적 집단의 생명을 더 소중히 여기는 집단주의적 생명관에 기초한다. 북한은 혁명적 수령관에 입각하여 사회정치적 생명체 속에서 혁명적 의리와 동지애를 지키며 충성과 효성의 윤리를 실천해 가는 인간형을 '주체형 사회주의적 인간'으로 규정하고, 이를 이상적 인간으로 보고 있다.

16) 집단주의의 원칙은 '하나는 전체를 위하여, 전체는 하나를 위하여'라는 구호 속에 집약되어 있다.

판단하고 행동하는 개인주의적 자유가 아니라 사회적 집단의 요구와 리익에 따라 활동하는 집단주의적 자유(사회적 인간의 자유)"를 의미한다(전형탁, 1992: 35).

북한의 규범적 경제가치는 집단주의원칙에 기초해 있으며, 생산수단의 사회적 소유와 계획경제에 기초하고 있다. 북한은 생산수단의 사회적 소유를 "인민경제의 모든 부문들을 하나의 유기체로 결합시키며 국가의 통일적이며 계획적인 지도 밑에 경제를 발전시켜 나갈 수 있게 하는 경제적 기초"로 인식한다(전성일, 1993: 53).[17] 이를 통해 북한은 무계급사회를 실현하고자 한다. 북한의 국유계획경제는 '자원의 최적이용(optimal utilization of resources)'과 '복지에 의한 평등한 분배'를 통해서 목표문화(goal culture), 즉 '계급 없는 사회(classless society)'의 실현을 의도하고 있다. 그런데 이 국유계획경제의 메커니즘은 당국가 계획위원회가 기업 및 인민대중으로부터의 정보(생산능력, 재능, 기술, 선호 등)에 기초하여 생산 및 사회복지를 극대화하는 자원배분 계획프로그램을 작성하며, 기업지배인은 해당 계획지침에 의거하여 경영활동을 수행하고 노동자는 경영자의 지시에 따라 노동하는 등 사회주의적 규범에 기초하여 작동하고 있다(Przeworski, 1991: 12~14). 이와 같이 완전정보와 완전정보처리능력을 전제하고 있는 자원배분 의사결정의 집권성은 매크로(macro)한 경제(성장, 투자, 유통, 분배 등)는 물론이고 경상적 기업활동에 이르기까지 광범위하게 투영되고 있는 것이다. 따라서 노동자들이 경제활동 의사결정과정에 참여할 수 있는 제

---

17) 북한에서 생산수단은 '전 인민적 소유'와 '협동적 소유'의 두 형태가 있다. 전자는 전체인민들의 집단적 소유(국가적 소유)를 지칭하며, 후자는 개별적 협동단체의 범위에서 근로자들의 집단적 소유를 의미한다. 북한은 전 인민적 소유(국가적 소유)에서 생산된 생산물은 전량 상품화되지만, 협동단체의 생산물은 협동단체의 소유가 되며 일부는 상품으로 교환된다. 한편, 북한은 사적 소유는 생산자들 사이의 경쟁에 의해 빈부의 차이를 발생시켜 결국에는 계급분화를 가져오는 것으로 보고 있다. 소유형태의 다양화는 "개인주의와 자유주의에 기초한 생존경쟁이 지배하는 자본주의제도를 받아들여 사회주의제도를 파괴하는 반동적 행위"로 규정된다(전성일, 1993: 45).

도적 장치는 존재하지 않으며, 시장 메커니즘이 작동할 수 있는 경제공간은 원칙적으로 배제되고 있다. 다만 후술한 바와 같이 상품시장이 농산물, 경공업 소비재부문에 미미하게 등장하고 있을 뿐이다.

이러한 자원배분과정에서의 집권적 계획화는 수령중심의 일원주의적(monolithic) 정치체제의 위계성과 표리관계에 있다. 경제권력과 정치권력이 당국가적 차원에서 일체화되어 있는데, 이러한 '당국가독점제'에서는 당국가가 정책결정 및 집행을 독점하고 있어 절차적 차원의 민주적 시스템이 작동할 수 있는 정치공간은 존재하지 않는다. 특히 북한체제에서의 대중조직(직업동맹, 여성동맹, 농업근로자동맹, 사회주의청년동맹 등)은 본시 당국가의 정치적 의지를 인민대중에 전달하는 전도대(transmission-belt) 기능을 수행할 뿐, 상향적으로 자기이익을 정책과정에 투입시키는 자발적 결사체로서의 이익집단의 역할을 수행하지 않는다. 오히려 당국가는 수령중심의 유일체계의 강화를 위해 대중조직을 통제·사상교양사업 메커니즘으로 활용하여 주민들을 혁명화, 노동계급화할 수 있고 그들의 요구와 기대수준을 계획적으로 관리함으로써 체제동조(system conformity)를 확대재생산하고 있다.

인민대중을 사회주의혁명과 건설에 적극적으로 동원하기 위한 이른바 '수령식 통치술(또는 사업지도방법)'이 전개되어 왔다. 북한의 유일적이고 일원적인 국가사회주의체제를 외견상 민주적인 것으로 만들어주고 있는 그러한 통치술은 혁명적 군중노선(massline), 즉 '대중에게로, 대중으로부터, 다시 대중에게로(to the masses, from the masses, to the masses)'라는 원칙을 의미한다(Cumings, 1974: 33). 당국가 활동가들은 대중 속으로 들어가 그들의 지혜와 창조력, 희망과 관심을 찾아내어 당국가의 정책과정에 반영시킨다는 것이다. 그리고 당국가는 군중노선의 일환으로 사회주의 혁명과 건설과정에서 대중들을 격려하고 문제를 해결하기 위해 소위 '현장지도(on-the-spot guidance)' 방식을 중시하는데, 그 구체적인 실천모델은 '청산리방법'(협동농장관리 방식) 및 '대안사업체계'(공업장 관리)로 가시화되었다.[18] 그 핵심은 "상급기관은 현장으로 내려가 하급기관을 지원하고 우월한 측이 열등한 측을 도움으로써……인민의 정치활동에 우선권을 부여하며 사는 것이다……"(Sung-Chul Yang, 1981: 202). 이는 수령식 통치술을 구체적으로 정책화한 것으로서 행정 및 경제사업에 있어서의 지나친 중앙집중과 관료주의 등을 제거하기 위해 군중노선을 도입하여 단위 조직을 혁신하자는 발상에서 나온 혁명적 사업지도방법이었다. 당국가는 이를 통해 물질적 자극체계보다는 주체사상을 통한 정치적·규범적(normative) 호소에 입각함으로써 대중의 자각적 열성과 창조력을 동원하고 있는 것이다. 그러나 이러한 혁명적 군중노선은 실질적 민주화는 차치하고라도, 절차적 민주화조차 제대로 충족시키고 있지 못하였다.

나아가 경제·국방 병진노선과 경제 시스템이 군사적 방법으로 진행되었다. 외연적 산업화 전략, 즉 노동력 중심의 산업화 전략의 지속도 병진노선 채택과 관련을 맺고 있다. 이 전략은 그 특성상 필연적으로 노동동원의 일상화, 위로부터의 억압과 동원, 경제 시스템의 군사화를 동반했다. 병진노선은 정치적 측면에서 정치사상사업의 강화로, 사회경제적 측면에서는 증산·절약운동의 강조로 나타났다. 물론 군대식 조직체계와 방법으로서의 위로부터 '전투적' 대중동원과 통제는 북한 정치경제의 기능적 측면에서 지속적인 원칙으로 자리 잡았다.[19] 돌격대식, 군대식 방법으로 전개된 이 운동들은 노동력 중심의 발전전략에서 생산효율을 극대화시킬

---

18) 북한 1972년 「사회주의헌법」 제12조 참조. 중앙계획경제에서 공장·기업소는 단순한 경제적 기업이라기보다는 일종의 사회기구이자 정치제도로서의 중요성을 갖는다(Burawoy, 1985: 173~177). 1961년에 제시된 '대안의 사업체계'에서 보여주듯이 공장·기업소는 "당과 수령의 배려를 물질적으로 실현하는 하나의 중요한 정치사업"기구이다. 실제 기업소는 사회보장책을 관리하고 임금, 직접적인 재화의 분배도 담당하는 사회기구이다.

19) 대중동원운동은 1959년 '천리마운동', 1974년 '70일 전투', 1975년 '3대혁명 붉은기 쟁취운동', 1982년 '80년대 속도운동', 1988년 '200일 전투운동', 1990년 '90년대 속도운동' 등으로 나타났다. 이 운동들은 '위로부터의 발의', '아래로부터의 열광적인 접수'로 이루어진 것이다.

수 있는 대중동원 방식이었다.

북한은 1990년대 들어 심화된 체제위기 상황에서 주요 통치수단으로 군을 앞세우는 정치, 즉 '선군정치'를 강조하고 있다.[20] 그것은 제도적 차원에서 국방위원회체제로,[21] 그리고 사회경제적 동원의 가장 강력한 기제로 작동하고 있다(고유환·김용현, 2002: 195~201). '군에 의거하여 혁명과 건설을 전진시키는 정치'는 인민군대를 사회주의 경제건설 현장에 대거 투입하는 형태로 나타나고 있다. 1998년 북한의 신년사는 '제2의 천리마 대진군', '선군정치' 등의 구호를 제시하는 가운데 '강성대국 건설을 위한 토대'로서 경제 문제를 강조하고 있다. '사회주의 강성대국론'은 "나라는 작아도 사상과 총대가 강하면 세계적인 강대한 나라가 될 수 있다"(≪로동신문≫, 1998.9.7.). 이는 당(사상)과 더불어 군(총대)이라는 새로운 중심축을 활용하고자 하는 것이다.

북한체제에 있어서 1990년대 이후에는 계획경제라는 제도적 틀의 이완과 맞물린 다양한 탈계획적 경제가 진행되고 있다. 중앙정부는 1990년대 이래 외환부족에 따른 수입의 감소, 재정난으로 지방에 재원 및 물자(원자재·식량·에너지·소비재) 등을 충분히 공급할 수 없게 됨에 따라 경제적 권한(예산 집행권·재정 확보권·물자 자체 조달권·외화벌이권·외국과의 물물 교환권 등)을 지방으로 위임하고 있다. 이로써 지방정부 차원의 활발한 경제

---

20) 북한체제(정치)의 군사화를 가져온 기원은 항일무장투쟁 전통의 내화와 한국전쟁의 경험이라 할 수 있다.

21) 북한은 1998년 권력승계 완료(헌법개정) 이후에는 주석제와 중앙인민위원회를 폐지하고 '선군정치'와 함께 국방위원회를 실질적인 국가 최고권력기구로 자리매김 했다. 무력을 통솔하는 인민무력부가 내각에 속하지 않고 국방위원회에 소속되어 있다. 이에 따라 당의 최고 의사결정기관(당중앙위원회, 정치국 등)이 형해화되면서 상대적으로 당의 집행기관인 비서국과 전문부서가 실무적 정책결정을 주도하고 있다. 이는 당의 정치적 영도를 약화시키는 원인이 되고 있다. 그러나 이러한 현상이 반드시 군대가 당보다 우위에 있다는 것을 의미하는 것은 아니며, '선군정치'도 당의 영도를 전제한 정치방식이다. 요컨대 당의 정치적 기능 약화 속에서도 당우위는 견지되고 있다(김근식, 2002: 360~361).

활동이 전개되고 있다. 동시에 공장, 기업소들은 자체적으로 원자재를 조달하여 생산하는 경향도 나타나고 있다. 계획경제의 틀을 벗어난 경제활동의 증대는 하부단위의 '자력갱생' 방식을 촉진하고 있다. 이는 중앙계획 당국의 독점적인 자원 추출 및 재분배 능력(extractive and redistributive capacity of resources)의 약화를 시사한다.[22] 탈계획적 경제영역의 확대는 관료들의 경우 개인적 소득원(예컨대 무역과정의 뒷거래)을 창출할 수 있게 한다. 정치권력에 쉽게 접근할 수 있는 사람들은 부의 축적이 가능해진다. 나아가 계획경제의 침식과정은 일선 간부층뿐만 아니라 일반 주민층의 관료나 국가에 대한 의존관계도 약화시키고 있다. 특히 개인의 자구적 경제활동(장사, 부업, 불법적인 외화벌이)에 의존도가 높은 주민들에 대한 당국과 관료들의 통제력은 저하되고 있다.


## 3. 분단구조하에서 남북한 체제의 구조적 모순

### 1) 적대적 의존관계와 거울영상 효과

분단구조하에서 남북관계를 설명할 수 있는 틀은 '적대적 의존관계'와 '거울영상 효과(mirror image effect)'이다. 먼저 남북한 사이의 상호작용의 특징적 양태를 나타내는 적대적 의존관계란, 남북한이 각자 상대방과의 적당한 긴장과 대결국면 조성을 통해 이를 대내적 단결과 통합 혹은 정권 안정화에 이용하는 관계를 말한다(이종석, 1995: 22). 또한 거울영상 효과란 적대적인 일방의 행위가 상대방에게 대칭적인 반작용을 일으키고 또 그것이 상호 반작용으로 상승작용을 일으키는 효과를 말한다(박광주,

---

22) 이른바 '사회정치적 생명체'의 중추조직으로서 중요성을 지녀온 당지배의 통제구조가 변형되고 있는 것인데, 이는 당지배의 물적 토대가 되어 왔던 중앙계획경제의 약화에 기인한 것이다.

1990: 339).[23] 예컨대 한쪽의 군비증강이 그 반작용으로 상대방의 군비증강을 자극하는 경우이다. 이러한 거울영상 효과는 그동안 남북한의 군비경쟁과 각종 체제대결 과정에 잘 나타나 있다. 분단구조는 적대적 상호의존관계와 거울영상 효과를 통해서 남북한 양 체제에 부정적인 영향을 미쳐왔다.

첫째, 한쪽에서 일으킨 긴장유발 행위가 다른 쪽의 체제경직화를 유발하고 그것이 정권의 권위주의화로 이어졌다. 북한의 경우 남한에서 발생한 5·16 군사쿠데타와 군사정권의 등장, 1965년의 한일협정 조인, 남한군의 월남파병 등이 북한체제를 경직화(사회주의 안보론, 4대 군사노선 등)시키는 데 중요한 요인으로 작용했다. 반면에 1968년 북한의 무장 게릴라 침투는 당시 남한사회에 반공분위기 확산, 3선 개헌, 10월 유신 등으로 이어지는 박정희 장기집권의 명분을 제공했다. 탈냉전기에 들어도 한미 간에 실시되는 팀스피리트 군사훈련은 북한정권으로 하여금 전체 사회에 전투태세를 명령하고 팀스피리트 군사훈련을 규탄하는 대규모 군중집회를 갖도록 함으로써 북한사회를 더욱 더 병영사회체제로 몰아가게 했으며, 김일성·김정일 정권의 강압통치에 정당성을 부여했다. 1987년 이후 남한의 역대 선거에서 대북 문제(이른바 북풍사건)가 예외 없이 돌출하여 선거결과에 심대한 영향을 주었다. 그것은 북한의 의도적 도발 또는 남한의 공안기관의 조작에 의해 제기됨으로써 남한 주민들의 레드 콤플렉스, 남한판 매카시즘을 자극하고 야당후보에 대한 '용공의혹'을 확산시켰음은 주지의 사실이다.

둘째, 정권담당자들이 정권안정화를 위해 분단조건(또는 남북관계)을 의

23) 거울영상이란 서로에 대한 이미지나 스스로에 대한 이미지가 거울에 비친 모습과 실제 모습의 관계처럼 위치만 정반대일 뿐 생긴 것은 똑같은 상태이다. 분단 이후 남북한 사이에 각기 상대방에 대한 증오와 불신, 이로 인한 군비경쟁의 악순환이 지속되어 왔다. 남북한 간에는 증오와 불신의 대상이 대칭적인 상대일 뿐, 이 증오와 불신을 매개로 성립한 의식구조, 문화, 체제에서는 쌍방이 상당한 유사성을 가지고 있다. 결국 "미워하면서도 닮아간다"는 것이다.

도적으로 이용했다. 예컨대 국내정치 위기의 우회돌파형(민주화 열기로 위기에 직면한 전두환 정권의 '평화의 댐' 사건), 반대세력에게 적대체제와의 연대혐의 조작(1956년 북한에서의 '8월 종파사건', 남한에서 선거 전 '간첩단 발표'에 의한 야당과의 연계 시사), 통합지향적 언술을 통한 정변의 정당화('통일에 대비'한다는 명목으로 10월유신 쿠데타), 생산력 증대를 위한 주민동원화에 이용(북한에서 1960~1970년대에 "남조선 형제들을 구원하기 위해, 그리고 미제를 복수할 기세로 증산한다"), 선거 직전 대북관계 발표의 극적인 효과(2000년 4월 총선 직전 남북정상회담 발표) 등이 있다. 이처럼 적대적 상호의존관계와 거울영상 효과는 양 체제의 권력집단의 입지를 강화하는 역할을 해 왔으며, 남북한에 형성되어 있는 부정적인 통치양식의 대부분은 직·간접적으로 적대적 상호의존관계와 거울영상 효과가 반영된 것이라고 할 수 있다.

적대적 상호의존관계와 거울영상 효과는 특히 남북한 체제의 정치경제적 작동과정에서, 쌍방의 분단정권들은 각자 생존본능(survival instinct)에 따라 갈등과 상호경쟁을 치열하게 연출해 왔다. 분단구조하에서 이러한 대립관계가 남북한 체제의 정치경제적 작동에 영향을 미치는 중요한 작용변수가 되어 온 것이다.[24] 다시 말하면 상호경쟁적 대립관계 속에서 남북한 정권들은 각각 자본주의적 '대외의존적 산업화' 전략과 사회주의적 '자립적 산업화' 전략을 통해 상이한 국가권력과 계급관계를 형성하여 왔다. 이 과정에서 양 체제는 복합적이고 중층적인 모순구조를 노정해 왔다.

---

24) 분단상황은 분단구조, 분단체제 등 다양한 용어로 지칭되어 왔다. 백낙청은 분단을 보다 과학적으로 인식하기 위해 분단체제론을 제시하고 있다. 그는 분단체제를 "자본주의 세계경제의 일환"으로 간주한다(백낙청, 1994: 17~18). 그러나 이러한 시각은 지나치게 '유통주의적'으로 접근한 것이라 할 수 있다. 대신 우리는 남북한 분단구조를 "세계체제의 하위체제이면서 일정한 독자성을 갖는 남북한 체제의 독특한 결합"으로 보고 있다(손호철, 1995: 294). 이러한 관점에서 보면 세계 냉전체제의 해체는 한반도의 분단체제 해소에 일정 부분 영향을 미치고 있으나, 결정적인 영향력은 미치기 어렵다. 달리 말하면 분단구조는 본질적으로 세계 냉전구조의 붕괴와 남북한 내부체제의 변동에 의해 영향을 받으면서 변화(해체)되는 동태적 성격을 갖는다.

예컨대 분단은 남한에서 '좌파'가, 북한에서는 '우파'가 거세된 기형적인 협소한 이데올로기 지형의 형성을 강요해 왔다. 또는 분단은 대외종속의 길을 합리화시켜주었으며 남북관계의 긴장을 이용한 독재정권 발호의 토양이 되어 왔다.

## 2) 정치적 차원

정치적 차원에서 남북한 체제는 정도의 차이는 있으나 모두 정치제도화와 정치참여 사이의 불균형, 즉 만성적으로 권력의 지출이 수입을 압도하는 '권력의 인플레이션(inflation of power)'(Ilchman and Uphoff, 1969: 136) 현상이 심화되어 왔다.

남한의 경우 분단은 과잉 비대화된 군부의 정치참여를 허용하였는데, 정통성의 결핍증에 시달려온 문민화된 군부정권(civilianized military regime)은 분단상황을 빌미로 국가 코포라티즘적 사고와 구조를 한층 강화시켜 정치의 장에서 사회세력의 개혁의지와 계급갈등이 정상적으로 표출되는 것을 억제하였다. 특히 분단구조하에서 배태되고 재생산된 냉전 반공 이데올로기는 반북의식, 보수적 정치문화를 대중의 정서에 각인시켜줌으로써 노동운동을 좌경화로 치환시켜 그 독자적인 합법적 정치공간을 허용하지 않았다. 물론 최근에 들어 국제냉전구조의 해체로 인한 냉전 반공 이데올로기의 상대적 희석화, 정치적 민주화로 시민사회 및 정치사회에서의 조직적·정치적 공간의 확대 등 절차적 민주성이 크게 신장되어 가고 있는 것은 사실이다.25) 그러나 국가권력의 구성 및 행사 등에 있어 상당한 절

---

25) 남한사회에서 정치적 민주화의 도정은 세계적 차원의 탈냉전의 진행과 비슷했다. 세계적 차원의 탈냉전 추세와 거리가 있는 국내 냉전구조의 온존상황이 사회주의권 몰락과 북한체제의 위기를 통해서 고조된 '자본주의 승리론'과 결합하여 '정치적 민주화 속의 이데올로기 지형의 협소화'라는 모순적인 현상을 낳았다. 남한사회에서 정치적 민주화의 핵심사안 중의 하나인 대북 이데올로기적 포용성을 증대시키지 못하고 오히려 열등적인 매카시즘 현상으로 이어졌다.

차적 정당성 실현에도 불구하고 아직 정치체제에서의 냉전 반공주의(국가
보안법 체계, 노동 배제, 친미·반미논쟁, 색깔론, 김대중 정부의 햇볕정책을 둘러
싼 남남갈등26) 등)가 뿌리 깊게 자리 잡고 있다.

IMF 이후 세계화는 남한사회에 계급·계층균열의 축을 구조화시켜 사
회갈등이 표출되어 왔으나, 어떤 정당도 이를 정치적으로 대표하여 실현
가능한 정치적 대안으로 발전시키려 하지 않았다.27) 따라서 남한사회는

---

26) 햇볕정책은 남한 내부에서 냉전 보수세력에 의해 '밑 빠진 독에 물 붓기', '선심성
   퍼주기'로 비판되면서 구조적으로 지역균열과 이념(냉전-반냉전)균열이 중첩되는 남
   남갈등을 유발했다. 예컨대 수구보수(냉전) 세력은 겉으로는 평화통일 자체를 반대하
   지 않지만 북한의 호전성 등을 들어 "힘의 우위에 기초하여 북한을 압박하고 이에
   기초해 북한체제를 붕괴시켜야 한다"는 강제적 흡수통합 입장을 취하고 있는 반면,
   자유주의(반냉전)세력은 "교류협력을 통해 북한을 세계자본주의체제에 포섭시키고
   이에 기초해 북한체제의 변화를 유도해야 한다"는 입장을 취하면서 햇볕정책을 옹호
   하고 있다. 그러나 냉전세력과 반냉전세력의 이런 차이점에도 불구하고 반냉전세력
   또한 장기적인 흡수통합을 전제하고 있는 것이 사실이다. 이에 반해 사회민주주의세
   력(혹은 진보세력의 반제민족주의세력)은 "남북한 체제의 상호인정에 기초한 연방제
   통일"을 추구하면서 햇볕정책을 원칙적으로 지지하지만 그 한계를 지적하고 있다.
27) 오늘날 남한사회의 중심적인 갈등요인은 탈냉전과 신자유주의적 세계화의 충격이
   라고 할 수 있다. 냉전-탈냉전 갈등라인은 대북한정책을 둘러싸고 주요 정치쟁점으
   로 표출된다. 이에 반해 신자유주의적 세계화가 가져온 갈등구조는 정치적인 주요
   쟁점이 되지 못하고 있다. 신자유주의적 세계화의 충격은 민주주의하에서 현대자본
   주의의 중심적인 이슈인 국가와 시장의 역할 및 기능배분 문제를 내장하고 있다. 그
   러나 남한의 정당과 정치 엘리트 사이에 이 문제는 갈등의 소재가 되지 못한다. 모두
   가 시장경제로의 전환, 경제와 시장에 대한 정치논리의 배제(국가의 불개입)를 주장
   하고 있다. 이런 시장주의 이데올로기는 재벌, 언론 및 주류학계에서 지배적인 위치
   를 차지하고 있다. 요약하면 현재까지 국가-시장의 균열축에서 구분되는 정당 간의
   차이는 없다. 정당들은 냉전-탈냉전의 균열축에서 구분되는 탈냉전-시장 조합영역과
   냉전-시장 조합영역 사이에 위치해 있다. 이들이 동원하는 냉전-탈냉전 균열은 대북
   햇볕정책 등에 국한된 매우 협소한 범위이고 권위주의, 노동배제, 재벌 중심의 경제
   체제, 보수 독점적 정당체제, 대북 흡수통합론, 수직적 한미관계 등 남한사회의 냉전
   반공주의적 정치·사회질서 전반을 포괄하지 못하고 있다. 탈냉전-국가영역, 즉 실업,
   고용불안정, 소득불평등 등을 초래하는 신자유주의 세계화에 대항할 수 있는 유능한
   국가를 창출할 수 있는 정책 프로그램을 갖는 정당은 존재하지 않는다. 정당들의 분
   배, 복지정책들은 공허한 담론정치 수준에 머무르고 있다. 정당 간 경쟁에서 민주주

전보다 더욱 분열되고 갈등적인 양상을 드러내고 있다. 본시 정당은 사회적 갈등과 균열을 완화하고 통합하는 민주주의의 중심적 정치기제이다. 다시 말하면 민주주의에서 통합이란 사회적 갈등과 균열이 경쟁하는 복수의 정당을 통해 표출·대표되고 의회에서 조정되는 것을 말한다. 그러나 김대중 정권하에서의 노조 정치활동 입법화에도 불구하고 남한의 정치사회는 선거정치, 정당정치 및 의회정치에 사회경제적 균열을 투영하여 계급·계층갈등을 매개할 수 있는 정치지형을 갖고 있지 못하다. 정치사회는 보수적, 지역중심 정치구조라는 특징을 보여왔다. 특히 시민사회의 이익과 요구를 조직하고 대변해야 하는 정당체제의 저발전은 국가와 시민사회의 사이의 매개층위, 즉 정치사회를 시민사회로부터 분리하였다.28) 냉전 반공주의의 틀 속에서 보수정당체제는 서민과 노동의 배제를 특징으로 한다. 매우 협애한 이념적 범위를 갖고 있는 남한 정당체제의 경우 좌우의 이념적 스펙트럼 위에서 정당 간 차이는 거의 없다. 이때 남는 것은 지역주의 정치뿐이다.29) 사회의 중요한 균열요소들이 이슈화되거나 정책의 쟁점으로 부각될 수 없는 조건은 냉전 반공주의의 강한 영향력 때문이다. 결국 지역 중심의 보수 정당 간의 자유로운 정치경쟁이 전개되는 '슘페터적 민주주의(Schumpeterian democracy)'만이 정상적으로 작동하고 있다. 따라서 남한의 정치사회는 계급·계층갈등의 제도화에 실패하여 노동의 과

---

의의 원리에 맞게 시장과 국가의 관계를 어떻게 재조직화할 것인가의 문제는 완전히 결여되어 있다.

28) 남한의 시민사회는 국가와 결착한 중심적(보수적) 시민사회와 그로부터 소외되고 배제된 주변적 시민사회로 구분된다. 보수우파만이 제도권정치로의 진출이 허용되는 냉전 반공주의의 헤게모니 구조에서 정치사회와 시민사회의 배제된 부문 간의 괴리는 매우 크다.

29) 남한에서 권위주의 정권은 분단구조하에서 국가안보를 중시하며 불균등한 자원배분에 기초한 지역 간 분할지배전략으로 지역패권주의를 활용했다. 그 결과 지역균열이 초래되어 지역 간 갈등적이고 대립적인 지역적 정체성이 형성되었으며 이는 민주화 이행 이후 더욱 견고해졌다. 남한의 이러한 퇴영적이고 파괴적인 지역균열은 향후 남북한 통합과정을 저해할 뿐만 아니라 통합사회에서도 재연될 수 있다.

격한 투쟁을 촉발하여 민주주의 공고화의 한계를 노정하고 있다.

분단구조하의 냉전 반공주의는 노동의 조직력·정치력을 약화시키고 있다. 김대중 정부하에서 복수노조금지, 제삼자 개입금지 등의 폐지에도 불구하고 낮은 조직률, 분산적 기업별노조주의, 수평적 노동시장의 부재, 대기업 중심의 노동운동, 노동운동의 기업내부화(firm-internalization), 시민단체들과의 유기적 협력관계의 결여 등과 같은 노동의 조직적 취약성은 그대로 유지되고 있다. 이런 조건하에서 노조들은 사회적 파이를 증대하려는 '집단적 최적전략(collectively optimal strategy)'보다는 개별노조 자신들의 몫만을 키우려는 '개별적 최적전략(individually optimal strategy)'으로 단기적 이익을 과격하게 요구해 사회긴장과 갈등을 증폭시켜 왔다. 더욱이 노동세력의 정치적 대표체제를 질적으로 전환시키는 '온건한 계급정치(moderate class politics)'의 제도화가 존재하지 않는다(Sun, 2002: 17).[30] 그것은 친노동자 진보정당의 진입장벽에 대한 법률적 제약(국가보안법, 정치관계법), 정치적 하부구조의 허약성(노조의 약한 조직력), 국민대중의 분단의식 과잉 내면화 등으로 인한 노동의 정치력이 약하기 때문이다.[31] 이같이 노동의 조직력·정치력이 허약한 조건하에서는 자본·국가·노동 간의 정치적 교환(political exchange)을 통한 계급타협의 길은 열리지 않기 마련이다.

이런 이유 때문에 김대중 정부의 사회협약정치(social pact politics)는 계급·계층갈등의 제도화에 실패했다.[32] '노사정위원회'는 정책결정 및 정책집

---

30) 노동배제적 정치구조는 김대중 정부에서도 크게 변하지 않았다. 냉전 반공주의와 발전주의 이데올로기적 틀을 바꾸려는 정치적 시도 역시 존재하지 않았다. 그 결과 김대중 집권 초기에는 노동통합적 개혁을 강조했지만, 중반 이후 시장경제 우선의 방향으로 경도하면서 노동에 대한 권위주의적 통제정책으로 퇴보했다.

31) 지식인들까지도 진보정당의 당위성에는 공감하면서도 정작 선거에는 사표 방지심리, 색깔론의 덫에 결박당한 채 기존 보수정당을 지지하는 경향이 있다.

32) 포지티브섬(positive-sum)적인 사회협약정치는 노동시장과 정치시장에서 노동의 힘이 강력하지 못한 경우에 정상적으로 작동할 수 없다. 따라서 노동이 조직적으로 포괄적이고 중앙집중적이며 정치적으로 노동친화적(labour-friendly)인 정부 및 정당이 존재할 때 사회협약정치는 시민사회에서 사회적 갈등을 여과할 수 있고 정치사회에

행과정에 노동의 참여가 제도화되어 있는 서구의 민주적 코포라티즘
(democratic corporatism) 체제와는 거리가 멀다. 그것은 신자유주의적 구조
개혁과 노동시장 유연화의 실현을 목적으로 노동·자본·정부 사이의 협의
체로 작동하고 있다는 점에서 '신자유주의적 코포라티즘(neoliberalist cor-
poratism)'의 실험이라 할 수 있다.[33] 그러나 이마저도 조직노동의 핵심이
라 할 수 있는 민주노총이 그로부터 탈퇴함으로써 파행적인 운영을 거듭해
오고 있다. 결과적으로 사업장 수준에서의 참여는 물론이고 정치적 대표체
제 수준에서의 참여, 정책 수준에서의 참여가 모두 봉쇄되어 온 것이다.

민중부문의 진정한 정치참여를 보장하는 제도적 틀이 부재한 보수이념
적 정치구조하에서 민중부문의 사회경제적 권리를 신장할 수 있는 분배,
복지 및 생산경영의 개혁에 의한 경제적 민주화 및 정의의 실현을 담은
실체적(substantive) 민주화는 실현되지 않고 있다. 남한에서 민주화 이후
15년간의 경험은 정치적 민주화가 실질적 내용, 사회경제적 측면의 개혁
에 있어서는 무력했다는 것을 보여준다. 정치적 민주화에도 불구하고 사
회의 계급구조는 심화되었고, 재벌 중심의 경제구조는 강화되는 반면 노
동 배제는 지속되어 오고 있다. 김영삼·김대중 두 민주정부의 개혁실패의
틈새로 효율성을 중심으로 한 권위주의 정치(제왕적 대통령)에 대한 향수,
물량적 발전모델에 대한 향수가 지배적인 조건에서 계급·계층갈등을 제

---

서 정치갈등을 온건화할 수 있으며 경제사회에서 경제갈등을 조정할 수 있다. 선거
정치, 정당정치, 의회정치가 노동의 이익을 조정, 매개할 수 있는 가능성이 희박할
때 노동자들은 거리정치(street politics)에 호소할 수밖에 없다. 거리정치는 계급갈등
의 제도화 실패를 의미하며 민주주의를 위협한다.

33) 1980년대까지의 코포라티즘은 대체로 케인스주의를 중심으로 한 수요중심 코포라
티즘(demand-side corporatism)으로서, 그 내용은 임금억제와 사회복지의 정치적 교환
(political exchange)이었다. 공급 중심(supply-side) 코포라티즘은 노사정 3자 간 정책
협의 메커니즘이라는 점에서는 수요 중심 코포라티즘과 동일하나 신자유주의적 세
계화에 따른 노동시장 유연화, 고용안정 및 실업대책 등 새로운 이슈에 대응하는 제
도적 장치이다. 그리고 신자유주의적 코포라티즘은 코포라티즘이 신자유주의적 구
조개혁 과정에서 노동의 저항을 최소화하기 위한 수단으로 이용되는 측면이 강하다.

도화하고 조정할 수 있는 민주주의의 기반은 위협받고 있다. 두 민주정부의 개혁은 권위주의적 국가모델을 대신하여 민주적 국가의 역할을 수행하는 수준까지는 이르지 못했다. 민주주의의 정치적 틀에 조응하는 경제에 대한 국가의 역할이 없었기 때문에 남한사회에서 시장의 부정적 역할을 제어할 힘이 없다. 분단구조에 연유하는 강한 냉전 반공주의 이데올로기, 협애한 이념적 지형이 주조하는 보수 독점적 정당체제, 권위주의에 익숙한 거대한 국가관료제 등이 남한사회에서 시장민주주의(보수적 민주주의)의 틀을 깨는 개혁적이고 진보적인 체제의 등장을 어렵게 하고 있다.

노무현 정권은 '정치적 투명성, 효율성 및 탈권위주의화' 차원의 정치적 민주화를 상당히 진전시키고 있다. 그러나 노무현 정부하에서도 사회적·경제적 민주화를 위한 사회협약정치기구로서의 노사정위원회는 정상적으로 작동하지 못하고 있다. 김대중 정부하에서 이미 탈퇴한 민주노총은 노무현 정부에 대해서도 강한 불만을 표출하며 사회협약정치에 무관심할 뿐만 아니라, 최근 한국노총마저 탈퇴하여 노사정위원회는 사회협약정치기구로서 사실상 작동을 중단하고 있는 상태이다. 그 구조적 요인은 민주노동당과 같은 진보정당의 의회 진출에도 불구하고 보수독점의 협애한 이념적·사회적 기반을 갖는 정당체제가 현재까지도 그대로 정당체제의 기본 골격구조를 유지하고 있다는 데서 찾을 수 있다. 이 때문에 남한의 정당체제는 여전히 사회경제적 갈등과 균열을 제대로 반영하고 대표하지 못하는 정치구조를 갖고 있는 것이다.[34]

한편, 분단구조는 북한체제가 정치적 차원에서 군사적 성격을 띠는 데 구조적 요인으로 작용해 오고 있다. 분단구조하에서 북한은 미국 및 남한

---

34) 노무현 정부하에서 사회경제적 균열과 갈등을 해소하기 위한 정책결정이 정당정치를 통한 '투입 측면'보다는 관료와 전문가 중심의 '산출 측면'의 결정방식으로 이루어지고 있다. 예컨대 혁신도시 및 기업도시 건설, 지역균형발전 정책 등은 관료 및 전문가 중심으로 이뤄지는 정책결정구조의 산물이다. 결국 이러한 결정방식은 국가의 재정지출을 둘러싼 정당, 정치인, 기업, 지자체정부, 정책수혜자와 비수혜자 간의 갈등을 증폭시키고 있다(최장집, 2005: 291~292).

에 대한 위기의식과 대항의식을 키워왔다. 그 과정에서 북한정권과 주민들의 의식 속에는 포위의식(siege mentality)이 자리 잡게 되었다. 이런 조건에서 체제작동을 위한 규범과 의식, 절차, 관행 등 제도적 틀은 군사문화 또는 병영문화에 토대를 두고 있다. 특히 정치의 군사화로 나아가는 구조적 요인으로 작용한 것이다. '수령 중심의 유일지도체계'에 의해 인민대중의 자유권과 참정권을 제한하여 이들에게 정권에 대한 일방적 헌신과 충성을 요구하는 군사적 성격의 '병영국가(garrison state)'가 되어온 것이다. 다시 말하면 '혁명적 군중노선'을 통해 관료주의를 어느 정도 통제하는 측면이 있을지 모르나, 프롤레타리아 독재, 즉 노동자계급을 포함한 인민대중이 전위정당인 노동당을 통해 지배한다기보다는 그 반대로 수령을 극단적으로 구심화하는 과정(스탈린주의적 개인숭배의 극단화)에서 국가화한 노동당이 인민대중을 철저히 통제하는 정치적 모순이 드러난 것이다. 이는 북한정치체제에서 인민대중이 공식적으로는 정치주체로 규정되고 있으나 실질적으로는 피동적 객체로 전락되어 왔음을 의미한다(Kihl, 1984: 234). 정치의 주체가 개별 사회구성원 혹은 집단 등인 남한 정치와는 달리, 북한 정치의 주체는 혁명의 주체이기도 한 '수령-당-대중의 통일체'로 규정되고 있다. 남한 정치는 국가와 개인의 관계나 각 사회세력들 간의 갈등 조정이 문제시되나, 북한 정치는 국가와 개인, 개인과 개인, 집단과 집단 간 또는 수령-당-대중 사이의 긴장이나 갈등이 존재할 수 없으며 사회정치적 생명체 속에서 결합되어 있는 통일체로 인식된다. 따라서 북한에서는 권력획득을 지향하는 복수의 정당이 경쟁하는 정치, 그리고 선거를 통해서 대중으로부터 정기적으로 심판받으면서 지도자 교체의 길을 제도화하는 정치는 존재하지 않는다. 구사회주의권에서도 존재하지 않았던 전대미문의 부자세습식 권력승계(power succession)의 제도화를 시도하면서 민중적 참여와 저항을 차단시키고 있는 북한정권은 북한사회가 하나의 단일한 유기적 생명체라는 논리에 따라 정치적 반대세력의 존재 자체를 부정함으로써 정치역동성을 상실하고 있다. 이는 북한체제의 '아킬레스 건'으로서 북한체제의 비민주성의 근본원인이라 하겠다.

나아가 북한체제에서는 '국가에 반한 시민사회'라는 테제는 존재하지 않는다. 직능집단의 존재와 활동은 경제발전과 정치안정의 목표를 위해 국가에 의해 수직적·위계적으로 통합되었다. 이는 국가에 의한 개인과 대중조직들의 완전한 포섭을 의미한다. 이로써 국가와 직능집단의 관계는 사회주의적 코포라티즘(socialist corporatism)의 전형적 형태로 나타난 것이다. 초권위주의국가, 위계적으로 결착된 비정부적 제도와 조직, 그리고 주체사상이라는 통치 이데올로기의 사회에 대한 억압구조 등은 시민사회의 다원성과 자율성을 근본적으로 제약한다. 사회는 국가에 의해 흡수되어 종속적이기 때문에 상향식 정책·의사결정(bottom-up policy-making)구조는 작동하지 않는다.

## 3) 사회경제적 차원

분단구조는 남과 북의 정권들로 하여금 각자 상이한 방식의 산업화전략, 경제의 군사화를 추구하면서 사회경제적 차원의 모순과 위기를 노정할 수밖에 없도록 강요해 왔다. 우선 세계자본주의체제의 수호를 위한 반공군사기지로서의 성격을 갖는 남한의 경우 1960년대 이후 독점자본 편향적인 국가가 세계적 노동분업에 따른 비교우위 산업 중심의 개방화, 대외의존적인 산업화전략을 추진하였다. 분단에 따른 반공냉전 이데올로기는 국가에 의한 권위주의 산업화과정을 심화시켰는데, 이는 몇 가지 특성을 드러냈다(최장집, 2002: 160~161). 첫째, 권위주의정권이 성장 및 수출목표와 그에 따른 투자계획을 수립하고 금융의 관리통제를 통하여 민간기업의 자원배분에 직접 영향력을 행사하는 강한 국가주도성(시장창출적 개발국가)이다. 둘째, 이 과정에서 국민경제를 지배하는 재벌경제체제의 등장이다. 재벌편향적인 성장제일주의는 효율지상주의, 기술관료적 경영주의를 발생시켰다. 셋째, 생산적 자원배분에 영향을 미치는 정부의 정책결정과정에서나 보수독점적인 정치적 대표체제에서 생산적 집단인 노동의 참여와 대표가 배제되었다. 정치시장에서는 보수적 독점구조가 존재하듯이 경제시장에 재벌독점이 지배하게 됨으로써 투명성과 공정경쟁이라는 시장경제의 본래의 특징이 발휘될 수 없었다.

권위주의 정권하에서 국가-재벌 연합이 주도하는 시장구조는 경제성장이나 자본축적에는 괄목할 만한 성과를 기록했다. 그러나 민중 부문의 탈상품화(decommodification)를 보장하는 사회적 시민권(social citizenship)(Esping-Andersen, 1990: 21~23) 및 산업시민권(industrial citizenship) 등 실질적 민주화는 아직 실현되지 못하고 있다. 다시 말하면 경제성장에 조응하는 사회복지의 수준은 저급한 상태에 있으며 소득분배가 고르지 못해 분배위기가 상존하고 있을 뿐만 아니라 자본소유와 경영통제의 차원에서 민주화는 실현되지 못한 상태. 더욱이 권위주의 정권은 경제정책 또한 경제활성화를 명분으로 하여 독점재벌에 대해서는 유화적인 반면, 민중부문의 생존권 보상과 사회경제적 시민권의 신장 등 구조개혁에는 근본적인 한계를 노출시켰다. 따라서 남한사회에는 첨예화된 계급·계층갈등이 항상적으로 잠재화·현재화되어 있는 것이다. 이는 결국 남한체제의 '참여배제의 성장메커니즘'에 기인한 것이며, 민중부문에게 최대한의 만족을 주는 자원의 파레토 최적배분(Pareto optimal allocation of resources)을 달성하지 못하고 있음을 의미한다. 이러한 자원의 비효율적 배분은 경제의 군사화에 따르는 누수효과에 의해 더욱 심화되어 왔다. 즉 과열된 군비경쟁으로 군사비의 과다지출, 시장적 합리성보다는 정치·군사적 논리에 의해 투자된 방만한 군수산업, 이와 관련된 정경유착을 통한 군산복합체의 형성 등은 '시장작동의 실패(market failure)'와 사회복지의 감소를 강요했다. 결국 국가-재벌 연합이 주도하는 시장구조는 재벌과 중소기업 간, 지역 간, 부문 간, 계급·계층 간의 불균등성장과 동전의 양면을 이루는 것이다. 이 모델에 의한 발전전략은 정치의 권위주의화, 사회 기득권층의 강화, 노동의 소외와 배제 등으로 인한 사회적 균열과 분열을 초래해 왔다.

김영삼 정권이 펼쳤던 화려한 세계화 구호로 시장논리가 확산되고 경쟁
이 첨예화되면서 글로벌 시장의 이득과 손실은 모두에게 균등하게 배분되
지 않고 부문·계급·계층·지역 간 차등 배분되었다. 김대중 정권하에서
고통스러운 '눈물의 계곡(valley of tears)'을 넘어야 했던 IMF 경제위기와
신자유주의적 구조조정은 시장승자(market winners)와 시장패자(market
losers) 간의 갈등을 더욱 증폭시켰다. 즉 IMF 개혁 패키지에 따른 김대중
정부의 구조조정정치로 인하여 외국자본과 국내재벌은 시장승자로 등장
하여 부를 확대재생산할 수 있었던 데 반해, 노동과 중산층은 시장패자로
서 엄청난 충격과 고통을 감내해야 했다. 실업은 대량으로 배출되었고 비
정규근로자들의 고용불안정은 악화되었으며 소득불평등은 심화되었다.
복지정치(welfare politics)도 경제정책의 하위정책으로서 인식하여 경제구
조조정의 결과를 보완하는 의미를 가졌을 뿐이다. 결국 1990년대 전반기
부터 시작하여 1997년 말 IMF 위기와 함께 급진적으로 수용된 세계화는
대체로 친재벌적·반노동적·반중산층적 정책함의를 갖는다.[35] 신자유주의
적 세계화는 본질적으로 반노동적이고 재벌 중심적이며 그간 축적해 온
남한민주화의 지속적 작동과 견고성(durability)을 위협하고 있는 것이다.
　　노무현 정부하에서도 앞서 지적한 바와 같이 '신자유주의적 민주주의'
의 틀을 크게 벗어나지 못하고 있을 뿐만 아니라 사회협약정치기구도 작동
실패를 거듭함에 따라 남한사회는 더욱 '사회양극화'의 늪으로 빠져들어가
고 있다. 이는 사회적·경제적 민주화, 실질적 민주화를 진전시키지 못하고

---

35) 1997년 IMF 이전까지 남한정치에서 세계화는 글로벌시장에서 국내 기업의 경쟁력
을 강화하기 위한 정책적 지원을 의미했으며, 따라서 노동자의 요구는 기업의 경쟁
력을 침식하는 요인으로 간주되어 억압되었다. 물론 IMF 이후 세계화는 단기적으로
반재벌적 내용을 갖게 되었다. IMF가 부과한 이행조건(conditionalities)이 그동안 재
벌기업이 누렸던 혜택을 상당히 위협했기 때문이다. 예컨대 재벌기업 재무구조의 투
명한 공개, 재벌기업의 자산가치에 대한 금융시장의 저평가, 재벌그룹 내의 계열사
간 상호출자 제한, 상호채무보증 금지, 소액주주의 권한 강화, 사외이사제 도입 등은
대주주인 재벌그룹 소유주의 영향력을 약화시켰다.

있음을 의미한다. 다시 말하면 남한 정치경제는 실업, 비정규직 차별, 노사관계의 불안, 부 및 소득 불평등, 지역경제의 불균형, 사회보장과 복지제도의 미흡, 불공정한 시장구조, 사교육 시장 등으로 인한 계급·계층·지역균열과 갈등을 완화하는 체제의 기능을 상실해 가고 있는 것이다.

한편, 분단구조하에서 자본주의 세계경제와의 단절을 통한 '주체식' 방식에 의해 자립경제의 실현을 추구하지 않으면 안 되었던 북한체제는 어떠한가? 북한의 경우 대중의 광범한 동원에 의해 당국가주도적인 자립경제건설과 사회적 평등의 실현이라는 유토피아를 창조하려고 노력해 왔으나, 결과적으로 사회경제적인 저발전의 디스토피아(dystopia)를 노정해 오고 있다. 물론 남한에 비해 대외 정치적·경제적 논리가 덜 관철되고 있는 자립적 발전, 사회주의적 기본 복지(무상의료, 11년 무상교육, 주택배급제, 무료탁아제 등) 제공을 통한 대중의 빈곤 극복 등에 있어 진전이 이루어졌다. 그러나 국유계획 메커니즘에 있어 경제주체들의 무임승차(free-riding) 유혹, 연성예산 제약(soft budget constraint),[36] 경제에 대한 인민대중들의 실질적 통제장치 부재, 그리고 과도한 대내지향적 산업화 전략에 따르는 외국자본·기술·경영기법 등의 도입 제약 및 국가에 의한 인적·물적 자원동원의 비효율과 관료주의 등으로 인하여 사회주의적 생산관계를 지탱할 만한 생산력의 증진이 뒷받침되지 못하고 있다.[37] 그 결과 분배적 정의는 새로운 신분제(지배, 핵심, 동요, 적대 계층 등)의 등장에 의해 빈곤의 평등(equality in poverty) 상태이고, 복지 수준도 저급한 상태에 놓여 있다. 이는 분단과 함께 등장한 북한의 결별사회주의(breakaway socialism)가 갖는 기본

---

36) 경제주체들이 예산에 구애받지 않고 자원 등을 낭비하는 현상을 말한다. 예컨대 기업은 예산을 낭비한 뒤 여러 채널을 동원해 국가에서 예산을 확보할 수 있기 때문에 예산에 크게 제약을 받지 않는다. 북한경제의 쇠락 이유는 '연성예산제약' 현상이 낭비와 비효율을 낳고 '부족의 경제'를 초래했기 때문이다.

37) 북한 경제의 파산은 자연재해, 사회주의 블록의 붕괴로 인한 충격의 영향도 있지만 기본적으로 지난 반세기의 사회주의적 발전이 누적적으로 야기한 체제적 재앙이며 체제개혁 없이는 생산성 증대를 기대할 수 없다.

적인 한계를 의미하는 것이기도 하다(Edelstein, 1981: 256). 이와 관련하여
지적할 수 있는 북한 결별사회주의의 딜레마는 생산력의 제고를 과잉 강
조할 때 평등주의의 신장을 저해하게 되며, 또한 생산관계의 개선을 과도
중시할 때 계획의 비효율성으로 인해 경제성장이 제약된다는 점에 있다고
볼 수 있다. 나아가 생산력의 저하를 초래하는 북한경제의 기회손실
(opportunity loss)(홍성국, 1990: 105), 즉 자원과 생산요소의 효율적 이용 기
회를 상실함으로써 발생한 손실은 남한과 마찬가지로 과중한 군비부담에
서 찾을 수 있다. 막강한 미군과 남한군을 상대로 고조되는 치열한 군비경
쟁에 처해 있는 북한은 군사·경제 병진정책을 고수해 오고 있다.

　1990년대 들어 심화된 체제위기 상황에 대응하여 체제의 생존과 안정
을 위한 통치방식인 북한의 선군정치는 경제적 차원의 군사화를 강화했
다. 경제적 차원의 군사화는 경제·국방 병진노선과 경제시스템이 군사적
방법으로 작동되고 있다. 병진노선은 정치적 측면에서 정치사상 사업의
강화로, 사회경제적 측면에서는 증산·절약운동의 강조로 나타났다. 그러
나 병진노선은 실제로는 국방 분야의 과도한 지출로 경제구조의 구조적
한계를 확대재생산함으로써 경제위기를 야기한 것이다. 지나친 군수산업
중심의 중공업우선정책을 추진한 결과 경제구조의 불균형, 비생산적인 군
사비의 과다지출, 자본의 유기적 구성비(organic composition of capital)의 저
하, 후생복지부문의 하향평준화 등 북한경제의 비효율화와 낭비가 심화되
고 있다. 북한경제의 외연적 산업화 전략(extensive industrialization strategy),
즉 노동력 중심의 산업화 전략의 지속도 병진노선 채택과 관련을 맺고
있다. 이 전략은 그 특성상 필연적으로 위로부터의 노동동원 일상화, 경제
시스템의 군사화를 동반했다. 이 과정에서 강력한 군대식 노동동원은 단
기적으로 양적 성장을 극대화하는 가장 효과적인 방법이었고, 보다 생산
성을 높이는 견인차가 된 것이다. 그러나 이 전략은 내포적 산업화 전략
(intensive industrialization strategy)으로 전환되지 않고 지속되면서 장기적으
로 북한경제의 비효율과 저발전을 가져온 주요한 요인이 되었다. 각종 대

중동원운동이 대중의 '피로현상'을 가중시키면서 수동적으로 작동하게 됨으로써 북한경제 침체의 중요한 요인이 된 것이다.

이상과 같이 상호경쟁에서 체제우위를 확보하려는 압력 때문에 남북한 체제는 제각기 부분적인 성과를 보이기도 했지만, 분단으로 인해 구조적 모순을 노출해 왔다. 쌍방 체제 그 자체에 어느 정도 위기요인이 작용하고 있는 것도 사실이지만, 그보다는 분단구조가 그러한 위기와 모순을 더욱 심화시켜온 것이다. 한마디로 분단구조는 남북한 체제작동에 영향을 미친 중요한 규정변수라 하겠다.


## 4. 바람직한 체제 통합전략

### 1) 남북한 체제개혁과 통합과정의 상관성

앞에서 논의했듯이 남북한 대결구도 속에서 남한정권은 시장민주주의 체제를 북한의 주체형 국가사회주의체제에 대한 대항으로서, 북한정권은 주체형 국가사회주의체제를 남한의 시장민주주의체제에 대한 대항으로서 발전시켜 오고 있다. 그렇다면 분단구조를 극복하는 남북한 체제통합 과정이 민중적·민족적 정당성을 갖기 위한 바람직한 통합전략은 무엇인가? 이를 모색하기 위해서는 우선 체제 통합과정이 분단구조에 의해 매개되어 온 중층적 모순을 단절하는 남북한 체제개혁과의 유기적 결합 속에서 진행되어야 한다. 동시에 체제통합 후유증을 최소화할 수 있는 최적의 전략으로서 수렴적 체제 통합전략이 바람직하다. 즉 북한은 주체형 국가사회주의체제에 시장민주주의 체제적 요소(시장경제, 시장적 권력배분 등) 도입을 통해 효율성, 자유, 참정권을 신장시키는 한편, 남한은 시장민주주의체제에 사회주의체제의 주요 지향가치인 배분적 정의, 복지 등을 통한 형평성을 확대시켜야 한다.[38] <그림 6-1>이 보여주고 있듯이 분단구조가 형

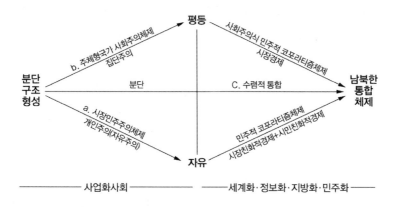

<그림 6-1>

수렴적 통합 체제 모형

성된 이후 a는 자유경쟁의 원리에[39] 입각한 시장민주주의체제이고, b는 시장민주주의체제에 반대되고 집단주의에 치중한 국가사회주의체제라 할 수 있다. c는 사회복지와 시장경제(또는 시장적 권력배분)의 도입으로 시장 민주주의체제와 국가사회주의체제를 적극적으로 수렴, 통합하여 자유와 평등, 경제적 효율성과 사회적 형평성, 개체와 전체가 조화된 상태이다.

앞에서 살펴보았듯이 분단구조는 남북한 체제의 발전에 질곡으로 작용 하여 양 체제가 안고 있는 정치적, 사회경제적 모순을 규정하여 왔다. 이 러한 중층적 모순의 담지자는 분단구조하에서 쌍방 권력 엘리트 간의 정

---

38) 1985년 고르바초프의 집권과 더불어 '페레스트로이카(Perostroika)', '글라스노스트 (Glasnost)', '신사고'를 포함한 혁명적 개혁정치는 스탈린식의 국가사회주의체제가 더 이상 자신들의 발전모델로서 가치를 상실하였음을 의미했다. 그것은 시장민주주 의체제의 요소 도입을 통한 '수정사회주의'로서의 길이었다. 중국 역시 시장경제의 도입을 통한 개방화로 경제적 자유의 신장을 점진적으로 가져와 '수정사회주의'화하 고 있다. 1929년 세계경제 대공황을 극복하기 위한 케인스주의 경제학에 입각한 뉴 딜정책을 통해 자유주의경제에 사회주의적 요소를 가미한 '수정자본주의'로의 길을 걸었다.

39) 남한사회의 규범적 경제가치는 시장경제이다. 시장경제는 '사유재산과 영리추구를 인정하는 개인주의'이며 '자유경쟁을 보장하는 자유주의'이다.

치적 게임 속에 하나의 담보물로 잡혀온 남북한 민중부문이다(Kihl, 1984: 127). 따라서 분단구조를 극복하는 통합과정 속에 민중성을 각인시키는 체제개혁을 포함시키지 않고 단순히 민족주의적 통합열망과 감성적 민족애를 끼워넣는 것은 지양되어야 한다(김세균, 1992: 8). 왜냐하면 그것은 지배블록이 대중의 통일열망과 민족애에 호소하여 흡수통합을 추진하는 데 대중을 동원할 개연성이 높기 때문이다. 현재의 남북한 체제들은 그간의 남북한 대결구조 속에서 형성되어 온 체제로서 개혁되지 않으면 안 되는 허다한 구조적 문제점을 지니고 있기 때문에 '기존 체제 그대로' 일방의 체제에 의한 타방의 체제를 흡수시키는 형태의 통합은 본질적으로 반민중성을 그 특징으로 하고 있다.

그런데 현시점에서 흡수통합의 가능한 주체는 누구인가? 남한에 대한 북한의 주체형 국가사회주의적 흡수통합을 상정할 수 있다. 그러나 객관적인 정세로 보아 그 실현 가능성은 적어도 가시적 미래에서는 거의 없다. 오히려 현존 사회주의권의 몰락에 따른 전일적인 자본주의세계체제의 강화, 남한 자본주의의 발전으로 인한 남북한 힘의 역관계의 변화 등 중층적 효과 속에서 1980년대 후반을 분수령으로 남한의 지배블록은 종전의 수세적·방어적인 '분단지향성'을 철회하고 흡수통합의 가능성을 고려하고 있다.40) 그것은 남한의 체제, 즉 남한사회에서 합의되고 정착되어 가는

---

40) 남한 내부에는 두 유형의 흡수통합론이 존재한다. 하나는 북한을 고립시켜 붕괴시키고 이를 흡수한다는 수구적 보수세력(냉전적 반공세력)의 흡수통합론이다. 다른 하나는 공식적 부인에도 불구하고 통합비용을 고려하여 독일식의 급진적 흡수통합보다는 기능주의적 교류확대를 통해 북한체제를 남한식의 체제로 변화시켜 종국적으로 흡수통합시키려는 개혁적 보수세력(자유민주주의론자들)들의 세련된 흡수통합론이다. 대북 햇볕론들이 이에 속한다. 김대중 정부의 햇볕정책의 목표는 튼튼한 안보태세를 통해 평화를 유지하는 동시에 화해와 협력을 추구함으로써 북한으로 하여금 스스로 개혁개방의 길로 나올 수 있는 환경을 조성하고 남북한 평화공존을 실현시킨다는 것이다(통일부, 2001: 20). 이는 한·미·일 동맹체제에 근거해서 북한을 국제사회(세계자본주의체제)로 편입시키고, 궁극적으로 자본주의적 체제 전환을 시도하는 흡수통합적 성격을 갖는다.

시장민주주의체제로 북한체제가 전환되는 것을 의미한다. 그러나 남한의 시장민주주의체제는 절차적 민주성에도 불구하고, 그 자체에 기본적으로 구조적 긴장을 내재하고 있다. 즉 자본의 구조적 힘(structural power)에 의해 자본과 노동 간의 시장적 경쟁은 노동자들에게 불리한 게임이 되고 노동대중은 정치권력으로부터 배제되어 국가는 친독점자본적 편향성을 표출한다(Przeworski and Wallerstein, 1988: 23~24). 또한 시장민주주의적 권력배분은 항상 북한 지역에 지지기반을 둔 정치세력에게 정치적 완패를 가져와 통합과정이 남북 지역 간의 생사가 걸린 투쟁의 장으로 될 가능성이 높다. 따라서 시장민주주의체제가 과연 남북한 통합체제로서 '바람직한 대안(desirable alternative)'이 될 수 있겠는가 하는 의문이 제기된다.

더욱이 이러한 본질적 문제는 차치하고라도 체제개혁이 수반되지 않는 흡수통합에는 또 다른 심각한 문제가 도사리고 있다. 즉 분단구조하에서 정치적·사회경제적 모순을 내재하고 있는 남한의 현체제에 따라 통합이 이뤄지는 경우, 남북한지역 간에, 그리고 남북한 각 내부의 여러 정치·사회세력 간에 통합이익과 손실의 차등적 배분을 가져올 것은 매우 자명하다(임혁백, 1992: 80~82). 먼저 흡수통합은 남한 재벌에게 투자기회의 확대(상품시장의 창출, 북한의 저임금노동력 및 원자재의 공급원 확보, 관광자원 개발 등)를 제공하는 반면에, 현재 구동독의 경우에서 볼 수 있듯이 북한의 경제개발, 동질적인 정치문화 및 시장경제의 정착 등 체제전환에 소요되는 통합비용(사회간접자본 확충, 산업구조의 개편, 노동력 재훈련 및 주민의 재교육 등)에 따르는 천문학적 규모의 국가재정투자는 통일세, 통일채권, 통일차관 등의 형태로 남한 모든 주민들의 부담이 될 것이다.

특히 가장 큰 물질적 손실을 입을 집단은 남북한 민중부문이다. 남한의 노동자들은 북한의 저임금노동력의 대량유입으로 자신들의 조직력이 약화됨으로써 자본에 대한 구조적 열악성이 가속화되는 사태를 맞이할 것이며, 임금하락이라는 비용을 강요받을지도 모른다. 남한의 농민들도 농산물 시장에서 북한 농민이라는 새로운 경쟁자에 직면하게 될 것이다. 어쩌면 이들보다 더욱 가혹한 물질적 조건을 강요받을 사회세력은 북한의 노동자와 농민들이다. 북한의 일방적 시장경제로의 통합은 산업구조, 상품의 질, 자본과 기술, 그리고 노동생산성 등 절대적 우위를 갖는 남한의 기업들과의 경쟁력에서 실패한 북한 국영기업들의 도산 도미노 및 탈산업화(산업공동화) 현상을 초래할 것이며, 이러한 사태는 북한 노동자들을 대량 실업자군으로 양산시킬 것이다. 이처럼 가혹한 시장의 회초리에 노출된 노동자들을 포함한 북한의 민중부문은 북한체제에서 제공받은 기본적인 사회주의적 복지수준마저 박탈당할 가능성이 크다. 한편, 동독공산체제의 과거청산 작업 과정에서 드러나듯이 북한 공산지배체제의 정치·사회적 유산을 청산하는 흡수통합과정에서 북한인들의 소외현상은 경제적 황폐화 현상과 함께 북한지역의 사회심리적 불안을 극대화시킬 것이다. 즉 북한의 행정·사법·군·교육 및 기업의 체제를 재편하는 과정에서 남한 출신 인사들에 의한 배타적, 독점적 충원이 북한인들의 사회심리적 열등감, 패배감을 촉발시킬 것은 필지의 사실이다.

이러한 논의가 시사하는 바는 남북한 체제개혁이 수반되지 않은 채 남한의 체제로 북한의 체제를 흡수시키는 형태의 통합이 이루어지는 경우, 남북한 체제의 기존 정치적·사회경제적 모순이 통합이익과 손실을 둘러싼 계급·계층·지역 간 갈등을 더욱 증폭시킴으로써 통합과정 자체가 좌초되는 교각살우(矯角殺牛)의 위험이 도사리고 있다는 사실이다. 이는 체제 개혁 없는 흡수통합은 남북한 민중 전체 또는 민족구성원 대다수의 이익과 부합되는 바람직한 체제 통합전략이 될 수 없음을 시사한다. 그러므로 남북한 민중 모두, 민족구성원 대다수의 이익에 부합하고 그들의 이익을 증진시키는 체제통합이 이루어지려면, 통합과정이 남북한 체제에 내재하고 있는 중층적 모순구조를 단절하는 체제개혁 과정과의 유기적 결합 속에서 전개되어야 한다. 다시 말하면 남북한 갈등구조 속에서 형성되고 주조되어 온 남북한 체제, 즉 '혁명적 수령론', '사회정치적 생명체론', '수령 중심의 하향식 대중동원'에 기초한 북한의 극단적인 주체형 국가사회주의체제는 말할 나위도 없고, 정치적 민주화의 활발한 진척에도 불구하고 민중배제성·억압성이 잔존하고 재벌 중심의 자본축적이 전개되고 있는 남한의 시장민주주의체제에 대해서도 과감한 개혁이 이루어져 갈 때 민중적·민족적 정당성을 갖추어 통합후유증을 최소화할 수 있는 남북한 통합과정이 비로소 담보될 수 있다. 남북한 체제의 정치적·사회경제적 모순구조가 상당 부분 남북한 분단구조 속에서 형성되고 주조되어 왔다는 점에서 그러한 모순구조를 단절하는 남북한 체제개혁 과정은 남북한 통합과정의 진전을 의미한다.[41]

그런데 남북한 간의 완전 통합이 이루어졌다고 해서 그것이 자동적으로 쌍방 간의 장기화된 갈등구조를 해소시켜주지는 않는다. 따라서 갈등구조의 해소는 통합과정에 포함되어야 한다. 통합과정의 주요한 계기적 국면(successive conjuncture)인 갈등구조의 해소는 남북한 사이에 반전·반핵·군축 평화체제와 상호 교류·협력체제를 통한 공존공영의 제도화가 진척되는 것을 의미한다. 남북한 평화적인 공존공영의 제도화는 남북한 정권으로 하여금 자신들의 체제개혁에 박차를 가할 수 있는 토대가 될 가능성이 높다. 한마디로 평화적·협력적 공존공영 제도화의 진척은 체제개혁의 진척과 친화력(affinity)을 가질 수 있다.

이와 같은 맥락에서 볼 때 통합과정의 일환으로서의 남북한 체제개혁 과정, 그리고 체제개혁과정의 일환으로서의 남북한 통합과정(평화적 공존공영의 제도화 과정)은 변증법적 교호가 작용한다.

## 2) 수렴적 체제 통합전략

앞의 논의에서 시사했듯이 남북한에 있어 통합과 체제개혁은 동전의

---

41) 분단은 남북한 체제를 질곡으로 이끄는 중요한 규정요인 중의 하나로 작용해 왔다. 분단비용은 과다한 국방비 지출과 같이 계산 가능한 것도 있지만, 매우 중요하나 불가측적인 무형의 것도 있다. 분단해소 과정은 바로 이러한 비용을 줄여가는 과정이다.

양면과 같은 것이어서, 통합을 지향하지 않는 체제개혁이나 체제의 진정한 민주화를 수반하지 않는 통합이란 모두가 허구적 논리가 될 수 있다. 이런 관점에서 현실적으로 바람직한 체제 통합전략은 무엇인가? 남한체제에 의한 북한체제의 흡수통합은 결코 바람직한 통합전략이 될 수 없다. 그렇다면 우리는 통합비용과 손실을 최소화하고 통합이익과 효과를 최대화하여 지역 간·계층 간·계급 간 갈등을 해소할 수 있는 체제 통합전략을 모색해야 한다. 그것은 수렴적 체제 통합전략이 될 수밖에 없다. 수렴적 체제 통합전략이란 상극적인 체제모순을 해소하기 위한 남북한 체제개혁을 통해, 이를 어떤 특정 방향의 통합체제로 점진적 수렴화를 유도하는 가운데 단계적인 정치적·경제적 통합을 시도하는 전략을 말한다.

이러한 수렴적 체제 통합전략은 통합비용의 부담과 내적 통합이란 측면에서 효율적이고 긍정적이다. 통독후유증을 분석해 보면, 흡수통합에 따르는 통합비용과 내적 통합의 문제가 심각하다. 즉 통합비용을 둘러싼 구동·서독 지역갈등, 노·사·정 간의 마찰 등으로 내적 통합의 균열이 확산, 심화되고 있다. 그러나 수렴적 체제 통합전략은 통합과정에 민중성을 각인시키고 통합후유증을 최소화하기 위해 남북한 체제가 공히 특정 지향점으로 수렴적 개혁을 시도하는 동안 통합재원을 마련할 뿐만 아니라 통합비용을 시차별로 분할 지출할 수 있어, 엄청난 통합비용을 일시에 투입함으로써 남북한 경제가 파산에 처하는 위험을 막을 수 있다.

앞에서 논의하였듯이 북한체제는 정치권력의 독점화에 기초한 폐쇄적인 자급자족적인 계획경제로 생산력의 낙후와 복지수준의 하향평준화를 면치 못하고 있다. 따라서 사회주의적 생산관계를 지탱할 만한 생산력을 증대시키고 이를 통해 과거 동구 사회주의 체제에서와 같은 밑으로부터의 민중적 저항을 막기 위해서는 북한체제의 개혁이 불가피하다(신광영, 1992: 58~59). 더욱이 집권세력에 의해 주도되는 통제된 개혁 및 개방화를 통해 시장의 부작용에도 불구하고 괄목할 만한 자본축적을 경험하고 있는 중국의 경험에서 알 수 있듯이, 북한체제의 개혁 및 개방화는 생산력 증대를 담보해 줄 것이다. 수렴적 체제 통합전략이 꾀하고 있는 북한체제의 개혁 및 개방화에 의한 생산력 증대는 북한으로 하여금 통합비용을 분담케 함으로써 통합비용의 부담에서 오는 남북 지역갈등을 감소시킬 수 있을 것이다. 동시에 수렴적 체제 통합전략은 남한의 체제개혁을 통해 계급 간·계층 간의 갈등을 최소화할 수 있다.

구서독은 전후 사회적 시장제도, 노사 공동결정권(Mitbestimmungsrecht), 그리고 다양한 사회보장제도 등과 같은 체제개혁을 통해 사회민주주의적 계급타협 및 경제력 증대에 성공하였다. 그럼에도 흡수통합에 의한 통독의 후유증은 심각하다. 구서독의 이러한 사회자유적·융합적 개혁주의(Sozialliberal-integrative Reformismus)와는 달리, 남한체제의 민주화는 정치적 차원에서는 진전되고 있으나 사회경제적 개혁을 통한 실질적 민주화는 아직 미흡하다. 이러한 조건에서 남한체제에 의한 북한체제의 흡수통합은 통독후유증보다 더욱 심각한 정치적, 사회경제적 불안을 야기하리라는 것은 너무도 자명하다. 따라서 흡수통합에 따르는 통합후유증을 최소화하기 위한 수렴적 체제 통합전략은 남한체제의 과감한 개혁을 요구하고 있다. 남한의 체제개혁은 통합과정에서 남한체제가 갖는 기존의 구조적 모순에 의해 통합비용을 둘러싸고 계급 간·계층 간에 초래될 수 있는 갈등을 해소시키는 데 기여할 것이다. 이와 같이 볼 때 수렴적 체제 통합전략은 결국 남북한의 정치경제 체제에 대한 보다 민주적이고 참여지향적 개혁을 통해 남북 간, 그리고 남북한 내부의 사회세력들 간에 통합이익과 손실의 차등배분 사태를 방지함으로써 남북한 민중 전체, 민족구성원 대다수의 이익에 부합되는 통합을 추진할 수 있다.

한편, 수렴적 체제 통합전략은 남북한 간 공존공영의 관계와 누적적 인과성(cumulative causability)을 갖는다. 남북한 간의 갈등구조는 근본적으로 양 체제의 상극성에 연유하고 있는 점에 비추어, 이러한 상극적인 남북한 체제가 그대로 통합되면 상호 간에 적대적인 대결과 파멸을 피할 수 없다. 그러나 남북한 양 체제가 상호보완적 개혁으로 수렴화하여 체제모순을 최소화해 가면 남북한 사이의 적대적인 경쟁과 갈등은 크게 완화될 수 있다. 이처럼 수렴적 체제 통합전략은 한순간의 정치적 결단에 의해 남북한 통합이 이루어질 수 없다는 점에서 남북한 양 체제의 상호 보완적 개혁을 통한 접근과 이를 통한 공존공영의 남북한관계를 모색하는 데 돌파구를 마련해 준다.

## 5. 통합지향적 남북한 체제개혁

### 1) 남북한 체제의 변증법적 지양

남북한 통합이란 상이한 체제를 지닌 두 개의 국가를 극복하고 하나의 또는 유사한 체제 속에서 민족공동체를 형성하는 일이다. 따라서 수렴적 체제 통합전략에 의거하여 남북한 통합을 창출하는 데 있어 무엇보다도 중요한 관건은 체제모순을 특정한 방향으로 해소하는 과정, 즉 남북한 제제개혁을 통한 체제수렴화를 시도하는 문제와, 하나의 민족공동체를 형성하기 위한 정치적, 사회경제적 통합을 단계적으로 제도화하는 문제이다. 수렴체제는 남북한 체제의 어떤 중간 지향점에서 설정될 수 있는가? 본 논문은 남북한 통합체제를 구상함에 있어 두 가지 전제에 입각하고 있다. 첫째, 향후 통합과정에서 남북한 간, 그리고 남북한 내부의 각 세력 간의 이득과 손실의 불공정한 분배로 인하여 배태될 수 있는 새로운 갈등구조를 해소할 수 있어야 한다. 둘째, 세계화시대에 경쟁력을 제고하여 통합비용을 준비하고 한민족의 생존과 번영을 보장할 수 있어야 한다. 이를 위해서 남북한 각각은 시장민주주의와 주체형 국가사회주의에 기초하고 있는 남북한 체제의 이분법적 족쇄에서 탈피할 필요가 있다. 즉 남북한 체제가 '민관 파트너십(public-private partnership)'에 기초한 네트워크 관리(governance)를 지향하는 민주적 코포라티즘 체제로 수렴되어 가는 것이 적실성을 갖는다.[42] 민주적 코포라티즘 체제로의 수렴화는 분단구조하에서 정치적·사회경제적 모순이 누적되어 온 남북한 양 체제의 개혁을 통한 변증법적 지양(Aufhebung)을 도모함으로써 통합체제로 창조적인 접합을 가능케 할 수 있다. 다시 말하면 그것은 남북한 체제의 장점과 단점에 대해 상호 '부분적 대체, 부분적 보완(part substitute of and part supplement to)'을 창조해 낼 수 있다(Hirst, 1994: 15~21). 부연하면 이러한 통합체제는 남한 시장민주주의체제의 횡포, 변덕, '승자독식'을, 그리고 북한 주체형 국가사회주의체제의 경직성, 억압성, 비효율성 등의 폐해를 치료함으로써 사회적 형평성과 경제적 효율성, 민주화와 세계화를 긴장 없이 동시에 충족시킬 수 있는 대안이다.

## 2) 남한 시장민주주의체제의 개혁

해외 의존적인 개방경제를 갖는 남한 정치경제 체제의 구조적 모순을 해결하기 위해서 해외 의존적인 구조적 제약조건에서도 노동·자본·국가 사이에 안정적인 '3자협력(tripartite cooperation)' 관계를 맺어 산업화와 민주화를 동시에 발전시키고 있는 유럽 소국들의 민주적 코포라티즘 체제로부터 그 단서를 찾을 수 있다. 즉 민주적 코포라티즘 체제는 사회민주적 정치경제 체제로서 남한 정치경제의 대안적 모델이 될 수 있다(Luebbert, 1987: 449~478). 민주적 코포라티즘 체제는 국가 코포라티즘 체제를 해체함은 물론이고 시장적 이익정치에 내재한 '죄수의 딜레마(prisoner's dilemma)'를 해소하기 위해 교섭을 통한 이익조직 간의 자율적 조정, 그리고 이들과 국가와의 정책적 합의를 이뤄내는 체제이다. 다시 말하면 노동과 자본을 대표하는 정상·상급 이익결사체(peak or higher interest association)들이 상호 긴밀한 협의(concertation)체제를 구축하고, 또한 이들 사적 이익

---

42) 사회민주주의가 하나의 세계관(Weltanschauung)을 제시하는 이념이라면, 민주적 코포라티즘은 그러한 이념을 실현하는 구체적 정치경제 체제라 할 수 있다.

집단들과 국가기구와의 유기적 협력과 상호침투(compenetration) 속에서 사회 및 경제정책을 형성, 집행하는 정치경제 체제이다(Lehmbruch, 1984: 61~63).[43)

자본과 노동의 조직화된 이익을 대표하는 정상조직들은 조직의 중앙집권화, 포괄화를 통해 협의과정에서 이익중재(interest intermediation)의 독점적 대표성(representation monopoly)을 갖도록 국가로부터 공적 권위를 부여받는다. 이러한 민주적 코포라티즘 체제의 조직적 양태 및 이익중재의 방식에 따라 남한의 분산적·경쟁적인 '기업별 노조주의'는 폐기되어야 한다. 즉 국가로부터 공인 받고 독점적 대표성을 갖는 자율적인 중앙노조연맹[44) 또는 산별노조는 개별 노동자, 개별 노조들로 하여금 과도한 임금인상, 무임승차의 유혹 및 분파활동을 억제하고 계급 전체 또는 사회 전체의 집합재(collective goods)를 생산하도록 강제할 수 있어야 한다. 이와 함께 정상·상급 이익조직들 간에 시도되는 단체교섭의 중앙화(centralization of collective bargaining)는 중앙노조나 산별노조로 하여금 임금과 투자·고용·물가와의 함수관계를 고려, 과도한 임금인상을 자제토록 하여 투자촉진, 고용확대, 인플레이션 억제, 국제경쟁력 강화 등과 같은 양보를 자본가집단으로부터 끌어내게 함으로써 계급타협의 사회협약(social pact)을 가능하게 한다. 이러한 사회협약은 자본과 노동의 계급조직 간에 신뢰에 기초하여 죄수의 딜레마적인 상황을 피하고 남한 노동시장에서의 만성적인 계급갈등을 최소화할 수 있을 것이다. 참여배제의 성장 메커니즘을 청산하고

---

43) 이익집단의 범주도 경제적 영역에서만 국한된 것이 아니며, 비경제적 영역의 다양한 범주이익도 코포라티즘의 연구대상으로 포함시킬 수 있다. 따라서 남한에서의 코포라티즘의 적실성을 논의할 때 비경제적 이익범주에서의 이익매개 유형도 관찰되어야 한다. 예컨대 약사협회-한의사협회-보건복지부 또는 한국교총-전교조-교육인적자원부 등의 삼자관계도 코포라티즘의 틀로 분석할 수 있다.

44) 남한의 중앙노조는 한국노총과 민주노총 등으로 이원화되어 있고 어떤 노총도 노동자 전체를 대표할 수 있는 배타적 능력이 없다. 그런데 독점적 대표성을 갖는 중앙집권적 노조체제는 분산적 노조체제보다 교섭능력(bargaining power)이 강하여 전투적인 파업에 의존하지 않고 자신의 목적을 달성할 수 있을 것이다.

참여지향적 개혁(의사결정에의 참여 등)을 담보할 수 있는 사회협약은 노동자들로 하여금 단기적 임금상승 요구 자제, 혁신을 통한 생산성 향상, 제품차별화에 의한 경쟁력 제고 등에 노력하도록 유도할 수 있을 것이다.

코포라티즘적 협의(corporatist concertation)체제는 시장의 개입에 대한 국가의 능력과 의지에 의해 더욱 공고화될 수 있다. 민주적 코포라티즘 체제하에서 남한국가는 자본과 노동의 정상·상급 이익조직 사이에 사회협약이 자율적으로 체결되고 또 그 협약을 쌍방이 준수하도록 강제하며 나아가 노동 측의 인금인상 자제로 발생한 자본 측의 증가된 이윤이 생산부문에 재투자되도록 유도함으로써 노동자들의 장기적인 물질적 이익과 고용을 담보해 주어야 한다. 남한국가는 또한 재투자했을 경우 발생한 자본의 기회손실을 여러 정책수단(세금감면 등)으로 보상해 주기도 해야 한다.

민주적 코포라티즘 체제가 정상적으로 작동하기 위해 국가의 시장개입과 관련하여 강조해야 할 것은, 민주화된 국가가 '시장친화적(market-friendly)' 경제사회를 만들어내는 동시에 '시민친화적(citizen-friendly)' 시장경제를 만들어낼 수 있는 능력과 의지를 가지고 있어야 한다(Linz and Stepan, 1996: 11~12; Sun, 2001: 52~56).[45] 시장친화적 경제사회의 틀을 설계해야 한다는 것은 국가가 시장의 자유경쟁이 원활하고 공정하게 작동하도록 게임 규칙을 마련하고 이 규칙이 준수되도록 감시해야 한다는 것이다. 먼저 국가는 기업지배구조(corporate governance)를 개선하기 위해 보다 투명하고 책임 있는 경영을 강제할 수 있는 제도적 장치를 마련해야 한다.[46] 아직도 족벌소유경영을 고수하고 있는 재벌체제하에서 전문성이

---

45) 이는 민주주의의 원리에 맞게 시장과 국가의 관계를 어떻게 재조직화할 것인가의 문제이다. 시장의 결함과 비민주성을 시정할 수 있는 것은(신)자유주의론자들의 주장처럼 최소한의 정부나 자유방임적 국가가 아니다. 시장이 정상적이고 민주적으로 작동하기 위해서는 능력 있고 민주화된 국가가 필요하다.

46) 남한의 IMF 경제위기는 재벌의 방만한 차입경영, 무분별한 업종다각화, 과잉중복투자, 정경유착 등 부실한 경영관행에 대한 감시, 통제를 받지 않았던 기업지배구조에 기인한다.

결여된 재벌총수들이 계열사들의 상호·순환출자를 통해 독단적인 의사결정이나 무분별한 사업확장을 행하고 있다. 따라서 이러한 소유경영자의 독단적인 경영에 대한 제어, 감시, 통제장치가 만들어져야 한다. 이를 위해 사외이사제 강화를 통한 독립적인 이사회, 소액주주권의 강화, 증권집단소송제, 노조대표의 경영참가 등 내부감시기제뿐만 아니라 자본시장, 금융시장의 작동에 의한 외부적 감시기제의 법제화가 필요하다. 둘째, 국가는 시장에서 부실한 기업과 금융기관이 신속하게 퇴출될 수 있는 틀을 만들어야 한다. 그동안 시장에서 그들의 퇴출이 국가 및 정치권에 의해 인위적으로 저지되었으며 이것이 특히 재벌기업과 금융기관으로 하여금 도덕적 해이를 낳게 하는 요인으로 작용해 왔기 때문이다. 셋째, 국가는 공정하고 자유로운 경쟁질서를 확립해야 한다. 예컨대 재벌의 계열사 간 카르텔과 부당 내부거래, 방만한 업종다각화를 통한 경제력 집중을 규제해야 한다. 넷째, 국가는 자율적인 금융시스템을 정립해야 한다. 국가-은행-기업 간의 수직적 규율체제에 기초한 관치금융은 은행과 금융산업의 저발전과 채권자와 채무자 모두의 도덕적 해이를 초래했다. 따라서 독자적인 권한과 책임을 갖는 은행이 자율적인 여신심사기능을 통해 기업경영을 감시할 수 있는 법적 틀을 갖추어야 한다. 마지막으로 국가는 노동시장에서의 구조적 불평등을 완화시키는 공정한 경쟁질서를 확립해야 한다. 자본은 생산, 투자라는 특권을 갖고 노동자들의 고용, 소득 수준을 좌우할 수 있기 때문에, 자본주의 노동시장은 구조적으로 불평등하다. 그러므로 국가는 노동시장에서의 불공정한 경쟁을 시정하기 위해 노동자들의 집단적 조직권 및 대자본 협상권을 강화할 수 있는 법적 틀을 마련해야 한다. 이상과 같이 시장친화적 경제사회의 틀을 설계했을 때 남한경제의 효율성과 경쟁력은 크게 향상되어 향후 통합비용을 확보하는 데 기여할 것이다.

한편, 민주적 코포라티즘 체제가 정상적으로 작동하기 위해서는 국가가 시민친화적 시장경제(시장의 비민주성을 제어하는, 민주적으로 통제되는 시장경제)를 만들어내는 능력과 의지를 갖고 있어야 한다. 시장경제는 시민사회와 적대적 관계를 형성하는 한 효율적으로 작동할 수 없다. 시장의 '자율조정 메커니즘'은 허구이다. 오히려 시장은 승자독식의 원리에 따라 작동하면서 승자와 패자를 만들어 마침내 자신의 바탕인 사회마저 붕괴시키는 자기파괴성(self-destructiveness)을 내장하고 있다. 시장경쟁에서 패배한 자들에게 최소한의 복지와 사회안전망을 제공하는 장치는 시장체제에 내장되어 있지 않다. 따라서 국가는 민주적 코포라티즘 체제하에서 노동자들의 임금인상 자제에 따르는 단기적인 물질적 손실에 대해 보상하는 사회통합을 위해 고삐 풀린 시장경쟁이 창출하는 사회경제적 불평등을 시정할 수 있는 조치를 취해야 한다.[47] 이는 '사회적·산업적 시민권국가(social and industrial citizenship state)'의 등장을 의미한다(Marks, 1986: 253~277; Lehmbruch, 1984: 66~67). 즉 국가는 소득재분배, 사회보장제도, 실업대책, 적극적 노동시장정책(active labour market policy), 환경보호 등을 통해서 시민들의 시장의존도를 감소시키고, 시장의 횡포와 변덕으로부터 노동자들

---

[47] 그러나 신자유주의론자들의 정치적 경기순환이론(political business cycle theory)에 따르면 민주주의는 시민들로 하여금 자신들의 지지표를 통해 정부를 구성하게 하고 정부의 자원배분에 압력을 가하는 것을 가능케 할 수 있는데, 이로 인해 국가에 의한 정치적 자원배분은 항상 시장적 자원배분에 비해 비효율적이라는 것이다(임혁백, 1998: 17~20). 민주주의하에서 권력의 장악, 유지를 위해 지지표를 많이 얻고자 하는 정치인들은 시장적 합리성에 근거하기보다는 유권자의 환심을 사기 위한 정치적 계산에 의하여 경제정책을 수립한다. 따라서 정부의 이러한 경제정책은 경제의 효율성을 저하시킨다는 것이다. 민주주의하에서 경제정책은 사회집단의 단기적 이익추구에 반응함으로써 분배정치의 게임으로 전락한다. 말하자면 민주적 정치과정은 정치적, 경제적, 조직적 자원이 풍부한 이익집단으로 하여금 민주정부에 더 많은 영향력을 행사하게 하며, 국가는 이익집단이 제공하는 표와 돈을 교환하여 이익집단으로 소득을 이전시킨다. 예컨대 정치적 지지를 극대화하기 위해 최저임금제와 같은 정책수단을 통해 노동자들에게 소득의 이전을 도모할 때 기업은 고용의 감축으로 대응한다. 그 결과 경제의 산출량이 감소된다. 그리고 시장이 아닌 국가에 의한 정치적 자원배분은 로비나 뇌물을 통한 지대추구(rent-seeking)를 야기한다는 것이다. 결론적으로 신자유주의자들에 의하면 민주주의는 정치적 자원배분을 선호하며, 따라서 비효율적인 자원배분을 가져온다. 국가는 시장의 작동에 가급적 개입하지 않고 시장의 게임 규칙을 확립해 주는 수준의 최소화에 그쳐야 한다는 것이다.

을 보호해야 한다. 시장에 대한 국가의 탈상품(decommodification) 대응은 시장경제의 비민주성에 대한 사회적 저항을 해소하여 사회통합을 촉진시킬 수 있으며, 이를 통한 사회안정은 투자를 활성화함으로써 시장의 효율성도 제고할 수 있다. 아울러 국가는 피고용자 및 노조의 주주 참여, 노동자의 경영참여 등 다양한 보상적 유인을 제공할 수 있다. 결국 사회적·산업적 시민권국가는 경제의 효율성과 사회적 형평성을 높여 민주적 코포라티즘 체제를 정상적으로 작동시키는 데 기여할 수 있다.

그런데 민주적 코포라티즘 체제의 정상적 작동은 시민친화적 경제사회를 디자인할 수 있는 강력한 국가의 능력과 의지를 필요로 하는데, 그것은 대내적 정체성과 대외적 독자성의 견지를 기반으로 정치적 역량을 결집한 노동친화적(labour-friendly) 진보정당(예컨대 사회민주적 정당)이 최소한의 권력공유(power-sharing)를 통한 정부의 주요정책 결정 및 집행과정에 참여할 수 있는 정치공간이 마련되어 있을 때 극대화된다. 이러한 점에서 남한체제가 민주적 코포라티즘 체제로 개혁되기 위해서는 민주적 절차를 존중하는 모든 진보적 정치세력에게 제한 없는 정치적 활동의 자유를 허용하는 동시에, 제도권정치에 진입할 수 있도록 정치적 민주화의 확대·심화(국보법의 개폐, 정치관련법 개정 등)가 실현되어야 한다. 남한에서 보수 독점적 정당체제의 구조가 해체되지 않는 한 지역정당체제의 변화를 기대하기는 어렵다. 따라서 정당체제의 보수 독점적 폐쇄성을 벗어나 사회적 요구를 폭넓게 반영할 수 있도록 대표체제가 개방되어야 한다. 동시에 시장실패자, 사회경제적 열악자들을 보호할 수 있는 사회민주적 정책들을 확대할 수 있도록 정치사회의 제도화가 필요하다. 이를 위해 사회경제적 균열이 정치시장에 투영되는 '온건한 계급정치(moderate class politics)'가 작동될 수 있도록 정치사회의 제도가 개혁되어야 한다. 예컨대 노동친화적 정치세력의 의회 진출을 가능케 할 수 있는 정당명부식 비례대표제, 중대선거구제 등 선거제도의 개혁이 긴요하다. 다양한 이념적 스펙트럼에 바탕한 보·혁 정치지형이 존재할 때 노동을 포함한 정치경제 행위자들은 갈등의 장을 '시장교환(market exchange)'보다는 '정치교환(political market)'으로 전이하여 계급·계층갈등 해결을 가능케 하는 민주적 코포라티즘 체제의 정상적 작동에 기여할 수 있다. 특히 사회민주적 정치세력은 구서독 사민당이 구동독체제의 변화를 유도했던 것처럼 남한 내부의 보수세력을 견제하고 남북한 간의 가교역할을 성실히 수행하면서 북한체제의 개혁과 개방을 유도할 수 있는 지렛대가 될 수도 있을 것이다. 나아가 중앙권력을 지방에 이양하는 지방분권화는 사회경제적 균열의 제도화를 가로막는 지역구도정치를 청산하고 지방 레벨의 민주적 코포라티즘 체제(지방정부와 지역결사체 간 협의에 의한 정책결정 및 집행)를 통한 참여민주주의를 촉진시킬 수 있다.[48]

아울러 노동친화적 진보정당의 권력장악 내지 분점, 그리고 구조적 힘(structural power)을 갖는 자본과 노동계급 간의 호혜적 타협체제의 제도화를 가능케 하는 핵심변수는 노동세력의 권력자원(power resources)의 강화

---

48) 민주적 코포라티즘 체제는 수직적 분석단위에 따라 구분된다(Cawson, 1985: 7~18). 1980년대까지의 코포라티즘 이론은 국가 및 전국 수준의 사용자단체와 노조들 간의 협상인 매크로 코포라티즘(macro-corporatism) 체제에 관심을 가져왔다. 이는 케인스주의 경제학에 기초한 수요 중심의 코포라티즘(demand-side corporatism) 체제를 지칭한다. 그러나 세계화 시대에 접어들어 산업별, 부문별 및 지역별의 특수이익을 갖는 조직들과 국가 간에 이뤄진 메조코포라티즘(meso-corporatism) 체제, 또는 사업장별, 기업별 수준에서 노조와 경영진의 협상인 마이크로 코포라티즘(micro-corporatism) 체제에 더 관심이 고조되고 있다(Cohen and Rogers, 1992: 432). 이러한 경향은 신자유주의적 세계화로 인한 노동시장 유연화, 적극적 노동시장정책(취업훈련, 재교육, 취업알선, 일자리 창출을 통한 고용증대), 세금감면을 통한 고용증대 등과 같은 새로운 중요 이슈에 대응하는 공급 중심 코포라티즘(supply-side corporatism) 체제라 할 수 있다(Traxler, 1995). 그러나 글로벌 시장의 압력하에서 민주적 코포라티즘 체제의 분권화경향에도 불구하고 매크로 코포라티즘의 유효성이 소멸되는 조짐은 보이지 않고 있다(Thelen, 1992: 242; Visser, 1998). 거시적 협약(macro-pact)은 거시적 경제사회정책에 관한 가이드라인을 제시함으로써 안정성과 예측성을 가져다주며, 중위적 협약(meso-pact)은 부문별, 산업별, 지역별의 주요 이슈를, 그리고 미시적 협약(micro-pact)은 생산성연합(productivity coalition)(노동의 경영참가와 자본의 생산성 간의 교환)을 통한 사업장 및 기업별의 고유한 특성을 탄력적으로 보완, 운영함으로써 경쟁력을 증대시킨다.

이다(Esping-Andersen, 1985: 26~36). 즉 노동시장과 정치시장 양 영역에서 노동계급의 세력 확산이다. 노동시장에서의 강력한 조직력(조직률, 조직적 통일성, 단체교섭력)과 정치시장에서의 정치세력화(노동운동의 여타 사회운동 및 진보정당과의 상호연대)는, 노동세력으로 하여금 국가권력은 물론이고 자본의 경제권력을 민주적으로 통제할 수 있게 해 준다. 따라서 남한체제가 통합지향적인 체제개혁, 즉 민주적 코포라티즘 체제로 전환되기 위해서는 노동세력이 조직적으로나 정치적으로 강력해져야 한다. 이를 위해 시민사회에서 노조는 '귀속자(affiliation)'에서 '동반자(association)'로의 업그레이드, 즉 단위노조는 산별노조 및 중앙노조와 법제도적인 유대를 가지며 분산적 기업별 노조체제는 지역, 부문, 산별 노조체제로 전환되어야 한다. 산별노조 및 중앙노조가 단위노조들과 일반노동자들에 대해 통제력을 행사할 수 있어야 한다. 그리고 시장승자들의 지대추구(rent-seeking) 행위를 견제하기 위한 장치로서 시민사회의 권력화가 긴요하다. 노동결사체들은 시민결사체들과 공동 이슈(사회경제적 구조개혁·인권·환경·평화·통일운동 등)를 모색하여 협력 네트워크를 구축하는 '신사회노조주의(new social unionism)'를 전개할 필요가 있다(Waterman, 1999: 260~261). 나아가 노조와 시민단체 간의 협력 네트워크를 통한 신사회운동(new social movement)은 사회경제 갈등의 제도화를 가로막은 지역중심정치를 불식하기 위해 지역분권화 운동을 전개해야 한다. 이를 통한 노조운동의 강화는 노조의 '집단적 최적전략(collectively optimal strategy)'을 유도하여 사회협약정치에 기초한 계급타협의 조건을 촉진할 수 있다. 국가 및 정치의 성격과 본질은 시민사회에서의 권력자원지형(configuration of power resources)을 반영하기 때문이다(Sun, 2002: 507~508). 조직적·정치적으로 강력한 노동세력은 노동시장에서 출혈이 큰 계급투쟁에 의존하지 않고 다양한 정치적 수단을 통해서 자신들의 이익을 관철시키는 계급타협을 시도할 수 있다. 바꿔 말하면 중앙노조 및 산별노조는 사용자집단과의 단체교섭, 즉 시장교환(market exchange)보다는 국가와의 정치적 교환(political exchange)을 시도함으로써 노동자들의 권익을 신장할 수 있을 것이다.

그런데 남한사회에서 현재 민주적 코포라티즘 체제가 작동할 수 있는 객관적 조건은 마련되어 있지 않다. 그러나 객관적 조건이란 주체적 의지와 역량 여하에 따라 좌우되는 문제이다. 이러한 점에서 남한국가는 노동시장 및 정치시장에서 노동계급을 포함한 민중부문의 권력자원(조직력, 정치력) 강화를 위한 통합지향적인 창조적 개혁 프로그램을 모색해야 한다. 이를 통해 남한체제의 민주적 코포라티즘 체제로의 접근은 보·혁구도의 경쟁적 정치게임을 통해 사회경제세력의 이해표출이 조정됨으로써 계급타협의 물적 토대에 걸맞은 분배, 복지 및 생산에서 시민권의 확장을 가져올 것이다. 이러한 통합지향적인 체제개혁은 결국 향후 통합후유증의 최소화에 기여할 것임은 물론이다.

## 3) 북한 주체형 국가사회주의체제의 개혁개방

20세기 사회주의는 지배에 대한 국민의 동의를 의미하는 '정당성'과 국민의 기본적 필요를 충족시켜준다는 의미의 '효과성'을 결여함으로써 1980년대 후반 이후 점진적으로 여러 형태의 탈국가사회주의의 길을 택하고 있다. 소련·동구 국가사회주의는 정치와 경제의 동시적 개혁개방을 추진하려다 체제붕괴를 경험했고, 중국·베트남 국가사회주의는 정경분리의 개혁개방을 추진하여 체제유지에 성공한 경우이다.[49] 루마니아와 동독

---

49) 탈국가사회주의의 길은 다음과 같다(권만학, 2002: 249~251). 첫째, 중국, 베트남처럼 권력투쟁을 통하여 개혁파가 당권을 장악한 나라들은 정치적 자유화를 유보하고 권위주의적 방식으로 경제적 자유화를 추진했다. 즉 경제발전의 달성을 위해 사회주의 경제의 체제적 근간마저도 포기하고 시장경제로 개혁함으로써 점진적 체제전환을 통한 고도성장을 실현해 가고 있다. 둘째, 소련에서는 개혁적이었던 고르바초프 공산당 서기장이 정치적 민주화를 통해 경제개혁의 추동력을 얻고자 했다. 그러나 경제개혁 자체가 지지부진, 성과를 내지 못하는 가운데 정치적 자유화가 체제의 약화를 초래하고, 급기야 보수파와 급진개혁파로 분열되어 사회주의의 붕괴는 불가피했다. 셋째, 폴란드와 헝가리에서는 국가로부터 상대적으로 자율적인 시민사회

은 체제 개혁개방을 거부한 공산당 정권에 대한 민중적인 차원의 저항으로 붕괴한 경우이다. 이런 점에서 북한의 경우 체제실패의 위기(crises of system failure)를 극복하기 위해 체제 개혁개방은 불가피하다. 그렇다면 북한 주체형 국가사회주의체제의 개혁개방에 대해 어떠한 로드맵(road map)을 상정할 수 있는가?50)

북한이 향후 집권세력에 의해 주도되는 체제개혁과 개방화의 길을 선택할 개연성이 있다면, '좌(左)의 정치'와 '우(右)의 경제'라는 대원칙을 반영한 중국 사회주의시장(socialism market),51) 또는 분권화(decentralization),

---

가 발달해 정권이 '연대 노조', '시민포럼' 등의 시민사회 대표들과 협상을 통해 체제 이행에 합의했다. 넷째, 루마니아와 동독은 체제개혁을 거부한 공산당 정권에 대한 민중적인 차원의 저항으로 붕괴한 경우이다.

50) 북한체제의 개혁개방을 바라보는 연구는 두 편향을 보이고 있다. 하나는 북한의 비본질적이며 피상적이고 단편적인 변화까지도 개혁개방으로 진단하는 '최소주의적(minimalist)' 경향과, 다른 하나는 북한체제의 본질적인 개혁개방만을 변화로 간주하는 '최대주의적(maximalist)' 경향이다(김근식, 2002: 2). 김대중 정부하에서 햇볕론자들은 최소주의적 편향을, 국내 수구냉전주의자들은 최대주의적 편향을 드러냈다. 특히 후자는 대량살상무기 포기, 인권 개선 등 정치적 민주화, 군사중시노선과 대남혁명전략 포기, 본격적인 경제적 개혁개방 등을 북한이 취해야 의미 있는 변화로 인정하는 경향을 보이고 있다. 그들은 '체제 내적 변화(change within the system)'가 아니라 '체제의 변화(change of the system)'를 개혁개방으로 인식하면서, 부분적이고 현상적인 변화는 변화로 인식하지 않는다. 그러나 그러한 총체적·전면적 변화를 요구하는 것은 우선순위 설정(priority setting)을 고려하지 않고 있어 현실적합성이 떨어진다. 그것은 결국 김정일 정권의 조기 붕괴를 강제하는 것이나 다름이 없어 북한이 수용키 불가능하기 때문이다. 햇볕론자들 또한 북한의 대량살상무기 문제해결을 위한 코디네이터 역할을 경시한 채 경제협력 활성화를 통한 개혁개방 유도에만 치중했다. 경제협력을 우선하여 긴장완화를 이끌어낸다는 햇볕정책의 기능주의는 대량살상무기 문제해결을 전제로 했을 때만 적실성을 가질 수 있다.

51) 중국사회주의의 개혁개방은 북한의 주체형 국가사회주의의 개혁개방에 시사하는 바 크다. 1978년 12월 공산당 다수파를 장악한 덩샤오핑 중심의 개혁파 세력은 문화혁명을 주도한 4인방 중심의 '혁명적 마오쩌둥주의파'를 거세하는 데 성공하고 경제발전을 위해 사상해방, 체제개혁, 그리고 문호개방을 선언함으로써 '사회주의 시장경제(socialist market economy)'로의 이행을 본격화했다. 말하자면 실용적 개혁파가 권력을 장악한 후 정치적 자유화를 유보한 채 경제자유화 정책을 실시했다(권만학

탈국유화(deetatization), 탈정치화(depolitization) 등을 실현했던 구유고의 '노동자 자주관리 사회주의(workers' self-management socialism)' 모델(Chritenson, 1981: 234~236)이[52] 북한의 국유계획경제의 저생산력과 비효율을 극복하기 위한 체제개혁의 틀로서 유효성을 갖는다.[53] 동구 국가들은 국가사회주의체제의 붕괴 이후 급진적인 시장민주주의적 개혁(특히 신자유주의적인 시장개혁)을 시도하고 있으나, 아직까지 시장개혁의 장점을 누리고 있기보다는 고삐 풀린 시장의 부작용으로 고통 받고 있다. 따라서 급진적인 시장민주주의적 개혁은 북한의 주체형 국가사회주의체제가 지향해야 할 개혁 방향이 아니다.[54] 전쟁이나 내부 민중봉기로 갑작스런 체제 붕괴

---

2002: 254~256).

52) 시장사회주의(market socialism)는 공적 소유제도와 시장의 결합이다. 과거 유고의 시장사회주의는 전면적 시장(소비재 및 생산재 시장)과 협동조합 형태의 공적 소유에 기초한 '노동자 관리 사회주의'를 채택했다. 기업의 경영권은 노동자들에게 있으며 소유권은 노동자 협동조합에 있었다. 노동자 관리 기업들은 소비재 시장에서 경쟁을 하며 국가가 아닌 기업이 무엇을 생산하며 어떻게 생산하고 어떻게 분배할 것인가를 결정한다(Buchanan, 1985: 106). 총이윤 극대화를 겨냥하는 자본주의 기업의 목표와는 달리 노동자 관리기업의 목표는 노동자 개인당 이윤(배당금)의 극대화에 있었다. 자주관리 사회주의는 자본에 의한 노동의 착취를 폐지할 수 있었고 노동자들의 선호(작업시간, 작업조건 등)에 따라 경영 의사결정이 이루어질 수 있다는 점에서 민주적이었다. 그러나 유고의 시장사회주의는 대체로 실패했다. 자주관리 기업은 기업 총이윤의 극대화와 이윤의 재투자보다는 노동자 개인당 소득의 극대화를 의도함으로써 저투자, 저고용, 저산출 등을 발생시켰기 때문이다(Brus and Laski, 1990: 99~100). 더욱이 유고의 비경쟁적 정치체제가 시장사회주의의 개혁에 장애가 되었다. 일당독재하의 독점적 정치체제는 핵심적인 생산자원의 배분영역에서 경쟁이 작동하는 것을 막았다.

53) 2000년 울브라이트 미국의 국무장관이 평양을 방문했을 때 김정일 국방위원장은 그녀에게 '스웨덴 모델'에 대해 언급하면서 북한경제의 대안을 연구해 오고 있다고 말했다.

54) 소련과 동구 국가사회주의는 개별적으로 붕괴 양식의 차이에도 불구하고 탈공산화 이후 모두 시장경제체제에로의 급진적인 전환을 시도했다. '충격요법(shock therapy)'이라는 급진주의 방식은 최단 기간에 가격 자유화와 국유기업의 사유화를 통하여 시장경제로 전환하는 것이다. 말하자면 국가사회주의체제는 "하나의 실오라기를 잡아당기면 모두가 풀리는 천"에 비유되는 '통일적 체계'로서, 시장경제의 부분적·점진

가 아닌 한 북한체제는 점진적·단계적 이행이 유일한 대안이다.

이런 점에서 남북한 통합지향적인 북한체제의 개혁방향은 우선 중국식 정경분리형 개혁개방 모델인 점진적 시장화·개방화가 되어야 한다. 실제로 이러한 개혁개방은 이미 시작되었다.[55) 북한은 2002년 7월 이후 기존의 '모기장식 개방'과는 차원을 달리하는 개혁조치를 내놓았다. '7·1 경제관리 개선조치'는 기존의 정신적 자극에서 물질적 자극으로의 경제정책의 전환을 도모하고 있다. 수요-공급관계 등 시장신호를 반영한 탄력적 국정가격의 운영, 사회주의 물자교류시장의 허용, 동일한 기업소나 협동농장에서의 임금차별화 등 시장경제적 요소가 도입되고 있다. 특히 성과급의 도입은 배급제의 범위가 축소되는 가운데 과거 배급으로 생활하던 주민들을 생산현장으로 유도하여 근로·생산의욕을 촉진하고 있다(≪동아일보≫ 2003.6.20.).[56) 그리고 2002년 9월 '신의주 특별행정구 기본법'을

---

저인 도입은 불가능한 것으로 상정한다(Kornai, 1992: 383~384). 이에 반해 "큰 강은 징검다리를 놓아 건너야 한다"고 표현되는 점진주의는, 급진적인 시장의 도입은 혼란을 초래하므로 중앙계획경제에서 시장경제로 점진적인 이행을 선호한다. 예컨대 중국과 베트남은 점진적 체제전환으로 고속성장을 계속하고 있다.

55) 1984년 합영법과 시장 판매를 허용하는 '8·3 인민 소비품 운동'을 도입한 이래 체제개혁을 추진해 온 북한은 2000년 들어 비교적 뚜렷한 개혁개방 지향을 보여오고 있다. 북한은 김대중 정부의 '햇볕정책'에 따른 남북정상회담을 계기로 개성공단과 경의선 연결 합의 등 지속적인 수익모델로 변하고 있다. 2001년 신년 공동사설은 '신사고'를 강조하면서 '올해를 21세기 경제강국 건설의 새로운 진격의 해로 빛내자' 등 경제에 강성대국의 무게 중심을 두었다. 이어 김정일 국방위원장은 상하이를 방문하여 중국식 모델 도입 가능성을 시사했다. 또한 자본주의 경제관리기법의 습득을 위해서 경제 연수단을 호주, 싱가포르 등에 파견하기도 했다. 이러한 변화들은 북한이 시장친화적 경제공간을 확대하려는 시도로 볼 수 있다.

그러나 북한의 개혁개방 추세는 2001년 1월 북한에 대한 '적대적 불신감'을 표명한 부시 행정부의 출범과 함께 주춤하기 시작했다. 특히 북한은 중국, 베트남 등에서처럼 실용적 개혁파 등장이 가시화되지 않고 있다. 오히려 '선군정치', 그리고 권력을 국방위원장에 집중시키는 헌법 수정 등 보수적 군부에 대한 의존을 높임으로써 실용적 개혁파의 등장은 더욱 어려운 국면에 처해 있다. 적대적인 외부 여건의 존재는 내부적으로 보수파인 군부로 하여금 개혁개방에 강력히 저항토록 유도하기 때문이다.

채택했다. 신의주 특구는 일반적 의미의 경제특구를 뛰어넘어 독자적인 입법·행정·사법권까지를 허용하는 행정특구의 성격을 지니고 있다. 즉 지금까지 경제특구와 외국 사이에 설치된 '모기장'을 걷어내고 전면적인 시장경제를 도입하겠다는 의지의 산물이다. 이러한 조치들은 '수령 중심의 유일지도체제'나 '선군정치' 등 정치체제는 군건히 유지되는 가운데 시장지향적 개혁(market-oriented reform)의 출발로 해석할 수 있다.[57] 이는 사상과 정치의 개혁은 기대하기 어렵지만 경제개혁은 시도할 수 있음을 시사한 것이다. 그러나 아직도 경제조정의 주요수단으로 시장보다 계획이 우월한 점을 고려할 때 현재의 변화수준은 기존의 중앙집권형 계획경제에서 분권형 계획경제로의 변신을 꾀한 정도이다. 따라서 시장경제가 보다 진전될 수 있도록 일본의 수교자금(과거 청산자금), 남북경협, 국제금융기구(IMF, 세계은행) 차관 등이 상호보완적으로 결합하여 북한의 개방개혁을 촉진해야 한다(신지호, 2002: 114). 특히 국제금융기구 차관에는 시장경제로의 이행이라는 조건(conditionality)이 붙어 있기 때문에 더욱 효과적일 것이다.

다음으로 북한 사회주의적 생산관계의 변화를 가져올 수 있는 소유형태의 다양화가 필요하다. 중국의 경험을 발전시켜 농촌의 집단농장 또는 국영농장을 해체하고, 초기에는 농장 영농권만을, 후기에는 농장 소유권을 단계적으로 개별 농가에게 불하함으로써 사적 인센티브 제고에 의한 생산의 증대가 이루어질 때 시장지향적 농업이 형성될 수 있다. 또한 국영

---

56) 경제시스템의 변화는 물가폭등과 임금인상을 초래하고 있다. '일한 만큼 분배를 받는다'는 원칙은 임금의 '평등주의' 대신 '차등주의'적 보상을 의미하며, 이는 빈부격차를 확대하고 있다.

57) 동구 국가사회주의의 경험에서 간부층 스스로가 시장개혁을 허용한 이유는 그들이 정치권력을 이용하여 사적인 부를 축적할 수 있었기 때문이다. 마찬가지로 북한체제에서도 '점진적 시장화'로 전환해 가면 정치간부층들이 스스로 자산계층으로 전화해 가는 '당료 자본주의(apparatchik capitalism)'의 경로를 배제할 수 없다(정세진, 2000: 229).

기업의 경우 경제정의의 차원에서 공적 소유제의 우월성을 살리고 북한경제의 비효율의 원천인 국유제라는 공적 소유에서 탈피하기 위해서는 주식공사화, 사기업화, 노동자 협동조합의 소유 등 소유관계를 다변화할 필요가 있다.[58] 즉 공익에 중요한 영향을 미치는 대규모 국영기업에게는 그 경영자율권을 부여하고 이를 주식회사로 전환시켜 국가가 대주주로 남게 하며, 주민의 일상생활과 관련된 소형 국영기업들은 민간에게 매각하여 사기업화하는 한편 여타 국영기업들의 소유권과 경영권은 노동자 협동조합에게 맡길 필요가 있다. 특히 공동소유와 공동경영의 협동조합형태의 기업들은 직접 생산자인 북한 노동자들에 의해서 경제가 민주적으로 통제되는 유고식 시장사회주의의 노동자 자주관리성을 부각시킬 수 있다.[59] 효율성의 측면에서 볼 때 협동조합 소유기업 간의 경쟁이 자본주의하에서의 사유기업들 간의 경쟁보다 더 떨어질 이유가 없다. 또한 노동자 소유기업에서 종업원들이 순소득을 나눠 갖기 때문에 소득분배의 평등화에

---

58) 시장사회주의의 실패가 공적 소유제도의 견지에 있으며 완전한 사적 소유제도의 확립만이 비효율을 제거하는 유일한 대안이라는 주장은 정당하지 않다. 선진 자본주의에서도 국영기업, 투자기금 소유기업, 소비자협동조합 소유기업, 종업원 소유기업 등 여러 형태의 공적 소유기업들이 순수한 사적 소유기업들과의 경쟁에서 살아남아 있는 것을 볼 때 사회주의의 비효율성의 원천이 공적 소유제도에 있다는 주장은 타당하지 않다. 경제정의의 차원에서 공적 소유제의 우월성은 확고하다. 공적 소유제도 하에서 사적 소득은 오직 노동에 대한 대가로부터 나오며, 자본소득이 존재하지 않음으로 해서 더 평등한 소득분배가 이루어지기 때문이다.

59) 시장사회주의하에서 자본주의와는 달리 대규모의 사적 소유기업이 존재하지 않으며 국영기업, 사회적 소유기업, 협동조합 기업이 지배적인 형태로 존재한다(Nove, 1983: 206). 여기서 사회적 소유기업은 소유권은 국가에 있으나 경영권은 노동자 기업에 있는 데 반해, 협동조합 기업은 노동자들이 소유권과 경영권을 모두 가지고 있다. 시장사회주의에서는 시장과 경쟁에 의한 자원배분이 작용한다. 국가에 의한 계획은 자본주의하에서 케인스식 국가의 개입과 크게 다르지 않다. 국가는 '낭비적 경쟁'을 최소화하고 독점을 방지하며 공공재를 공급하는 데 그쳐야 한다. 협동조합 기업의 경영책임은 노동자들에 의하여 선출된 노동자 평의회(workers' council)와 이에 의해 임명된 경영위원회(management board), 또 이에 의해 임명된 경영지배인에게 최종적으로 맡겨진다(Chritenson, 1981: 234~236).

있어 자본주의보다 분명 우위에 서 있다. 다만 시장사회주의의 결함(Brus and Laski, 1988: 91~100)60)을 극복하고 북한의 낙후된 생산력 증대를 꾀하기 위해 협동조합 기업 간의 경쟁을 유도하며, 기업경영인들로 하여금 총이윤 극대화를 통한 재투자에 노력하도록 강제할 수 있는 제도적 장치가 수립되어야 한다.

그리고 농촌과 도시에서의 사적부문의 성장은 상품시장의 활성화와 함께61) 국가부문 밖에서의 고용기회의 확대를 가져올 수 있는데, 이는 노동력의 자유로운 이동을 통한 노동시장의 형성을 의미한다. 나아가 중국 및 베트남의 경험에서 볼 수 있듯이 점진적인 시장화·분권화·사유화의 과정은 주식회사화한 국영기업들의 주식발행, 비국가 경제주체로 인한 재정적자의 충당과 사회간접자본 재원 조달을 위한 정부의 국채 발행 등으로 자본시장이 형성될 수 있다(이근, 1993: 6~7). 실제로 북한은 2002년 5월 여유화폐자금의 효과적인 동원을 위한 '인민생활공채'를 발행하였다(≪동아일보≫, 2003.6.20.). 이러한 노동 및 자본시장은 결국 북한경제에 있어 자원의 효율적 배분을 가능케 함으로써 생산력의 증대를 통한 사회주의적 복지의 확충 및 남북한 통합재원의 확보를 담보해 줄 것이다. 이는 또한 재정 및 금융정책 등 간접적 수단을 통해 전반적인 투자수준을 결정하는 국가의 역할에 의해 더욱 촉진될 수 있다.

그런데 오늘날 북한은 자신의 기존체제에 부담이 되어도 세계화 과정에 적극적으로 참여해야 할 조건에 놓여 있다. 북한의 경제적 후진성은 자본주의 세계체제에 대한 적극적 참여를 저해하는 폐쇄적 민족주의에 기인한다. 어떤 나라도 세계화 과정에 단절하거나 이탈하여 생존하기 어

---

60) 유고의 시장사회주의 실험은 그 노동자 자주관리성에도 불구하고 실패하였다. 노동자 자주관리기업들이 자본주의하의 기업들과는 달리 기업의 총이윤의 재투자보다는 노동자 개인당 소득을 극대화하려 한 데 원인이 있었다.

61) 실제로 최근 강력한 규제를 폈던 농민시장을 '종합시장'이라는 이름으로 양성화하여 농산물, 공산품을 사고팔고 있다. 이 종합시장에서는 수요와 공급에 따라 가격이 변한다.

렵게 되었으며, 새로운 과학기술혁명의 성과를 흡수하지 않고서는 세계사적 발전에 낙오될 수밖에 없는 구조가 창출되었기 때문이다. 예컨대 중국은 현재 WTO에 가입하는 등 경제적 세계화를 추구하고 있다.62) 세계화에 대한 중국정부는 세계화 시대의 국제경쟁에 적극적으로 대응함으로써 '중화민족의 부흥'을 추구하는 민족주의적 목적을 가지고 있다. 말하자면 세계화는 '기회'(경제발전)와 '도전'(빈부격차, 국제적 경기파동에 노출파동 등)을 동시에 제공하는 '양날의 칼'이지만, '기회'가 '도전'을 압도하는 것으로 인식한다. 이런 점에서 볼 때 북한경제도 세계화 시대에 대응하는 '사상해방'과 '실사구시'를 추구함으로써 과도한 주체화에 기초한 자력갱생원칙을 탈피하고 일정한 대외지향적 발전전략을 채택하여야 한다. 즉 수출을 확대하여 이로 발생한 외화로 자본재를 수입하고 노후 생산시설을 현대화해야 하며, 세계은행, IMF 등의 국제기관으로부터 사회간접자본 투자에 필요한 차관을 도입할 필요가 있다. 특히 중국의 경우처럼 경제특구를 설치하여 남한을 포함한 외부자본 및 기술에 의한 직·합작 투자를 유치해야 한다.63) 앞에서 논급한 '신의주 특별행정구 기본법'은 이러한 조치의 일환으로 볼 수 있다. 이러한 북한경제의 개방화는 생산력 증대와 이에 따라 아직 저급한 수준에 있는 사회주의적 복지의 확충, 남북한 통합재원 마련에 기여하게 될 것이다.

북한이 이러한 정경분리형 개혁에 성공하여 새로운 경제 시스템이 수립되면 남한과 경제적 이질성이 상당한 정도로 극복되어 남북한 공존과 함께 상호 경제 교류협력이 가속화할 것이다. 이 과정에서 남한과 미국을 포함한 국제사회는 중국, 베트남의 사례를 들어 북한정권에게 체제 개혁 개방을 하더라도 정치체제는 굳건히 보존될 수 있음을 강조함으로써, 북

---

62) 세계화에 관한 중국사회의 다양한 시각은 그 이념적 성향에 따라 대체로 마르크스주의, 보수적 민족주의, 개혁적 자유주의 등으로 구분할 수 있는데, 각각 가치판단(세계화의 기본성격·파급효과·대응전략 등)의 차별성을 드러내고 있다(박사명, 2002).
63) 1990년을 전후하여 북한은 '합영법'을 수정, 보완하여 '외국인투자법', '합작법', '외국인기업법'을 채택함으로써 외국인 투자 유치를 적극 서두르고 있다.

한이 체제붕괴에 대한 공포감 없이 자신감을 갖고 개혁개방에 착수하도록 독려할 필요가 있다. 남북경제협력을 통해 북한경제의 대남의존도가 높아지면 북한은 체제유지에 부담 없이 경제적 실리를 확보할 수 있을 것이다.

그러나 경제효율과 경제정의를 목표로 하는 북한체제의 경제적 페레스트로이카는 당국가의 권력독점을 중핵으로 하고 있는 비민주적·비경쟁적 정치체제를 개혁하지 않고서는 근본적인 한계를 가질 수밖에 없다. 다시 말하면 중국 정치체제의 경험에서 알 수 있듯이[64] 북한경제의 점진적 시장화는 사회세력 간의 다양한 이익갈등(특히 계급·계층갈등)을 낳고, 이를 매개하는 체제의 자기수정 메커니즘(self-modifying mechanism)으로서 정치조직의 다원화를 요구한다. 정치영역에 있어 향후 북한체제의 전개양상은 당국가체제의 독점적 정치권력에 근거한 '수령제'적인 통제가 전사회적으로 침투, 관철되는 등의 전체주의적 양상은 결코 아닐 것이다. 만일 북한에서의 정치적 민주화가 진전되지 않으면 생산력의 증대와는 아랑곳없이 시장화의 부작용이 첨예화되고, 정치사회의 폭발력이 잠재화될 것이기 때문이다. 따라서 장기적 관점에서 위계적이고 수직적인 '수령 중심 유일지도체계성'을 갖는 북한의 독점적 정치체제는 점진적이고 단계적으로 인민에 의해서 민주적으로 통제되는 인민 주체성을 신장하는 방향으로 개혁되어야 한다.[65] 다시 말하면 정치사회적 차원의 페레스트로이카는 사회의

---

64) 지난 20여 년간에 걸친 중국의 개혁개방은 정치체제의 변화를 추동해 오고 있다(전성흥, 2001).

65) '수령 중심의 유일 지도체계'는 수령의 뜻을 전 사회에 관철시키기 위해 당이 국가기관과 군대 및 근로단체와 인민대중을 지도하고 장악하는 일사불란한 체제이다. 그러나 최근 북한에는 당·정·군 관계의 변화가 발생하고 있다. 1972년 헌법은 수령제의 제도화를 위해 국가주석제, 중앙인민위원회를 신설했으나, 1998년 헌법개정은 이 두 기구를 폐지했다. 그리고 1998년 헌법개정을 통해 과거 정무원책임제는 내각책임제로 개편되었다. 이러한 헌법개정으로 도입된 내각책임제는 행정·경제사업에 대한 내각의 통일적, 중앙집권적 지도를 강조하고 있다. 이는 기존의 행정·경제사업에 대한 당의 지도가 약화되고 국가 경제기관들의 법적인 자율성과 책임성과 역할이 강조되고 있음을 의미한다. 당위원회 조직을 통해 국가기관에 대한 정치적 지도는 진행

다양성을 인정하고 그들의 정치적 표출의 채널을 창출하기 위해 정치체제에 절차적 민주성을 부여해야 한다.

이를 위해 당국가 주도의 대중조직들이 자생적 시민조직들로 전환되어야 하고, 그들의 다양한 요구와 이해가 청원 또는 참여를 통해 국가의 정책과정에 투영될 수 있는 장치가 마련되어야 한다.66) 특히 개별이익과 사회전체 이익 간의 갈등을 변증법적으로 통일시켜줄 수 있는 정치조직의 다원화(복수정당제에 의한 의회 민주주의적 메커니즘)가 제도화됨으로써 모든 정치세력에게 제한 없는 정치적 활동의 자유가 부여되어야 함은 물론이다. 이와 관련하여 전망할 수 있는 것은 향후 체제 개혁개방과정에서 북한 노동당 내부에서의 권력투쟁이 심화될 경우, 이러한 사태는 노동당을 두 개의 정당, 즉 반개혁개방 보수정당과 개혁개방을 추진하는 실용주의적 개혁정당(예컨대 사민주의정당) 등으로 분열시킬 가능성을 배제할 수 없다. 나아가 이러한 정치적 민주화와 더불어 통치 이데올로기인 주체사상이 민중적 차원에서 현실에 탄력적으로 적용될 수 있도록 다시 체계화될 개연성을 배제할 수 없다.67)

---

되고 있으나, 당우위의 당정관계의 변화의 조짐으로 볼 수 있다(김근식, 2002: 356). 1990년대 이후 이러한 변화는 경제위기의 심화가 주요 배경이 되고 있다. 동시에 당의 무장력으로 한정되었던 군대 역시 이제 혁명의 주력군으로 자리매김되고 있어 상대적으로 당의 정치적 기능은 과거에 비해 약화되었다. 이러한 당·정관계와 당·군 관계의 변화 양상은 수령 중심의 체제 작동 시스템이 변화하는 조짐이라 할 수 있다. 그러나 북한의 정치적 민주화는 결코 쉬운 작업이 아니다. 중국의 경우 개혁개방 정책을 시행한 지 20년이 넘는 세월이 흘렀음에도 공산당 일당지배구조에 별다른 균열이 발생할 조짐은 보이지 않고 있다. 이처럼 경제발전과 정치적 민주화 사이에는 상당한 차이가 있다. 이는 1970~1980년대의 한국, 타이완 등 동아시아국가 체제전환 과정에서도 확인되고 있다. 따라서 북한 정치체제의 변화도 전체주의에서 민주주의로 바로 이행되기보다는 권위주의라는 중간단계를 거쳐 오랜 시간을 두고 민주주의로 이행될 가능성이 높다. 다시 말하면 정치와 경제 간의 상호작용의 진행과정에서 탈계획적인 경제활동의 증대로 인한 정치적 약화(political decline) 경향을 보완하는 차원에서 '선군정치'처럼 군부를 중심으로 한 위기관리 활동이나 물리적 행사에 의존하면서 상당 기간 일종의 개발독재적 특성이 강화될 것이다.

66) 그러나 분단구조가 계속되는 한 다원적인 시민사회의 형성은 결코 쉽지 않을 것이다.

이상과 같은 맥락은 북한 주체형 국가사회주의체제(스탈린식 사회주의체제)가 경제에 대한 관료적 조정이 감소하는 대신 시장적 조정의 증가, 세계화에의 적응, 소유권의 조정, 그리고 권위구조(수령 중심의 유일체제)와 통치이념체계의 수정 등으로 개혁개방되어야 하는 로드맵을 상정해 본 것이다(Kornai, 1992: 385~395). 그러나 북한체제가 이러한 방향으로 개혁개방이 지속된다면 그것은 남한식 시장민주주의체제가 드러내고 있는 것 같은 결함과 한계를 드러낼 가능성이 매우 높다. 따라서 북한체제가 개혁개방 과정에서 종국적으로 필요한 것은 '시장의 사회화(socialization of the market)'이다. 시장을 사회화한다는 것은 기업이 아닌 사회협의체와 같은 공적 시장형성자가 정보를 공유하고 호혜주의, 신뢰의 틀 내에서 시장이 작동하도록 한다는 것이다(Elson, 1988: 27). 사회협의체는 국가권력에 대한 근로단체의 민주적 참여·통제의 확대 심화, 즉 사회·경제정책 결정 및 집행과정에 근로단체의 직접적인 참여가 제도화되는 것을 의미한다. 이를 우리는 '사회주의식 민주적 코포라티즘(socialist democratic corporatism)' 체제로 지칭하고자한다.68) 사회주의식 민주적 코포라티즘 체제(또는 사회화한 시장 모델)의 의의는 '시장의 실패'를 최소화하고 시장의 사회적 책임을 제고하는 데 있다. 다시 말하면 시장의 조정 실패(실업, 인플레 등)를 최소화할 수 있는 조정기제를 마련함과 동시에 기본 소득을 보장함으로써 사회주의적 정의를 달성하려는 것이다. 사회협의체에 의한 시장의 감시를 통해 자원배분에서 시장의 장점을 견지하면서 분배적 정의 측면에서 시장의 결함을 제거하는 '시장의 사회화'는 바람직하다. 이런 점에서 북한체제의 사회주의식 민주적 코포라티즘화는 종국적으로 경제와 국가

---

67) 주체사상은 북한식 민족주의의 발로이다. 그러나 북한은 폐쇄적이고 권위주의적인 민족주의에서 개방적이고 민주적인 민족주의로 전환할 필요가 있다.

68) 사회주의식 민주적 코포라티즘 체제는 유개념으로서의 사회민주적 정치경제 모델의 종개념으로 볼 수 있겠다. 고르바초프의 '인간의 얼굴을 가진 사회주의'는 곧 스탈린주의적 국가사회주의의 사회민주주의화라 할 수 있다(고르바초프, 1990: 126~155).

권력에 대한 북한 인민대중의 실질적 통제를 통해 절차적 민주주의와 실질적 민주주의를 실현하는 데 그 목표를 두고 있다.

북한체제가 남북한 통합과정에서 위와 같은 개혁개방 로드맵으로 진행되어 나간다면 그것은 향후 남북한 통합후유증을 최소화할 수 있는 바람직한 대안이 될 수 있다. 그렇다면 현 시점에서 이러한 북한체제의 개혁개방이 가능할 수 있는 실현조건은 무엇인가? 현재 북한은 본격적인 체제 개혁개방을 유보한 채 핵·미사일 등 군사적 카드를 활용한 대외관계 개선과 그에 따른 경제지원 획득을 목표로 생존전략을 운영해 오고 있다. 핵·미사일 문제 등으로 인한 한미연합군과의 전쟁 가능성, 미국의 테러 지원국 지정, 경제제재조치의 해제 유보 등이 김정일 정권으로 하여금 본격적인 체제 개혁개방에 나서기 어렵게 하고 있다. 특히 핵·미사일 등 대량살상무기 문제해결을 통한 군사적 긴장완화가 이루어지지 않는 상태에서 북한의 개혁개방이 성공할 가능성은 희박하다. 대량살상무기 문제의 미해결은 북·미관계의 정상화를 통한 북·일수교나 북한의 국제금융기구 가입 등을 어렵게 할 것이기 때문이다. 따라서 현 단계에서 북한체제의 본격적인 개혁개방을 유도해 내기 위해서는 대량살상무기 문제 해결이 가장 중요하다.

그런데 북한이 대량살상무기의 개발과 보유에 집착하는 이유는 무엇보다도 그것이 체제생존을 위한 확실한 담보이기 때문이다. 한미연합군에 비해 압도적 열세에 있는 북한으로서는 '비대칭적 전략'으로서 대량살상무기 확보가 필수적이다. 미국은 북한의 대량살상무기의 개발 및 보유를 허용할 수 없으나, 북한의 입장에서 보면 아무런 대가 없이 체제생존을 위한 가장 매력적인 수단을 포기할 수 없다. 실제로 북한은 1990년대 초부터 핵·미사일 카드를 이용한 '벼랑끝 전술(brinkmanship tactics)'을 통해 미국으로부터의 안전보장과 한·미·일 3국 및 국제금융기관으로부터의 경제지원을 제공받으려 했다. 이런 점에서 체제존속의 확고한 전망이 열리고 경제지원이 담보된다면 북한은 대량살상무기를 포기하고 체제의 본격적인 개혁개방으로 나올 가능성이 높다. 말하자면 체제 안전보장과 경제지원이 대량살상무기와 빅딜(big-deal)이 이루어지면[69] 북한은 대일 수교자금(과거 청산자금), 남한의 대북경협, 국제금융기구의 차관 등을 활용하여 본격적인 시장경제를 도입할 것이다. 이러 맥락에서 미국과 남한은 보다 탄력적이고 유연한 대북정책으로 대량살상무기 문제를 해결하여 북한 내부의 군부를 중심으로 한 보수강경파의 입지를 줄이고 실용주의적 개혁파의 목소리를 높일 수 있는 명분을 축적할 필요가 있다.

## 6. 남북한 통합과정의 제도화

남북한 체제의 수렴적 개혁이 진전되어 가면 이는 두 체제 간의 구조적 상용성(structural compatibility)이 제고되어 체제갈등을 감소시킬 수 있으며 향후 남북한 통합과정에서 발생할 통합비용과 통합이득을 남북한 간, 그리고 남북한 각 내부의 다양한 집단 간에 공정하게 배분하여 그들 간의 갈등해결과 함께 민족구성원 대다수의 이익에 부합되는 통합을 추진하는데 기여할 수 있을 것이다. 그런데 남북한 두 체제 간의 구조적 상용성 정도에 상응하여 단계적이고 축적적인 남북한 통합과정의 정치적·경제적 제도화가 진행될 가능성이 높다. 물론 남북한 권력 엘리트들은 이를 적극적으로 모색해야 한다.

그런데 남북한 통합과정의 제도화는 갈등구조가 고착화된 사회균열(social cleavages)을 극복하는 장치를 창출해내는 데 유용한 협의주의(consociationalism)에 기초하고 있다(Daalder, 1974: 604~621). 협의주의는 사회적으로 파편화되고 이데올로기적 분열에 직면하고 있는 하위부분 집단들 간에 상호 주요 사활적인 이익을 최대한 보장하기 위해 여러 집단 엘리트

---

69) 1994년에 이루어진 '제네바 합의'의 핵심은 당분간 현재 및 미래의 핵 개발을 동결한 후 경수로 완공과 더불어 과거 핵 활동을 규명하고 기존 시설을 폐기한다는 것이다.

간의 권력분점(power-sharing)을 제도화함으로써 종국적으로 하나의 정치 공동체로 통합시키는 데 그 목적을 두고 있다. 협의주의의 주요 메커니즘은 극한적인 대립과 불신관계가 구조화된 남북한 간의 단계적인 통합과정의 제도화를 위한 쌍방 정치 엘리트 간의 이익조정의 정치(politics of interest accommodation)를 가능케 할 수 있다.

### 1) 남북연합(Inter-Korean Commonwealth)

남북한 체제의 제한적 개혁이 진행되는 과정에서(또는 그 이전) 상정할 수 있는 통합과정의 제1단계 제도화는 뿌리 깊은 남북한 간의 갈등관계를 고려하여 상호협정에 의거 국가연합(confederation)의 일종인 '1연합기구·2독립정부·2체제'에 기초한 남북연합 형태이다.[70] 이 단계에서 남과 북은 각각 국가성(stateness)을 갖는 독립국가로서 외교권·국방권·내정권을 그대로 보유한다. 따라서 남북 쌍방의 동수의 대표로 구성되는 '남북연합기구'는 중앙정부가 될 수 없고, 다만 남북관계의 제반사항을 조율, 협의하는 단순한 회의체의 성격을 가질 뿐이다.

이러한 '남북연합기구'는 통합과정의 필수국면으로 포함되어야 하고, 동시에 수렴적 체제개혁의 가속화를 유도할 수도 있는 포지티브섬

---

70) 1989년부터 남한 정부의 공식적인 통일방안으로 제시되어 온 (한)민족공동체 통일 방안은 자주, 평화, 민주의 3원칙을 근간으로 하며, 통일과정으로 화해-협력(상호 신뢰 구축) 단계, 남북연합 단계, 통일국가 단계(1민족 1국가)의 3단계를 설정하고 있다. 이들 중 남북연합 단계의 본질은 남한과 북한이 공동이익을 위하여 조약에 의해서 경제·교통·통신·환경·보건·과학기술 및 문화 등에서 기능적인 협력을 지향하는 데 있다. 이때 남북한은 각각 완전한 주권 독립국가이다. 과거 '한민족공동체 통일방안'이 제시하고 있는 '남북정상회담', '남북각료회의', '남북평의회'(남북국회의원으로 구성) 등은 '남북연합기구'에 접근하고 있다. 2000년 6월 남북 정상들이 합의한 '6·15 공동선언'의 2항은 남측의 남북연합제와 북측의 '낮은 단계의 연방제'는 서로 공통점이 있다고 인정했다. 그것은 남북 연합과 낮은 단계의 연방제가 각각 평화적 통일을 전제하고 통일을 향한 '과도기적' 성격을 갖고 있으며 구소련의 독립국가연합(CIS)과 같은 '국가연합(confederation)'의 형태를 갖는다.

(positive-sum)적인 공존공영의 관계를 정착시키는 데 그 목표를 두어야 한다. 남북연합기구가 이러한 목표를 달성하기 위해서는 남북한은 일방만의 안보가 아니라 상호 공동안보 내지 민족안보를 고려하여 '반전·반핵·군축평화체제'를 구축해야 하고, 상호교류 및 협력체제를 강화해야 한다. 이때 남북연합기구는 일방의 타방에 대한 독점적 지배(일방적 의사 강요 등)를 회피하고 남북 쌍방의 권리와 안전에 관련된 사활적인 이익을 보호하기 위해 협의주의의 상호 비토(mutual veto) 혹은 일괄타결(package deal)의 원칙에 따라 움직여야 한다.

그런데 '남북 기본합의서'와 '6·15 공동선언', 최근 남북한의 폭넓은 교류와 협력에도 불구하고 현 시점에서는 남북관계의 진전에, 그리고 향후 창설되어야 할 남북연합기구의 정상적 작동에 결정적 걸림돌이 되고 있는 사활적인 이슈가 남북 쌍방에 존재한다. 사회주의권의 몰락, 미국의 대남한 핵우산정책, 주한미군 등은 북한정권으로 하여금 절실한 위기감과 포위심성(siege mentality)을 느끼게 하는 객관적 정세라 할 수 있으며, 따라서 핵개발은 북한 집권 엘리트들에게는 정권을 존속시켜야 한다는 절망적 공포감에서 선택할 수 있는 '마지막 카드'로서 매력적인 대항조치일지도 모른다. 역으로 남한의 경우도 북한의 핵개발, 주한미군의 철수, 미국의 핵우산정책의 철회 등은 북한에 대해 사활적인 위협을 느낄 수 있는 안보상의 문제이다. 그렇다면 남북관계의 본질적인 진전, 그리고 남북연합기구의 정상적 작동은 이러한 사활적 이익에 연관된 주요 이슈들이 일괄타결의 방식으로 해소될 수 있을 때 비로소 가능하다. 나아가 이는 남북 군축 문제에도 적용될 수 있다. 북한은 경제력 증대에 자원을 집중 투입하려면 군축 외에 다른 방도가 없으며, 남한도 사회복지의 확충을 위해서는 군축이 필수적이다. 따라서 한반도의 군사적 대결상태를 종식시킬 수 있는 포괄적인 군축에 관해 남북연합기구는 일괄타결 방식에 의한 진지한 접근이 있어야 한다.

이와 같이 일괄타결 방식에 의해 한반도에 '반전·반핵·군축평화체제'

가 구축되어 가면 이 과정은 북한의 실용주의적 개혁파의 입지를 강화시켜 남북한 간의 상호교류·협력을 비롯한 부분적 사회경제통합을 가능케 할 것이다.[71] 무엇보다도 사회경제통합의 초보적 단계는 남북한 간의 무관세 역내무역의 증대, 남한자본의 북한지역으로의 직·합작투자, 그리고 다양한 인적교류의 확대 등을 예상할 수 있다. 나아가 역내 국경의 유지, 즉 남북연합기구가 인적·물적 이동을 규율하는 통제소의 역할을 수행하는 가운데 남북한 간에 노동력이 제한적으로 이동하는 노동시장의 부분통합, 중국기업의 주식이 홍콩에 상장되는 것과 같은 자본시장의 부분통합, TV, 라디오 상호시청을 제한적으로 허용하는 정보시장, 제한적인 화폐유통 등의 형태로 사회경제통합이 진전될 수 있겠다(이근, 1993: 12~14). 남북연합 단계에서 이러한 점진적인 사회경제 통합과정은 남북한 경제의 유기적 상호보완성을 제고하는 동시에 남북 주민 간의 상호이해 및 인식의 거리를 단축시켜 남북연합기구의 정상적 작동을 가능케 할 것이며, 특히 통합지향적인 남북한 체제의 수렴적 개혁을 촉진하는 데 결정적으로 공헌할 것이다.

## 2) 연방제국가

남북연합 단계에서 남북한의 수렴적 체제개혁이 진행되어 쌍방 체제간 구조적 상용성의 증대와 더불어 남북한 간의 공존공영의 관계가 정착되었을 때 상정할 수 있는 통합과정의 제2단계 제도화는 상호협정에 따라 '대연합정부·다수 지방정부[72]·유사체제에 기초한 연방제' 형태이다.[73]

---

71) 단순한 경제적·사회적 교류협력의 확대는 북한 측의 경제적 열등감을 촉발시켜 북한정권에게 남한에 의한 흡수통합 공포증을 갖게 할 가능성을 배제할 수 없고, 이는 결국 남북연합기구의 작동을 불안정하게 할 것이다.

72) 통일국가 정부체제인 연방제로서 남북한 그 자체를 기본 단위로 연방을 구성하는 '거시연방'은 불안정하며, 스위스와 같은 형태의 연방제가 바람직하다. 거시연방제에서는 남과 북의 두 자치정부가 충돌할 경우 이를 조정·중화할 수 있는 완충지대가

이 단계에서 연방정부로서의 대연합정부(Grand Coalition Government)는 대내적으로 주권(단일 외교권, 국방권)을 독점하는 중앙정부(central government)의 성격을 가지며, 따라서 서울·평양정부는 주권을 포기하여 이를 남북 지역의 다수 지방정부에게 이양한다. 연방정부와 지방정부 간의 권력배분은 남북 상호협정 또는 새로운 연방헌법에 따라 규정될 수 있다. 다만 대연합정부는 자치(self-rule)와 공치(shared-rule)의 결합에 기초한 정치통합을 이룩하는 데 그 목적을 두고 있어 지방정부를 완전히 지배하지 않는다(Elazar, 1984: 4). 다시 말하면 대연합정부는 비례적 영향력을 행사하는 공치의 영역을 제외하고는 각 지방정부에 부분적 자율성(segmental autonomy)을 최대한 보장한다. 이처럼 각 지방정부는 자신의 배타적인 영역에 있어 일정한 자결권을 갖기 때문에 남북 쌍방은 흡수통합의 공포로부터 해방될 수 있다.

그런데 대연합정부가 존속되기 위해서는 그 정부관리자들(government managers)의 충원에 있어 협의주의의 비례성(proportionality)의 원칙이 존중되어야 한다. 만일 대연합정부의 구성에 제로섬적인 승자독식(winner-take-all)의 논리인 다수결주의가 적용될 때, 그것은 북한 정치세력의 완전한 침몰을 가져와 북한에 대한 남한의 흡수통합으로 귀결될 것이다. 이 사태는 곧 통독에서 보듯이 엄청난 통합후유증을 유발하거나, 더 나아가 대연합정부의 정상적 작동 자체를 불가능하게 할지 모른다. 따라서 통합과정을 주도하는 남북한 정치세력에게 각각 전면적 권력상실을 방지하고 일정한 권력지분을 보장함으로써 그들이 대연합정부에서 등가대표(parity representative)가 될 수 있는 제도적 장치가 모색되어야 한다. 이를 위한 협의주의의 비례성 원칙은 대연합정부의 구성에서 남북한 어느 정치세력도 과소대표(under-representation)나 과잉대표(over-representation)가 되는 것을

---

없기 때문에 내전으로 인한 통일 붕괴로 이어질 가능성이 크다.
73) 남북한 수렴적 체제개혁 및 공존공영 관계의 정착 등 과정과 절차를 무시한 북한의 '1국가·2체제 연방제' 통일안은 지극히 비현실적이다.

허용하지 않으며, 소수파에게도 일정한 정치적 몫을 담보해 준다. 특히 남북한 모두에서 정치적 민주화가 확대, 심화되어 수렴적 체제개혁을 주도하는 정치세력, 즉 남한의 사민주의세력과 북한의 실용주의적 개혁세력 등이 연합세력을 형성함으로써 그들이 권력분점(power-sharing)할 수 있는 길이 제도화되었을 때, 대연합정부는 지역, 계층 및 계급 간에 정치적·경제적 자원을 합리적으로 배분하여 통합후유증을 최소화하는 방향에서 작동할 수 있을 것이다.

이런 조건 속에서 남북한 체제가 수렴화되는 것은 별다른 어려움이 없을 것이다. 수렴화된 남북한 체제는 구조적 상용성을 보이게 될 것이다. 그리고 대연합정부하에서는 상품, 노동, 자본 및 정보시장이 거의 완전통합에 도달할 것이며 이는 결국 국경이 완전히 철폐되어 인적·물적 이동이 거의 자유화됨을 의미한다.


## 7. 결론

통합은 우리 민족에게 있어 절실한 민족의 비원이다. 그러나 그것은 통합체제가 어떤 것이든 모든 것을 희생해서 추구되어야 할 '만병통치 특효약'이 될 수는 없다. 이런 점에서 본 논문은 지금까지 체제통합 문제를 사고함에 있어 어떤 '과정'을 거쳐 어떤 '형태'로 통합을 추진하여야 바람직한 최상의 전략선택이 되겠는가 하는 문제의식을 갖고 남북한의 통합지향적 체제와 정치적·경제적 통합과정의 제도화를 상정해 보고자 했다. 통합은 본질적으로 '특정 유사형태의 정치경제 체제 속에서의 민족공동체 창설'이기 때문이다.

이러한 인식과 목적을 바탕으로 이 책의 마지막 장에서는 분단구조하에서 구조적 모순을 표출해 온 남북한 두 정치경제 체제의 변증법적 지양과 함께 단계적인 통합을 시도하는 수렴적 통합전략을 채택하였다. 그리고 이에 따라 통합지향적 체제로서는 남북한 체제개혁을 통해 민주적 코 포라티즘 체제로 수렴화되어야 하고 남북한 체제개혁의 정도에 상응하여 '남북연합' 단계를 거쳐 '연방제 국가'의 수립으로 나아가는 정치적·경제 적 통합의 제도화를 주장하였다. 특히 이 과정에서 남북연합구조와 대연 합정부의 정상적 작동을 위해서 다수결주의의 안티테제로서 협의주의의 주요 메커니즘이 도입되어야 하는데, 이를 통해 정치적 통합단계에 따라 반전·반핵·군축평화체제의 정착과 상호교류·협력을 기초로 공존공영관 계의 구축과 함께 상품시장·노동시장·자본시장 등의 단계적인 경제적 통 합의 제도화가 시도되어야 함을 주장했다.

이같이 상정된 체제통합 모델은 통합이익과 효과를 최대화할 수 있고 통독후유증과 같은 엄청난 통합비용과 손실을 피할 수 있어 지역·계층· 계급 간의 균열을 막아주며, 그들 간의 진정한 동류의식(we-feeling)을 함양 시킬 수 있을 것이다. 그것은 또한 남북한 민중 전체, 민족구성원 대다수 의 '삶의 질'을 제고시켜주는 정치적 시민권, 사회적 시민권, 경제적 시민 권을 보장함으로써 민중적·민족적 정당성을 갖게 될 것이다. 특히 이 체 제통합 모델은 북한지역의 주민 및 온건 개혁세력들의 이익을 일정하게 반영시켜줌으로써 남북한 통합과정이 생사가 걸린 투쟁의 장으로 전락하 는 사태를 방지하여 진정한 민족공동체의 실현을 가능케 할 것이다. 따라 서 남북한 당국은 수렴적 통합전략에 입각한 체제통합에 보다 진지한 천 착이 있어야 할 것이다. 우리의 통합은 '과거의 회귀'가 아니라 미래지향 적인 '창조적 프로그램'이기 때문이다.


■ 참고문헌

강원돈. 1987. 「분단의 극복과 통일을 위한 기도교적 실천에 대한 연구」. 『변혁과 통일의 논리』. 서울: 사계절.

강정구. 1991.「한국전쟁과 북한사회주의」.『한국전쟁과 남북한 사회의 구조적 변화』. 서울: 경남대 극동문제연구소.

고르바초프. 1990.「사회주의사상과 혁명적 페레스트로이카」. ≪사회와 사상≫, 1월호.

권만학. 2002.「탈국가사회주의의 여러 길과 북한: 붕괴와 개혁」. ≪한국정치학회보≫, 제35집, 4호.

김근식. 2002.「김정일 시대 북한의 당·정·군 관계 변화: 수령제 변화의 함의를 중심으로」. ≪한국정치학회보≫, 제36집, 2호.

김세균. 1992.「민주변혁 운동과 통일운동」.『남북한관계의 변화와 통일문제』. 민교협.

김창하. 1985.『불멸의 주체사상』. 평양: 사회과학 출판사.

박광주. 1990.「남북대화의 새로운 모색」. 민병천 편.『전환기의 통일문제』. 서울: 대왕사.

박사명. 2002.「세계화와 중국화: 세계화에 대한 중국의 시각」. ≪한국정치학회보≫, 제36집, 4호.

백낙청. 1994.「분단체제의 변혁의 공부길」. ≪창작과 비평≫ 서울: 창작과 비평사.

사회과학출판사 편. 1989.『주체사상의 사회역사원리』. 서울: 백산서당.

손호철. 1995.『해방 50년의 한국정치』. 서울: 새길.

신광영. 1992.「형식적 민주주의와 실질적 민주주의」. ≪창작과 비평≫, 20(봄).

신용하. 1988.「해방 전후 한국인의 역사인식」.『현대사를 어떻게 볼 것인가?』. 서울: 동아일보.

신지호. 2002.「북한체제변화의 3단계론: 대북정책에의 시사」. ≪한국정치학회보≫, 제36집, 4호.

양은식 외. 1988.『분단을 뛰어넘어』. 서울: 중원문화.

이근. 1993.「통일한국의 경제질서」. 한국정치학회 발표논문, 7월 21일.

이종석. 1995.『현대북한의 이해: 사상·체제·지도자』. 서울: 역사비평사.

임혁백. 1992.「남북한 통일정책의 비교분석」. 이용필 외.『남북한 통합론』. 서울: 인간사랑.

_____. 1998.「시장경제와 민주주의: 긴장에서 공존으로」. 사회과학원. ≪계간사상≫, 여름호.

전선홍. 2001.「중국 정치체제 변화의 회고와 전망: 주요 영역과 추동 요인」. ≪한국정치학회보≫, 제35집, 4호.

전성일. 1993.「소유에서의 '다양화'와 그 반동성」. ≪경제연구≫ 제1호. 평양: 사회과학 출판사.

전형탁. 1992.「온 사회를 하나의 사회정치적 생명체로 결속시키는 데서 도덕이 노는 역할」. ≪철학연구≫ 제4호, 평양: 사회과학 출판사.

정세진. 2000. 『'계획'에서 시장으로: 북한체제변동의 정치·경제』. 서울: 한울.

최장집. 1989. 『한국현대정치의 구조와 변화』. 서울: 까치.

_____. 2002(2005 개정판). 『민주화 이후의 민주주의』. 서울: 후마니타스.

최희열. 1992. 「주체의 사회주의정치제도는 참된 인민정권에 의하여 관리·운영되는 정치제도」. 『주체의 사회주의정치제도』. 평양: 평양출판사.

통일부. 2001. 『2001년 통일백서』. 서울: 통일부.

홍성국. 1990. 「한국의 분단과 경제발전」. ≪북한≫, 8월.

Brus, Wlodzimierz and Kazimierz Laski. 1990. *From Marx to the Market: Socialism in Search of an Economic System*. Oxford: Clarendon Press.

Buchanan, Allen. 1985. *Ethics, Efficiency and the Market*. Totowa, N. J.: Rowman and Allenheld.

Buraway, Michael. 1985. *The Politics of Production: Factory Regimes under Capitalism and Socialism*. London: Verso.

Cawson, A. 1985. "Varieties of Corporatism: The Importance of the Meso-level of Interest Intermediation." in A. Cawson(ed.). *Organized Interest and the State Studies in Meso-corporatism*. London: SAGE Publications.

Chritenson, Reo M. 1981. *Ideologies and Modern Politics*. New York: Harper & Row. Publishers, Inc.

Cohen, Joshua and Joel Rogers. 1992. "Secondary Associations in Democratic Governance." *Politics and Society*, Vol.20, No.4.

Collier, R. & D. Collier. 1979. "Inducements versus Constraints: Disaggregating Corporatism." *APSR*. Vol.73, No.4(Dec.).

Cumings, Bruce G. 1974. "Kim's Korean Communism." *Problems of Communism*, Vol.23(March~April).

_____. 1981. *The Origin of the Korean War*. Princeton: Princeton University Press.

Daalder, Hans. 1974. "The Consociational Democracy Theme." *World Politics*, Vol.16.

Edelstein, J. C. 1981. "The Evolution of Cuban Development Strategy." in H. Munoz(ed.). *From Dependency to Development*. Boulder: Westview Press.

Elazar, Daniel J. 1984. *Federalism and Political Integration*. New York: University Press of America.

Elson, Diane. 1988. "Market Socialism or Socialization of the Market." *New Left Review*, No.172(November~December).

Esping-Andersen, Gosta. 1985. *Politics against Market: The Social Democratic Road to Power*. Princeton: Princeton University Press.

_____. 1990. *The Three Worlds of Welfare Capitalism*. New Jersey: Princeton Press.

Gregory, M. Luebbert. 1987. "Social Foundations of Political Order in Interwar Europe." *World Politics*, Vol.39, No.4(July).

Han, Bae-Ho. 1983. "Toward a Comparative Analysis of the South and Korean Political System." *Social Science Journal*. Korean National for UNESCO.

Hirst, Paul. 1994. *Associative Democracy: New Forms of Economic and Social Governance*. Amherst: University of Massachusets Press.

Ilchman, Warren F. and Norman T. Uphoff. 1969. *The Political Economy of Change*. Berkeley: University of California Press.

Kihl, Young-Whan. 1984. *Politics and Policies in Divided Korea*. Boulder: Westview Press.

Kornai, Janos. 1992. *The Socialist System: The Political Economy of Communism*. Princeton: Princeton University Press.

Lehmbruch, Gerhard. 1984. "Concertation and the Structure of Corporatist Networks." in John H. Goldthorpe(ed.). *Order and Conflict in Contemporary Capitalism: Studies in the Political Economy of Western European Nations*. Oxford: Clarendon Press.

Linz, Juan and Alfred Stepan. 1996. *Problem of Democratic Transition and Consolidation: Southern Europe, South America and Post Communist Europe*. Baltimore: Johns Hopkins University Press.

Marks, Gary. 1986. "Neocorporatism and Incomes Policy in Western Europe." *Comparative Politics*, Vol.18, No.2(April).

Moore, Thoms G. 2000. "China and Globalization." in Samuel S Kim(ed.). *East Asia and Globalization*. Lanham, Maryland: Rowman and Littlefield Publishers.

Nee, Victor and Peng Lian. 1994. "Sleeping with the Enemy: A Dynamic Model of Declining Political Commitment in State Socialism." *Theory and Society*, Vol.23, No.2(April).

Przeworski, Adam. 1991. "Can We feed Everyone? The Irrationality of Capitalism and Infeasibility of Socialism." *Politics and Society*, Vol.19, No.1.

_____ and Michael Wallerstein. 1988. "Structural Dependence of the State on Capital." *APSR*, Vol.82, No.1.

Sun, Hak-Tae. 2001. *Democratic Consolidation and Labour Politics: Theoretical Framework*. Kwangju: Chonnam National University Press.

_____. 2002. *The Political Economy of Democratic Consolidation: Civil Society, Political Society, the State and Economy Society.* Kwangju: Chonnam National University Press.

Thelen, Kathleen. 1992. "The Politics of Flexibility in the German Metalworking Industries." in Miriam Golden and J. Pontusson(eds.). *Bargaining for Change: Union Politics in North America and Europe.* Ithaca: Cornell University Press.

Traxler, Franz. 1995. "From Demand-side to Supply-side Corporatism? Austria's Labour Relations and Public Policy." in Colin Crouch and Franz Traxler(eds.) *Organised Industrial Relations in Europe: What Future?.* England: Avebury.

Visser, Jelle. 1998. "Two Cheers for Corporatism, One for the Market: Industrial Relations, Wage Moderation and Job Growth in the Netherlands." *British Journal of Industrial Relations*, Vol.36, No.2.

Walder, Andrew G.(ed.). 1995. *The Waning of the Communist State: Economic Origins of Political Decline in China and Hungary.* Berkeley: University of California Press.

Wallerstein, Immanuel. 1981. "Dependance in a Interdependent World." in M. Munoz(eds.). *From Dependency to Development.* Boulder: Westview Press.

Waterman, Peter. 1999."The New Social Unionism: A New Union Model for a New World Order." in Ronaldo Munck and Peter Waterman(eds.). *Labour Worldwide in the Era of Globalisation: Alternative Union Models in the New World Order.* London: Macmillan.

Whyte, Martin K. 1992. "Urban China: A Civil Society in the Making." in Arthur Lewis Rosenbaum(ed.). *State and Society in China: The Consequences of Reform.* Boulder: Westview.

Yang, Sung-Chul. 1981. *Korea and Two Regimes.* Cambridge, Mass: Schekman Press.

# 찾아보기

## ㄱ

가슈미  142, 157
가치체계의 대체과정  207
가치통합  126~129, 130
강8점(江八點)  258, 262
개별적 최적전략  339
개혁당  166
거울영상 효과  333
건국준비위원회  313
걸프전  165, 167
결별사회주의  346
경제교류  162
경제발전 전략  217
경제적 통합  152, 202
경제정책 기조  216
계급계층 균열  337
계급용인  284
계획경제 구조  203
고르바초프  64, 85~89, 92
공동위원회  156~157
공부국난선언(共赴國難宣言)  235
교육개혁의 필요성  207
교육내용  208
교육제도 개편  207
교정나세르당  166
구조적 상용성(structural compatibility)
   377
구조적 힘  351
구조조정정치  326

국공합작  235, 256, 314
국가 코포라티즘(state corporatism)  323
국가사회주의체제  349
국가연합(confederation)  44, 88, 378
국가조약  84, 90, 94
국가주도성  343
국가통일강령  261, 269
국가통일위원회  273, 279
국력의 비례  150
국무원 대만사무판공실  280
국민회의당  166, 170
권력의 인플레이션  336
귀속재산  317
글라스노스트(Glasnost)  349
기능주의  154
기본법  55, 92, 117
기시  91
기업별 노조주의  358
기회손실  347
기회의 창(window of opportunity)  325
긴장완화  56, 59
까따바 회의  157

## ㄴ

남북공동각료회의  161
남북연합기구  378
남북정치지도자회담  315
남북한 통일에의 시사점  221
남예멘  137, 139, 141

남예멘해방전선(FLOSY) 145
내독교류 61
내독교역 72~74, 76~78, 80, 82
내독도시 간 자매결연 126
내적 통합 96~99, 100, 102~104, 107,
    109, 115~117, 119, 121, 125
내포적 산업화 347
냉전 반공 이데올로기 336, 339
네트워크 관리 356
노동자 자주관리 사회주의 367
노사 공동결정권 355
노사정위원회 339
누적적 인과성 355
눈물의 계곡(valley of tears) 345

### ㄷ

다원적 안전공동체 162
다원주의 153, 162, 164
단일안전 공동체 153
당국가 계획위원회 329
당국가체제 327
당료 자본주의(apparatchik capitalism)
    369
대등성 154
대륙위원회 262
대만 민족주의(Taiwanese nationalism)
    250
대만관계법(Taiwan Relation Act) 240
대만동포에게 고하는 글
    (告臺灣同胞書) 272
대만문제(一个中國的原則與臺灣問
    題) 292
대만해협(臺灣海峽) 237

대미전쟁 190
대불전쟁 186
대안사업체계 330
대연정 55
대연합정부(Grand Coalition
    Government) 381
대중매체의 독점 210
대통령위원회 151, 160
대통령평의회 152
덩샤오핑 255~257
도이모이 정책 213
도이치 162
독일분단 43~44, 48, 51, 53, 84
독일의 분할점령 43
독일조약 49~50, 54
독일통일 48~49, 51, 63, 65, 84~86,
    91, 97, 99, 121~122, 129
독점적 대표성 358
동독지역 경제부흥 119, 121
동방정책 56, 62, 88, 91
동서독 기본조약 60, 91
드메지에 94
디스토피아(dystopia) 346
디엔 비엔 푸 전투 188

### ㄹ

런던 6국회의 46
레 두안 189
레드 콤플렉스 334
롄잔(連戰) 258, 270
리덩훼이(李登輝) 251~252, 284
리비아 159

## ㅁ

마립 161
마샬 플랜 45
마오쩌둥(毛澤東) 234, 238, 244, 255
마음의 벽 99, 102
매카시즘 334
매판세력 317
모겐소(Hans J. Morgenthau) 222
모드로 88~89
모스크바 협정 313
몰로토프 43, 45
무드로스(Mudros) 휴전협정 140
무상분배 317
무하마드 158
무함마드 오스만(Muhammad
    al-Othman) 셰이크 156
문화민족 71
미군정청 312
민관 파트너십 356
민사당(PDS) 106, 116
민족 내부의 갈등(intra-national conflict)
    319
민족민주전선 159
민족민주평화세력연합 197
민족연합전선 197
민족주의 148, 181
민족통일자문회의 199
민족해방전선(NF) 145, 190, 197
민주나세르당 166
민주적 시장경제 325
민주적 코포라티즘 356
민주진보당(民主進步黨) 251~252,
    268, 291

## ㅂ

바르샤바조약기구(WTO) 51
바이드 168
바칸 조약(馬關條約) 234
반국가분열법 289, 292
반전·반핵·군축 평화체제 353
방문환영금 88
번스(J. Byrnes) 44
베를린 봉쇄 46
베를린 장벽 52, 55~57, 59, 67~68,
    87, 105
베를린 통첩 54
베이다 157
베트남 공산당 183
베트남 공화국(The Republic of Vietnam)
    190
베트남 국민당(VNQDD) 183
베트남 민주공화국 186
베트남 사회주의공화국(SRV) 194
베트남 청년혁명동지회(Thanh Nien)
    183
베트남 통일의 특성 219
베트남사회주의공화국 201
베트남의 교훈 222
베트남의 분단 186
베트민(Vietminh) 185
벼랑 끝 전술 376
변증법적 지양 356
병영국가 342
복지정치 345
복합안전 공동체 153
부분국가 22
부분적 자율성 381

부족세력 168

북경전약 233

북대서양조약기구(NATO) 51

북예멘 137, 139, 141

북조선 5도행정국 318

북조선임시인민위원회 318

북풍사건 334

분단지향성 350

브란트 58~59

비대칭적 전략 376

비동맹 중립노선 152

비례대표 유형 150, 152

비례대표 통일 169

비밀경찰(Stasi) 112~113, 116


ㅅ


사나 140, 159~160

사나 공동성명 158

사나 정상회담 161

사통당(SED) 47, 91

사회가치통합 209

사회민주주의 319

사회아랍바스당 166

사회양극화 345

사회재교육 209

사회적 시민권 344

사회적 시장제도 355

사회정치적 생명체 333

사회주의 강성대국론 332

사회주의 시장경제 246, 366

사회주의적 생산관계 321, 354

사회주의적 코포라티즘(socialist
    corporatism) 343

사회협약 339, 358

산업시민권 344

살랄 140, 141, 142

살레(Saleh) 151, 168, 170

살림 157

삼민주의(三民主義) 260, 273

삼백자본가 320

3불정책 260, 261, 276

3통(三通) 264, 272, 276, 290

3통4류 267

상호 비토(mutual veto) 379

생산수단의 국유화 203

생산적 복지정치 325

샤브와 161

샤아비 145

샤피(순니계: 남부) 157

서유럽동맹(WEU) 51

선군정치 332

성문헌법 155

세계자본주의체제 319

소3통 264

소련 모델 197

소련군사행정부(SMAD) 48

소련점령지역(SBZ) 43, 44, 47~48

소련통제단(SKK) 49

소말리아 148

소비에트화 48, 52

수렴적 체제통합전략 354

수령 중심의 유일지도체계 327

수령식 통치술 330

수입대체 산업화 320

수정주의 시각 319

슘페터적 민주주의(Schumpeterian
    democracy) 338

스탈린 43, 50
스탈린 각서 50, 52
승자독식(winner-take-all) 381
시민친화적 시장경제 360
시장교환(market exchange) 363
시장권위주의체제 323
시장민주주의 341
시장사회주의(market socialism) 367
시장형성(market-shaping) 322
신경제정책(New Economy Policy) 214
신기능주의 142, 152, 158, 161~162,
  164
신대만인주의 262
신동방정책 58~59, 62, 72
신사회노조주의(new social unionism)
  364
신용공여제도(swing) 77
신자유주의 세계화 337
신자유주의적 독트린 326
신자유주의적 코포라티즘 340
신중하고 절제된 259, 263
신탁청(Treuhandanstalt) 118
신탁통치 311
실사구시 372
실체적 민주주의 325
10개항계획 88, 91~92


ㅇ

아데나워 52, 55~56
아덴 137~138, 140, 149, 157, 159,
  165, 168~169
아덴 정상회담 159~160
아덴 합의서 158, 161

아덴 항 166
아랍경제사회개발기금 162
아랍민족주의 141, 145
아랍연맹 139, 155, 158, 172
아타스 151
아프리카의 뿔 148
안전공동체 153, 162
알리 142
알제리 정상회담 156
알-하마디 144
알하크당 166
야흐야 140
얄타회담 43
에곤 바 56, 58
에덴 계획 51
에르하르트 정부 55
에리트리아 무슬림 149
에티오피아 148~149, 159
연방국가 44, 154~155, 163, 380
연방정부 155
연방정치교육센터 127
연방제 154~155, 163
연성예산 제약(soft budget constraint)
  346
연합국 외무장관회의 43, 45~46, 48,
  50
예멘공화국 138~139, 141, 156, 159,
  170
예멘개혁당 166
예멘관광주식회사의 공동 설립에 관한
  협정 162
예멘사회당 166, 168, 170
오가덴 사막 149
오만 146, 165

오스만투르크 140
온건한 계급정치 339, 362
와세이야 157
왕구(汪辜) 회담 241, 269, 274, 276
왕당파 147
외연적 산업화 347
워싱턴 콘센서스(Washington
    Consensus) 324
원천국가 24
원탁회의 89
유럽방위공동체 49~51
유럽석탄철강공동체(ECSC) 49
유럽자문단 43
유보권 54, 84~86
유일독재체제 322
6대조항(李六條) 262
융합 안전공동체 162
이념적 스펙트럼 338
2등시민 120, 128
이르야니 142
이맘 140
이맘세력(북부) 157
이맘제 140
이브라힘 알 함디 157
이스마일 157, 158
이슬람개혁당 168
이슬람전선 148
이익중재 358
2004 북한인권법 297
'2+4' 협상 84, 86~87, 89~90
인민의 가치 통합 206
인민해방군 199
인민해방전선 189, 199
인민혁명당 197

인민혁명위원회 198
일괄타결(package deal) 379
일국양구 253, 261, 265
일국양제(一國兩制) 241, 243,
    255~256, 260, 265~266, 269
일반명령 제1호 312
일변일국 269
一中一臺 242, 268, 270
임시조선민주정부 314
임시혁명정부 198

ㅈ

자력갱생(autarcky) 327
자립적 산업화 335
자율조정 메커니즘 361
장제스 234, 238, 249, 260, 272
장징궈(蔣經國) 250, 260
장쩌민(江澤民) 257
장팔점(江八點) 257
적극적 노동시장정책 361
전략적 상호의존(strategic
    interdependence) 323
정당통합 106
정체성의 정치 252
정치교환(political market) 363
정치범 석방거래 57, 83
정치엘리트 154
정치적 교환 339
정치적 통합 196
제1차 베트남 전쟁 186
제2차 베트남 전쟁 189
제2차세계대전 43
제6기 최고인민회의 200

제네바 정전협정 188
제네바 합의 377
제도통합 116, 126, 128~130
조국전선 199
조선민주주의인민공화국 315
조약공동체 88
종교에 대한 탄압 정책 211
좌우연립정부 315
좌우합작 313~314
주체형 국가사회주의체제 348
중거리 핵미사일(INF) 협상 61
중립화 통일 315
중앙정부 155
증가적 결정작성(incremental
　decision-making) 161
지배블록 350
지부티 148
집단적 최적전략 339
집단지도체제 160
집단화정책 205

## ㅊ

차단정책 60~61
천수이볜(陳水扁) 242, 251, 257,
　263~264, 289, 291
청산결제 76
청산계정 76~77
체제모순 355
체제통합 84, 90, 92, 96, 108
총괄국가 22
최고평의회 159
충격요법 91, 94~95, 367
친지방문(探親) 271, 285

## ㅋ

카이로 협정 142, 155, 158
칼 도이치 153
커뮤니케이션 153~154
코메콘 49, 74
코포라티즘적 협의 359
콜 62, 87, 94
쿠웨이트 정상회담 158, 161

## ㅌ

타이즈 정상회담 159~160
타이즈-알 후다이다 정상회담 156
탈국유화 367
탈상품화(decommodification) 344, 362
통과사증협정 56~57
통일나세르당 166
통일방법 92, 94
통일예멘공화국 160
통일전선론 247
통일조약 84, 90
통일헌법 159~160, 165
트루먼 독트린 45
트리폴리 성명 156, 158
트리폴리 정상회담 142, 156
팀스피리트 군사훈련 334

## ㅍ

파급효과 153
파레토 최적배분 344
파리협정 194
팔레스티나 그룹 149

페레스트로이카(Perostroika) 349
평등 배분 151
포위심성(siege mentality) 379
포위의식 342
포츠담회의 43, 49
프랑스 식민통치 182
프롤레타리아 독재 342

ㅎ

하드라마우트 167
하아스 142
할슈타인 독트린 56
항일저항운동 185
해협교류기금회 273, 275
해협양안관계협회(海協會) 275
행정원 대륙위원회 279
헌법위원회 158
혁명적 군중노선 321~322
혁명정부 198
현장지도(on-the-spot guidance) 330
협의주의(consociationalism) 377
호네커 62~64, 69~70, 85, 87
호치민 183~184, 189~190
홍해 148
화교 네트워크 297
화평연변(和平演變) 288, 297
화폐통합 95, 128

후진타오 257, 289, 292
흡수통일 91, 94, 122, 152
흡수통합론 337
흡수형 통일모델 171
힘의 격차 169
힘의 균형 148, 169
힘의 우위 169

기타

al-Ayni 147
Ali Abdallah Salih 143
Ali Nasir 144, 148
Ali Nasir Muhammad 147~148
Corrective Step 146
DJ노믹스 325
IMF 관리체제 326
NATO 53, 62, 86
NDF 144, 147
NF 147
Salih 143, 148
Sharia 147
The People's Democratic Republic of
    Yemen 146
The People's Republic of Southern
    Yemen 146
The Popular Front 146
WTO 53

■ 지은이


**임채완**

프랑스 파리10대학 정치학 박사, 현재 전남대학교 정치외교학과 교수
『세계한상문화연구총서』 11권(공저, 2005) 외 다수
wan0603@hanmail.net


**김학성**

독일 뮌헨대학교(LMU) 정치학 박사, 현재 충남대학교 평화안보대학원 교수
『동·서독 인적교류 실태연구』(1996) 외 다수
hskim03@cnu.ac.kr


**정지웅**

서울대학교 대학원 정치학과 정치학 박사, 현재 (사)통일미래사회연구소 소장
『통일과 국력』(2002) 외 다수
tongiljjw@hanmail.net


**안완기**

전북대학교 대학원 정치학과 정치학 박사, 현재 전북발전연구원 연구위원
『한국 역사인물 뒤집어 읽기』(공저, 2001) 외 다수
okahn@chonbuk.ac.kr


**전형권**

전남대학교 대학원 정치학과 정치학 박사, 현재 전남대학교 사회과학연구원 전임연구원
『해외 한인사회단체의 어제와 오늘』(공저, 2006) 외 다수
jhkjr@hanmail.net


**선학태**

영국 Newcastle upon Tyon 정치학 박사, 현재 전남대학교 윤리교육과 교수
『민주주의와 상생정치』(2005) 외 다수
htsun48@yahoo.com

한울아카데미 830

# 분단과 통합: 외국의 경험적 사례와 남북한

ⓒ 임채완 외, 2006

지은이 | 임채완·김학성·정지웅·안완기·전형권·선학태
펴낸이 | 김종수
펴낸곳 | 도서출판 한울

편집 | 김현대

초판 1쇄 인쇄 | 2006년 2월 25일
초판 1쇄 발행 | 2006년 3월 5일

주소 | 413-832 파주시 교하읍 문발리 507-2(본사)
      121-801 서울시 마포구 공덕동 105-90 서울빌딩 3층(서울 사무소)
전화 | 영업 02-326-0095, 편집 02-336-6183
팩스 | 02-333-7543
홈페이지 | www.hanulbooks.co.kr
등록 | 1980년 3월 13일, 제406-2003-051호

Printed in Korea.
ISBN 89-460-3503-x 93330

* 가격은 겉표지에 표시되어 있습니다.